中国工业低碳转型战略研究

/中/华/女/子/学/院/学/术/文/库/

马建平 ◎ 著

中国社会科学出版社

图书在版编目(CIP)数据

中国工业低碳转型战略研究／马建平著. —北京：中国社会科学出版社，2019.10

ISBN 978-7-5203-5550-6

Ⅰ.①中… Ⅱ.①马… Ⅲ.①工业经济—低碳经济—转型经济—研究—中国 Ⅳ.①F424.1

中国版本图书馆 CIP 数据核字(2019)第 248323 号

出 版 人	赵剑英
责任编辑	任　明
责任校对	周　昊
责任印制	郝美娜

出　　版	中国社会科学出版社
社　　址	北京鼓楼西大街甲 158 号
邮　　编	100720
网　　址	http://www.csspw.cn
发 行 部	010-84083685
门 市 部	010-84029450
经　　销	新华书店及其他书店

印刷装订	北京君升印刷有限公司
版　　次	2019 年 10 月第 1 版
印　　次	2019 年 10 月第 1 次印刷

开　　本	710×1000　1/16
印　　张	21.5
插　　页	2
字　　数	364 千字
定　　价	98.00 元

凡购买中国社会科学出版社图书，如有质量问题请与本社营销中心联系调换
电话：010-84083683
版权所有　侵权必究

中华女子学院学术文库
编辑委员会名单

主任 张李玺

委员 王　露　石　彤　史晓春　宁　玲
　　　　司　茹　刘　梦　刘　萌　孙晓梅
　　　　寿静心　李树杰　武　勤　林建军
　　　　周应江　崔　巍　宿茹萍　彭延春

总　序

　　岁月如歌，芳华凝香，由宋庆龄、何香凝、蔡畅、邓颖超、康克清等革命前辈于1949年创设的"新中国妇女职业学校"发展而来的中华女子学院，已经建设成为一所独具特色的普通高等学校。学校积极承担高等学校职能，秉承引领先进性别文化、推进男女平等、服务妇女发展、服务妇女国际交流与政府外交的重要使命，坚持走"学科立校、科研强校、特色兴校"之路，正在为建成一流女子大学和妇女教育研究中心、妇女理论研究中心、妇女干部培训中心、国际妇女教育交流中心而奋发努力着。

　　1995年第四次世界妇女大会以来，性别研究和社会性别主流化在国内方兴未艾，中华女子学院抓住机会，积极组织开展妇女/性别研究，努力在此领域打造优势和特色，并已取得显著成效。中华女子学院在全国第一个设立了女性学系，设立中国妇女发展研究中心、中国妇女人权研究中心，建设中国女性图书馆，率先招收女性学专业本科生和以妇女服务、妇女维权为研究方向的社会工作专业硕士研究生；中华女子学院还首批入选全国妇联与中国妇女研究会批准的妇女/性别研究与培训基地，成为中国妇女研究会妇女教育专业委员会、中国婚姻家庭法学研究会秘书处单位。

　　长期以来，中华女子学院教师承接了多项国家级、省部级课题和国务院妇儿工委、全国妇联等部门委托的研究任务，在妇女/性别基础理论、妇女与法律、妇女与教育、妇女与参与决策和管理、妇女与经济、妇女与社会保障、妇女与健康等多个领域做出了颇有建树的研究，取得了丰硕的研究成果，为推进实现男女平等基本国策的步伐、推动社会性别主流化、促进妇女儿童发展与权益保障做出了积极的努力。

　　作为一所普通高等学校，中华女子学院也着力加强法学、管理学、教育学、经济学、艺术学、文学等学科和专业建设，鼓励教师将社会性别视角引入不同学科的研究，大力支持教师开展各自所在学科和专业的研究。

特别是近年来，通过"引进来、走出去"等多种措施加强师资队伍建设，中华女子学院教师的科研能力与学术水平有了较大的提升，在不同学科领域，不少教师取得了可喜的科研成果，值得鼓励和支持。

中华女子学院组织编撰的"妇女教育发展蓝皮书"系列已由社会科学文献出版社出版发行，并获得了良好反响。为展示和推广我校教师在妇女/性别领域和其他学科领域的研究成果，学校特组织编撰《中华女子学院性别研究丛书》和《中华女子学院学术文库》两套系列丛书，并委托中国社会科学出版社统一出版发行。性别研究丛书将集中出版中华女子学院教师在妇女/性别理论，妇女发展的重大问题，跨学科、多学科研究妇女/性别问题等多个方面的著作；学术文库将收录中华女子学院教师在法学、管理学、教育学、经济学、艺术学、文学等学科领域有代表性的论著。入选丛书的著作，都经过校内外专家评审，有的是教师承接国家级、省部级课题或者专项委托课题的研究成果，有的是作者在修改、完善博士学位论文的基础上形成的成果，均具有一定的学术水准和质量。

上述丛书或文库是中华女子学院学科与科研建设成效的展示，也是献给中国妇女发展与高等教育事业的一份薄礼。"君子以文会友，以友辅仁。"我们期望，这两套丛书的出版发行，能够为关注妇女/性别研究和妇女发展的各界朋友提供一个窗口，能够为中华女子学院与学界的交流与合作提供一个平台。女子高等学校的建设与发展，为中国高等教育事业和妇女教育事业的发展增添了亮色，我们愿意继续努力，为这一事业不断添砖加瓦，也诚请社会各界继续对中华女子学院给予指导、关心、支持和鞭策。

是为序。

中华女子学院原党委书记、原院长 张李玺

2013 年 12 月 30 日

目　录

导论 …………………………………………………………………（1）

第一章　低碳发展系列理念的辨识与比较 ………………………（4）
　一　低碳经济、低碳技术、低碳产业概念的内涵与外延 …………（4）
　二　低碳经济、技术、产业与绿色经济、技术、产业之间
　　　的关系 ……………………………………………………………（20）
　三　低碳经济、技术、产业与循环经济、技术、产业之间
　　　的关系 ……………………………………………………………（30）
　四　低碳经济、技术、产业与生态经济、技术、产业之间
　　　的关系 ……………………………………………………………（34）
　五　低碳经济、技术、产业与传统经济、技术、产业之间
　　　的关系 ……………………………………………………………（39）
　六　低碳经济、技术、产业与高新技术、产业之间的关系 ………（40）
　七　小结 ……………………………………………………………（40）

第二章　推进工业低碳转型是低碳经济建设的关键 ……………（44）
　一　推进工业低碳化是国民经济低碳转型的关键 ………………（44）
　二　我国工业低碳转型具备良好的工作基础和发展前景 ………（51）

第三章　英国的低碳发展战略与经验借鉴 ………………………（60）
　一　战略、法制、政策与措施——宏观层面 ………………………（60）
　二　低碳能源 ………………………………………………………（63）
　三　低碳交通 ………………………………………………………（72）
　四　经验与思考 ……………………………………………………（74）

第四章　美国的低碳发展战略与经验借鉴 ………………………（76）
　一　美国温室气体排放的现状与结构 ……………………………（76）

二　美国低碳发展的主要法规与政策措施 ……………………………（84）
　　三　美国工业领域低碳技术和低碳产业发展状况 …………………（92）
　　四　主要发现与经验借鉴 ……………………………………………（132）

第五章　其他国家的低碳发展战略与经验借鉴 ……………………（138）
　　一　法国 ………………………………………………………………（138）
　　二　德国 ………………………………………………………………（140）
　　三　日本 ………………………………………………………………（146）
　　四　加拿大 ……………………………………………………………（148）
　　五　澳大利亚 …………………………………………………………（149）
　　六　丹麦 ………………………………………………………………（151）
　　七　芬兰 ………………………………………………………………（153）
　　八　瑞士 ………………………………………………………………（154）
　　九　俄罗斯 ……………………………………………………………（156）
　　十　印度 ………………………………………………………………（157）
　　十一　巴西 ……………………………………………………………（160）
　　十二　小结 ……………………………………………………………（161）

第六章　我国工业领域的低碳发展状况分析 ………………………（163）
　　一　我国能耗（碳排放）和工业能耗（碳排放）状况 ……………（163）
　　二　我国低碳工业和低碳技术发展状况 ……………………………（170）

第七章　我国工业低碳发展的政府规制、制度创新及地方实践 …（243）
　　一　政府规制 …………………………………………………………（243）
　　二　政策制度 …………………………………………………………（248）
　　三　地方实践 …………………………………………………………（252）
　　四　经验总结与问题分析 ……………………………………………（254）

第八章　我国低碳环保产品的国际竞争力分析 ……………………（257）
　　一　环境货物的定义与分类 …………………………………………（258）
　　二　我国环境货物产品的国际竞争力评估 …………………………（259）
　　三　我国环境货物竞争力偏弱的原因分析 …………………………（266）
　　四　政策建议 …………………………………………………………（268）

第九章　工业领域结构调整和技术进步的气候效应实证研究 ……（270）
　　一　结构调整和技术进步的气候效应理论分析和模型构建 ………（270）

二　结构调整和技术进步的气候效应实证分析 …………………（272）
　　三　高能耗高排放工业行业能源消耗影响因素的实证分析 ……（282）
　　四　总结与政策建议 ……………………………………………（286）

第十章　社会分工、技术进步与工业低碳转型的差异化路径
**　　　　选择** ……………………………………………………（290）
　　一　国际分工研究述评 …………………………………………（290）
　　二　社会分工多维模型 …………………………………………（293）
　　三　社会分工多维模型的启示 …………………………………（297）
　　四　我国工业低碳转型的差异化路径选择 ……………………（300）

第十一章　碳排放峰值、低碳技术进步与可再生能源产业发展 …（303）
　　一　预测方法 ……………………………………………………（303）
　　二　经济增长和能源消费指标预估 ……………………………（304）
　　三　碳排放强度和碳排放总量预估 ……………………………（306）
　　四　非化石能源比重水平预估 …………………………………（310）
　　五　小结 …………………………………………………………（314）

第十二章　我国工业低碳转型战略构想与政策选择 ……………（316）
　　一　主要研究发现与思想观点 …………………………………（316）
　　二　我国工业低碳转型的战略目标 ……………………………（327）
　　三　我国工业低碳转型的重点任务 ……………………………（329）
　　四　我国工业低碳转型的政策措施 ……………………………（331）

导　论

　　气候变暖、全球应对、低碳转型已成为世界各国的共同战略和发展方向。各国产业结构、能耗结构和排放结构各有不同，因此各自的转型重点也会有所差异。对我国而言，工业能耗和碳排放在全国能耗总量和碳排放中均占绝大多数，因此工业低碳转型是我国经济低碳转型的调整重点，也是调整的难点所在。本书为破解我国工业低碳转型难题，在厘清低碳经济、低碳产业、低碳技术等相关基础理论基础上，借鉴英、美、法、德、日等国家低碳转型的经验做法，分析国内工业低碳发展过程中遇到的问题和困难，定量分析国内低碳环保产品国际竞争力水平，计量分析我国工业产业结构调整和技术进步的气候效应，构建社会分工多维模型，借鉴技术轨道理论和国家创新体系理论，估测2030年达到碳排放峰值实现条件，最后综合上述研究发现提出我国工业低碳发展战略构想以及相应的政策建议。总体来说，工业低碳转型主要途径有：一是大力发展包括低碳能源、新能源汽车在内的战略性高新低碳环保产业，优化产业结构；二是对所有工业产业进行低碳化改造，重点是对传统高碳产业进行低碳化改造，同时降低高碳产业比重，提高具有低碳特征的产业的比重；三是大力发展可再生能源，提高非化石能源在一次能源消费中的比重，优化能源结构；四是努力提高基础研究能力和技术研发能力，加强国家创新体系建设，优化科研管理体制，促进在低碳环保技术、可再生能源等关键领域进行顺轨式、融轨式、跃轨式技术创新，促进低碳环保技术进步，依靠技术进步推动工业低碳转型。

　　本书是课题组的最终研究成果，共包括十三个部分。第一章，主要是廓清低碳、绿色、循环、生态、传统经济（产业、技术）等序列相关概念之间的关系，指出低碳经济、绿色经济、循环经济、生态经济均是对传统经济进行系统性改造，需要协同各自目标实现四者的有机统一。第二章分析推进工业低碳转型的必要性和可行性，指出推进工业低碳转型是我国建设低碳经济的关键所在。第三章和第四章聚焦英、美两国低碳发展战略、政策、措施及其优劣势。英国低碳调整重点领域是交通和家庭社区，工业领域重点发展可再生能源、低碳汽车、低碳航空、碳捕捉与封存、核能等低碳产业和技术，目前在海上风电、海洋能利用、低碳航空技术、碳捕捉与储存（Carbon Capture and Storage，CCS）技术、低碳汽车技术等领域世界领先。美国低碳调整重点领域是电力、交通和工业，构建了公开透明的碳污染信息体系，重点发展生物质能、风能、太阳能、地热能、氢和燃料电池，在工业领域推广能源带宽分析方法挖掘节能减排潜力，重点促进锅炉和蒸汽系统、压缩空气系统、热电联产、能源密集型加工技术、信息通信技术、电机、风扇和泵技术、加热技术以及燃料燃烧技术、工业原材料使用、传感器和自动化控制技术、纳米制造技术等工业技术进步。第五章则分析了法国、德国、日本、加拿大、澳大利亚、丹麦、芬兰、瑞士、俄罗斯、印度、巴西等11个国家低碳发展的经验做法及优势所在。第六章分析我国工业低碳发展状况。数据显示，入世后八大高碳产业占比单边上升。各类低碳产业发展均面临技术、市场、成本、安全、环境等多重挑战。技术创新能力不足是制约低碳产业发展的普遍性问题，其他个性问题不尽相同。工业企业，尤其高排放企业，节能、减碳、降污、生态、环保、增效需要协同进行，且技术创新难度边际递增，技术减排效应边际递减，面临挑战极大。第七章综合分析我国为推进工业低碳发展在政府规制、政策制度创新以及地方低碳发展实践等方面所取得的进展。第八章是对我国低碳环保产品国际竞争力进行分析。结果显示，我国低碳环保产品国际竞争力整体偏弱。其原因主要有三：一是低碳环保技术水平落后发达贸易伙伴；二是我国出口贸易长期普遍陷于恶劣贸易条件困境中；三是由发达国家编制的环境产品清单对我国不利。第九章是对我国工业产业结构调整和技术进步的气候效应进行实证分析。在理论上，划分为规模效应、传统意义上的结构效应、传统意义上的技术效应、低碳意义上的结构效应、低碳意义上的技术效应等五大效应。实证分析表明，传统意义上的结构效应和技术效应都是增碳效应，低碳意义上的结构效应和技术效应是降碳效应，同时以后者为主。在规模效应不宜遏制的情况下，压缩高碳产业比重，提高低碳产业比重和低排放产业比重，促进低碳技术进步，促进生产技术与环境技术融合，争取双重降碳结构效应和双重降碳技术效应是减少工业排放的希望所在。第十章构建多维社会分工模型，说明技术创新和多样化是增进福利的源泉。各国/地区/产业不应热衷于竞相模仿，致使各国/地区/产业结构过于趋同，而应致力于技术创新，增加技术供给多样性，增强发展模式差异化，这更有利于增进福利。第十一章对我国实现2030年迎来碳排放峰值进行情景分析，为实现此低碳发展目标，估测我国在提高能效和发展可再生能源产业方面面临的压力及预期需要达到的目标水平。最后，提出我国工业低碳转型战略构想，并提出系列政策建议。

报告认为，我国工业低碳转型战略总体目标是：大力发展高新低碳环保等战略性新兴产业，提高低消耗、低能耗、低排放、技术尖端产业比重，优化产业结构；大力发展可再生能源产业，提高可再生能源占一次能源消费比重，优化能源结构；促进高能耗、高排放产业改进生产工艺流程，升级低碳环保技术设备，研发应用低碳环保技术，加强能源环境管理，实施低碳化改造；加大基础研究投入，提高高新技术、可再生能源、能源效率、低碳环保产业等领域基础研究和技术开发能力，鼓励工业企业积极进行技术创新，增强工业企业自主创新能力，提升工业企业技术水平；探索推行工业企业能源消耗、温室气体排放、污染物排放、废弃物排放的统计、报告、核查制度，建立能源、气候、环境、资源利用基础数据库，逐步建立适应低碳绿色转型需要的工业能源环境管理新模式。报告还给出高排放产业占比、战略性新兴产业占比、单位工业增加值能耗、单位工业增加值碳排放、非化石能源占比等指标到2020—2050年的中长期的预期目标水平估计值。报告对我国工业低碳转型应坚持的基本原则、重点任务，以及在科技、财税、产业、金融、贸易、消费、国际合作及政府服务等方面的政策提出建议。

本书得到全国哲学社会科学规划办公室国家社会科学基金项目经费支持以及中华女子学院专著出版经费支持，在此对支持单位表达我最衷心的感谢！对著作撰写与出版时滞带来的遗憾深感惶恐，也向将来的读者致以最诚恳的歉意！

第一章

低碳发展系列理念的辨识与比较

自工业革命以来，技术不断进步，生产力迅速提高，创造了极大的物质财富和经济繁荣。然而，经济的繁荣是以燃烧能源、消耗资源、损害环境、破坏生态、气候暖化以及其他诸多地球问题为代价的，以致出现资源能源危机、生态环境危机、气候变暖危机，直接危及人类的持续发展和永续生存。自20世纪60年代以来，保护地球意识在世界范围内逐渐苏醒，先后提出生态经济、可持续发展、循环经济、绿色经济、低碳经济等经济发展新理念，期望摆脱困境，化解危机，探索出可以破解经济增长的无限性与地球资源环境容量的有限性之间的矛盾以及促进人与地球和谐相处的科学发展路径来。可是，生态经济、循环经济、绿色经济、低碳经济等概念之间含义相近，内涵相互交叉渗透，外延边界模糊不定，而且还派生了诸多相关的新概念，这些因素很容易在理解上引起混乱而混淆使用，因此有必要在理论上厘清其内涵、外延及其相互关系。遗憾的是，上述多数概念在理论上至今难以取得一致、公认的界定，本部分将以低碳经济、技术、产业概念为中心，在重点分析其内涵与外延问题基础上，比较其与绿色、循环、生态等序列对应概念的异同关系，力求取得对低碳、绿色、循环、生态等科学发展序列理念全面、系统、清晰的认识。

一 低碳经济、低碳技术、低碳产业概念的内涵与外延

（一）低碳经济概念的内涵辨识

目前，由于不同学者的考察视角不尽相同，所以对低碳经济的界定也不完全一致，有重叠，也有差异。英国在其《能源白皮书》（DTI2003）

第二部分表达了创建低碳经济的意愿，分析了创建低碳经济的气候变化背景及紧迫性，指出可通过提高工业、商业、公共部门、交通等生产领域和生活领域的能效，增加可再生能源及排放贸易计划等途径实现减排目标，设计了气候变化税和排放贸易计划的长期政策框架，同时强调要维持英国的国际竞争力及兼顾其他环境问题。① 可见，英国《能源白皮书》仅仅粗略描绘了低碳经济模糊的轮廓。在此基础上，国内学者进一步深化、充实和丰富了低碳经济的内涵。庄贵阳指出发展低碳经济的前提是经济的正增长，"低碳"的情形有相对减排、零排放和绝对减排三种，发达国家应追求绝对减排，发展中国家宜追求相对减排，并构建了脱钩指数（二氧化碳排放增长率与 GDP 增长率的比率）以便对经济增长与碳排放增长脱钩程度进行国内评估和国际比较，利用这一指标进行实证分析后发现全球经济低碳转型具有阶段性特征。② 周生贤认为"低碳经济是以低耗能、低排放、低污染为基础的经济模式，是人类社会继原始文明、农业文明、工业文明之后的又一大进步。其实质是提高能源利用效率和创建清洁能源结构，核心是技术创新、制度创新和发展观的转变。发展低碳经济，是一场涉及生产模式、生活方式、价值观念和国家权益的全球性革命"，③ 对低碳经济的性质、意义、实质、核心和覆盖范围给出了他的总体判断。何建坤认为发展低碳经济关键是低碳技术创新，本质要求是提高碳的生产力（单位二氧化碳排放所产出的 GDP 总量）。④ 潘家华等进一步将低碳排放与人文发展目标联系起来，认为"低碳经济是指碳生产力和人文发展均达到一定水平的一种经济形态"，一方面对人文发展施加了碳排放约束，另一方面强调碳排约束不能损害人文发展目标。他们还认为"低碳经济发展水平与发展阶段密切相关，且受制于资源禀赋、技术水平、消费模式等多种驱动因素"。⑤ 国内其他学者也有一些有益探讨。袁男优将低碳经济分解成低碳技术、低碳能源（含零碳能源）、低碳产业、低碳城市和低

---

① DTI (Department of Trade and Industry). 2003. *Energy White Paper: Our Energy Future-Creating a Low Carbon Economy* [M]. TSO, London.
② 庄贵阳:《低碳经济：气候变化背景下中国的发展之路》，气象出版社 2007 年版。
③ 张坤民、潘家华、崔大鹏主编:《低碳经济论》，中国环境科学出版社 2008 年版。
④ 何建坤:《发展低碳经济，关键在于低碳技术创新》，《绿叶》2009 年第 1 期。
⑤ 潘家华等:《低碳经济的概念辨识及核心要素分析》，《国际经济评论》2010 年第 4 期。

碳管理五个要素，认为低碳经济是一种发展理念，更是一种模式。①

综上所述，本书认为上述探讨均有其价值和偏颇，需综合上述观点重新梳理低碳经济的性质、本质、覆盖范围、实施途径以及需要谨慎处理好的特殊关系等内容，再提取出低碳经济的核心内涵。具体是：

（1）性质。首先，本书认为，低碳经济是一种经济发展的新理念、新模式、新形态。低碳经济概念是为了协调经济增长和气候安全矛盾而提出的全新的发展理念；低碳经济转型的过程是一种发展新模式的探索和实践的过程；低碳经济的最终建成是一种经济新形态的构建成型。

（2）本质。发展低碳经济，是在确保经济社会目标正增长前提下，来逐步实现温室气体的相对乃至绝对减排，而非为了减排或限排而停滞甚至抑制经济社会的发展。为此，发展低碳经济必然要求转变生产方式，提高能源效率，清洁能源结构，节约能源消费，全面推行低碳生产和低碳消费，同时通过增加森林碳汇等途径来增强碳吸收能力，以在经济社会发展的同时实现温室气体的实质性减排，这便是发展低碳经济的本质要求。

（3）覆盖范围。相对低碳经济，目前的经济形态是高碳经济形态，由高碳经济向低碳经济转型的过程就是低碳发展的过程。显然，低碳转型过程是一项庞大而复杂的系统工程，涉及生产和生活领域、经济和社会领域、技术进步和结构调整、城市和乡村、企业（个人）行为和政府管理等方面。

（4）实施途径。具体而言，发展低碳经济的主要途径有：第一，大力发展低碳技术，降低温室气体排放。低碳技术主要涉及提高能效、利用低碳能源、工程和生物措施固碳等有效控制温室气体排放的相关技术，例如在节能、煤的清洁高效利用、油气资源和煤层气的勘探开发、可再生能源与新能源、二氧化碳捕获与封存等领域开发的新技术，涵盖电力、交通、建筑、冶金、化工、石化等部门。② 没有先进低碳技术的支撑，低碳经济发展就难以成功。第二，积极开发低碳能源，优化能源结构。低碳能源主要包括可再生能源、核能和清洁煤，其中可再生能源包括太阳能、风力能、水力能、海洋能、地热能及生物质能等。增加低碳能源在能源消费

---

① 袁男优：《低碳经济的概念内涵》，《城市环境与城市生态》2010年第1期。
② 潘家华、庄贵阳、马建平：《低碳技术转让面临的挑战和机遇》，《华中科技大学学报》2010年第4期。

结构中的比重可以直接有效降低温室气体排放，从长期看利用低碳能源取代化石能源是发展低碳经济的终极方向。第三，努力培育低碳产业。低碳产业既包括以低能耗、低污染、低排放为基础的生产行业和低碳产品的生产行业，如新能源和节能产品制造业等，也包括服务于节能减排目的的服务业，如低碳金融服务业、合同能源管理服务业等。低碳产业是发展低碳经济的载体，体现在低碳产业为生产领域提供了低碳技术或低碳化服务，为消费领域提供了低碳产品。第四，着力打造低碳城市。低碳城市是指在经济社会发展过程中，以低碳理念为指导，以低碳技术为基础，以低碳规划为抓手，从生产、消费、交通、建筑等方面推行低碳发展模式，实现碳排放与碳处理动态平衡的城市。城市是温室气体的主要排放源，也就应是发展低碳经济的主要平台。第五，精心设计低碳新政。低碳新政包括完善相关的法律法规，制定促进低碳发展的政策措施，改革调整不利于节能减排的体制机制，这些低碳管理制度体系为顺利推进低碳经济提供了制度保障。第六，广泛宣传低碳消费。一方面引导广大群众自觉践行低碳消费，另一方面创造条件便利群众进行低碳消费。既应保护广大群众合理、必要的消费及消费增长，也须约束消费过程中的无谓浪费。政府办公消费应率先垂范。第七，重视增加森林碳汇。降低大气中的温室气体存量，除了生产生活中节能减排外，利用森林等的"碳吸收"功能也是重要方面，况且，增加森林碳汇是较为经济的减排手段，所以各级政府应对增加森林碳汇予以足够重视。[①] 总之，发展低碳经济主要从上述七条途径切入，其中低碳技术、低碳能源、低碳产业、低碳新政是核心。无疑，低碳技术就是其中关键。

（5）需要处理好的几对关系。一是处理好经济发展与减少排放的关系，我国历史碳债较轻，发展任务较重，目前只宜追求相对减排，同时要求历史碳债较高的发达国家尽可能多地绝对减排；二是处理好自主减排与维持国际竞争力的关系，在承担由自主减排所产生的成本的同时尽量不削弱本土产品的国际竞争力；三是处理好节能减排与节约其他稀缺资源和减少其他污染物排放的关系，力求气候问题与其他资源环境问题的协同解决，不可偏废，更不可为了缓解气候问题却加重了其他资源环境问题；四

---

① 马建平、庄贵阳：《我国经济低碳转型的调整重点与政策选择》，《环境保护与循环经济》2010年第4期。

是处理好减排成本与收益的关系，尽可能降低转型成本而扩大其收益，加强减排成本和收益的研究和核算。

（6）需要冷思考的前提性问题。一是低碳经济理念的提出是出于协调经济增长与气候变暖的矛盾，而气候变暖的原因，多数气候科学研究工作者在较高可信度上推定为与200多年来人类使用化石能源排放的温室气体增加相关，因此气候变暖及其原因在科学上属真，是低碳经济发展理念的科学基础。而目前其科学认识问题在气候科学研究领域持反对观点的学者也不乏其人，原因是其结论赖以成立的数据基础和分析方法受到质疑。需要注意的是，在自然科学领域只要有一个深入研究的学者反对就值得重视，历史上尼古拉·哥白尼、乔尔丹诺·布鲁诺提出和捍卫"日心学说"的故事无须赘述。关于这方面，还亟须国内气候科学研究领域的学者深化气候科学研究，探明气候变化的真实走势及其原因，而社会科学研究领域的学者在这点上是难有作为的，只能基于国际国内多数学者和中央政府的上述研判，即气候在变暖，且变暖原因很可能与人类利用化石能源排放温室气体增加有关。否则，一旦气候变暖及其原因的结论在科学上被证伪，则由"碳"元素主导的发展模式转型及由此付出的巨大成本和代价便是一个深深的"陷阱"和可悲的"灾难"，由此建立的许多市场如"碳排放权交易市场"将变得毫无意义而不解自散。为此，需要加强气候科学研究与社会科学研究的交叉交流以及气候科学与其他环境科学的交叉交流，综合双方的研究成果以便更好地指导国家经济社会合理转型。二是低碳化的同时不带来其他环境问题，最少不导致其他严重的环境问题产生。产业结构、技术和产品实现低碳化的目的，减少温室气体排放，缓解全球性气候问题，但同时需注意不会引起其他环境安全问题。否则，就必须协调好其中矛盾。例如，核能、水能、新能源汽车等，被认为是低碳能源或清洁能源，但同时存在核辐射安全、生态破坏以及区域性环境污染等问题，因此必须统筹考虑，否则，也许是"碳"清洁的，却在其他方面是非清洁的技术和产品。三是注意"气候变暖"概念被"气候变化"概念所置换。从科学上说，气候变暖属于气候变化的范畴，但气候变化不仅包括气候变暖，也包括气候变冷和气候异常，后者外延更宽，而其他类型的气候变化现象未必完全归罪于温室气体排放。但目前各界普遍使用气候变化概念，置换气候变暖概念，以致让公众产生各类气候变化问题都与温室气体排放相关的错解和错觉。另外，近些年来，我国遭受台风、冰冻、干旱、暴雨、热浪等自然气候灾害影响加深，气候研究领域需要对其引致原因加强研究，对是否与温室气体引致的气候变暖关联做出科学回答，而非如部分媒体将两者牵强扭在一起。

（7）最后，再听听气候变暖的质疑声音。加拿大学者劳伦斯·所罗门（Lawrence Solomon）在其著作中列举了质疑气候变暖科学论定的诸多观点。[①] 主要是：在统计方法上质疑 IPCC 第三次报告中的"曲棍球杆曲线"；《斯特恩报告》结论成立的基础论据在引用时被斯特恩误解和误用；全球变暖导致飓风频度和强度上升没有科学依据；南极冰川变暖、融化遭质疑，有观测显示变冷增厚；IPCC 报告中的《摘要》歪曲了科学家的意见，"共识"建议被政治化；IPCC 用于构建全球地表温度的数据未予充分公开；气候变暖人为原因是主因，还是自然原因是主因；北极增温、气候变暖与 CO_2 浓度相关；拉长 CO_2 在大气中停留时间；失去的碳汇存谜；CO_2 浓度上升对气候影响的程度，是有利影响还是不利影响；质疑利用冰芯测定 CO_2 浓度的方法；模型可靠性和预测准确性；对 CO_2 如何影响气候知之较少，对太阳如何影响气候近乎无知；地球增温与太阳亮度增强相关；火星也在经历变暖，但没有火星人参与其中，可能与太阳总辐射度周期性变化有关，等等。总之，质疑者对气候变暖科学论定的数据有效性、方法科学性、结论正确性、推理严谨性、报告客观性、人为原因的主观性等方面均提出了不同观点。虽然这些观点被权威的、主流的气候变暖科学论定主要由人为所致且如不控制将导致气候灾难的声音所淹没，但自然科学问题只要有资深研究人员的不同声音就需要倾听和重视。

综上所述，本书认为，只要气候变暖及其原因在科学上属真，那么，发展低碳经济就是国内外经济转型的必然选择。低碳经济的核心内涵便可概括为：是协调经济增长和气候安全矛盾的发展新理念，是以低能耗、低污染、低排放为特点的发展新模式，是碳生产力和人文发展均达到一定水平的经济新形态，是以市场机制为基础，以低碳技术和低碳能源为支撑，以低碳产业为载体，以低碳城市为平台，以低碳新政为保障，以低碳消费为根基，在促进经济社会持续发展的同时减轻对化石能源的依赖及减少温室气体排放，在提升减排能力的同时增加森林碳汇增强碳吸收能力，在承担减排成本的同时扩大减排收益且不削弱自身国际竞争力，在保护气候安

---

① ［加］劳伦斯·所罗门：《全球变暖否定者》，丁一译，中国环境科学出版社 2011 年版。

全的同时兼顾其他资源环境问题的协同解决。低碳经济的本质要求是发展低碳技术以提高能源效率，开发低碳能源以净化能源结构，增加森林碳汇以增强碳吸收能力，在促进经济社会持续发展的同时相对乃至绝对减排。发展低碳经济的关键在于低碳技术创新。

（二）低碳技术概念的内涵与外延

1. 低碳技术的含义

潘家华、陈洪波对低碳技术的定义和分类等理论问题做了初步的梳理。他们认为，从广义上说，低碳技术是指所有降低人类活动温室气体排放的技术，包括控制、减少温室气体排放和除去、吸收温室气体的各类技术。低碳技术从其降碳方式可分为三种类型：减碳技术、零碳技术和去碳技术。这些技术涉及农业、林业、工业、能源、建筑、交通等各个领域。其中，减碳技术在工业领域包括三个方面：（1）减少工业生产化石能源消耗以降低二氧化碳排放的技术，包括提高能效和资源利用效率技术、低碳或零碳能源替代高碳能源技术、余压余热利用技术等；（2）减少工业生产过程中二氧化碳或其他非碳温室气体排放的技术，主要利用新原料、新工艺，减少工业生产过程中所产生的温室气体，如建筑隔热材料、水泥熟料替代减少二氧化碳排放，改进工艺减少化肥生产过程的氧化亚氮排放技术等；（3）减少大型装备机器和耐用消费品全生命周期中能耗的技术，如节能灯、节能汽车等生产技术。零碳技术是指利用水能、风能、生物质能、太阳能、潮汐能、地热能、核能等零碳能源的技术，在工业领域主要指零碳能源的装备制造、发电、储能、应用等各种技术，如太阳能、风能发电设备制造技术、新能源汽车技术、蓄电池技术等。去碳技术主要指对温室气体进行捕集、资源化利用和埋存（CCS）的各种技术，涵盖工程措施和生物手段两大类。前者如对燃煤发电或工业生产过程中产生的二氧化碳进行捕集，并将其转化为化工原料，制成各种化工产品，或将其埋存等；后者如蓝藻生产利用、造林、森林管理等。[①]

2. 低碳技术与环保技术的关系

从广义上说，气候问题也属于环境问题，所以低碳技术属于环保技术

[①] 潘家华、陈洪波：《低碳技术，需要厘清几个认识问题》，《中国高新技术企业》2011年第7期。

的一种；但从狭义上说，低碳技术侧重应对气候变暖这一全球性环境问题，直接目标是降低温室气体排放，延缓气候变暖；环保技术侧重解决水污染、大气污染、固体废物污染、土壤污染、生态破坏、噪音污染、核辐射等放射性污染等区域性环境问题。低碳技术在节能、减排、降耗等方面与环保技术的目标一致。然而，"低碳"未必总是"环保"的，"低碳"的过程中有时会引发其他环境问题。例如，水电是低碳的，但在水电开发过程中如果处理不好很可能引起环境破坏、地质结构变化和生态失衡等问题；核电是低碳的，但可能会由于地震、海啸、爆炸、战争、管理失当等非人力或人为因素导致核泄漏事故，所谓技术极其安全的辩称是自欺欺人的，因为目前人类尚未达到可以准确预测和自由控制地震和海啸等自然灾害的先进水平；CCS技术是除碳的，也即低碳的，但将巨量的温室气体埋入地下，在长期的物理、化学和生物作用之下，其未来对地质结构和生态环境造成怎样的影响是不可预知的，控制不好或控制不住很可能埋下的是"潘多拉魔匣"，一旦释放将给周边地区带来灾难，因此，也未必是环保的。另外，"环保"技术未必是"低碳"技术，甚至是"高碳"技术，如脱硫技术和污水处理技术不仅不低碳还增加碳排放。显然，既低碳又环保的低碳技术和环保技术应优先发展；低碳未必环保的技术应慎重发展，以免造福世界的同时却把污染和安全隐患留给自己和子孙；环保高碳技术应进一步低碳化。

3. 低碳技术的特征分析

实现减排目标，离不开低碳技术的支持。在国家和各地确定"十二五"减排指标后，各地和各类组织积极征集并推荐低碳技术和产品。例如，工信部推荐节能机电设备（产品）、节能汽车、公布高耗能落后机电设备（产品）目录；贵州省推荐节能产品；北京市公布《2011年节能低碳技术（产品）目录》（见附录）；中国低碳经济联盟2011年5月发出征集低碳新技术新产品通知；广东省2012年4月发出绿色低碳建筑技术与产品征集通知。"十一五"期间，确立了节能降耗指标，所以节能设备（产品）先行推广；"十二五"期间，确立了减排目标，低碳技术（产品）便迎来历史性发展机遇。

为便于后文叙述不产生混乱，有必要辨别低碳技术和低碳产品的关系。虽然低碳技术和低碳产品联系密切，但并不完全相同。低碳技术有时表现为无形的知识系统，有时需要设备、工具等有形的物质来实现，这些设备、工具有时本身属于低碳产品，有时仅属于碳无关产品。低碳产品是低碳技术的物化形式，通常表现在消费终端阶段，而低碳技术不仅作用于终端阶段，还作用于开始和过程阶段。因此，低碳技术和低碳产品虽然密切相关，但不等同。

上述低碳技术目录清单涉及能源监测管理及自动控制、交通节能、节电和绿色照明、建筑节能、空调系统节能、锅炉供暖系统节能、工业节能、垃圾处理、环保技术产品、地热能利用、太阳能利用、生物质能利用、风能利用、储能技术产品、节水技术产品、新能源汽车、机电设备等技术类目，不过这些类目仅是不完全列举，有其地域、行业和类型的局限性。[①]

综合分析上述低碳技术目录清单，可发现低碳技术具有如下特点：

（1）低碳技术的外延（或边界）是模糊的、开放的、动态的。低碳技术几乎涉及所有行业和领域，凡产生能耗和温室气体排放的空间都会有低碳技术发挥作用的地方，从家庭、社区到商场、工厂，再到政府部门，从工业、服务业到农业，都需要低碳技术助力减排。低碳技术的"低碳"程度是相对的，将随着技术的进步而被新的更"低碳"的技术所淘汰。因此，低碳技术（产品）目录清单需要周期性调整。

（2）从技术的作用功能看，低碳技术除了包括直接减碳、零碳和除碳技术外，还应包括能源监测管控技术，这些类型技术虽只发挥辅助作用，但仍是不可或缺的。

其中，在减碳类技术中，包括了节能、储（吸）能、增效、降耗等类型低碳技术，如真空磁控溅射镀膜技术，通过真空溅射法，在玻璃表面镀上多层金属或其他化合物组成的薄膜，使其具备采光性好，反射红外线（热量）的特点，适用于建筑幕墙和门窗；堆石混凝土（RFC）综合利用技术提高了混凝土施工效率，同时降低了能耗；除碳技术除了包括 CCS 技术外，还应包括温室其他资源化利用技术，如填埋气制液化天然气技术，对垃圾填埋气进行高效收集并净化，提纯制取液化天然气（LNG）产品，也可用于制取压缩天然气（CNG），制取的天然气用作机动车燃料或民用燃料，可用于降低生活垃圾填埋气、各种原料的厌氧沼气等可再生

---

① 参见北京市发展和改革委员会网站，http://www.bjpc.gov.cn/tztg/201201/t2038467.htm，2012-5-6登录。

甲烷类生物气的排放。

(3) 低碳技术与电子信息技术、网络技术、生物技术、纳米技术等高、新、精、尖技术联系紧密，往往依赖后者的支持来达成低碳目的。

例如，户用热量控制装置技术需要 IC 卡电子信息技术支持，实现家庭节能的目的；分体式锅炉的固体燃料燃烧系统需要采用微电脑控制技术；智能化节电设备需要建立涵盖用户现存各类系统特征的实验数据库，以从数据中挖掘出的规律为基础，开发基于模糊控制理论的智能化节能控制软件，达到智能化节电的目的；纳米酵素，一种环保省煤添加剂，运用生化纳米科技，萃取植物酵素精华，经稀释后，均匀喷洒于煤炭上，切断煤炭化学长链，碳—碳键和碳—硫键，分解煤炭分子，增加自由氧含量，形成"富氧燃料"，改善锅炉燃烧雾化效果，促进燃煤完全燃烧，提高燃煤效率减少温室气体排放；粪便及其他有机垃圾联合处理技术及成套设备，粪便及其他有机垃圾经过除杂后，杂物填埋，固体和液体分别进行生物处理，将粪便及其他有机垃圾的污染源和疾病传播源转化为天然气、气肥、生物有机肥、液态有机肥、鸟粪石（农用氮磷缓释肥）和再生水等资源；量子管通环节水技术产品综合应用新材料、量子技术、激光技术等高新技术，用于除垢防垢、除锈防腐、杀菌除藻，适用于商业、民用、工业的水处理，同时降低单位水煤耗量；电器设备可编程控制器需要采用"零功耗待机"智能监测控制系统专用集成芯片、多路可编程（PLC）自动定时控制专用模块芯片、多路语音识别和控制专用模块芯片，对家用或办公电器实施关机自动断电控制、编程定时自动断电控制或远程语音遥控适时断电控制。

(4) 低碳技术散布在各个行业中。由于生产—消费链的关系，低碳技术（产品）的研发、生产和消费全过程中往往与多个行业相关，其作用分散在多个行业、多个领域中。这一特点导致低碳技术行业归纳分类精确统计较为困难。

例如，低碳技术由工业领域提供而用于建筑领域，像能源监测管理及自动控制技术，适用于政府机构、大型公建、工业企业等用能设备种类和数量较多的单位；也可能由工业领域某个行业提供和制造相应的低碳产品，而用于多个行业，如变频器调速节能技术，适用于电力、市政供水、冶金、石油、化工、采矿、煤炭、造纸、建材等行业；节电绿色照明技术用于家庭、工业、交通、建筑、政务、服务行业等领域。

（5）"低碳"与"环保"可能不直接相关，可能协同一致，也可能相互冲突，推广应用时应尽可能两者兼顾。

例如，推广使用电动自行车虽然低碳，但其使用的铅酸蓄电池在生产过程中会产生大量的铅烟、铅尘、硫酸雾和污水，而且废弃铅酸蓄电池处理不当还会造成严重的环境污染。① 可见，低碳未必环保，低碳技术应用需要兼顾环保。而部分石油炼制和加工类低碳技术能降低汽油中硫含量，既减少温室气体排放，又减少二氧化硫排放；污水处理过程智能控制技术，对一级泵房、滤池、加药加氯间和二级泵房等实现智能控制，适用于城市污水处理过程仪控系统，既提高了污水处理效率，又节约电耗，同时达到环保低碳目的。可见，低碳可兼容环保，环保可兼容低碳，可称之为低碳环保型或环保低碳型技术，应鼓励发展。

（6）低碳技术未必都是高、新、精、尖技术，也有简单且容易推广应用的经济技术。如贵州省推荐的新型无烟尘节能柴火炉（直燃式柴草炉）技术产品，适用于农村、牧区、林区生活能源需求；"黔林洲一号"自旋流液搅拌玻璃钢沼气池、新型软体沼气池（M-10免砌池软体沼气池）技术，适用于发展农村能源。

（7）实现低碳目的，推广应用低碳技术，需要付出额外成本，其收益便是节能效益和环境效益。最终经济、环境和气候效益如何，未来需要加以评估。

表1-1　　　　　　　　　低碳技术类型划分

按其减排功能划分	能源监测管控技术	减碳技术		零碳技术		除碳技术	
			节能技术		水能		碳捕捉与封存技术
			储能技术		风能		
			采能技术		光能		
			增效技术		地热		温室气体资源化利用技术
					海洋能		
					核能		
			降耗技术		氢能		
					生物质能		生物固碳技术
按其环保性划分	单纯低碳技术	低碳不环保技术				低碳环保技术	

① 华夏汽车网，http://auto.hx2car.com/kanche/20120315/448438_1.html，2012-5-6登录。

(8) 低碳技术是实现减排的关键手段,但并非唯一手段,科学规划、优化管理是系统地、长期地减少排放的重要手段,甚至较局部技术低碳化作用更重要。

(三) 低碳产业概念的内涵与外延

1. 低碳产业的含义

低碳产业概念是在低碳经济概念提出并被接受之后出现的,有一系列的理论问题有待厘清。例如,什么是低碳产业,哪些产业属于低碳产业,低碳产业与产业的低碳化是什么关系,低碳产业与具有低碳特征的产业是什么关系,低碳产业与低碳技术是什么关系,低碳产业与环保产业是什么关系。目前,这些问题都还没有梳理清楚,低碳产业的认定大多根据感觉做判断和称谓,与工业、交通运输业、邮电通信业等传统产业相比,低碳产业还没有明确的统计口径,也未形成清晰的产业归属。在此,采用归纳的逻辑分析方法来回答上述问题。

第一,最获得公认的低碳产业是太阳能、风能、水能、生物质能等新能源和可再生能源产业。这类产业的特征是相对传统化石能源而言提供零碳能源。

第二,混合动力电动汽车(HEV)、纯电动汽车(BEV,包括太阳能汽车)、氢能源动力汽车、燃料电池电动汽车(FCEV)、其他新能源(如超级电容器、飞轮等高效储能器)汽车等新能源汽车产业被视为低碳产业也基本没有争议。这类产业的特征是较采用常规车用燃料作为动力来源的传统汽车具有更低的碳排放和污染排放。

第三,智能电网[①]、高效煤炭IGCC[②]等高新技术,通过引入先进技

---

① 智能电网(smart power grids),就是电网的智能化,是建立在集成、高速双向通信网络基础上,通过先进传感和测量技术、先进设备技术、先进控制方法及先进决策支持系统技术的应用,实现电网的可靠、安全、经济、高效、环境友好和使用安全的目标,其主要特征包括自愈、激励和包括用户、抵御攻击、提供满足21世纪用户需求的电能质量、容许各种不同发电形式的接入、启动电力市场及资产的优化高效运行。

② IGCC(Integrated Gasification Combined Cycle)整体煤气化联合循环发电系统,是将煤气化技术和高效联合循环相结合的先进动力系统,由煤的气化与净化部分及燃气—蒸汽联合循环发电两大部分组成,既提高发电效率降低排放,又利于环境保护。目前技术水平下,IGCC 发电净效率可达 43%—45%,今后可望更高。污染物排放量仅为常规燃煤电站的 1/10,脱硫效率可达 99%,二氧化硫排放在 25mg/Nm³ 左右,氮氧化物排放为常规电站的 15%—20%,耗水为常规电站的 1/3—1/2。

术，提高能源利用效率，达到节能减排目的。将由该类技术形成的产业列为低碳产业是适当的。

第四，核能属于零碳能源，碳封存与捕捉（CCS）通常也被视为低碳产业，但却是人力难以控制的安全隐患较大的低碳产业。

第五，低碳科技服务业从事低碳技术研发和咨询服务，为企业提供低碳技术或科技服务，使其降低排放；合同能源管理①等服务行业为企业、政府、商场等提供能源管理服务，实现节能减排；碳市场开展碳排放权交易，降低节能减排成本和效率；低碳金融服务业为企业提供融资服务，促进企业低碳转型。这些行业归类为低碳产业或低碳服务业也逐渐被认同。

以上方面划入低碳产业系列基本没有争议，但以下方面尚未达成共识。

第六，像互联网、金融、教育、旅游、邮政、广告法律咨询、网游动漫文化创意、软件信息等服务产业确实具备低碳特征，即与工业相比其单位产值的碳排放值是较低的，能否列入低碳产业？

第七，像水泥、钢铁、冶金、造纸、化工、建筑、交通等传统高碳行业中出现低碳工艺、低碳技术、低碳材料、低碳设备，从而出现经过低碳化改造而具备低碳特征的企业，是否应列入低碳产业？或者随着低碳经济和技术的发展以及社会分工的进一步细化，而从传统高碳行业中分离出来的专业生产低碳材料和设备及低碳型最终产品的行业，是否应列入低碳产业？

林业具备碳汇功能，是否应列入低碳产业？目前，一般将专业从事商业运营的林业碳汇行业列入低碳产业序列。

农业也存在低碳化问题，如何对待其中的低碳化成分与低碳产业的关系？

在此，仍不对低碳产业下定义及界定其范围，先看一下既有解释。刘少波等认为，低碳产业是指运用低碳技术生产节能产品和新能源产品的经济形态和产业系统，包括节能减排、新能源和可再生能源及CCS等三个领域的新技术，涉及能源、交通、建筑、冶金、化工、石化、汽车、材料

---

① 合同能源管理是以减少的能源费用来支付节能项目成本的一种市场化运作的节能机制，节能服务公司与用户签订能源管理合同、约定节能目标，为用户提供节能诊断、融资、改造等服务，并以节能效益分享方式回收投资和获得合理利润。

等多个行业①。显然，其定义未包括碳交易、低碳科技服务、能源合同管理等低碳服务业，侧重工业领域，而且与传统产业称谓混杂在一起，并未离析出来。崔奕等认为，低碳产业是指以碳减排量或碳排放权为资源，以节能减排技术为基础，从事节能减排产品的研究、开发、生产的综合性的产业集合体，它是低碳经济时代的基础，是国民经济的基本组成部分。②该定义对低碳服务业的理解过于狭窄，产业指向也不明确。

有必要对产业做个解释。所谓产业，是指按照规模经济和范围经济要求集成起来的行业群体，是由多个相对独立但业务性质相似的行业所组成，或者是由分散在多个行业、具有相似业务性质的经济组织所组成，涵盖范围涉及工业、农业和服务业。

下面逐一解答上述问题和疑问。

首先，低碳产业与产业低碳化不同。各行各业都程度不同地存在节能、降耗、减排的问题，也就是都存在低碳化的问题。因此，不能说低碳化后的产业就是低碳产业，这会将所有产业都纳入低碳产业序列。但是，随着低碳经济的发展，各个行业在低碳化过程中，分工会日益细化，专业从事某种或某几种低碳技术研发服务、低碳生产服务、低碳管理咨询服务、低碳产品生产的企业从过去产业中逐渐分离出来，逐渐形成规模，产生规模经济，这便逐渐形成新兴的低碳产业，这也是过去产业低碳化进程中由量变产生质变的结果。因此，低碳产业与产业低碳化的关系是：低碳产业也需要进一步低碳化；各行各业都存在低碳化需求；高碳产业在低碳化进程中，随着分工的不断细化，将逐渐分离出某个或几个环节的低碳专项服务，或某些低碳产品的专业生产企业，并逐渐形成一定规模而形成新兴的低碳产业，而过去的产业整体仍不宜称为低碳产业。可见，像水泥、钢铁、冶金、造纸、化工、建筑、交通等传统高碳产业如果仅仅是在生产原有高碳产品的企业内部在局部技术、工艺、流程、零部件等局部环节进行低碳化改造，还不能称为新型低碳产业；但如果从原有企业分化出来，而对整个行业类似需求提供专业化的低碳化服务，或者原有企业彻底将产品转变为低碳产品生产，产品的低碳特征有着根本性变化，也可称为新兴

---

① 刘少波、都宜昌：《低碳技术和低碳产业的发展现状和对策》，《安徽科技》2009年第12期。

② 崔奕等：《低碳经济背景下看低碳产业发展方向》，《生态经济》2010年第8期。

低碳产业。实际上，新能源汽车并非突然出现的全新产业，只是从原有汽车产业中演变而来，生产的汽车产品有着质的不同。

其次，低碳产业与具有低碳特征的产业不同。广义地讲，可以将具有低碳特征的产业全部归入低碳产业，因为全面提高该类产业在国民经济中的比重一样有利于降低能耗减少排放；但从严格意义上讲，这是不适当的，毕竟这类产业较过去并未形成新的、显著的减碳效用。因此，像互联网、金融、教育、旅游、邮政、广告法律咨询、网游动漫文化创意、软件信息等服务行业在严格意义上不宜列入低碳产业，但是随着低碳服务需求的不断扩大和深化，在这些行业中专业从事碳权交易和低碳融资服务、低碳教育服务、低碳旅游服务等逐渐形成规模后，可以列入新兴的低碳服务业。

再次，低碳产业与低碳技术相互支持，但不对应相等。部分低碳产业完全是随着低碳技术的发展而兴起的，如太阳能等新能源产业、智能电网、IGCC、新能源汽车等新兴低碳产业；部分低碳产业与低碳技术并无必然联系，如碳交易、合同能源管理等低碳服务行业；诸多传统高碳产业的低碳化过程需要低碳技术提供支撑，也即低碳技术的存在不限于低碳产业范围内；诸多低碳产业的发展也为低碳技术进步提供了市场需求基础和发展动力。两者你中有我，我中有你，但不对等。

最后，辨析低碳产业与环保产业关系。环保产业主要关注污染治理，主要是废水治理、废弃物管理、空气质量控制、噪声控制、辐射控制、生态保护等，以及环境分析、环境监测和环境咨询等服务行业。可见，低碳产业直接功能是减少温室气体排放，侧重解决和应对气候变暖这一全球性环境问题；环保产业直接功能是防治和管控废水、废气、固体废物、噪声、辐射、生态等区域性环境问题。两者在地球环境目标上是一致的，但在环境问题指向上不尽相同。

根据以上分析，再理解当前诸如低碳交通、低碳建筑、低碳旅游、低碳金融、低碳农业等在传统产业前冠以"低碳"称呼就不难了，可认为这些称呼是对传统产业低碳化改造的一种愿景，一种期待，一种分工细化和演进的方向，但目前这些传统产业中分离出来的新兴低碳产业大多尚未成型，更未成熟，基本处于分化、成长的初始阶段。随着低碳经济在世界范围内的深入推进，由传统产业中分化出来的低碳行业将越来越多，新兴的低碳产业也将越来越多，低碳产业家族也将越来越庞大。

综上所述,本书认为,从严格意义上说,低碳产业是指相对传统能源、产品和产业,生产具有零碳、降碳或去碳特征的产品的行业,或者专业提供具有促进减碳功能的低碳技术研发与咨询、碳权交易、碳资产管理、能源管理、融资等各类服务的行业。低碳产业的孵化与形成,可源自新兴技术,如太阳能等新能源产业;也可从传统产业中分化脱离而出,如新能源汽车产业等。从更广泛意义上说,可将具有低碳特征的行业列入低碳产业系列。至于各产业在国民经济中的地位,取决于其技术难度和重要程度、市场需求和产业规模等因素。

2. 低碳产业的分类

根据以上分析,可对低碳产业做以下分类,见图 1-1。

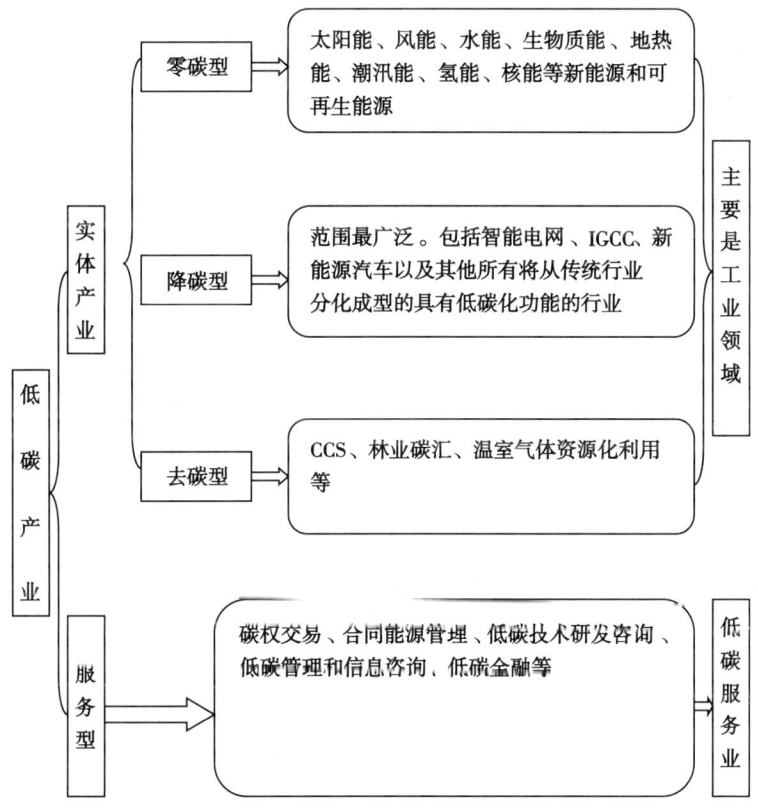

图 1-1 低碳产业家族图谱

二 低碳经济、技术、产业与绿色经济、技术、产业之间的关系

（一）绿色经济、技术、产业概念辨析

1. 历史和现实背景

1962年，美国女作家蕾切尔·卡逊（Rachel Carson）以现实为背景虚构了一则美国中部城镇的寓言故事。故事先是描述该城镇春天里的旖旎风光和盎然生机。后来，由于人类的一系列不当活动，城镇内家禽病死，小孩玩耍时猝死，鸟儿销声匿迹，植物枯萎，春天里的城镇已变得异常死寂。而后，卡逊在书中分析了美国农业大范围使用杀虫剂和除莠剂等化学产品对人体、牲畜、农田、原野植物、野生动物、土壤、地表水和地下水、河流、森林等人类赖以生存的生态环境触目惊心的破坏。①

卡逊的寓言故事在我国许多地方正在上演或逼近。以下是一些典型事例（实）：

例1：云南曲靖铬污染事件②

2011年4—6月期间，在云南省曲靖市麒麟区三宝镇、茨营乡、越州镇发生铬渣非法倾废致污事件。云南省曲靖市陆良化工实业有限公司将5000多吨工业废料铬渣非法倾倒，雨水冲刷非法倾倒的铬渣后淋溶到附近水体，导致当地部分饲养牲畜饮用污水后死亡。另据绿色和平组织调查，该公司厂区东南侧"龙潭"地区地下水出水口铬超标242倍，水稻田中存水铬超标126倍，附近南盘江江水六价铬含量亦远超环境标准，而江水被抽取用于农田灌溉。此外，铬渣污染地附近居民在受污染土地上种植水稻，并需取用污水灌溉。其后续影响难以预测和掌控，也很少有组织和机构开展相关工作。实际上，环境污染并非仅从事件曝光才开始，也不是仅有肇事化工厂排放污染。化工厂附近的兴隆村是远近闻名的"死亡村"，村民反映村里每年至少有6—7人死于癌症。在兴隆村周围，还有

---

① ［美］蕾切尔·卡逊：《寂静的春天》，吕瑞兰、李长生译，吉林人民出版社、中国环境科学出版社2006年版。

② 由于地区政府环境监管松弛，更无权威确切统计数据披露，所以转引媒体报道。重点不在求证相关数据的确凿性，而在于显示相关信息和受害现象。

造纸厂、化肥厂、锌厂等污染密集型企业。幸亏事件被媒体较早曝光，上级政府处置得力，铬渣污染才未对南盘江下游水系造成影响，否则后果不堪设想。居民、牲畜、土壤、水系等系列生态环境均受影响，情形与卡逊寓言类似。①

例2：土壤污染形势严峻且治理乏术

改革开放至今，在经济快速发展成就非凡的同时，土壤污染也日趋严重，防治形势十分严峻。土壤污染被称为"看不见的污染"，没有污水横流、黑烟滚滚、臭气熏天等外在表现，因而长期被各界忽视。实际上，土壤污染状况比较严重。据农业部调查，重金属镉污染方面，已处警戒级的土壤分布在北京、天津、重庆、成都、广州、杭州、上海等大城市郊区，湖南、湖北、四川、贵州等工矿企业区耕地，以及黑龙江、吉林、辽宁、河北、内蒙古、山东、河南等污水灌区。重金属镉超标土壤分布在黑龙江、吉林、辽宁、北京、天津、广州、重庆等大中城市郊区和郊县污水灌区，以及湖北、湖南、四川、贵州、甘肃白银等地区工矿企业区。重金属铅污染方面，已处警戒级的土壤分布在黑龙江佳木斯、鸡西等市郊区，北京、山东、浙江、广东等大中城市郊区，以及四川、重庆、广西、陕西、甘肃、内蒙古、湖北大冶矿区、湖南长株潭工业区等地区耕地；铅超标区域包括湖北大冶矿区，湖南长株潭工业区，重庆郊区，四川工矿企业区耕地，广西刁江流域，以及甘肃、河北、内蒙古等地区。重金属砷污染方面，警戒区包括宁夏银川城市郊区，山西产煤矿区，四川成都、广元等工矿区及湖南长株潭工业区等，以及河北、山东等地污水灌区，内蒙古、黑龙江、辽宁工矿企业区、污水灌区和广东、浙江某些大中城市郊区。砷超标区域主要包括湖南长株潭工业区，四川成都、广元等城市郊区和工矿区，辽宁沈抚灌区，以及江西、浙江、内蒙古、河北、甘肃、陕西以及广西某些大中城市郊区。② 农田、耕地、工业搬迁地、城镇用地等土壤污染问题尚未完全摸清，近来大量毒地上建住地也引发公众关注。

例3：淡水大面积受污染，前景堪忧

2011年，河流Ⅳ—劣Ⅴ类水质断面比例达39%，主要污染指标为化

---

① http://news.163.com/special/yunnanshuiwuran/，2012-6-25登录。

② 参见聪慧表面处理网，http://info.pf.hc360.com/2012/06/210935389591.shtml，2012-6-25登录。

学需氧量、五日生化需氧量和总磷。其中，乌江、汾河（太原段、临汾段、运城段）、涑水河（运城段）、渭河（西安段、渭南段）、深圳河、大沙河、子牙新河、徒骇河、北运河、马颊河、浑河（沈阳段）、太子河（鞍山段）为重度污染。湖泊Ⅳ—劣Ⅴ类水质断面比例为57.7%，主要污染指标为总磷和化学需氧量（总氮不参与水质评价）。其中，太湖水质总体为Ⅳ类，滇池和潮湖水质总体为劣Ⅴ类，其他大型淡水湖泊中达赉湖为劣Ⅴ类水质，洪泽湖、南四湖和白洋淀为Ⅴ类水质，博斯腾湖、洞庭湖、镜泊湖和鄱阳湖为Ⅳ类水质，洱海为Ⅲ类水质。城市内湖中，东湖（武汉）、玄武湖（南京）和昆明湖（北京）为Ⅳ类水质，西湖（杭州）和大明湖（济南）为Ⅲ类水质。地下水监测点中，较差—极差水质的监测点比例高达55.0%。[①]

例4：食品安全事件此起彼伏

以下是2011—2012年部分典型食品安全事件：

2011年3月，河南瘦肉精猪肉事件；

2011年4月，上海浦东华联超市销售染色馒头事件；

2011年4月，沈阳查获25吨"毒豆芽"；

2011年5月，"塑化剂"风波；

2011年11月，长春发生可口可乐中毒事件；

2011年12月，南京查处"膨大鸭血"事件；

2012年4月，浙江破获一起制售地沟油案件；

2012年5月，喜之郎果冻工业明胶事件；

2012年6月，广东佛山威极公司使用工业盐水生产酱油事件曝光。

如今，饮食如非特供，没人敢说自己吃的是放心食品；甚至特供食品也难以完全放心。

例5：我国环境总体形势

《国家环境保护十二五规划》对我国环境总体形势的判断是："当前，我国环境状况总体恶化的趋势尚未得到根本遏制，环境矛盾凸显，压力继续加大。一些重点流域、海域水污染严重，部分区域和城市大气灰霾现象突出，许多地区主要污染物排放量超过环境容量。农村环境污染加剧，重金属、化学品、持久性有机污染物以及土壤、地下水等污染显现。部分地

---

① 环境保护部：《2011中国环境状况公报》。

区生态损害严重,生态系统功能退化,生态环境比较脆弱。核与辐射安全风险增加。人民群众环境诉求不断提高,突发环境事件数量居高不下,环境问题已成为威胁人体健康、公共安全和社会稳定的重要因素之一。生物多样性保护等全球性环境问题压力不断加大。"

总之,经营者环境责任淡薄,环境职能部门监管不力,环境形势日趋严峻;以及经营者逐利忘德,食品安全事件频发;环境、食品及其他供人们使用的商品,都需要努力使之利于人们的生命健康安全。

2. 绿色经济、产业、技术内涵

(1) 绿色经济

"绿色经济"一词源自英国环境经济学家大卫·皮尔斯(David Preece)在1989年出版的《绿色经济的蓝图》,其主张从社会及生态条件出发,建立一种可承受的经济形态。[①] 此后,绿色经济理念在世界范围内传播,也为我国接受。虽然绿色经济概念被广为使用,但迄今在理论界和实践中对其内涵和外延仍未形成统一且被认可的界定。

刘思华等认为,绿色经济是可持续经济的实现形态和形象概括,本质是以生态经济协调发展为核心的可持续发展经济,不仅要寻求当代经济发展与生态环境相协调的发展途径,而且要使人们的经济活动与发展行为在不危害后代人的资源环境的前提下,寻求满足当代人对资源环境需要的发展途径,协调好当代经济发展与后代经济发展的关系。即他们认为,绿色经济是生态协调且可持续的经济发展模式。他们的界定中考虑到生态环境协调问题和可持续发展问题,但忽略了绿色食品和其他消费品对人们健康安全的影响方面,有欠周全。[②]

张叶、张国云认为,在经济运行的全过程中,包括生产、流通、分配、消费等环节,不对人与环境产生有害影响,或者这种影响可小到人与环境允许的程度的经济活动,可称为绿色经济。他们认为,无论人类技术多么先进,根据热力学定律,物质生产过程中能量交换效率不可能达到100%,因而不可能做到对环境的零排放和对人的零影响,即绝对绿色是不可能的。这一论断适用于工业生产,但在农林生产中是可能做到绝对绿色的,甚至更"绿"的。另外,他们忽略了经济的可持续性

---

① [英]大卫·皮尔斯:《绿色经济的蓝图》,北京师范大学出版社1996年版。
② 刘思华主编:《绿色经济论》,中国财政经济出版社2000年版,第3页。

问题。①

武义青、张云指出，绿色经济概念有狭义和广义之分。狭义仅指环保产业，广义则除了上述产业和领域外，还包括诸如绿色消费与政府采购、绿色贸易与金融、绿色税收与财政、绿色会计与审计等除生产领域外的其他一些绿色制度和行为。他们的定义是，绿色经济是以市场为导向，以传统产业经济为基础，以生态环境建设为基本生产链，以经济环境和谐为目的而发展起来的经济形式，是产业经济为适应人类新的需要而表现出来的一种状态。他们认识中可取的是，除了环保产业等绿色经济的核心内容之外，各行各业各领域均有绿化的需要，涉及行业、制度和行为，这些才构成绿色经济的全貌。不过，该定义中忽略了绿色经济的资源能源可持续利用问题以及人们的健康安全问题。②

联合国环境署（UNEP）在其《绿色经济计划》报告中将绿色经济定义为一种增加人类福祉和社会公平，同时减少环境和生态风险的经济。显然，定义比较模糊笼统。

综合以上分析，本书认为，绿色经济是一种以传统经济为基础，以促进经济增长为前提，以力求节约资源能源、改善生态环境以及提供人们健康有益产品为约束，以实现可持续发展为出发点，以经济、资源、环境、社会协调发展为目标，追求经济效益、环境效益和社会效益相统一并兼顾当代发展和后代发展需求的新型经济发展模式和形态。即绿色经济不是凭空塑造，是对现有的传统经济的改造；绿色经济同时承担经济增长、保护环境、增进福利、长期可持续发展等四大任务。因此，发展经济需要对传统经济进行系统性绿化调整，不仅包括增加绿色产业在国民经济中的比重，而且需要扩大污染产业中绿色企业和绿色产品的比重；不仅需要绿色技术的支持，同时需要道德规范和绿色新政的支持。

（2）绿色产业

绿色产业概念更加难以形成一致认识。张叶、张国云认为，"根据产业是生产某类产品或服务的企业集合的定义，绿色产业就是生产绿色产品

---

① 张叶、张国云：《绿色经济论》，中国林业出版社2010年版，第1页。
② 武义青、张云：《环首都绿色经济圈理念、前景与路径》，中国社会科学出版社2011年版，第17页。

和服务及节约资源的企业集合"；并与三次产业结合起来划分为绿色农业、绿色工业和绿色服务业；评判标准按照产业正外部经济效益和负外部经济效益之差来判断，如差值为正即为绿色产业，反之为非绿色产业。[①] 显然，其对绿色产业界定过于简单，分类也过于粗糙，遇到问题与将低碳产业分为低碳农业、低碳工业、低碳服务业相似，也只能说是一种笼统概括，一种期待，一种关于农业、工业、服务业分工演进细化方向，而说不清楚农业、工业和服务业中哪些是绿色的部分。

相比之下，刘思华等论述较为深入。他们将绿色产业概念与生态产业概念等同，认为生态产业（实质就是绿色产业）是生态建设产业和环境保护产业的统一体。他们主张将三次产业划分发展为农业、工业、服务业、知识业和生态产业等五大产业。他们认为，狭义的生态产业仅指传统意义上的环保产业，实质主要是"熵"[②] 处理产业；广义的生态产业除了"熵"处理产业外，还包括一切直接或间接与生态环境建设、保护、管理有关的部门和产业总称。他们给出的界定是：生态产业是指在保护环境、改善生态、建设自然的生产建设活动中，从事生产、创造生态环境产品或生态环境收益的产业和为生态环境保护与建设服务的产业及符合生态环境要求的与绿色技术与绿色产品生产相关的部门和产业的集合。他们将生态产业划分为三大类十种产业群。具体包括：（1）生态环境科学技术产业群。包括生态环境科学研究和生态环境技术产业两种。（2）直接生态环境保护与建设部门。包括"熵"处理产业群、资源综合利用产业；再生资源回收、加工与利用；直接创造生态环境产品与收益的产业群（如林业、草业、沙漠治理、江河整治等）；自然生态保护业；生态环境监测与自然灾害预报及防治产业；生态环境文化教育产业群；生态环境信息产业群（如生态环境宣传、报道、出版等）。（3）间接生态环境部门。有两种表现

---

① 张叶、张国云：《绿色经济论》，中国林业出版社2010年版，第66页。
② "熵"作为热力学基本概念，是用来说明热学过程不可逆性的一个抽象的物理量。后来，统计物理学进一步解释为"表示微观分子处于无序即混乱状态的程度"。一般理解为，低熵对应有序，高熵对应无序。"熵污染"就是在这一学术背景下产生的概念，可以概括一切环境污染和生态破坏。因为从物理过程来看，所有污染物都是物质或能量从聚集状态转为扩散状态而广泛分布于环境中，增加了混乱无序的程度。生态破坏或环境破坏都可归结为生态结构或环境结构之有序水平的降低，也即混乱程度的增加。

形式：一是在农业、工业、服务业、知识业等的大中型企业内部的生态环境保护与建设部门、生态环境教育部门、生态环境管理部门等；二是这四大产业中的企业生产与使用符合生态环境保护要求的绿色技术与绿色产品，建立起生态型生产经营管理体系，成为绿色企业，如生态农业、生态工业、生态建筑业、生态商业、生态旅游业。第二部分实际上是其他产业中已经达到绿色标准的绿化部分，相当于张叶、张国云所说的绿色农业、绿色工业和绿色服务业。刘思华等将绿色产业概念等同于生态产业概念值得商榷，在外延方面仍存遗漏，但其紧密与生态环境结合的分析部分仍然可取。

本书认为，根据产业对环境作用的程度不同，可以从以下层次逐一考察：一是直接对环境起绿化作用的产业，包括环保产业和刘思华等所述及的第一和第二大类产业群，可统称为生态环保产业。二是对环境既无污染也无进一步绿化作用的产业，如教育、金融、旅游、商业、文化等服务业，可称为无色产业。如果这些产业与环境结合起来，如绿色金融、生态旅游等则可列入生态环保产业。三是污染和破坏环境的产业，可统称为黑色产业（见图1-2）。在环保政策导向下，随着环境管理、环境治理、环境技术在黑色产业中的引入以及社会分工的演进和细化，黑色产业中分化出白色部分和绿色部分，如果形成规模构成产业可划入无色产业和绿色产业；如果没有形成规模，以及停留在企业内部，仍是构成绿色经济的绿色成分。基于以上分析，本书认为，狭义的绿色产业仅指生态环保产业，广义的绿色产业还包括无色产业、黑色产业中已经被无色化和绿化的产业。（见表1-2）

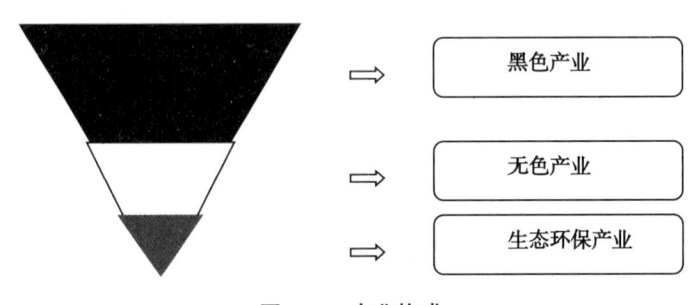

图1-2 产业构成

表1-2　　　　　　　　　　　　　绿色产业的构成

广义的绿色产业	狭义的绿色产业	环保产业	主要包括大气污染控制、固体废弃物管理、饮用水处理、废水管理、噪声/震动消除、热/能管理、可再生能源管理、监测/分析、补救/清除、其他回收系统等"熵"处理产业
		生态产业	生态环境科学技术研究产业
			生态环境保护与建设设备、监测仪器制造、咨询策划、设计管理等技术产业
			资源综合利用产业
			再生资源回收、加工和利用产业
			直接创造生态环境产品与收益的产业（包括林业、草业、沙漠治理、江河整治与防洪防旱工程建设、防治水土流失、生态养殖场等）
			自然生态保护业
			生态环境监测与自然灾害预报及防治产业
			生态环境文化教育产业
			生态环境信息产业
	已绿化的无色产业		如绿色金融、生态旅游等绿色服务业、绿色食品制造业等
	其他部分	无色产业	如金融、教育、卫生、旅游、邮政等服务业，以及食品饮料、文化体育用品制造业、工艺品及其他制造业等工业产业
		已绿化和白化的黑色产业	如绿色建筑、生物农药、绿色交通等
黑色产业			所有产生污染排放与破坏环境的产业

（3）绿色技术

绿色经济是对传统经济的系统性绿化改造，需要绿色技术的支撑，以实现在经济增长的同时，能够以更少的资源能源消耗创造更多的经济价值，能够减轻生态环境损害甚至改善生态环境，能够向消费者提供更有利于健康的商品。因此，可以认为，绿色技术是所有能够促进资源能源利用效率和效益、保护生态环境及健康有益的技术的集合。大体来说，绿色技术包括以下类型：

①—③类技术可以直接降低资源和能源消耗及提高资源能源利用效率，是直接破解增长极限难题实现可持续发展的技术，可统称为可持续型技术；④—⑦类技术可以直接改善生态保护环境的技术，可统称为生态环保型技术；⑧—⑨直接与消费者健康相关，可统称为健康有益型技术，其中⑨的覆盖范围较宽，如绿色电子技术、绿色建筑技术、绿色交通技

①节能和提高能效技术；
②节约资源及提高资源利用效率技术； ⟹ 可持续型技术
③资源综合循环利用技术；

④清洁能源技术；
⑤清洁生产技术；
⑥"熵"处理技术； ⟹ 生态环保型技术
⑦生态优化技术；

⑧无公害农产品与绿色食品生产识别技术；
⑨绿色消费品生产技术。 ⟹ 健康有益型技术

图 1-3

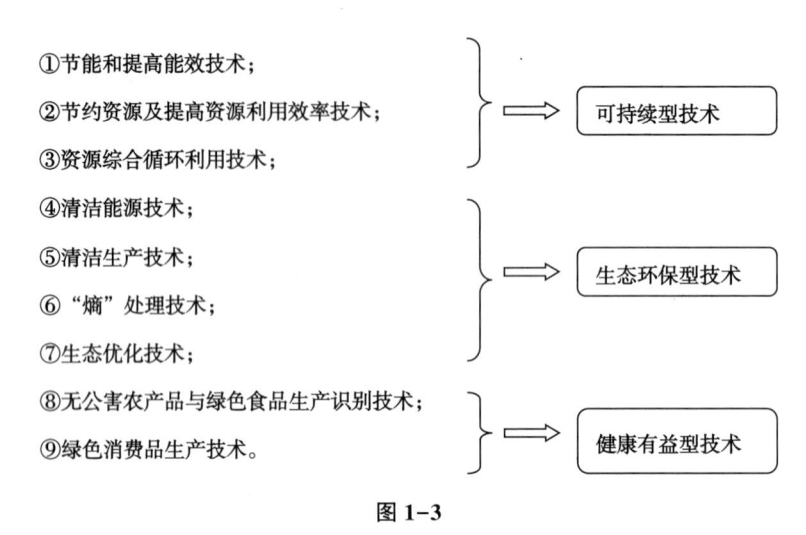

术等。

3. 绿色经济、绿色产业和绿色技术的内在联系

绿色经济是对传统经济的绿化改造，是一个理想目标，一种发展模式，一种经济形态。要绿化改造传统经济，需要研发、应用和推广绿色技术，需要绿色技术的支撑；要绿化改造传统经济，需要培育绿色产业，需要绿化黑色产业。

绿色经济由黑色产业、无色产业和绿色产业组成。在较长时期内，经济发展还需要消耗大量的或许是越来越多的资源能源，因此，黑色产业将长期构成经济系统内必不可少的组成部分。但是，降低黑色产业比重仍有一定空间，以及白化和绿化黑色产业大有可为。绿色产业（狭义概念）未必占比越高越好，发展经济的根本目的仍然是满足人们的物质文化生活需要，当环境恶化到一定程度时环境问题可能会上升为主要矛盾，但环境目的永远都处于从属地位。无色产业应该成为绿色经济的主体，即发展经济的同时不损害破坏生态环境，与发展绿色经济的目标一致。这是从生态环境的角度作分析，另外，还需要从可持续性角度考虑。工业是资源能源消耗的主要产业，是经济能否实现可持续发展的关键领域；经济发展可持续期和工业占比合理区间取决于该国资源能源存量、技术水平和经济规模。从可持续角度看，工业占比越低，越有利于延长经济发展可持续期。但是，工业作为经济系统的实体部分，占比过低，不足于支撑其他产业发展。因此，工业占比要有个合理区间。

绿色产业和绿色技术联系也很紧密。绿色产业的形成和发展离不开绿

色技术的创新和应用。不过,绿色技术并不局限在绿色产业内部。在黑色产业和无色产业中,也广泛需要绿色技术发挥作用,白化、绿化黑色产业,绿化无色产业。当被绿化的黑色产业和无色产业演进到一定程度,形成一定规模,便质变成绿色产业。绿色产业和绿色技术相互支持,相互促进。

4. 低碳经济、技术和产业与绿色经济、技术和产业之间的联系

(1) 低碳经济与绿色经济的关系

低碳经济是在全球变暖及其人为温室气体排放致暖原因得到科学普遍确认背景下提出的,旨在降低温室气体排放减缓气候变暖。绿色经济是在全球各国普遍出现生态环境恶化,资源能源消耗(需求)与存量(供给)矛盾经济发展在长期内难以持续等背景下提出的,旨在改善生态保护环境,破解经济增长极限难题以及促进人们健康增进社会福利。[①] 可见,两者破解的难题不同,决定了两者的直接目标不相同。

低碳经济发展的科学认知前提目前在气候科学界仍然存在较大争议。如果时间证明,其论断在科学上属真,那么,从现在开始发展低碳经济全面进行低碳转型,各国承担各自责任,就是合理的、正确的避免未来的经济、生活乃至生存灾难的策略;反之,如果时间证明其论断在科学上属伪,那么,部分低碳发展的努力将是徒劳的,浪费大量的社会资源,属于"瞎折腾"。绿色经济发展的科学认知在各界是有共识的,同时兼顾当代和后代的福利,而且主要解决本地区的、眼前的、实际的生态、环境和健康问题。

低碳经济和绿色经济同样是对传统经济进行系统性改造,前者主要以碳元素为导向来改造经济,后者是多元素、多因素为导向改造经济。

低碳经济要求企业和个人节能减排,责任因素体现较多;绿色经济要求企业和个人减少污染排放,减轻环境破坏和生态损害以及提供健康有益食品等,道德因素体现较多。

发展低碳经济,在多数情况下,其目标与绿色经济目标是一致的。由于温室气体的排放常常与其他污染物质的排放混杂在一起,所以低碳经济在节能、降耗、清洁能源以降低碳排放的同时能减少其他污染物质的排

---

① 从更宽泛的含义上说,气候变暖问题也属于环境问题,低碳经济也是绿色经济的题中之意。本书剔除这个层面的含义来分析低碳经济与绿色经济的"异"与"同"。

放，增强了经济发展的可持续性，这与绿色经济目标是协同一致的。然而，由于宇宙物质联系的复杂性，在达到减少碳排放目的的同时却以牺牲生态环境、增加其他污染物质排放或者造成环境安全隐患为代价，这时低碳与绿色就是冲突的。

显然，应将智力、财力、物力着力于低碳与绿色目标协同一致的领域，而非低碳与绿色冲突领域。若如此，即便将来气候变暖问题在科学上被证伪，或部分被证伪，也极大地避免了"瞎折腾"的成分。

（2）低碳技术与绿色技术的关系

低碳技术是所有有利于降低温室气体排放的技术的集合。绿色技术是所有有利于可持续发展、保护和改善生态环境及健康有益的技术的集合。两者不相等，也不包含，而是相交的关系。低碳技术可分成单纯低碳技术、低碳环保技术和低碳不环保技术三类，只有前两者可纳入绿色技术范畴。大体来说，降碳型低碳技术可归入可持续型绿色技术；零碳型低碳技术可归入生态环保型绿色技术；像CCS、核能等低碳技术不宜列入绿色技术，相反，环境风险较大。总体而言，绿色技术覆盖范围要比低碳技术宽许多。

（3）低碳产业与绿色产业的关系

由于低碳技术与绿色技术的交叉关系，决定了低碳产业与绿色产业也是一种交叉关系。其中，低碳产业中大部分清洁能源产业可归入绿色产业中的环保产业；新能源汽车、部分高新低碳技术产业是黑色产业中的被绿化部分，成为新型绿色产业；低碳产业中的林业碳汇行业可归入绿色产业中的生态产业；低碳服务业，可集体归入绿色服务业；具有低碳特征的产业，通常也属于环境损害较轻的无色产业；高碳产业通常也是黑色产业，高碳产业的低碳化过程通常也是黑色产业的绿化和无色化过程。CCS产业、核能产业不宜列入绿色产业。

三 低碳经济、技术、产业与循环经济、技术、产业之间的关系

（一）循环经济、技术、产业的含义

1. 循环经济

循环经济是物质闭循环流动型（Closing Materials Cycle）经济的简称，

是与传统线性经济相对应的概念。线性经济是将资源持续不断变成垃圾的运动,是一种"资源(能源)—产品—废弃物(污染)排放"单向流动的线性过程的经济模式。循环经济则是以资源的高效和循环利用为目标,以"减量化、再利用、资源化"(3R)为原则,以物质闭路循环和能量梯次使用为特征,按照自然生态系统物质循环和能量流动方式运行的经济模式。循环经济中物质是按"资源(能源)—产品—再生资源(能源)—……—废弃物排放"运动的,在最后排放废弃物之前,资源能源是经过(多次)循环利用的,大大降低了废弃物排放量。

可见,发展循环经济的直接目的就是提高资源能源利用效率。资源能源利用效率提高后,自然也相对减少了废弃物和污染排放,减轻环境损害,同时促进经济可持续发展。

发展循环经济主要在微观、中观和宏观层面分别形成小、中、大三个物质循环。在微观层面,要求在生产企业内部形成物料循环,尽可能节约和充分使用物料;在中观层面,要求在生产企业之间形成物料循环,如下游工业废物返回上游工业作为其原材料重新利用,或者一企业的废气为另一企业供热,"现代生态工业园区"模式即按此思路设计构建,园区内各企业间形成资源能源供求的互补格局;在宏观层面,要求回收生产、生活废弃物,再返回原工业生产部门,作为其原料重新加以利用。[1]

2. 循环利用技术

发展循环经济,离不开相应的技术支持。大体说来,需要的技术类型主要包括:[2]

(1) 资源能源的节约与高效利用技术。减量化原则要求企业在生产过程中各环节要尽量减少物资使用量,既节约资源又减少废弃物排放。因此,企业内部需要这类技术的支持。

(2) 清洁生产技术。即用来进行零废少废生产和生产清洁产品的技术。通过这类技术实现生产过程的零排放和生产出绿色产品。

(3) 废物利用技术。再利用原则要求投入生产和消费系统中的物质要以尽可能多的方式被使用,再循环原则要求阶段性废物要尽可能再生利

---

[1] 张坤主编:《循环经济理论与实践》,陆钟武:《关于循环经济中物质循环问题的分析》,中国环境科学出版社2003年版,第69—80页。

[2] 王雍君、陈灵主编:《循环经济论集》,诸大建:《从可持续发展到循环经济》,经济科学出版社2006年版,第81—97页。

用。这些都需要废弃物再利用技术的支持。如废旧物品和废弃物资源化利用技术、废旧机电装备再制造技术、电子垃圾资源化技术、生态包装技术、垃圾发电供热技术、集约化养殖畜禽粪便资源化利用技术等。

（4）污染治理技术。这类技术用来对最终的废弃物排放进行无害化处理。如大气污染防治技术、水污染防治技术、填埋和焚烧等固体废弃物处理技术等环保技术。

为便于下文分析，本书将上述提及的循环经济的支撑技术统称为循环利用技术。

3. 循环产业

发展循环经济，除了倡导在企业内部减量化使用资源和排放废物之外，还会形成一些特殊产业。这些特殊产业主要有两种表现形式：一是前面述及的生态工业园区，另一种是独立成型的产业，主要包括废弃资源和废旧材料回收加工业、再制造[①]产业等，在日本将这类产业称为社会静脉产业。类似地，将循环经济中形成的这些特定产业统称为循环产业。

（二）低碳（绿色）经济、技术、产业与循环经济、技术、产业间的联系

1. 低碳经济、绿色经济与循环经济的联系

由于传统经济体现出"高消耗、高污染、高排放"的恶劣特征，工业革命以来几百年的发展在创造巨大物质财富的同时引致了一系列问题：资源能源日益枯竭、生态环境严重破坏、气候变暖等问题和难题，引起人类社会对经济增长极限、生态环境和气候灾难的担忧，先后提出了循环经济、绿色经济和低碳经济的发展新理念，以应对和解决上述难题。

针对传统经济资源—产品—排放的线性运行模式，通过高消耗，获得高产出，产生高污染和高排放，提出资源循环利用即资源—产品—再生资源的发展模式，提高了资源利用效率，减少了污染和废弃物排放，减轻了环境污染。可见，循环经济是建设绿色经济的重要途径，是绿色经济增强经济发展可持续性的重要手段。循环经济的基本着眼点是循环利用物质

[①] 再制造（Remanufacture）就是让旧的机器设备重新焕发生命活力的过程。它以旧的机器设备为毛坯，采用专门工艺和技术，在原有制造基础上进行一次新的制造，而且重新制造出来的产品无论是性能还是质量都不亚于原先的新品。

资源。

针对传统经济"高能耗、高排放"的特征,工业革命以来人为温室气体排放大幅增加,构成气候变暖的重要原因。为将温室气体浓度控制在安全范围内,世界经济必须低碳转型,减少温室气体排放,发展低碳经济。低碳经济的基本着眼点是减少化石能源消耗和温室气体排放。虽然低碳经济在这些方面与循环经济差异明显,但在节能、降耗、提高能效、清洁能源、减排等过程要求方面与循环经济是高度一致的,在温室气体和废弃物资源化利用方面是相似的。另外,循环利用资源与低碳目标是内在一致的。不过,循环经济侧重于固体物质资源的消耗,而低碳经济侧重于化石能源等液(气)体物质的消耗。两者的关注重心都集中在工业领域,因为工业是物质资源和能源消耗的主要领域。

2. 低碳技术、绿色技术与循环利用技术的联系

低碳技术的功能在于减碳、零碳、去碳或对碳进行监测管理等方面,主要与能源发生联系。循环利用技术的功能在于减量、清洁、再利用、无害化等方面,同时与物质资源和能源发生联系,主要是固体物质资源方面。两者虽然差异较大,但在许多方面是交叉的。例如,许多节能减碳技术也能达到减量目的,零碳能源技术也能达到清洁目的,余热再利用技术也能达到减碳目的,所以低碳技术中的减碳、零碳类技术与循环利用技术中的减量、清洁、再利用类技术有相当部分是交叉的,不过主要与能源利用相关。

绿色技术的功能在于增强经济可持续性、保护生态环境、健康有益等方面,覆盖范围非常广泛。而循环利用技术无疑与增强经济可持续性和保护生态环境两大目的高度一致,因此,所有循环利用技术都属于绿色技术。也就是说,循环利用技术是绿色技术的一个子集。

3. 低碳产业、绿色产业与循环产业的联系

由于循环经济主要讲究物料的三个循环,即企业内部的循环、部分企业间的循环以及生产生活废弃物重新回收利用的企业外部大循环。循环产业主要形成在大循环中,即主要是废弃资源和废旧材料回收加工业、再制造产业等。低碳产业主要包括低碳型、降碳型、去碳型、服务型等四种类型。绿色产业主要包括环保产业和生态产业。对照前文(图1-1和表1-2),可以看出,循环产业基本上与低碳产业没有关系,但可归入绿色产业中的生态产业,也即循环产业属于绿色产业,是绿色产业的一个子集。

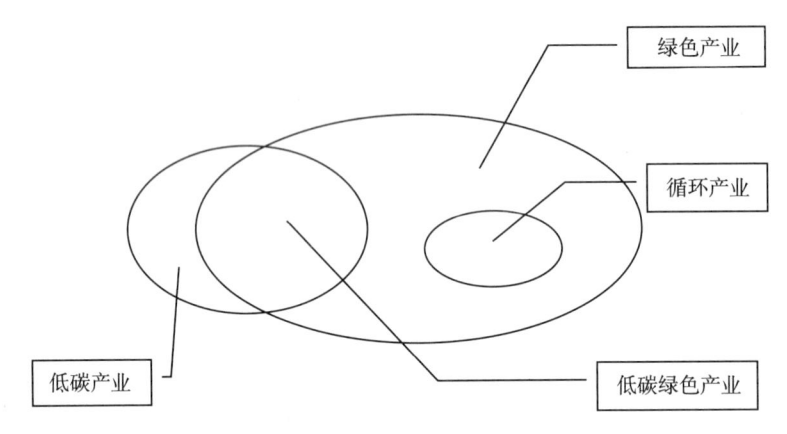

图 1-4 低碳产业、绿色产业和循环产业的关系

四 低碳经济、技术、产业与生态经济、技术、产业之间的关系

(一) 生态经济、产业、技术的含义

1. 生态经济

1966 年，美国学者肯尼斯·E. 鲍尔丁（Kenneth. E. Boulding）发表论文《一门科学——生态经济学》，首次提出生态经济概念。随后，世界范围内的生态经济研究迅速发展。我国相关研究始自 20 世纪 80 年代初，经过 30 多年的发展，相关研究也较为丰富。在参阅相关文献时，发现对生态经济学给出的定义较多，而对生态经济概念给出的定义相对较少，两个概念并不等同。赵桂慎认为，生态经济是一种尊重生态原理和经济规律的经济，要求把人类经济社会发展与所依托的生态环境作为一个统一体，经济社会发展一定要遵循生态学理论。[①] 此定义有其合理性，但偏简略些。本书认为，生态经济是指人们在经济活动中，统筹兼顾经济系统和生态系统，遵循经济规律和生态规律，协调好经济建设与生态优化的关系，最大化经济社会效益和生态环境效益的经济发展模式。其本质就是要把经济发展建立在生态系统可承载基础之上，在保证生态再生产前提下扩大经

---

① 赵桂慎：《生态经济学》，化学工业出版社 2008 年版，第 46 页。

济再生产，实现经济发展和生态保护双赢，建立经济、社会、生态良性循环的复合型生态经济系统。

2. 生态产业

潘鸿、李恩认为，生态产业是按生态经济原理和知识经济规律组织起来的基于生态系统承载能力、具有高效的经济过程及和谐的生态功能的网络型、进化型产业。它通过两个或两个以上的生产体系或环节之间的系统耦合，使物质、能量多级利用和高效产出，资源环境系统开发和持续利用。生态产业范围非常广泛，包括生态农业、生态工业和生态服务业。其中，生态农业包括生态种植业、生态畜牧业、生态林业、生态渔业等；生态工业包括生态制造业、绿色化学、生态建筑、生态工程等；生态服务业包括生态物流、生态旅游、生态教育、生态文化、生态设计、生态管理等。同时，他们指出由于生态产业范围广泛、边界模糊，以至于对生态产业进行定义比较困难。① 本书认为，以上三大产业划分方法与前述在农业、工业、服务业之前冠以"低碳""绿色"的名称相似，并非是已经成型的、口径比较清晰的独立产业，可理解为是对农业、工业和服务业进行嵌入自然生态运行规律的系统性改造或已经改造的部分。相比之下，前文刘思华列举的生态产业类型更具体、更明确。

3. 生态技术

关于生态技术的定义版本较多，不同版本视角不尽相同。代锦认为，生态技术是指和生态环境相协调的技术。生态技术体系包括可持续资源生产技术，如太阳能、风能、生物质能等开发技术；生产过程污染防治技术；生产废物无害化和再资源化技术；生态化的产品。这是对生态技术相对较早的定义，不过略显简单。② 吕燕、杨发明将所有节约资源、避免或减少环境污染的技术统称为生态技术，包括末端治理技术、生态工艺（强调生产过程）和生态产品（强调生命周期）等三类，重点关注工业生产领域，忽略了农林领域的生态技术。③ 工强认为，生态技术即绿色技术、可持续技术，从环境学、生态学和生态经济学角度分别给出定义，其中从环境学角度定义与吕燕、杨发明给出的定义相近，从生态学角度定义与代锦的定义相近。按其先进程度分，生态技术有传

---

① 潘鸿、李恩：《生态经济学》，吉林大学出版社2010年版，第139—140页。
② 代锦：《生态技术：起因、概念和发展》，《科学技术与辩证法》1994年第2期。
③ 吕燕、杨发明：《有关生态技术概念的探讨》，《生态经济》1997年第3期。

统技术，如使用自然建筑材料；中间技术，如太阳能技术；高新技术，如智能新型材料技术。① 不过，将生态技术与绿色技术概念混同有所欠妥，两者虽然高度交叉，但外延并不完全等同。秦书生认为，生态技术是指遵循生态学原理和生态经济规律能够保护环境、维持生态平衡、节约能源资源、促进人类与自然和谐发展的一切有效用的手段和方法，包括环保技术和清洁生产技术。② 毛明芳认为，生态技术是建立在科学和生态思维基础上的，以建设人与自然和谐相处的生态文明为目标的，模仿自然界物质循环过程的动态的开放的技术体系。他认为，凡有助于减少污染、降低消耗、治理污染或改善生态的技术都可纳入生态技术范畴。③ 以上定义大多聚焦在工业生产领域，其实在农、林、渔、牧、沙等领域也有许多生态优化技术。综上所述，本书认为，生态技术是指遵循生态、经济和技术规律，能够降低消耗、减少排放、防治污染或者改善生态，促进人与自然关系和谐的动态、开放的技术体系。大体包括：节能和提高能源资源利用效率技术；清洁能源技术；废弃物无害化和资源化利用技术；"熵"处理技术；清洁生产技术；农、林、渔、牧、沙等领域的生态保护改善技术。

（二）低碳（绿色、循环）经济、技术、产业与生态经济、技术、产业的联系

1. 低碳经济、绿色经济、循环经济与生态经济的联系

（1）循环经济与生态经济

循环经济追求资源能源循环利用，最小化有毒有害废弃物排放，保护生态环境，这与生态经济的宗旨内在一致，因此，从这个角度说，循环经济是生态经济在生产领域尤其是工业领域的一种表现形式。然而，两者是有区别的。循环经济侧重追求资源能源的循环利用，最小化生态负效应（污染或损害生态环境），直至零损害或说零效应；而生态经济追求实现经济与生态的协调，注重经济系统与生态系统的有机结合，不仅力求降低生态负效应，同时寻求取得生态正效应，优化生态环境。发展循环经济有

---

① 王强：《村镇生态住宅适用性技术研究》，《节能技术》2005 年第 2 期。
② 秦书生：《生态技术的哲学思考》，《科学技术》2006 年第 4 期。
③ 毛明芳：《生态技术本质的多维视角》，《武汉理工大学学报》（社科版）2009 年第 5 期。

利于直接破解资源能源危机；发展生态经济有利于直接破解生态环境危机。资源能源主要被工业生产所消耗，生物性物质主要在农业（广义，包括农、林、渔、牧、沙等）领域接触，因此，循环经济的重心是工业，生态经济的重心除了工业还包括农业，工业主要降低生态负效应，农业还要追求生态正效应。

（2）绿色经济与生态经济

生态经济统筹兼顾经济系统和生态系统，努力使经济发展与生态环境相协调，这与绿色经济的追求目标一致，因此，可以认为生态经济是绿色发展的一种表现形式，是绿色经济建设的重要路径。不过，生态经济侧重调和经济—生态这对矛盾关系；绿色经济全面调和经济—生态、经济—资源、当代—后代、利益—道德等矛盾关系。也就是说，绿色经济较生态经济内涵更丰富、更全面。

（3）低碳经济与生态经济

相比前两对关系，低碳经济与生态经济的差距相对大些。低碳经济侧重解决经济—气候矛盾，化解未来气候危机；生态经济侧重解决经济—生态矛盾，化解当前的生态危机。低碳经济侧重以能源为工作抓手，生态经济侧重以生态经济系统为工作抓手。不过，两者也有相通点。一是两者都力求节能降耗减排，在减少温室气体排放的同时降低了生态负效应；二是气候变化影响生态环境，反过来影响经济过程，所以生态经济需要考虑气候因素。

2. 低碳产业、绿色产业、循环产业与生态产业的联系

（1）循环产业与生态产业

由于循环经济是生态经济的一种表现形式，循环产业自然也就构成生态产业的一种类型，但生态产业覆盖范围更宽些。

（2）绿色产业与生态产业

由于生态经济是绿色经济建设的重要路径，生态产业自然也就成为绿色产业的一部分。这种关系在绿色产业阐述部分已作详细分析。（参见表1-2）

（3）低碳产业与生态产业

由于低碳经济与生态经济在节能降耗减排以及气候—生态关联链条方面相通，所以低碳产业与生态产业存在交叉。交叉区域主要包括：一是部分零碳型清洁能源产业，如风能、地热能，但水和核能等生态风险

较大，不宜列入生态产业；二是去碳型森林碳汇行业和温室气体资源化利用行业；三是低碳（生态）旅游业、农林 CDM 项目开发等生态服务业。

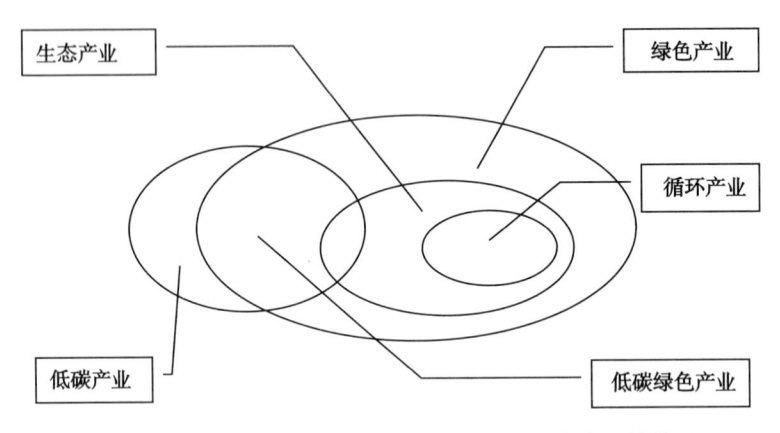

图 1-5　低碳产业、绿色产业、循环产业与生态产业的关系

3. 低碳技术、绿色技术、循环利用技术与生态技术的联系

（1）循环利用技术与生态技术

由于循环利用技术主要发挥减量、清洁、再利用、无害化等作用，实质上都起到降低生态负效应作用，因而可以列入生态技术范畴。不过，生态技术外延较循环利用技术要宽，还包括农、林、牧、渔、沙等领域的生态环境保护和优化技术。

（2）绿色技术与生态技术

由于生态技术的作用在于降低生态负效应或产生生态正效应，与绿色技术的要求相一致，因而所有生态技术都可列入绿色技术范畴。绿色技术外延较生态技术要宽，还包括一般商品的健康有益化技术。

（3）低碳技术与生态技术

与前两对关系相比，低碳技术与生态技术不存在包含与被包含关系，而是交叉关系，其原因与低碳产业和生态产业交叉相似。交叉部分主要是：一是降碳类低碳技术，也能降低生态负效应；二是部分零碳能源技术，如风力发电技术、太阳能利用技术等；三是温室气体资源化利用技术、森林碳汇技术等。

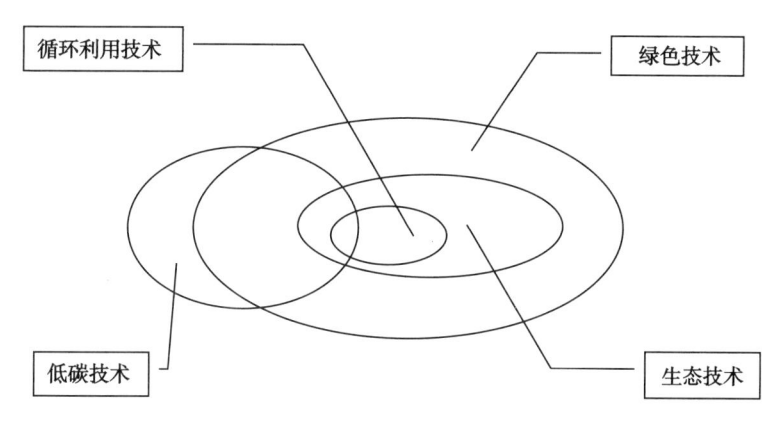

图 1-6 低碳技术、绿色技术、循环利用技术、生态技术的关系

五 低碳经济、技术、产业与传统经济、技术、产业之间的关系

传统经济属于高碳经济，长期依赖化石能源，具有"高消耗、高排放、高污染"的特征，累积性温室气体排放诱致了气候变暖。低碳经济相对于高碳的传统经济而言，化石能源占比下降，清洁能源占比上升。低碳经济的发展仍以传统经济为基础，在传统经济体系基础上演进，是对传统经济的低碳化系统性改造。

传统技术多数属于具有高碳特征的技术，但是也有部分属于低碳技术。换句话说，低碳技术既有高新技术，也有传统技术，甚至诸多传统技术具有天然的低碳特征。

低碳产业与传统产业存在千丝万缕的联系，或者是由于新兴低碳技术出现后从传统产业中离析出来，如新能源汽车产业；或者是传统产业的低碳化改造需求催生的新兴低碳产业，如低碳技术研发咨询服务业、合同能源管理等；或者是传统产业低碳化改造后形成规模而成为相对独立的低碳产业。

低碳经济并非只由低碳产业构成，仍然包含较高比重的高碳产业，只不过相对提高了低碳产业在国民经济中的比重；低碳经济仍然需要低碳技术及各类传统技术的共同支撑，只不过低碳转型的过程凸显了低碳技术创新、推广和应用的重要性；随着技术不断进步，今日的低碳技术一段时间后有可能变成高碳的传统技术。

六 低碳经济、技术、产业与高新技术、产业之间的关系

低碳技术既有一般技术，也有高新技术。高新技术既有高碳技术，也有低碳技术。两者存在交叉关系。很多低碳技术可能是各类高新技术和一般技术组合而成，达到降碳目的。

低碳产业未必属于高新产业，但部分新兴战略性低碳产业属于高新产业。高新产业未必属于低碳产业，但高新产业多数具有低碳特征。

低碳经济需要重点发展低碳技术和低碳产业，同时要重视发展高新技术和高新产业，尤其是具有低碳特征的高新技术和高新产业。例如，生物医药、新材料、航空航天、软件通信等高新技术和高新产业领域，也许并不属于低碳技术和低碳产业，但大多具备低碳特征，而且在国民经济中具有重要战略地位，因此，也是低碳经济发展的重点领域。

七 小结

第一，低碳经济是协调经济增长和气候安全矛盾的发展新理念，是以"低能耗、低污染、低排放"为特点的发展新模式，是碳生产力和人文发展均达到一定水平的经济新形态。发展低碳经济要以市场机制为基础，以低碳技术和低碳能源为支撑，以低碳产业为载体，以低碳城市为平台，以低碳新政为保障，以低碳消费为根基。发展低碳经济，注意要在促进经济社会持续发展的同时减轻化石能源依赖减少温室气体排放，要在提升减排能力的同时增加碳汇增强吸碳能力，要在承担减排成本的同时扩大减排收益提升国际竞争力，要兼顾气候安全与其他资源环境问题协同解决。低碳经济的本质要求是发展低碳技术提高能源效率，开发低碳能源净化能源结构，增加碳汇增强吸碳能力，在促进经济社会持续发展的同时相对乃至绝对减排，关键是低碳技术创新。需要清醒认识的是，低碳经济理论与实践是以气候变暖及其人为原因在科学上属真为基础的，而气候变暖及其人为

原因科学尚未有真正定论，因此需要加强气候变化科学研究、筑牢低碳发展科学基础，规避决策风险。

第二，低碳技术是指所有有助于降低人类活动温室气体排放的技术，包括降碳、零碳、去碳、管控等类型技术。低碳技术不等于环保技术，低碳技术未必环保，环保技术未必低碳，低碳环保型技术可优先发展。低碳技术不等于低碳产品，有时表现为低碳产品，有时表现为碳无关工具设备或无形知识系统。低碳技术的外延边界模糊、动态、开放，往往依赖其他高新技术、普通技术组合形成，散布在各个行业中，既可能表现得高、精、尖，也可能表现为普通适用技术，是促进减排的关键。

第三，低碳产业是指相对传统能源、产品和产业，生产具有零碳、降碳或去碳特征产品的行业，或者专业提供具有促进减碳功能的低碳技术研发与咨询、碳权交易、碳资产管理、能源管理、融资等各类服务的行业。按其功能划分，低碳产业包括零碳型、降碳型、去碳型和服务型四类产业。低碳产业不同于产业低碳化，低碳产业也需进一步低碳化，各行各业都存在低碳化需求，高碳产业在低碳化进程中可能剥离出专业从事某些环节低碳专项服务或某些低碳产品专业生产而形成新兴低碳产业。低碳产业不同于具有低碳特征的产业，严格意义上像金融、教育、旅游、文化、软件等服务业不宜列入低碳产业，但其中专业从事碳权交易和低碳融资服务、低碳教育服务、低碳旅游服务等形成规模后可列入新兴低碳服务业。低碳产业与低碳技术相互支持，但不相等，部分低碳产业是随着低碳技术兴起而兴起，部分低碳产业则与低碳技术并无必然联系，低碳产业发展为低碳技术进一步提供了市场基础和发展动力。低碳产业不同于环保产业，环保产业侧重"熵"处理，低碳产业侧重应对气候变暖。另外，诸如低碳交通、低碳建筑、低碳旅游、低碳金融、低碳农业等在传统产业前冠以"低碳"称呼并非是成型成熟的低碳产业，可理解为是对传统产业低碳化改造的一种愿景，一种期待，一种分工细化和演进方向。

第四，绿色经济是一种以传统经济为基础，以促进经济增长为前提，以力求节约资源能源、改善生态环境以及提供人们健康有益产品为约束，以实现可持续发展为出发点，以经济、资源、环境、社会协调发展为目标，追求经济效益、环境效益和社会效益相统一并兼顾当代发展和后代发展需求的新型经济发展模式和形态。绿色产业有狭义和广义之分，狭义仅指生态环保产业，广义还包括无色产业、黑色产业中已经被白化和绿化的产业。绿色技术是所有能够促进资源能源利用效率和效益、保护生态环境及健康有益的技术的集合，大体可分为可持续型、生态环保型和健康有益型绿色技术。绿色经济由黑色产业、无色产业和绿色产业所组成，需要培育绿色产业，降低黑色产业比重，但绿色产业并非占比越高越好，黑色产业是经济系统运行的基础，比重有其合理区间，无色产业应成为绿色经济的主体。绿色产业的形成和发展离不开绿色技术的支持，但绿色技术不限于绿色产业，黑色产业和无色产业也需要绿色技术发挥作用，当被绿化的黑色产业和无色产业形成一定规模便质变成绿色产业。

第五，循环经济则是以资源的高效和循环利用为目标，以"减量化、再利用、资源化"为原则，以物质闭路循环和能量梯次使用为特征，按照自然生态系统物质循环和能量流动方式运行的经济模式。发展循环经济，微观层面要求在生产企业内部形成物料循环；中观层面要求在生产企业之间形成物料循环；宏观层面要求回收生产生活废弃物再返回原工业生产部门重新利用。循环经济需要循环利用技术支持，循环利用技术大致包括资源能源节约高效利用技术、清洁生产技术、废物利用技术、污染治理技术等。循环经济中会形成特定的循环产业，主要是废弃资源和废旧材料回收加工业、再制造产业等。

第六，生态经济是指人们在经济活动中，统筹兼顾经济系统和生态系统，遵循经济规律和生态规律，协调好经济建设与生态优化的关系，最大化经济社会效益和生态环境效益的经济发展模式。生态产业除了"熵"处理产业外，还包括一切直接或间接与生态环境建设、保护、管理有关的部门和产业的总称，可分为三大类十种产业群。生态技术是指遵循生态、经济和技术规律，能够降低消耗、减少排放、防治污染或者改善生态，促进人与自然关系和谐的动态、开放的技术体系。

第七，低碳经济、绿色经济、循环经济、生态经济四种科学发展新理念既相联系，又相区别。四种思想均是针对传统经济而提出，均是对传统经济体系进行系统性改造，均是调和人类—地球矛盾关系的探索，均提倡节能、降耗、清洁、减排以最小化人类活动的生态环境负效应。其中，低碳经济应对传统经济的高碳特征，旨在化解气候危机；绿色经济对应传统经济出现的系统性难题，旨在全面化解资源能源危机、生态环境危机和道德安全危机；循环经济针对传统经济的高消耗线性特征，直接破解资源能源可持续性难题；生态经济针对传统经济的高污染特征，追求经济效益和生态效益双赢，直接遏止生态环境恶化。在重点方面，低碳经济侧重从液（气）态能源切入，重点是高能耗工业行业；循环经济侧重从固态资源切入，重点是资源密集型工业行业；生态经济侧重从经济生态有机系统切入，重点是农林渔牧沙建等生物体直接接触行业；绿色经济需全面介入。低碳通常与绿色、生态要求一致，但有时也发生冲突，因此，低碳经济需要注意与绿色、生态目标相容。总体关系是，循环经济是生态经济在生产领域尤其是工业领域的一种表现形式和实现形式，生态经济是绿色经济的一种表现形式和实现形式，低碳经济在不与绿色目标相冲突时也是绿色经济建设的有益补充。

第八，低碳技术、绿色技术、循环利用技术、生态技术之间存在交叉或包含关系。其中，低碳技术与后三者是交叉关系，后三者是包含关系。在包含关系中，循环利用技术是生态技术的子集，生态技术是绿色技术的子集。在交叉关系中，低碳技术中的减碳、零碳类技术与循环利用技术中的减量、清洁、再利用类技术有部分交叉；降碳类、部分零碳能源技术以及温室气体资源化利用技术、森林碳汇技术等去碳技术与生态技术集有部分交叉；降碳型、零碳型和部分去碳型低碳技术与绿色技术集存在交叉。

第九，低碳产业、绿色产业、循环产业、生态产业之间存在交叉、包含和不相关三种关系。其中，低碳产业与循环产业基本没有交集，与生态产业和绿色产业相交；循环产业是生态产业的子集，生态产业是绿色产业的子集。低碳产业与生态产业的交集主要是部分零碳型清洁能源产业、去碳型森林碳汇行业和温室气体资源化利用行业，以及低碳（生态）旅游业、农林 CDM 项目开发等生态服务业。低碳产业与绿色产业的交集主要是多数清洁能源产业、黑色产业中的绿化部分、低碳服务业等。

第二章

推进工业低碳转型是低碳经济建设的关键

工业是国民经济的重要组成部分,是经济社会发展的重要推动力量,是实体经济的主要载体,是经济稳健发展的基础。同时,工业是资源能源的主要消耗者,是人类活动温室气体的主要排放者,是废水、废气、固体废物的重要生产者,因而也是生态环境和气候变化问题的主要引致者。工业的这些特征对世界、对中国都具备,具有普遍性。推进工业低碳化是协调工业与环境矛盾、经济增长与环境保护矛盾、人类发展与气候变化矛盾的关键所在。我国高度重视推进工业低碳绿色转型,制定了明确的低碳发展目标,大力推广普及节能低碳技术和产品,强化工业企业能源管理,开展低碳、循环、生态工业园区或企业单位试点示范,不断增加工业污染治理和节能减排投资,使我国工业低碳发展具有良好的工作基础和发展前景。

一 推进工业低碳化是国民经济低碳转型的关键

(一) 工业是能源消耗的主要行业

长期以来,工业能源消耗占能源消耗总量比重始终较高。首先从世界范围看,1973 年世界煤炭、石油、天然气和电力消费总量分别为 640Mtoe、2251Mtoe、652Mtoe 和 440Mtoe,其中工业消耗占比依次为 56.6%、19.9%、54.8%、53.4%;到 2012 年世界煤炭、石油、天然气和电力消费总量分别为 909Mtoe、3652Mtoe、1366Mtoe 和 1626Mtoe,其中工业消耗占比依次达到 80.0%、8.5%、36.5% 和 42.3%。[①] 可见,工业领域

---

① 2014 Key World Energy Statistics [R], International Energy Agency, 2014.

是世界煤炭、天然气和电力等化石能源品种的主要消耗部门,尤其煤炭消耗占绝大多数。

再从国内情况看,表 2-1 显示,2000—2012 年,在全国能源消费总量中工业能源消费占比长期保持在 71%以上,到 2012 年跌至 69.8%,仍占绝大多数比重;在煤炭消费总量中工业煤炭消费占比逐渐攀升,由 2000 年的 90.5%上升到 2012 年的 95.2%;在焦炭消费总量中工业焦炭消费占比也呈增势,由 2000 年的 97.4%增至 2012 年的 99.7%;在燃料油消费总量中工业燃料油消费占比呈降势,由 2000 年的 76.8%降至 2012 年的 60.9%;在原油消费总量中工业原油消费占比由 2000 年的 99.2%微升至 2012 年的 99.7%;在天然气消费总量中工业天然气消费占比呈降势,由 2000 年的 81.2%降至 2012 年的 64.7%;在电力消费总量中工业电力消费占比稳中有降,由 2002 年的 75.3%降至 2012 年的 72.8%。可见,我国工业领域的煤炭、焦炭、燃料油、原油、天然气、电力等化石能源以及能源消费总量占比均占绝大多数比重。另外,工业汽油、煤油和柴油消费也占有一定比重。

表 2-1 我国 2000—2012 年工业能源消费状况

指标/年份	2012	2010	2008	2006	2004	2002	2000
能源消费总量(万吨标准煤)	361732	324939.15	291448.29	258676.3	213455.99	159430.99	145530.86
工业能源消费总量(万吨标准煤)	252462.78	232018.82	209302.15	184945.45	152506.51	113600.44	103773.85
工业能源消费占比(%)	69.8	71.4	71.8	71.5	71.4	71.3	71.3
煤炭消费总量(万吨)	352647.07	312236.5	281095.92	255065.45	207561.29	152282.66	141091.7
工业煤炭消费总量(万吨)	335714.65	296031.63	265574.2	238510.23	191864.98	139042.35	127806.65
工业煤炭消费占比(%)	95.2	94.8	94.5	93.5	92.4	91.3	90.6
焦炭消费总量(万吨)	39373.04	33687.8	29900.23	27892.77	18067.01	12343.62	10840.76
工业焦炭消费总量(万吨)	39262.62	33583.69	29756.7	27653.55	17811.13	12065.05	10554.55
工业焦炭消费占比(%)	99.7	99.7	99.5	99.1	98.6	97.7	97.4
汽油消费总量(万吨)	8140.9	6886.21	6145.52	5242.55	4695.72	3749.32	3504.56
工业汽油消费总量(万吨)	581.06	689.46	586.11	498.5	507.4	717.64	681.98
工业汽油消费占比(%)	7.1	10.0	9.5	9.5	10.8	19.1	19.5

续表

指标/年份	2012	2010	2008	2006	2004	2002	2000
燃料油消费总量（万吨）	3683.29	3758.02	3237.15	4368.33	4783.47	3873.87	3872.75
工业燃料油消费总量（万吨）	2241.69	2377.32	2039.47	2836.11	3570.4	2970.86	2975.05
工业燃料油消费占比（%）	60.9	63.3	63.0	64.9	74.6	76.7	76.8
煤油消费总量（万吨）	1956.6	1744.07	1294.01	1124.74	1060.86	919.2	871.61
工业煤油消费总量（万吨）	32.04	40.2	49.08	48.19	60.89	107.35	83.95
工业煤油消费占比（%）	1.6	2.3	3.8	4.3	5.7	11.7	9.6
柴油消费总量（万吨）	16966.05	14633.8	13532.58	11835.43	9895.86	7666.86	6806.23
工业柴油消费总量（万吨）	1747.7	2163.79	2517.02	1961.58	2084.82	1876.33	1696.46
工业柴油消费占比（%）	10.3	14.8	18.6	16.6	21.1	24.5	24.9
原油消费总量（万吨）	46678.92	42874.55	35498.24	32245.2	28749.31	22544.05	21232.01
工业原油消费总量（万吨）	46559.52	42716.55	35332.58	32081.54	28625.49	22362.5	21052.08
工业原油消费占比（%）	99.7	99.6	99.5	99.5	99.6	99.2	99.2
天然气消费总量（亿立方米）	1463	1069.41	812.94	561.41	396.72	291.84	245.03
工业天然气消费总量（亿立方米）	946.75	680.92	531.6	383.97	278.63	222.53	199
工业天然气消费占比（%）	64.7	63.7	65.4	68.4	70.2	76.3	81.2
电力消费总量（亿千瓦小时）	49762.64	41934.49	34541.35	28587.97	21971.37	16465.45	13472.38
工业电力消费总量（亿千瓦小时）	36232.21	30871.77	25388.63	21267.74	16424.29	12402.16	10004.62
工业电力消费占比（%）	72.8	73.6	73.5	74.4	74.8	75.3	74.3

数据来源：根据中国统计局网站年度数据整理得到。

（二）工业是人类活动温室气体排放的主要碳源

工业高能耗决定了高碳排放，工业较高的能源消费比重也决定了其较高的温室气体排放比重。表2-2是世界各国（地区）工业消耗化石燃料CO_2排放占比情况，表2-2显示，2011年世界化石燃料CO_2排放总量为31342.3百万吨，其中工业CO_2排放占比为67.4%，超过2/3的水平。其中，中国工业 CO_2 排放占比在表 2-2 所列国家（地区）中最高，达到 84.9%；印度其次，达到 82.2%；Non-OECD 国家平均水平达到 76.9%；俄罗斯为 75.7%，韩国为 75%；可见，发展中国家工业 CO_2 排放占比整体上处于较高水平。在发达国家（地区）中，澳大利亚最高，为 73.5%；日本、德国、OECD、美国、欧盟、英国、加拿大等国家（地区）工业 CO_2 排放占比依次为 68.0%、62.1%、59.7%、58.2%、56.8%、55.5%、50.4%，处于 2/3—1/2 区间水平，这些发达国家工业 CO_2 排放占比整体低于发展中国家水平；法国工业 CO_2 排放占比仅为 36.8%，在典型发达国家中占比最低。总体来看，工业仍是世界人类活动温室气体排放的主要碳源，在中国、印度、俄罗斯等发展中国家中，工业碳排放占绝大多数；在多数发达国家中，工业碳排放仍占多数比重；仅在法国等少数发达国家，工业碳排放不再是碳排放的主要来源。

表 2-2　2011 年世界部分国家（地区）工业消耗化石燃料 CO_2 排放比重

国家/地区	化石燃料 CO_2 排放（百万吨）	工业			工业 CO_2 排放占比
		电力和热力生产排放	能源工业自身消耗排放	制造业和建筑业排放	
世界	31342.3	13066.8	1542.9	6508.7	67.4%
中国	7954.5	3981	285.1	2487.5	84.9%
印度	1745.1	900.6	62.9	471.6	82.2%
Non-OECD	17887.9	8154.6	857.6	4740.9	76.9%
俄罗斯	1653.2	939.1	61	251.1	75.7%
韩国	587.7	299.7	39	102.3	75.0%
澳大利亚	396.8	207.8	33.9	49.9	73.5%
芬兰	55.6	24.9	3.9	9.8	69.4%
日本	1186	519.5	41.7	244.8	68.0%
德国	747.6	324.5	26	114.1	62.1%
OECD	12340.8	4912.1	685.2	1767.8	59.7%
美国	5287.2	2212	266	597.9	58.2%
丹麦	41.7	17.9	2.3	4	58.0%
欧盟（27 国）	3747.1	1353.6	182.5	590.8	56.8%

续表

国家/地区	化石燃料CO_2排放（百万吨）	工业			工业CO_2排放占比
		电力和热力生产排放	能源工业自身消耗排放	制造业和建筑业排放	
挪威	38.1	2.9	10.9	7.4	55.6%
英国	443	166.6	30.2	49.1	55.5%
加拿大	529.8	107.7	57.9	101.4	50.4%
瑞典	44.9	8.3	2.3	9.1	43.9%
法国	328.3	45	15.4	60.4	36.8%
瑞士	39.9	2.8	0.9	5.3	22.6%

数据来源：CO_2 Emissions From Combustion 2013-Highlights，IEA，2013.

（三）工业是废水、废气和固体废物等污染物的重要排放源

环保部《全国环境统计公报（2012年）》显示，2012年全国废水排放总量684.8亿吨，其中工业废水排放量221.6亿吨，占32.3%；化学需氧量排放总量2423.7万吨，其中工业废水中化学需氧量排放量338.5万吨，占14.0%；氨氮排放总量253.6万吨，其中工业废水中氨氮排放量26.4万吨，占10.4%；全国废气中二氧化硫排放总量2117.6万吨，其中工业废气中二氧化硫排放量1911.7万吨，占90.3%；废气中氮氧化物排放总量2337.8万吨，其中工业废气中氮氧化物排放量1658.1万吨，占70.9%；废气中烟（粉）尘排放总量1234.3万吨，其中工业废气中烟（粉）尘排放量1029.3万吨，占83.4%（见表2-3）。另外，2012年全国工业固体废物产生量达到32.9亿吨，其中工业固体废物处置量7.1亿吨，工业固体废物倾倒丢弃量1.44亿吨。[1] 可见，工业是我国二氧化硫、氮氧化物、烟（粉）尘等污染物排放的主要排放源，是废水、化学需氧量、氨氮等污染物的重要排放源。工业废水、废气和固体废物对我国水环境、大气环境和土壤环境等生态环境已造成严重损害，并且每天全国各地都有许许多多工业企业合规或违规排放工业废水、废气和固体废物，持续威胁周边生态环境和居民健康，如2014年9月媒体披露并被习近平主席亲自过问的内蒙古自治区腾格里沙漠腹地出现的化工污染事件就是典型工业污

---

[1] http://zls.mep.gov.cn/hjtj/qghjtjgb/201311/t20131104_262805.htm。

染环境事件。

表 2-3　　　　　　　　2012 年中国工业污染物排放基本情况

污染物指标	全国排放总量	工业排放总量	工业排放占比
废水排放量（亿吨）	684.8	221.6	32.3%
化学需氧量（万吨）	2423.7	338.5	14.0%
氨氮排放量（万吨）	253.6	26.4	10.4%
二氧化硫（万吨）	2117.6	1911.7	90.3%
氮氧化物（万吨）	2337.8	1658.1	70.9%
烟（粉）尘（万吨）	1234.3	1029.3	83.4%

（四）工业为经济和社会体系低碳绿色转型提供低碳环保技术支撑

自工业革命以来，在世界范围内，生产力飞速发展，生产规模迅速扩张，物质财富急剧增加，工业产品和生活用品极大丰富，交通工具和建筑群落数量日益庞大，人类生活水平大幅提高，在为人类创造福祉的同时，逐渐形成资源能源高消耗、废气废水废物高排放、对生态生活环境高污染的生产生活方式，形成不可持续的经济发展模式和追求享受的社会消费观念，致使资源能源危机日益凸显，环境风险和气候风险不断强化。问题因工业化而起，仍需依靠工业低碳化对经济和社会体系进行再造。具体而言，工业领域需要发展更先进的高新技术降低单位产品的资源消耗，更节能的技术降低工业生产的能耗强度，更环保的技术降低工业生产的污染物排放强度和碳排放强度，对工业体系自身进行再造；需要工业领域生产速度更快、能耗更低、排放更少的交通工具，对交通体系进行再造；需要工业领域提供更保温、更节能、更环保的建筑材料和工具，对建筑体系进行再造；需要工业领域生产更节能、更环保的生活用品、办公用品、商务用品、农业生产资料和生产工具，对生活、公务、服务业和农业等社会生活和社会经济其他领域进行再造；需要工业领域生产更智能的仪器仪表为工业、交通、建筑、生活等领域更高效更科学管理提供智能设备；需要工业领域提供更低碳的能源为社会生产生活系统提供清洁能源，对能源体系进行再造。因此，尽管工业化问题是引致诱因的关键，但仍需依靠推进工业低碳化为经济社会低碳转型全方位提供低碳环保技术支撑，这才是问题解决的现实出路和根本出路。

(五) 工业为生态环境治理和减缓气候变化提供低碳环保技术支撑

工业化过程中长期积累的废水、废气和固体废物排放已经造成相当严重的水环境、大气环境、土壤环境及生态环境污染，长期积累的温室气体排放已经导致气候变化在路上，这些问题的改善除了依靠自然环境自我净化、自我修复外，人类社会也需要积极作为，主动治理，尽量恢复、保护、美化生态生活环境，积极行动延缓和适应气候变化，这些需要工业领域提供低碳环保技术支撑。例如，需要工业领域为江河湖泊等水体净化、二氧化硫及雾霾治理等大气净化以及大面积受污染的土壤修复提供环保技术、环保设备和环保产品；需要工业领域对生产生活排放的废水、废气、固体废物、温室气体进行资源化回收利用及无害化处理提供低碳环保技术、设备和产品；需要工业领域的农林生产资料生产行业为生态生活环境美化提供相关的肥料和工具设备等。

(六) 工业在新的历史时期推进低碳转型势在必行且任务十分紧迫

为遏止环境退化，破解资源能源环境危机困局，党的十八届三中全会在全面深化改革决定中指出，要紧紧围绕建设美丽中国，深化生态文明体制改革，健全资源节约利用、生态环境保护体制机制，实行最严格的源头保护制度、损害赔偿制度、责任追究制度，建立生态环境损害责任终身追究制，坚持使用资源付费和谁污染环境、谁破坏生态谁付费原则，发展环境权益交易市场，建立和完善严格监管所有污染物排放的环境保护管理制度，实行企事业单位污染物排放总量控制制度，对造成生态环境损害的责任者严格实行赔偿制度，依法追究刑事责任。[①] 决定精神预示着未来环境监管将日益强化，环境成本将逐步内部化。另外，我国政府早在2009年就已承诺，到2020年单位GDP的二氧化碳排放强度降低40%—45%，在"十二五"规划中确定"十二五"期间碳排放强度降低17%的量化目标，层层引导各级地方政府制度适宜本地区的降碳任务，在许多试点省市或工业园区制定了中长期低碳发展规划。在此政策背景下，引导工业企业向低碳转型，推动工业领域低碳化发展是全国和地方政府实现低碳发展目标的需要，是工业企业适应环境监管日益强化的需要，也是工业企业降低环境

---

① 参见《中共中央关于全面深化改革若干重大问题的决定》。

成本、承担社会责任、提升环境竞争力的需要。在气候变化背景下，环境竞争力、低碳竞争力正逐渐成为工业企业国际竞争力的重要构成要素，因此，推动工业企业低碳转型及工业整体低碳化发展，是迎接未来低碳时代国际竞争的需要。由于工业碳排放普遍是地方省市碳排放的主要碳源，许多省市能否完成既定低碳发展目标的关键就是要看能否有效控制工业领域碳排放，能否对工业体系进行低碳化系统性再造，面临着技术、资金、制度、市场、观念、人才等诸多困难或障碍，工业低碳化转型任务繁重且紧迫。

总之，一方面，工业是化石能源的主要消耗部门，是人类活动温室气体排放的主要碳源，是废气和固体废物的主要生产者和废水的重要排放者，是引致环境污染和气候变化的矛盾焦点。另一方面，人类工业化进程中引发的环境和气候问题仍然需要依靠工业转变发展模式推进低碳化发展，为经济社会低碳绿色转型提供低碳环保技术支持，需要依靠工业领域不断创新和提高低碳环保技术治理修复生态环境和减缓适应气候变化。在全国从上到下深入推进低碳转型建设美丽中国的新时期，促进工业低碳化发展、降低工业能耗和碳排放是国家和众多省市实现低碳发展目标的决定因素。因此，推进工业低碳化是我国经济社会低碳转型实现既定降碳目标的关键。

二　我国工业低碳转型具备良好的工作基础和发展前景

（一）工业低碳发展战略目标明确

2012年2月，工信部发布《工业节能"十二五"规划》，明确提出到2015年，规模以上工业增加值能耗较2010年下降21%左右；到2015年，钢铁、有色金属、石化、化工、建材、机械、轻工、纺织、电子信息等重点行业单位工业增加值能耗分别比2010年下降18%、18%、18%、20%、20%、22%、20%、20%、18%；主要产品单位能耗持续下降，与国际先进水平差距逐步缩小，能效明显提升；加快淘汰炼铁、炼钢、焦炭、铁合金、电石、电解铝、铜冶炼、铅冶炼、锌冶炼等工业行业落后产能；"十二五"期间，节能装备产业规模年均增长15%以上，培育1000

家较具实力的节能服务公司;"十二五"期间预计实现节能量6.7亿吨标准煤,重点节能工程投资需求达到5900亿元规模。① 2012年12月,工信部等部委联合发布《工业领域应对气候变化行动方案(2012—2020年)》,进一步指出,到2020年,单位工业增加值二氧化碳排放量比2005年下降50%左右,基本形成以低碳排放为特征的工业体系。可见,中短期内我国工业低碳发展目标十分明确。

另外,最近低碳能源发展战略目标得以进一步确定。2014年12月,国家能源局发布《能源发展战略行动计划(2014—2020年)》,提出到2020年非化石能源占一次能源消费比重达到15%,天然气比重达到10%以上,煤炭消费比重控制在62%以内,到2030年非化石能源占一次能源消费比重提高到20%左右。其间,我国将严格控制工业分散燃煤小锅炉、工业窑炉和煤炭散烧,降低煤炭消费比重;提高天然气消费比重,到2020年天然气主干管道里程达到12万公里以上;安全发展核电,到2020年核电装机容量达到5800万千瓦,在建容量达到3000万千瓦以上;大力发展可再生能源,到2020年力争常规水电装机达到3.5亿千瓦左右,风电装机达到2亿千瓦,光伏装机达到1亿千瓦左右,地热能利用规模达到5000万吨标准煤。②

上述行动计划为我国制造业和能源工业低碳发展布好局、铺好路,必将持续推进我国工业领域低碳转型。

(二) 我国工业能耗强度持续下降

近些年来,我国工业企业通过添置先进技术设备,增加节能减排投入,加强能源管理,不断提高了工业生产的能源效率,使工业能耗强度(万元工业增加值能耗)持续下降。表2-4和图2-1反映了2000—2012年我国万元工业增加值能耗情况,表明2000—2012年期间我国万元工业增加值能耗整体呈稳步下降趋势,由2000年的2.59吨标准煤/万元下降到2012年的1.64吨标准煤/万元,12年间共下降了36.7%,年均下降3.74%。

---

① 工信部网站,http://www.miit.gov.cn/n11293472/n11293832/n11293907/n11368223/14475991.html,2014-12-13。

② 国家能源局网站,http://www.nea.gov.cn/2014-12/15/c_133855760.htm,2014-12-13登录。

表 2-4 2000—2012 年我国万元工业增加值能耗情况表

年份	万元工业增加值能耗（吨标准煤/万元）
2000	2.59
2001	2.43
2002	2.31
2003	2.36
2004	2.45
2005	2.40
2006	2.29
2007	2.12
2008	2.00
2009	1.91
2010	1.80
2011	1.73
2012	1.64

数据来源：根据国家统计局网站工业能源消费总量、工业增加值数据及工业生产者出厂价格指数（2000 年 = 100）计算得到。

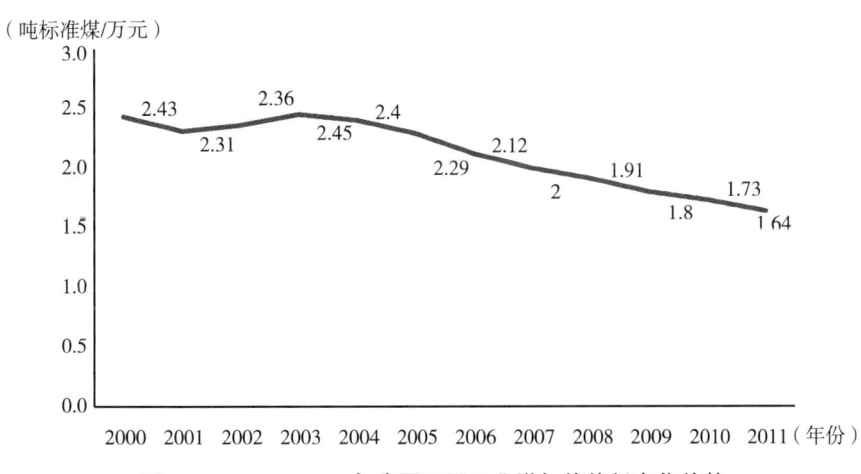

图 2-1 2000—2011 年我国万元工业增加值能耗变化趋势

(三) 我国低碳能源占比稳步上升

低碳能源包括核电、水电、风电、太阳能光伏发电、生物质能、地热能等。从我国统计数据看，2000—2013年我国水电、核电、风电消费量持续增长，其在全国能源消费总量中的比重也呈上升态势（见表2-5、图2-2和图2-3）。我国水电、核电、风电消费总量由2000年的9313.98万吨标准煤增长到2013年的36750万吨标准煤，将近增长了3倍；水电、核电、风电消费总量占全国能源消费总量比重也由2000年的6.4%提高到2013年的9.8%，增加了3.4个百分点，尤其2003年后呈缓慢稳步上升趋势。

表2-5　　　　2000—2013年我国低碳能源消费总量及
低碳能源占能源消费总量比重情况

年份	水电、核电、风电消费总量（万吨标准煤）	低碳能源占比（%）
2000	9313.98	6.4
2001	11280.45	7.5
2002	11638.46	7.3
2003	11946.48	6.5
2004	14301.55	6.7
2005	16047.8	6.8
2006	17331.29	6.7
2007	19074.54	6.8
2008	22441.5	7.7
2009	23918.47	7.8
2010	27944.75	8.6
2011	27840.16	8.0
2012	34002.81	9.4
2013	36750	9.8

由于统计数据中尚未将太阳能、生物质能、地热能等可再生能源统计在内，如果加上这些类型能源发电量，则低碳能源占比还能再提高。以太阳能为例，实际上，近几年我国太阳能光伏发电量增长迅速。截至2013年底，我国累计并网运行光伏发电装机容量1942万千瓦，其中光伏电站1632万千瓦，分布式光伏310万千瓦，全年累计发电量90亿千瓦时。

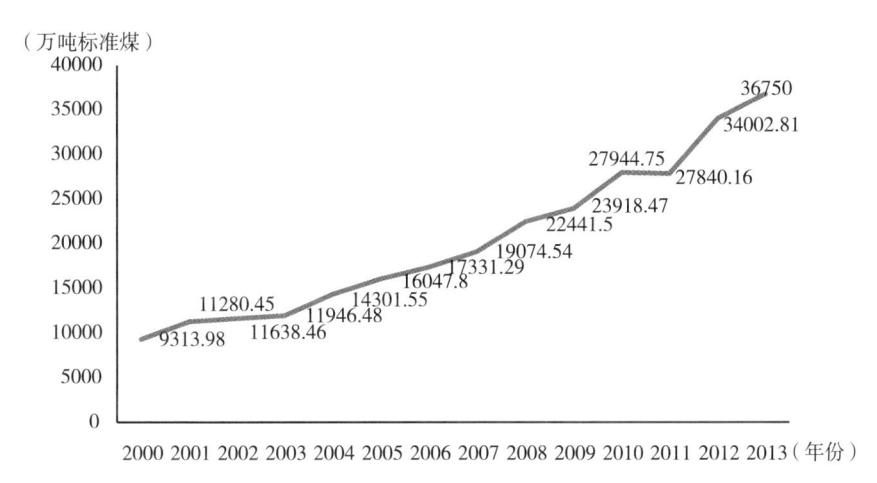

图 2-2　2000—2013 年我国水电、核电、风电消费总量（万吨标准煤）

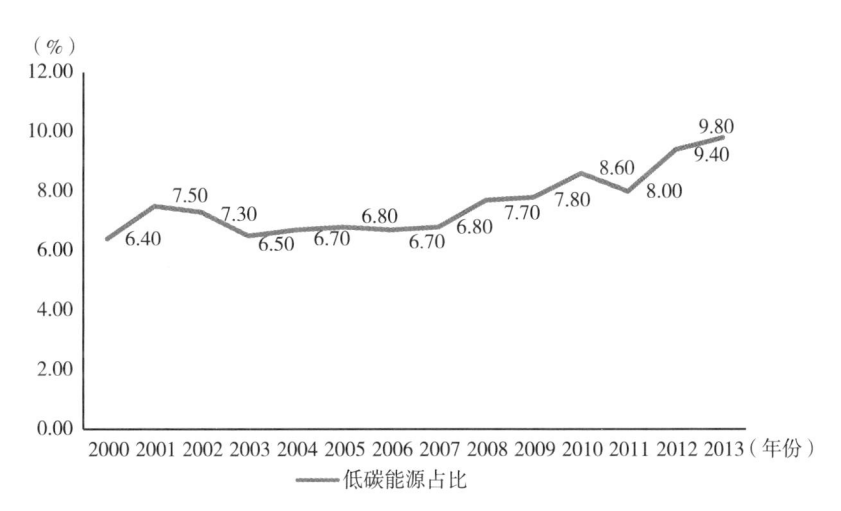

图 2-3　2000—2013 年我国水电、核电和风电占全国能源消费总量比重趋势

2013 年新增光伏发电装机容量 1292 万千瓦，其中光伏电站 1212 万千瓦，分布式光伏 80 万千瓦。[①] 2014 年前三季度，全国光伏发电量约 180 亿千瓦时，相当于 2013 年全年发电量的 200%，增速较快。[②]

---

① 国家能源局网站，http://www.nea.gov.cn/2014-04-28/c_133296165.htm，2014-12-13 登录。

② 同上。

(四) 低碳技术和产品推广力度大

为加快节能低碳技术进步和推广普及，引导用能单位采用先进适用节能低碳新技术、新装备、新工艺，促进能源资源节约集约利用，减少温室气体排放，2014年1月国家发改委制定了《节能低碳技术推广管理暂行办法》，组织指导在全国范围的重点节能低碳技术申报、遴选、评定、推广、培训等工作。截至2014年8月，国家发改委已先后六批次编制国家重点节能技术推广目录。此项措施对加速现有成熟适用节能低碳技术的推广普及发挥积极作用。同样是2014年1月，科技部发布《节能减排与低碳技术成果转化推广清单（第一批）》，将最新先进节能低碳技术研究成果加速推广应用。清单共推广普及10项能效提高技术、5项废物和副产品回收利用技术、3项清洁能源技术和1项温室气体削减和利用技术。[①] 这些措施都将推进我国工业企业推广应用先进成熟适用节能低碳技术，促进工业企业降低能耗减少温室气体排放。

我国还高度重视节能低碳产品的推广使用。"节能产品惠民工程"已实施多年，是国家发改委、工信部、财政部联合发布的低碳产品推广措施，通过提供财政补贴方式对能效等级1级或2级以上的十大类高效节能产品进行推广，包括高效照明产品、节能与新能源汽车、高效节能台式计算机、风机、变压器、节能环保汽车等类型的节能产品被纳入财政补贴推广范围。例如，截至2012年7月，先后共八批次发布节能汽车推广目录，2014年9月首次发布节能环保汽车推广目录。[②] 与低碳技术推广措施主要在生产领域发挥作用不同的是，低碳产品主要引导消费领域购买使用，降低在消费环节的能耗和温室气体排放。当然，低碳产品的消费引导又通过创造市场需求，反向激励企业生产低碳产品，扩大低碳产品生产规模，从而促使企业低碳生产和生产低碳产品。

(五) 不断强化工业企业能源管理

2011年12月，国家发改委等多家部门联合发布《万家企业节能低碳行动实施方案》，其中2010年综合能源消费量1万吨标准煤及以上的工业

---

① 科技部：《节能减排与低碳技术成果转化推广清单（第一批）》，2014年1月。
② 中国汽车燃料消耗量网站，http://chinaafc.miit.gov.cn/n2257/n2341/c85205/content.html，2014-12-13登录。

企业是重点实施对象企业。该方案要求：重点用能企业强化节能目标责任制，建立能源管理体系，加强能源计量统计，开展能源审计，加大节能技术改造力度，加快淘汰落后用能设备和生产工艺，开展能效达标对标工作，建立节能激励约束机制。近几年来，方案的有效实施有力推动了重点用能企业的节能减排工作，取得较好效果。2013 年，万家企业节能目标责任考核结果显示，2013 年参加考核企业 14119 家，其中 3975 家考核结果为"超额完成"等级，占 28.2%；7117 家为"完成"等级，占 50.4%；1836 家为"基本完成"等级，占 13.0%；1191 家为"未完成"等级，占 8.4%。2011—2013 年，万家企业累计实现节能量 2.5 亿吨标准煤，完成"十二五"万家企业节能量目标的 97.7%。①

另外，为引导工业企业采取有效措施提高工业生产能源效率，工业和信息化部门近些年来不断修订能效标准和编制能效指南，以便企业对标改进。"十二五"以来，我国已制、修订 73 项单位产品能耗限额标准和 54 项终端用能产品能效标准，基本覆盖了主要高耗能行业，对指导工业企业能效对标达标、淘汰落后的用能设备、发布能效标杆、淘汰落后产能发挥了重要作用。2014 年 12 月，工业和信息化部门还编制了《全国工业能效指南（2014）》，对全国、地区、行业、重点行业产品和工序以及高耗能设备（终端用能产品）等各方面各层次能效指标做了明确说明，有利于工业企业加强能效管理工作。②

（六）推进工业低碳绿色发展试点

2014 年 5 月，工信部、国家发改委等部门联合组织开展国家低碳工业园区试点工作，公布首批 55 家国家低碳工业园区试点名单，指导试点园区结合产业特色和当地基础条件，探索工业园区低碳发展模式，提升试点园区碳生产力和产业竞争力。早在 2005 年和 2007 年，国家发改委等部门就组织开展了两批国家循环经济试点示范工作，共计 178 家工业企业或园区单位。2014 年 11 月，国家发改委等部门公布了首批通过验收的国家

---

① 国家发改委网站，http://www.ndrc.gov.cn/zcfb/zcfbgg/201412/t20141211_651829.html，2014-12-13 登录。

② 工信部，http://www.miit.gov.cn/n11293472/n11293832/n12843926/n13917012/16324457.html，2014-12-13 登录。

循环经济试点示范单位名单。[①] 2001—2006 年，原国家环保总局先后论证通过 19 个国家生态工业示范园区建设规划。此外，还有地方层面推行了许多低碳、循环、生态示范工业园区项目。这些国家层面和地方层面的低碳、循环、生态工业园区或企业单位示范试点建设，为我国工业企业、园区、行业积累低碳绿色发展经验，探索低碳绿色发展模式奠定了坚实的基础。

（七）工业污染治理投资有所增加

表 2-6 和图 2-4 反映了 2004—2012 年间我国工业污染治理投资完成情况，2004 年工业污染投资 3081060 万元，2007 年达到最高，投资完成 5523909 万元，2012 年为 5004573 万元；2004—2007 年上升，2008—2010 年下降，2011—2012 年又大幅增加。其原因可能是 2008—2010 年受到全球金融危机的影响，工业企业降低了工业污染治理投入。但总体来看，工业污染治理投资呈上升态势，2012 年较 2004 年增长了 62.4%。

表 2-6　　　　2004—2012 年我国工业污染治理投资情况

年份	工业污染治理完成投资（万元）
2004	3081060
2005	4581909
2006	4839485
2007	5523909
2008	5426404
2009	4426207
2010	3969768
2011	4443610
2012	5004573

总之，我国工业领域低碳发展战略目标明确，近些年来通过淘汰落后产能，提高能效标准，加强能源管理，推广应用先进成熟适用低碳技术产品，大力发展低碳能源，使得我国能耗强度持续下降，低碳能源占比持续

[①] 国家发改委网站，http：//www.sdpc.gov.cn/zcfb/zcfbgg/201411/t20141119_648505.html，2014-12-13 登录。

(万元)

年份	数值
2004	3081060
2005	4581909
2006	4839485
2007	5523909
2008	5426404
2009	4426207
2010	3969768
2011	4443610
2012	5004573

图 2-4 我国工业污染治理投资趋势

上升，低碳技术不断进步，低碳产品日益普及，能源效率不断提升，工业企业低碳发展经验日渐丰富，污染治理和节能减排投资逐渐增加，工业低碳绿色转型具备良好的工作基础。

我国推进低碳发展目标坚定、行动有力。2014 年 11 月 12 日，中美发布气候变化联合声明，我国计划 2030 年前后二氧化碳排放达到峰值且将努力早日达峰。可以预期，通过多措并举，我国工业企业节能低碳技术设备将日益先进，能源效率和能源管理水平将不断提高，节能低碳产品市场需求规模将不断放大，包括水能、太阳能、风能、生物质能、低热能、核能等在内的低碳能源在一次能源消费中的比重将不断提升，单位工业增加值能耗和碳排放将不断下降，具有低碳特征的工业产业体系逐步形成，预期到 2020 年前后，适合我国国情的工业低碳发展模式初现雏形。

第三章

英国的低碳发展战略与经验借鉴

作为岛国，英国更容易遭受气候变化的不利影响，加之化石能源日益依赖进口，因此，应对气候变化、促进低碳转型的态度最为明确、坚决和积极，在战略、立法和政策措施方面是世界的引领者，因而其经验做法最具借鉴意义。

一 战略、法制、政策与措施——宏观层面

(一) 能源白皮书:《我们能源的未来——创建低碳经济》

2003年，英国政府发布能源白皮书《我们能源的未来——创建低碳经济》，书中不仅为英国谋划未来的能源战略，而且首次提出低碳经济发展理念而举世瞩目。英国之所以制定新的能源战略和政策，是为了应对三大挑战：气候变化；本土能源日益枯竭，能源进口依存度加深；未来20年需要大规模替代或更新能源基础设施。为了应对气候变化，英国确定了到2050年减少CO_2排放60%（相对当前水平）的长期目标。为此，英国要使经济朝着该目标前进的轨道运行，那便是创建低碳经济，使经济增长逐渐与能耗和污染排放脱钩。由于温室气体排放主要是消耗化石能源所致，因此，英国将优先通过提高能效和发展低碳的可再生能源来达成目标。书中展望到2020年的能源体系：相当部分能源依赖进口；大型电站中将包括部分海上风力和陆上风力发电场；存在诸多中小型地区/社区电厂，利用生物质、废弃物等可再生能源发电；存在诸多微型发电装置，如微型CHP（热电联产）、建筑用燃料电池、光伏设备等；产品和建筑能效提高；新建住房低能耗甚至零碳排放；天然气在能源结构中占相当比例；燃煤发电占比或者下降，或者经过CCS

技术处理（前提是证明 CCS 技术、环境和经济可行）；交通领域，在轿车、轻型货车中普及混合动力车型，大规模使用生物质燃料，在公共服务和公用事业交通工具中推广使用氢燃料。至于核能，目前虽占相当比重，但由于存在核废料处理等安全风险，英国持谨慎发展态度。英国当前核电站已临近使用寿命，至于是否新建核电站，取决于未来决策，不过决策前须充分听取公众意见。①

（二）《气候变化法案》

到 2008 年，英国将应对气候变化、发展低碳经济上升到法律层面，通过《气候变化法案》（Climate Change Act 2008，以下简称《法案》），成为世界首个为温室气体减排目标立法的国家。法案以法律形式再次确定英国的中长期减排目标：在 1990 年水平基础上，到 2020 年至少减少 26%②，到 2050 年至少减少 80%，同时规定英国政府可根据形势变化审议和调整减排目标。为确保减排目标实现，《法案》设计了碳预算（Carbon Budget）制度，规定五年为一个预算周期，对碳排放总量进行阶段性有计划递减化规定，前期碳预算周期包括 2008—2012 年、2013—2017 年、2018—2022 年三个周期。为切实落实碳目标和碳预算制度，《法案》还规定要成立气候变化委员会（the Committee on Climate Change），负责对碳目标、碳预算、碳排放贸易体系、可再生能源、国际航空和海运业碳排放、气候变化影响和适应等相关事项提供建议、评估和报告，为推进减排和低碳转型提供了组织保障。③ 为减少各地区、行业和企业自主减排的阻力，调动其积极性，《法案》初步设计了碳排放贸易激励机制，利用市场机制控制碳排放总量和推动减排，抑制那些会直接或间接导致碳排放的活动，而激励那些会直接或间接减少碳排放的活动。除了减排方面，《法案》还关注适应气候变化方面。英国作为岛国，更容易遭受气候变化的影响和威胁，增强气候不利变化的适应能力对英国而言也更加现实和迫切，因此《法案》规定，英国政府必须对英国遭受气候变化的影响和风

---

① DTI (Department of Trade and Industry). 2003. *Energy White Paper: Our Energy Future-Creating a Low Carbon Economy*. TSO, London.
② 后来英国政府将减排目标调整为到 2020 年减少 34%。
③ "Climate Change Act 2008," http://www.legislation.gov.uk/ukpga/2008/27/introduction.

险进行评估、报告和建议。① 除了气候问题外,《法案》还涉及一些环境问题,如规定对一次性用袋收费、废弃物减排与回收计划等。可见,《法案》对英国碳减排目标、路径、组织机构、机制设计、适应等一系列问题做出了系统性规划和安排,必将有力约束英国政府和经济运行朝着低碳化方向迈进。

(三)《英国低碳转型计划》

2009 年,英国推出了首个综合性低碳转型计划——《英国低碳转型计划》(the UK Low Carbon Transition Plan,以下简称《计划》),对 2020 年以前生产、生活、政务和建设领域的低碳转型做出全面部署,以落实《气候变化法案》确立的阶段性减排目标。在生产领域,重点涉及能源、电力、交通、工作场所等方面。其中,能源和电力领域,要求电力供应商大幅提高可再生能源电力,计划到 2020 年 40% 的电力来自低碳能源,其中 30% 电力来自可再生能源;支持清洁技术研发与应用,助力英国成为世界绿色工业中心,包括投资 1.2 亿英镑用于海上风力发电建设,额外追加 6000 万英镑用于巩固英国在海洋能源利用方面的世界领导地位等;斥资支持四个煤电站碳排放的 CCS,积极推动 CCS 技术在其他国家应用;新建核电站选址及相关事项也在评估审核过程中,开发商期望到 2025 年新核电站可以运行;投资支持智能电网、超低碳交通基础设施建设及深层地热开发;争取欧洲投资银行(European Investment Bank)40 亿英镑资金用于支持新能源和其他能源发展;为商业和公共部门节能和投资低碳技术提供融资和激励政策支持等。交通领域,到 2020 年,要求所有新产汽车 CO_2 排放较 2007 年水平下降 40%;要求新产厢式货车(Vans)能效更高;投资 3 亿英镑购置几百辆低碳公交车辆;政府采购车辆达到欧盟技术标准;为新购电力车辆提供 2000—5000 英镑/辆的价格补贴;到 2020 年 10% 的交通能耗来自可再生能源;投资 1.4 英镑用于自行车推广项目,以及 500 万英镑增加铁路站点自行车储备;自 2012 年起所有抵达欧盟机场或从欧盟机场起飞的飞机纳入欧盟排放贸易体系,英国也要限制航空排放,争取到 2050 年排放低于 2005 年水平,计划通过研发更高效的飞机引

---

① 兰花:《2008 年英国〈气候变化法〉评介》,《山东科技大学学报》(社会科学版)2010 年第 3 期。

擎和其他新技术来实现。生活领域，通过帮助家庭提高能效、为每个家庭安装智能电表、节能补偿机制（Pay as You Save）、低碳能源现金返还计划（Clean Energy Cash-back Scheme）、提高新建住宅能效标准等措施绿化家庭和社区。政务领域，给所有主要政府部门分配碳预算指标，各部门各自制定减碳计划，未完成者将不得不从海外购买碳信用。城市建设领域，将英格兰西南部区域列为英国首个低碳经济区。《计划》还对农业作业方式、土壤和废弃物管理等方面低碳化做了安排。[①] 可见，《计划》期望通过增加低碳能源供应、提高能源效率、发展低碳技术、交通低碳化、绿化家庭和社区、低碳政务、低碳经济区建设、农业低碳化等系统性努力来创建低碳英国。

综上所述，英国在战略上确立了2020年和2050年的中长期减碳目标，并通过立法赋予其法律约束力，且引入碳预算制度以铺设减碳路径，重点通过提高能效、发展可再生能源、CCS技术等手段促进减排，再全面低碳化交通、家庭、社区、工作场所、政府等生产、生活和政务领域，努力创建低碳英国。下面着重分析能源和可再生能源、低碳交通等方面。

二 低碳能源

（一）能源生产结构

2011年，英国初级燃料的总产量为137Mtoe（百万吨石油当量），其中：石油，56.9Mtoe，占42%；天然气，45.3Mtoe，占33%；煤炭，11.6Mtoe，占8%；初级电力（Primary Electricity），17.5Mtoe，占13%；生物质能和废弃物能源，5.8Mtoe，占4%。低碳燃料合计23.3Mtoe，占17%。各种初级燃料增减趋势不同，其中：对石油和天然气而言，2000年是重要分水岭，1980—2000年呈上升趋势，2000—2011年呈降势；煤炭1980—2011年总体呈降势；低碳燃料总体呈升势。原因就是高碳能源储量日益枯竭，低碳能源开发量日益增加。

---

① The UK Low Carbon Transition Plan: National Strategy for Climate and Energy, http://www.decc.gov.uk/publications/basket.aspx? FilePath.

Million tonnes of oil equivalent

	1980	1990	2000	2009	2010	2011
Petroleum	86.9	100.1	138.3	74.7	69.0	56.9
Natural gas	34.8	45.5	108.4	59.7	57.2	45.3
Coal	78.5	56.4	19.6	11.0	11.5	11.6
Primary electricity	10.2	16.7	20.2	16.5	15.1	17.5
Bioenergy & waste	0.0	0.7	2.3	4.9	5.1	5.8
Total	210.5	219.4	288.7	166.9	157.9	137.0

图 3-1 英国初级燃料产量结构

数据来源：UK Energy in Brief 2012. p. 8. 注释：表中初级电力（primary electricity）包括核电、风电和水电。

（二）能源消费结构

首先，从能源类型方面考察，图 3-2 显示，2011 年英国能源消费总量为 138.3Mtoe。其中，消费煤炭 2.5Mtoe，占 1.8%；天然气 42.4Mtoe，占 30.7%；石油 62.3Mtoe，占 45%；电力 27.3Mtoe，占 19.7%；生物质能和热能 3.8Mtoe，占 2.7%。可见，石油和天然气消费占绝大部分。再考察其演变趋势。图 3-3 显示，2011 年较 1980 年，英国石油消费下降，降幅为 10.1%；天然气消费大幅上升，升幅为 72.1%；煤炭消费大幅下降，降幅为 55.8%；初级电力消费有所上升，净增 7.2Mtoe；新增了生物质能和废弃物能源消费。

2011　　　　　　　　　　　　　　　　　　Million tonnes of oil equivalent

	Industry	Domestic	Transport	Services[1]	Total
Coal & manufactured fuels	1.7	0.8	0.0	0.0	2.5
Gas	10.7	25.2	—	6.5	42.4
Oil	4.5	2.7	53.7	1.4	62.3
Electricity	8.8	9.6	0.4	8.6	27.3
Bioenergy and heat	1.4	0.6	1.1	0.7	3.8
Total	27.1	38.8	55.2	17.2	138.3

(1) Includes agriculture

图 3-2 英国初级燃料消费结构

数据来源：UK Energy in Brief 2012. p10.

其次，从行业方面进行考察。图 3-2 显示，交通领域能源消费最多，

```
Inland energy consumption, 1980 to 2011
                Million tonnes of oil equivalent
        1980         Bioenegy and waste    2011
10.2                 Primary electricity          7.5
                     (mainly nuclear)             18.0
73.3                 Coal                         32.4

44.8                 Gas                          77.1


76.2                 Oil                          68.0


        204.5    Inland energy consumption  203.0
```

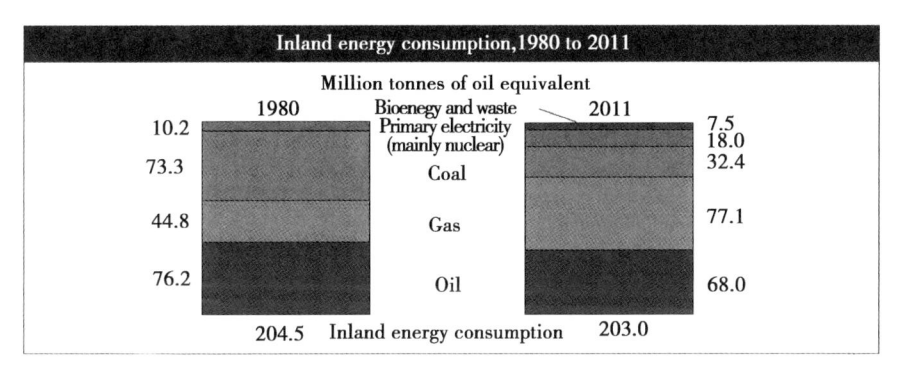

图 3-3 英国初级燃料消费演变趋势

数据来源：UK Energy in Brief 2012. p9.

达 55.2Mtoe，占 39.9%；家庭能源消费次多，达 38.8Mtoe，占 28.1%；工业领域能源消费为 27.1Mtoe，占 19.6%；最少的是服务业，为 17.2Mtoe，占 12.4%。可见，交通和家庭能耗占比合计68%，是英国能源消费的主要领域，这也是英国选择低碳交通、绿化家庭和社区作为创建低碳英国重要领域的根本原因。再结合能源类型分析，天然气主要被家庭和工业消耗，石油主要被交通部门消耗，电力主要被家庭、工业和服务部门大致平均消耗，生物质能和废弃物能源在四大部门中消费量相对平均。再动态考察，图 3-4 显示，2011 年较 1980 年，英国工业能耗下降 43.9%；家庭能耗仅下降 3.8%；交通能耗增加 55.5%；服务部门能耗下降 8%。

Million tonnes of oil equivalent

	1980	1990	2000	2009	2010	2011
Conversion losses:			53.8	50.0	49.9	48.2
Distribution losses and energy industry use:	(62.1	66.4)	20.7	18.0	18.3	17.1
Final consumption:						
Industry	48.3	38.7	35.5	26.6	27.7	27.1
Domestic sector	39.8	40.8	46.9	43.0	48.5	38.8
Transport	35.5	48.6	55.5	56.1	55.2	55.2
Services[1]	18.7	19.2	21.5	17.7	18.3	17.2
Total final energy consumption:	142.4	147.3	159.4	143.4	149.6	138.3

图 3-4 英国行业能源消费演变趋势

(三) 低碳能源结构

1. 低碳能源在英国能源供应中的比重

低碳能源,包括核能、风能、水能、生物质能、交通低碳燃料等。2011年,英国低碳能源在其能源供应中占比12%。其中,核能占比7.7%,生物质能占比2.7%,风能占比0.7%,交通低碳燃料占比0.6%,水能占比0.2%,其他低碳能源占比0.1%。那么,除核能外的可再生能源占比合计仅为4.3%。这与到2020年低碳能源达到40%、可再生能源达到30%的计划目标还有较大距离,意味着英国2012—2020年低碳能源发展任务较重。再动态分析低碳能源发展趋势,2000—2011年,核能占比略有下降,水能占比大致不变,风能、生物质能、交通低碳燃料等可再生能源占比虽然较低,但增速较快,正是朝着2020年中期目标加快迈进的表现。

Percentage

	2000	2007	2008	2009	2010	2011
Nuclear	8.4	6.2	5.3	7.2	6.4	7.7
Wind	0.0	0.2	0.3	0.4	0.4	0.7
Hydro	0.2	0.2	0.2	0.2	0.1	0.2
Bioenergy	0.9	1.7	1.8	2.1	2.3	2.7
Transport fuels	0.0	0.2	0.4	0.5	0.6	0.6
Other	0.0	0.0	0.0	0.0	0.1	0.1
Total	9.4	8.4	8.0	10.5	9.8	12.0

图3-5 低碳能源在英国能源供应中的比重

2. 可再生能源结构

在此,有必要对英国可再生能源战略作简要说明。2009年,英国公布《英国可再生能源战略》(The UK Renewable Energy Strategy)报告,报告指出,到2020年,不仅超过30%的电力来自可再生能源,而且12%的供热和10%的交通能耗也要由可再生能源提供。为此,到2020年英国将提供300亿英镑资金支持可再生能源发电和供热,延长可再生能源工业供应链,加大支持海上风电、海洋能等关键技术力度,建设必要的支撑可再生能源工业发展的基础设施,建设更快、更智能化的电网体系,使生物质能利用更可持续,推动电动车和铁路网络电力化发展。通过实施可再生能源战略,到2030年将使英国减排755 $MtCO_2$,增强英国能源供应安全,不过由于新的基础设施建设和生物质能利用，也会给当地环境和自然遗产造成压力。① 下面，再分析英国可再生能源的发展状况。

在 2011 年，英国可再生能源使用量为 8674.4Ttoe（千吨石油当量）。其中，垃圾沼气（landfill gas）为 1646.7Ttoe，占 19%；风能 1332.5Ttoe，占 15.4%；其他生物质能 1173Ttoe，占 13.5%；交通生物质燃料 1127.5Ttoe，占 13%；联产（Cofiring）972Ttoe，占 11.2%；市政废弃物燃烧 750Ttoe，占 8.6%；木材 705.5Ttoe，占 8.1%；水能和波浪能 489Ttoe，占 5.6%；污水沼气 313.8Ttoe，占 3.6%；地热能和太阳能 131.8Ttoe，占 1.5%；热泵 32.5Ttoe，占 0.4%。在这些可再生能源中，生物质能合计占比 77.1%，占绝大多数；其次是风能，而水能和波浪能、地热和太阳能、热泵等用能量较低。这些可再生能源中，有 630 万用于发电，120 万用于供暖，110 万用于道路交通，较 2010 年增长了 15%，约为 2000 年水平的 3.5 倍。

Total use of renewables				Thousand tonnes of oil equivalent	
	1990	2000	2009	2010	2011
Geothermal and active solar heating	7.2	12.0	72.0	90.6	131.8
Wind	0.8	81.3	799.9	875.4	1332.5
Hydro (large & small scale) and wave	447.7	437.3	450.7	313.4	489.0
Landfill gas	79.8	731.1	1637.8	1658.1	1646.7
Sewage gas	138.2	168.7	247.1	286.6	313.8
Wood (domestic and industrial)	174.1	458.4	598.6	647.5	705.5
Municipal waste combustion	100.8	374.8	655.8	684.6	750.0
Heat pumps	—	—	10.9	21.2	32.5
Transport biofuels	—	—	1038.5	1214.4	1127.5
Cofiring	—	—	533.0	765.0	972.0
Other bioenergy	71.9	265.5	863.2	983.1	1173.0
Total	1020.5	2529.0	6907.5	7539.9	8674.4

图 3-6　英国可再生能源结构

3. 可再生能源发电量构成

图 3-7 显示，2011 年英国可再生能源发电量共计 34.4TWh，占英国发电总量 9.4%，较 2010 年增长 33%，是 2000 年水平的 3.5 倍。其中，陆上风电最多，达 10.6TWh，较 2010 年增长 47%；其他生物质能发电其

---

① The UK Renewable Energy Strategy, presented by Secretary of State for Energy and Climate Change, July 2009.

次，为 8TWh，较 2010 年增长 14.3%；水力发电、海上风电和垃圾沼气发电大致相当，依次是 5.7TWh、5.1TWh 和 5TWh，较 2010 年分别增长 58%、70% 和 0。不过，1990—2012 年间，水力发电变化较小，其他类型电力均有较大幅度增长。

Renewable Electricity Generation, TWh

	1990	2000	2009	2010	2011
Onshore wind	—	0.9	7.6	7.2	10.6
Offshore wind	—	—	1.7	3.0	5.1
Hydro	5.2	5.1	5.2	3.6	5.7
Landfill Gas	0.1	2.2	5.0	5.0	5.0
Other Bioenergy	0.5	1.7	5.2	7.0	8.0
Total Renewables	5.8	9.9	25.3	25.8	34.4

图 3-7　英国可再生能源发电量构成

注释：onshore wind 数据包含太阳能光伏发电数据（2011 年为 0.25TWh）；hydro 数据包含 shoreline wave/tidal 发电数据（2011 年为 0.001TWh）。

4. 热电联产装机容量和发电量

图 3-8 显示，2011 年，英国热电联产装机容量达到 6111MWe，较 2000 年增长 37.3%；发电量为 27191GWh，较 2000 年增长 7.7%；发热量为 48627GWh，较 2000 年下降 11.4%。再从装机数量看，2011 年，<100KWe，535 个，较 2000 年略有减少；[100KWe，999KWe]，1024 个，较 2000 年增长 92.5%；[1MWe，9.9MWe]，252 个，较 2000 年增长 38.5%；≥10MWe，69 个，1995—2011 年间大体保持不变。2011 年，100KWe 以下的小型机组发电量不足该年热电联产总发电量的 1%；10MWe 以上的大型发电机组年发电量达到热电联产发电总量的 82%；该年热电联产发电量占英国发电总量的 7.4%。可见，英国热电联产中小型机组数量较多，但发电规模仍以大型电站为主。

5. 核能利用前景

经过审慎评估，英国政府依然认为，核能利用是应对气候变化和能源安全的需要。由于现有核电站即将接近其生命周期末期阶段，所以英国政府相信，新建核电站在其未来能源结构中应发挥一定作用，政府应允许能源公司建设新核电站，应采取积极措施为新建核电站开路。在日本福岛核事故之后，德国和瑞士态度转变较大，而英国依旧行动积极。

事实上，目前英国核电站的减排贡献达到 7%—14%，筛选了八个适

	1995	2000	2009	2010	2011
CHP electrical capacity (MWe)	3354	4451	5573	6053	6111
CHP electrical generation (GWh)	14778	25246	26428	26772	27191
CHP heat generation(GWh)	56833	54877	48096	48273	48627
Number of CHP sites					
Less than 100 kWe	617	556	445	453	535
100 kWe to 999 kWe	396	532	760	821	1024
1 MWe to 9.9 MWe	139	182	208	232	252
10 MWe and greater	68	70	72	71	69
Total	1220	1340	1485	1577	1880

图 3-8　英国热电联产装机容量和发电量

合建造核反应堆的区域，核电工业计划到 2025 年新增 16GW 的核电装机容量，其中包括 EDF 能源公司新建四座 EPR 反应堆，装机容量为 6.4GW；地平线核能公司也有至少 6GW 装机容量的建设计划；NuGEN 公司的计划为 3.6GW 等。[①]

6. CCS 技术推广应用前景

英国是研发、推广 CCS 技术较为积极的国家，希望利用 CCS 技术将化石燃料燃烧产生的温室气体安全、永久地储藏在深层地下。英国之所以积极发展 CCS 技术，基于几方面考虑：一是可再生能源电力供给存在不稳定、不足，以及在某些领域不适用等问题，发展 CCS 技术可以使化石燃料继续发挥作用，增强英国电力供应的多样性和安全性；二是英国认为 CCS 产业代表了绿色增长机会，世界各国政府共承诺资助 400 亿美元发展 CCS 技术项目，预期到 2020 年，英国企业每年可从中获益 30—65 亿英镑；三是英国发展 CCS 技术具备诸多优势，包括英国海床底下巨大的储藏能力（如 North and Irish Seas）、现有电厂和工厂可共享 CCS 基础设施、海上石油天然气专业技能和设备可转用于 CCS 项目、CCS 研发优势等。目前，CCS 技术推广仍处于早期阶段，英国期望成为成长中的世界市场的领导者，并帮助建立 CCS 项目。英国也正积极采取措施，预期到 2020 年，在没有政府补贴的情况下，CCS 技术能够实际应用，并且私营部门愿意投资于化石燃料电站。英国第一步首先关注电力部门推广 CCS 技术，下步再考虑在其他产业部门推广。推广 CCS 技术存在三大关键挑战：一是降低 CCS 技术的成本与风险；二是建立可使私营部门成本有效地推广

---

① http://www.decc.gov.uk/en/content/cms/meeting_energy/nuclear/nuclear.aspx.

CCS 技术的市场架构；三是破除 CCS 技术推广障碍。为推进 CCS 产业发展，英国采取了诸多措施，包括：一是推出资助 10 亿英镑用于 CCS 技术商业化推广计划；二是 4 年内资助 1.25 亿英镑用于研发和创新协同计划，建立一个新的英国 CCS 研究中心；三是低碳电力市场改革兼顾 CCS 化石燃料电站需求；四是与世界分享 CCS 知识，以帮助其他国家降低 CCS 运行成本。①

应该说，CCS 技术蕴藏的经济风险和技术风险都比较大，目前英国正努力降低成本，使其成本有效推动商业化应用。出于减排和能源安全考虑，英国大力发展 CCS 技术，并积极向世界其他国家推广，一方面扩大其市场机会，另一方面可由其他国家共担技术风险。例如，英国积极加强与中国 CCS 技术合作，2005 年 12 月英国环境、食品和农村事务部与中国科技部签订中英碳捕获与封存（CCS）合作谅解备忘录，2006 年 7 月该谅解备忘录执行工作正式启动，② 由此也拉开了 CCS 技术在我国发展的序幕。实际上，CCS 技术安全和环境风险隐患极大，目前没有哪个国家技术成熟，能够掌控其风险。因此，在一定程度上说，CCS 技术是将未来的"天上风险"转变成未来的"地下风险"。

（四）低碳能源发展的特点、障碍及应对措施③

首先，分析电力部门。英国期望到 2030 年，电力部门近乎全面脱碳，主要依靠发展可再生能源、核能和 CCS 技术来实现。然而，各类技术有各自不同的特点和困难，也需要采取相应的措施来克服。其中，核能是成本最具市场竞争力的，但长期内存在核电站选址、核原料供给、核废料处理、公众接受、安全等诸多难题需要解决，因而使核能发展存在不确定性。CCS 技术虽然前景看好，但规模化的 CCS 技术示范项目能否成功尚属未知，且长期看温室气体储存能力会受限制，因而 CCS 技术发展也不确定。在诸多类型可再生能源中，陆上风电技术比较成熟，价格也较具市场竞争力，但长期看合适陆上风力发电占选址受到限制；海上风力发电，

---

① DECC. CCS Roadmap, April 2012.
② 中国 21 世纪议程管理中心网站，http://www.acca21.org.cn/gest/tpjyfcccs/gjhz/nzec/20061102.html。
③ The Renewable Energy Review 2011, presented by the Committee on Climate Change, www.theccc.org.uk.

还处于推广应用的早期阶段,技术尚不成熟,成本偏高,制约了其发展,这是目前英国海上风电在能源结构中占比偏低的原因,但海上风力资源丰富,不会破坏当地风景,成本下降仍有空间,如果促进措施得当,仍较具发展潜力。海洋能(包括波浪能、潮汐能等)与海上风能类似,还处于示范阶段,也由于成本偏高,发展缓慢,如能有效降低成本,发展前景依然看好。太阳能也由于成本高,在英国发展也比较缓慢,对英国而言没有优势(成本比较见图3-9)。另外,可再生能源电力的间歇性特征也是需要解决的问题。

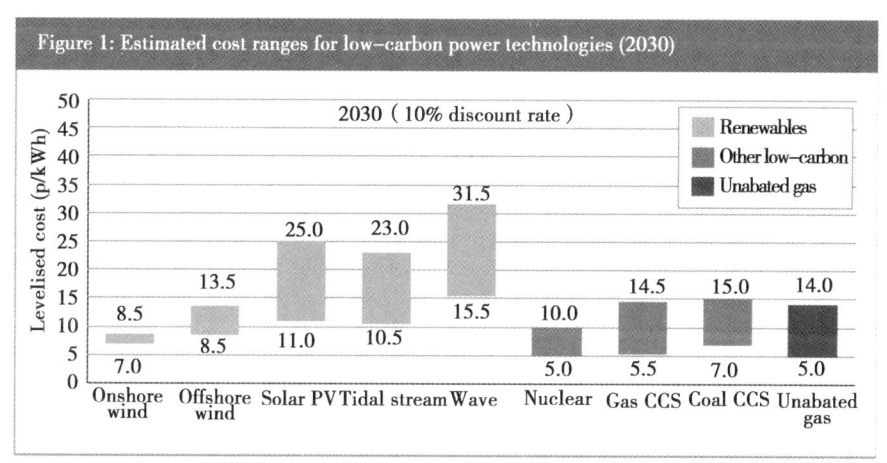

Figure 1: Estimated cost ranges for low-carbon power technologies (2030)

Source:CCC calculations,based on Mott MacDonald (2011) Costs of low-carbon generation technologies.
Note(s):2010 prices,using 10% discount rate,for a project starting construction in 2030.Unabated gas includes a carbon price.Excludes additional system costs due to intermittency,e.g.back-up,interconnection.These ranges take into account capital cost and fuel/carbon price uncertainty,but do not cover all possible eventualities (e.g.they assume that CCS is successfully demonstrated).

图 3-9 低碳电力的成本比较

其次,分析可再生能源供热部门。利用可再生能源供热技术相对成熟,主要有热泵(包括空气热泵和地热热泵)、生物质能(biomass)供热和沼气(biogas)供热等技术。英国期望,到2020年可再生能源供热达到70兆瓦时,到2030年增加到210兆瓦时。然而,目前英国可再生能源供热量相对偏少。制约可再生能源供热发展的障碍既有资金(financial)障碍,也有供应链瓶颈、消费者信息和信心不足等非资金(non-financial)障碍。

最后,分析可再生能源交通(Renewable Transport)部门。英国期望,大幅增加可再生电力车辆,到2030年60%的新产汽车和厢式货车属于可再生电力车辆。不过,生物质燃料在交通部门的应用受到限制,需要考虑的因素包括：一是生物质燃料供应与食品供给之间存在矛盾，前者供应增加，势必导致生产食品的土地和原料减少，从而推高土地、食品和生物质原料价格及减少食品供给；二是陆上交通部门燃料与航空、海运和工业部门能源需求存在竞争，而航空部门更适宜使用生物质燃料等低碳能源，不适宜使用电力低碳能源。

针对上述低碳能源发展中存在的困难与障碍，英国气候变化委员会提出如下对策建议：

（1）英国政府应大力支持具有竞争优势的且有机会引领世界的技术发展，包括海上风电、海洋能利用、CCS以及工业领域等，英国在开发、示范均走在世界前列的技术类型。

（2）改革电力市场安排机制，对于陆上风电和核电等技术成熟、成本具有竞争力的低碳能源部门，鼓励市场竞争性投资；对于海上风电、海洋能、CCS等技术尚未成熟、成本偏高但前景看好的低碳能源领域，政府应给予额外支持，包括金融和财税支持。

（3）政府应做出发展低碳能源的坚实承诺（Firm Commitment），增强投资者信心。

（4）争取绿色投资银行（Green Investment Bank）的资金支持，增加对海上风电、可再生能源供热等项目支持，以及政府追加相关领域的财政支持力度，克服资金障碍。另外，扩大可再生能源供应商队伍，扩张供应链条，增强消费者信心。整合可再生能源供热和提高能效的激励政策，推动可再生能源供热消费。鼓励零碳家庭建设，也有利于促进可再生能源供热普及。

三　低碳交通

目前，英国交通温室气体排放占英国温室气体排放总量的21%，因而也列为英国低碳转型的重点领域。英国期望，到2050年，公路和铁路运输近乎全部脱碳，不过对航运和海运挑战更大。英国支持向技术和新燃料转变的公路交通，致力于在超低碳车辆（Ultra-Low Carbon Vehicle）技术领域的研发、示范和商业化方面做世界的引领者。① 事实上，英国已从资金资助、税收优惠、消费补贴、基础设施建设、技术标准等方面大力推进低碳交通业发展。具体措施有：②

2009 年，英国推出绿色巴士基金（Green Bus Fund），已通过三轮融资，支持巴士运营商和地方政府投资低碳技术、加速建设低碳公共交通。两年多来，利用这笔基金，千百辆低碳客车推向市场。低碳巴士市场的扩大也增强了客车制造商信心及追加发展资金。英国政府巴士运输计划资金主要包括：耗资 5400 万英镑的曼彻斯特跨市公共巴士计划；投资 1150 万英镑用于新建两个停泊及转乘约克郡的中转站；花费 5000 万英镑用于在布里斯托尔和谢菲尔德建设巴士快速交通服务站；还为伦敦以外的地方交通主管部门提供 5000 万英镑用于建设低碳公共交通系统。

2010 年，英国公布"充电汽车消费鼓励方案"，规定 2011 年 1 月—2014 年 3 月对购买符合条件的电动汽车、插电式混合动力汽车及氢燃料电池汽车的消费者给予每辆车售价的 25% 的补贴，最高每辆车补贴 5000 英镑。

2011 年，英国推出推动低碳汽车发展六项新项目：混合集成城市商用汽车项目、汽车动力总成能量回收项目、增程式电动汽车技术发展项目、轻型电动货车项目、排气后处理系统项目和铝基复合材料研发项目等，计划投资 2400 万英镑，另有 2800 万英镑资金由英国国内商业组织提供。

英国规定纯电动汽车行驶里程必须达到一次充电行驶 70 英里（112KM）以上，基本能满足日常出行需要。

英国还大力完善充电设施，电动汽车大部分充电需求由社区充电装置满足。计划到 2013 年 3 月，伦敦大区、伦敦东北部、苏格兰和北爱尔兰等地区充电站达 9000 个。英国也正着手统一电动车插口标准和插度标准，对电动汽车充电提供便利和收费优惠。

英国预期，在 2015—2020 年间，英国电动汽车使用量大幅攀升。不过，当前英国的上述激励政策并未取得预期速效，消费者由于电动汽车价格较高以及充电不便等原因购买并不踊跃。

---

① Low Carbon Transport: A Greener Future, Department for Transport, July 2009.
② 忻文：《英国政府低碳汽车发展和〈2011 年电动汽车发展指南〉》，《汽车与配件》2011 年第 3 期。

在航空运输方面，英国也在加速飞机低碳引擎技术开发。2009年，英国推出 Samult 计划，总投资约9000万英镑，由劳斯莱斯领导，还有其他知名制造商和几所英国顶级大学参与。计划目的是要保证在面对新的2020年飞机减排目标时，飞机引擎工业能够保持竞争力，并能为下一代民用飞机制造出合格引擎。①

四 经验与思考

综上所述，英国在气候变暖、化石能源日益枯竭、易受气候影响的岛国固有脆弱性、已基本完成工业化进程等自身和环境综合因素所构成的背景下，提出了构建低碳经济的新思想，这一新思想必将像200多年前英国提出市场经济的思想一样深刻、长久地影响世界经济的发展模式和轨迹。英国也积极地践行其提出的低碳发展的经济思想，是世界应对气候变化最积极的国家。英国制定明确的长期减排目标，并量化阶段性减排目标。通过立法将这些减排目标赋予国家意志，成为强制性的约束性发展目标。通过规划全面调整生产、生活、政务、建设领域，促进经济社会整体性低碳转型。英国以碳为中心抓手，重点发展低碳能源、低碳交通、绿色家庭建设，这与英国交通和家庭能耗占比最高的国情相一致。相应地，英国重点发展可再生能源、低碳汽车、低碳航空、CCS、核能等低碳产业和技术，以实现其减排目标。英国具有很强的引领世界的意识，根据英国自身的条件，英国期望在海上风电、海洋能利用、低碳航空技术、CCS 技术、低碳汽车技术等新兴低碳技术方面引领世界，目前也确在这些领域处于世界领先地位。在低碳发展过程中，英国不可避免地面临、遭遇和承担诸多问题、障碍和风险，归纳起来有：一是虽然大力发展可再生能源，以及可再生能源近年来增速较快，但可再生能源在能源结构中占比仍然较低，与其目标相距仍然较远，脱碳成本较高，脱碳历程较久，但又是人类社会发展演进的必然方向；二是在低碳转型过程中，遇到技术、资金、机制、成本等方面的障碍，为此英国采取的对策措施包括金融、财税和机制创新等，如各类专项基金的设立、利用国际金融组织、财政支付、税收优惠、节能

---

① http://www.antpedia.org.cn/yingguojiasuditanyinqingjishukaifa-52615-news，2012-8-17。

补偿机制、低碳能源现金返还机制等,通过支持技术创新、制度创新、机制创新,助力减排主体克服技术、资金、机制、成本等障碍,推动英国经济社会各方面低碳转型;三是核能利用是英国在低碳和风险之间做出的无奈的现实选择,一方面需要依靠核能满足能源需求以及实现减碳目标,另一方面就不得不承担核能利用的潜在风险;四是 CCS 技术尚不成熟,目前考虑短期经济风险因素较多,考虑长期技术和环境风险较少,在有利于当前减排的同时,将其潜在的环境风险遗留给未来解决,在这方面发展中国家不必盲从。

第四章

美国的低碳发展战略与经验借鉴

一 美国温室气体排放的现状与结构

美国环保署（EPA）每年都编制国家温室气体排放清单（national greenhouse gas inventory），目前已编制1990—2010年碳排放量及碳汇数据库。美国测算温室气体排放数据同时采用"自上而下"和"自下而上"两套方法，前者利用全美能源、农业活动及其他统计数据按照一定的方法学综合估算全美温室气体排放状况，后者通过温室气体报告计划收集单个排放源、特定化石燃料和工业气体供应商数据汇总得到。最近一次是2012年1月公布的2010年碳排放数据，数据覆盖29个类别的6700多个实体单位的多种温室气体排放数据。2011年的数据将再添加12种类别的碳排放数据。

（一）基本状况

1990—2010年间，美国温室气体排放整体呈逐步上升趋势，在金融危机爆发前的2007年达到最高峰，达到72.53亿吨CO_2e。金融危机爆发后，2008—2009年下降，降至66.1亿吨CO_2e。2010年由于经济开始复苏，生产能耗增加，加之夏季高温空调电耗增加，较2009年排放增长3.2%，达到68.22亿吨CO_2e，较1990年水平增长10.5%。（参见图4-1）

图4-2显示，1990—2010年间，美国实际GDP和人口均有大幅增加，人均碳排放和碳排放强度均有一定幅度下降。实际GDP大约增长了60%，人口大约增长了20%；人均碳排放大约下降10%，碳排放强度大约下降30%。换句话说，在过去20余年中，美国技术效应和结构效应仍不抵规模效应，导致碳排放总量持续上升。

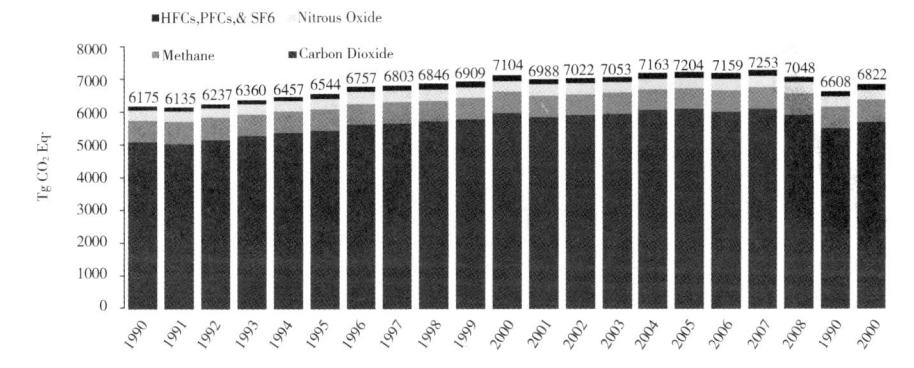

Figure ES-1: U.S.Greenhouse Gas Emissions by Gas

图 4-1　1990—2010 年美国温室气体排放趋势①

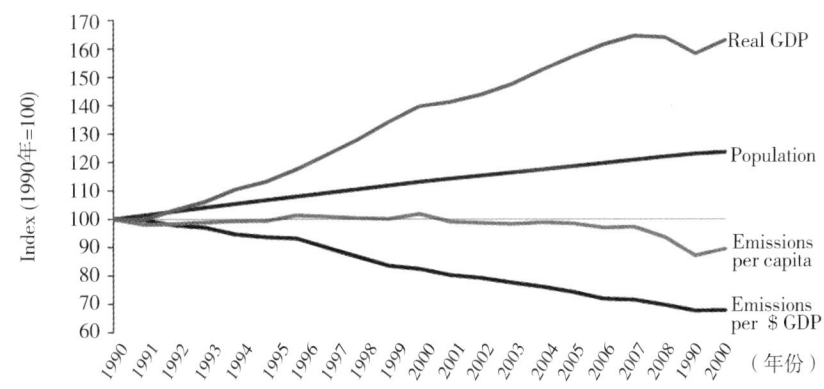

Figure ES-15: U.S.Greenhouse Gas Emissions Per Capita and Per Dollar of Gross Domestic Product

图 4-2　美国人均碳排放及碳排放强度（每美元 GDP 排放量）趋势

（二）结构分析

1. 温室气体类型结构

图 4-3 显示，美国排放的温室气体中，CO_2 排放占总排放的 83.6%，占绝大多数；CH_4 占 9.8%，位列第二位；N_2O 占 4.5%，HFCs、PFCs、SF_6 等温室气体合占 2.1%。

---

① 图 4-1—图 4-6 引自"Inventory of U. S. Greenhouse Gas Emissions and Sinks：1990—2010". EPA，http：//www.epa.gov/climatechange/ghgemissions/usinventoryreport.html。

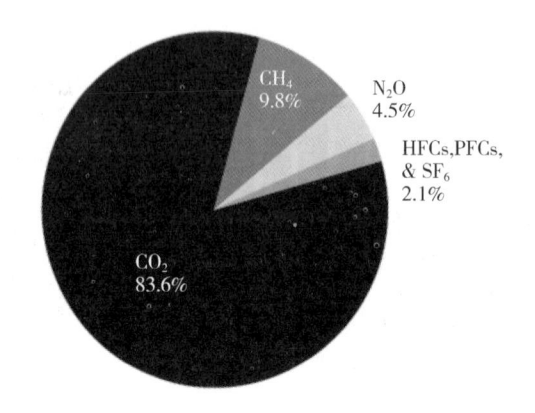

Figure ES-4: 2010 Greenhouse Gas Emissions by Gas (percents based on Tg CO₂ Eq.)

图 4-3　美国温室气体类型结构

2. 温室气体排放的产业结构

图 4-4 显示，美国温室气体排放产业分布中，电力产业最高，呈上升趋势；工业 1992 年以前居第二位，其后退居第三位，呈下降趋势；交通排放也持续上升，1993 年跃居第二位；农业排放、商业排放、家庭排放在 1990—2010 年间基本保持同等水平，列居第四至第六位，尤其商业排放和家庭排放曲线基本重合，表明两个领域排放数量大致相当。这也表明，电力、交通和工业是美国温室气体排放的三大主要领域。

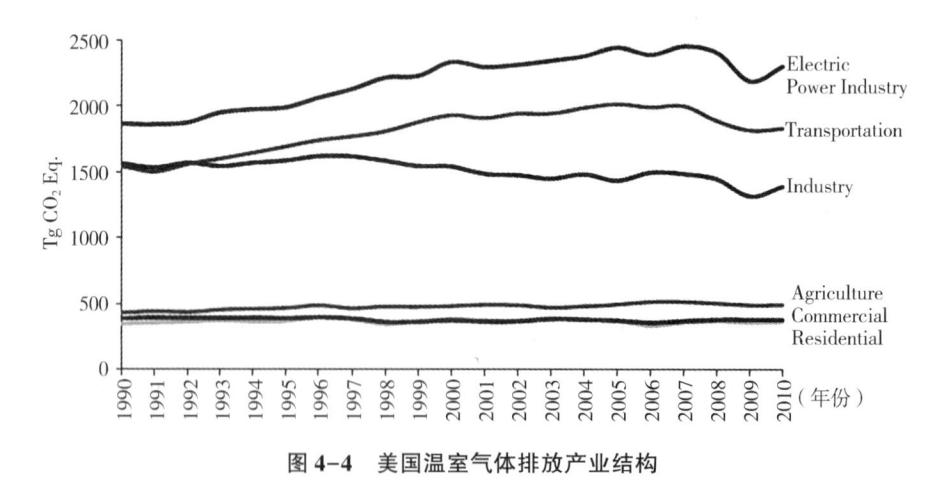

图 4-4　美国温室气体排放产业结构

下面利用"自下而上"方法收集的温室气体直接排放数据进一步说明美国温室气体排放的产业结构。表 4-1 是美国 2010 年度"自下而上"统计 6200 多个排放源（facilities）报告的温室气体直接排放数据。显示排放列居首位的排放源是电站，占 70.13%；列第二位的排放源是普通固定源排放，占 19.47%；废弃物填埋场排放占 2.86%，列第三位；炼油排放占 1.75%，列第四位；水泥生产排放占 1.34%，列第五位；制氢排放占 0.98%，列第六位；钢铁生产排放占 0.85%，列第七位；石灰生产排放占 0.49%，列第八位；氨水制造排放占 0.43%，列第九位；硝酸生产排放占 0.38%，列第十位；前十位排放合计占 98.7%，占温室气体排放绝大多数。另外，表明除了电站、普通固定源、废弃物填埋场，炼油、水泥、制氢、钢铁、石灰、制氨、硝酸等也属于工业排放的重点领域。

表 4-1　　美国 2010 年度的温室气体排放数据

序号	行业	温室气体排放量（公吨 CO_2e）	占比（%）
1	全国直接排放	3181668029	100
3	普通固定燃烧排放（General Stationary Combustion）	619572445.3	19.47
4	发电站排放（Electricity Generation）	2231408658	70.13
5	己二酸生产排放（Adipic Acid Production）	4397306	0.14
6	铝业生产排放（Aluminum Production）	4298897.7	0.14
7	氨水制造排放（Ammonia Manufacturing）	13596982.2	0.43
8	水泥生产排放（Cement Production）	42734686.8	1.34
9	铁合金生产排放（Ferroalloy Production）	2240907	0.07
10	玻璃生产排放（Glass Production）	2061678.5	0.06
11	HCFC-22 生产排放（HCFC-22 Production from HFC-23 Destruction）	6351796.6	0.20
12	制氢排放（Hydrogen Production）	31261115.9	0.98
13	钢铁生产排放（Iron and Steel Production）	27094221.8	0.85

续表

序号	行业	温室气体排放量（公吨 CO_2e）	占比（%）
14	铅生产排放（Lead Production）	588209.1	0.02
15	石灰生产排放（Lime Production）	15566812.5	0.49
16	碳酸盐利用排放（Miscellaneous Use of Carbonates）	122662.7	0.00
17	硝酸生产排放（Nitric Acid Production）	11990735.8	0.38
18	石化生产（Petrochemical Production）	9445117.6	0.30
19	炼油排放（Petroleum Refining）	55751055.1	1.75
20	磷酸生产排放（Phosphoric Acid Production）	1080913.1	0.03
21	纸业排放（Pulp and Paper Manufacturing）	7562923.4	0.24
22	碳化硅生产排放（Silicon Carbide Production）	122465.4	0.00
23	苏打灰制造排放（Soda Ash Manufacturing）	1221862.4	0.04
24	钛白粉生产排放（Titanium Dioxide Production）	1447633.7	0.05
25	锌生产排放（Zinc Production）	730209.3	0.02
26	废弃物填埋场排放（Landfills）	91018733.4	2.86

数据来源：http://www.epa.gov/ghgreporting/ghgdata/index.html 提供数据整理得到。

表 4-2 进一步显示，美国碳排放数量从高到低领域依次是电站、炼油厂（refineries）、化工、其他工业、废弃物填埋场、金属、矿业、造纸、政府和商业部门等领域，同时也能显示排放重点领域，与上表反映情况大体一致。从个体数据看，2010 年有 100 个排放源报告排放量超过 700 万吨 CO_2e，其中包括 96 家电站、2 家钢铁厂和 2 家炼油厂。

表 4-2　　　　　　　　美国温室气体排放行业分析

Industry Sector		Number of Reporters	Emissions (MMTCO$_2$e)
Power Plants		1582	2326
Refineries		146	183
Chemicals	Total	549	172
	· Adipic Acid Production	2	5.9
	· Ammonia Manufacturing	22	25.2
	· HCFC-22 Production and HFC-23 Destruction Processes	5	6.9
	· Hydrogen Production	101	32.5
	· Nitric Acid Production	37	12.7
	· Petrochemical Production	63	50.1
	· Phosphoric Acid Production	10	1.9
	· Silicon Carbide Production	1	0.1
	· Soda Ash Manufacturing	4	5.1
	· Titanium Dioxide Production	7	2.5
	· Other Chemicals	321	29.1
Other Industrial	Total	1782	156
	· Oil and Natural Gas	973	78.9
	· Food Processing	277	31.4
	· Ethanol Production	158	17.4
	· Manufacturing	169	8.1
	· Other Industrial	205	20
Landfills		1202	107
Metals	Total	270	100
	· Aluminum Production	9	4.8
	· Ferroalloy Production	10	2.3
	· Iron and Steel Production	123	82.8
	· Lead Production	12	0.9
	· Zinc Production	6	0.8
	· Other Metals	109	8.5

续表

Industry Sector		Number of Reporters	Emissions (MMTCO$_2$e)
Minerals	Total	354	95
	· Cement Production	98	54.1
	· Glass Production	108	8.1
	· Lime Manufacturing	71	29.1
	· Other Minerals	77	3.4
Pulp and Paper	Total	228	47
	· Pulp and Paper Manufacturers	110	38.9
	· Other Paper Producers	118	13.7
Government and Commercial	Total	172	14
	· Universities	108	9.5
	· Military	38	3
	· Commercial	3	0.2
	· Hospitals	15	0.6
	· Other Government	8	0.4

数据来源：http://www.epa.gov/ghgreporting/ghgdata/index.html。

电站是碳排放主要源头。有必要再比较下电力在不同产业间消耗的排放情况。图4-5显示，工业耗电排放最高，但呈下降趋势；交通耗电排放其次，但呈升势；家庭和商业耗电排放大体相当，但均呈微升趋势；农业耗电排放变化不大，排放最少。

3. 温室气体排放的能源结构

温室气体排放主要源自化石能源消耗。图4-6显示，美国能源消耗结构中，石油占比最高，为37.6%；其次是天然气，占25.8%；煤炭占25.8%，列第三位；核电占8.8%，可再生能源占5.9%，这两者算是低碳能源，合计占14.3%。

以上数据分析表明：（1）美国相对排放量即碳排放强度有所下降，但降幅不足以抵消实际GDP规模增幅，导致绝对排放总量仍在缓慢上升；（2）在温室气体排放类型结构中，CO_2占绝大多数；（3）在温室气体排放行业结构中，电力、交通和工业是温室气体排放的主要领域，具体而言，电站、普通固定源、废弃物填埋场、炼油、水泥、制氢、钢铁、石灰、制氨、硝酸等是温室气体排放重点行业；（4）在能耗结构中，石油、

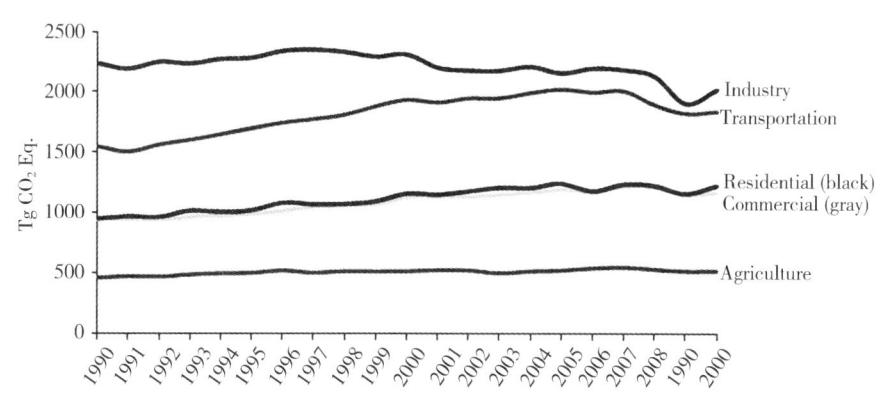

第四章 美国的低碳发展战略与经验借鉴　　83

Figure ES-14: Emissions with Electricity Distributed to Economic Sectors
Note:Does not include U.S. Territories.

图 4-5　美国电力消耗排放的产业结构

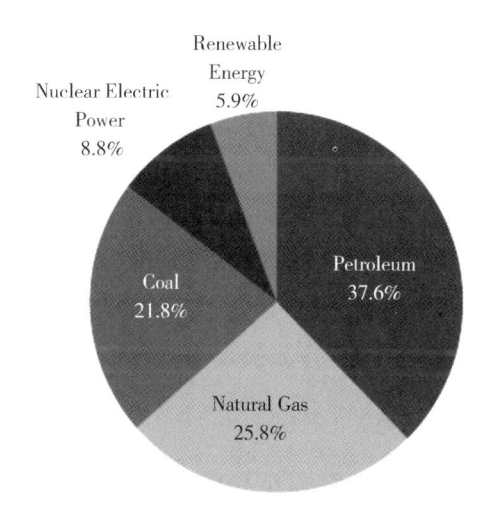

Figure ES-12. 2010 U.S.Energy Consumption by Energy Source

图 4-6　美国能源消耗结构

天然气、煤炭等化石能源占绝大多数，占比达 85.7%，可再生能源和核能等低碳能源仅占 14.3%，其中工业电耗最高呈降势，交通其次呈升势，家庭和商业耗电缓慢上升，农业耗电基本稳定。

二 美国低碳发展的主要法规与政策措施

(一)《清洁空气法案》及温室气体纳入监管的开端

20 世纪 70 年代以前,在美国等西方国家一些工业城镇屡次发生重大环境事件,如 1948 年 10 月美国宾夕法尼亚州多挪拉(Donora)镇上空污染浓雾盘旋 5 天,导致 20 人死亡,6000 人生病。为保护公众健康和环境,1970 年美国国会通过《清洁空气法案》(The Clean Air Act/CAA)(1990 年进行了一次较大修订)。同年,美国环保署(Environment Protection Agency,EPA)成立,并获授权执行 CAA 法案。此后,EPA 致力于减少污染大气的浓烟、浓雾、酸雨及其他空气污染物;减少可能致癌或其他严重疾病的有毒大气污染物排放;逐步淘汰破坏平流层臭氧的化学物生产和使用。2009 年以前,EPA 主要关注六种常见大气污染物,即颗粒物污染、地面臭氧污染、CO、SO_2、氮氧化物、铅等污染问题。[①]

将 CO_2 及其他温室气体的治理纳入 EPA 的监管范围是最近几年的事情。2007 年,美国最高法院(Supreme Court)确定将 CO_2 及其他温室气体包括在 CAA 大气污染物的定义中,并要求 EPA 确定温室气体是否威胁公众健康或福利。2009 年 12 月,EPA 发布温室气体威胁及大气污染的科学发现。此后,EPA 开始采取深思熟虑的措施来限制碳污染。[②]

(二)《能源政策法案》(2005)

美国低碳发展及应对气候变化的努力需要往前追溯。2005 年 8 月,美国参、众两院通过《能源政策法案》(The Energy Policy Act of 2005),是美国 1992 年以来首部全面的能源政策法规。该法案主要包括能源效率、可再生能源、石油和天然气、煤炭、核能利用及安全、车辆及车用燃料(含乙醇)、氢能、电力、能源税收激励、水电和地热能、气候变化技术、技术创新激励等部分。法案鼓励美国国内石油和天然气的生产,鼓励石油、天然气、煤气和电力企业等采取节能、洁能等措施,建议增加战略石

[①] http://www.epa.gov/air/peg/cleanup.html, 2012-12-31 登录。

[②] "Opening Statement of Regina McCarthy", U.S. House of Representatives, June 29, 2012.

油储备。法案主要目标是在中长期内协调美国能源供求矛盾，保障美国能源供应安全，降低美国能源对外依存度。① 不过，也应当注意到，法案倡导提高能效和节能，利用可再生能源、核能、生物燃料（如乙醇）、地热能以及气候变化技术推广应用等政策导向在降低美国石油和天然气等化石能源需求及对外依存度的同时，也是美国兼顾环境保护和应对气候变化的协同努力。虽然美国固执地游离于"京都协议"之外，推卸有法律约束力的国际减排责任，但其在发展低碳能源和低碳技术方面毫不含糊。

法案与节能减排相关的政策措施大致包括：（1）提供资金支持。如法案规定：2015年联邦政府建筑物能耗要在2003年基础上降低20%，同时要为医院、学校等公共建筑提高能效计划提供资金支持以促其节能。（2）减免税费。法案授权美国政府10年内向全美能源企业提供146亿美元的减税额度以鼓励石油、天然气、煤气和电力企业等采取节能措施。（3）提高节能标准。法案要求提高空调和冰箱等家用电器生产的节能标准。（4）提供政府补贴。对于洁能技术及新核能的研究开发，政府提供贷款保证及其他方面补贴，对于煤炭清洁利用技术研发，政府提供近20亿美元的援助资金。（5）鼓励家庭节能。联邦政府支助13亿美元鼓励民众使用太阳能等清洁能源，对私人住宅更新取暖、空调等家庭大型耗能设施，政府予以减税优惠，其他如更换窗户、室内温度调控器等设施，也可获得10%的税收减免。② （6）推广气候变化技术，鼓励技术创新。法案要求制定温室气体排放强度降低技术战略，成立气候变化技术委员会，要求每五年更新气候变化技术战略，甚至只要气候变化技术委员会认为必要，可以更为频繁。

（三）《能源独立与安全法案》（2007）

2007年12月19日，美国总统签署《能源独立与安全法案》（The Energy Independence and Security Act of 2007），旨在促使美国能源供应更加独立和安全，增加清洁可再生燃料的生产，保护消费者利益，提高产品、建筑和车辆的能源效率，推动CCS技术的研发和应用，改善联邦政

---

① "The Energy Policy Act of 2005", http://www.epa.gov/lawsregs/laws/epa.html, 2012-12-31登录。

② 胡晓群等：《美国能源政策新趋势及对中国的借鉴》，《当代亚太》2006年第2期。

府及其他机构的能源绩效。① 主要措施如下:②

(1) 通过提高车辆燃油经济性实现能源安全。一是提高企业平均燃油经济性标准;二是改进车辆技术,推动交通电气化,对燃油高效的汽车零部件制造商和先进电池制造商提供贷款担保;三是对联邦车队提出了更严格要求。根据该法案所规定的标准,到2020年轿车和轻型卡车平均油耗应为35英里/加仑,较立法时期水平提高40%。

(2) 通过增加生物燃料生产实现能源安全。一是制定可再生燃料标准,推广使用生物柴油及生物柴油标签,资助先进生物燃料生产;二是推动生物燃料研发,资助生物燃料生产研发,成立生物能源研究中心、生物燃料及提炼研究中心等;三是改善生物燃料基础设施,开展乙醇管道建设可行性研究,制定生物柴油标准规范,资助可再生燃料基础设施建设。法案要求逐步扩大生物燃料生产,逐年提高汽油中混用的生物燃料比例,到2022年生物燃料产量要达到360亿加仑(约为1363亿升),是2007年47亿加仑产量的7.7倍。

(3) 通过提高家用电器和照明设施能耗标准实现节能。如提高家用热水器、火炉、中央空调、热泵、电动摩托、灯管等日常电器和照明产品能耗标准。

(4) 促进建筑和工业节能。在建筑领域,着力提高居民建筑、商业建筑、联邦政府建筑、学校、研究机构、公共建筑等能源效率;在工业领域,实施能源密集型产业计划,其中能源密集型产业覆盖信息技术、消费品(consumer product)制造、食品加工、材料制造(包括铝、化工、林产品和纸产品、金属铸件、玻璃、炼油、采矿业、钢铁等)产业,该计划目的是要为能源密集型产业提供支持、促进研发、推动新材料、技术和工艺使用,以最大化美国工商部门能效并提升其竞争力。

(5) 促进政府和公共机构节能。包括提高美国国会大楼、联邦机构及其他公共机构能效。

(6) 加大可再生能源研发力度。重点是太阳能、地热能、海洋能及液体动力可再生能源技术以及交通电站储能等技术领域。其中,太阳能方

---

① http://www.epa.gov/lawsregs/laws/eisa.html, 2013-1-2登录。

② "Energy The Independence and Security Act of 2007", http://www.epa.gov/lawsregs/laws/eisa.html.

面，实施热能储备研发计划、太阳能空调研发计划和光伏示范计划，推动聚光太阳能发电商业化研究，发展采光系统和太阳能直射光广技术等；地热能方面，推动水热研发、普通地热研发、增强地热系统研发，建立地热技术转让中心，加强国际地热能源研发合作等；其他方面，包括建立美国海洋可再生能源研发示范中心，提高交通和电站能源储备竞争力等。

（7）推动 CCS 技术研发和示范。实施 CCS 技术研发示范计划，构建 CCS 技术评价框架体系。

（8）优化能源政策管理。

（9）加强国际能源合作。加强国际清洁能源和高能效技术援助，主要是促进向中国、印度等发展中国家出口该类技术及产品。

（10）创造绿色工作机会。实施能效和可再生能源工人培训计划。

（11）改善能源交通和基础设施。涉及交通部、铁路、海运和高速公路运输等。

（12）实施小企业能源计划（Small Business Energy Program）。一是建立可再生能源和能效项目快速贷款通道，二是开展高能效技术购买支出节约试点项目，三是发行节能债券，四是鼓励节能型商业投资，五是鼓励设立可再生燃料资本投资公司。

（13）大力发展智能电网。设立智能电网顾问委员会和工作队，建立智能电网技术研发示范基地。

在上述措施中，提高企业平均燃料经济性标准、提高可再生燃料标准和产量、提高家用电器和照明能效标准是该法案的三项核心措施。总之，法案希望从根本上改变美国能源使用方式，通过提高能效、发展可再生能源和生物燃料等措施，减少或替代化石燃料，减轻美国对外国石油进口依赖，从而实现美国能源独立与安全。虽然法案着眼消除美国能源供求矛盾和供应安全隐患，但其提高燃油经济性、增加生物燃料生产、提高电器和照明能效、推动建筑和工业节能、推动政府和公共机构节能、发展可再生能源、发展智能电网等节能和洁能措施实质上与低碳发展目标一致的，也是朝着低碳化方向迈进的努力。

（四）《美国清洁能源与安全法案》（2009）

2009 年 6 月 26 日，美国众议院表决通过《美国清洁能源与安全法案》（The American Clean Energy and Security Act of 2009）。虽然该法案随

后未获参议院通过，但仍在一定程度上反映出美国未来政策走向。法案包括清洁能源、能源效率、减少碳污染、向清洁能源经济转型、农林相关减排抵消等五大部分。①

其中，能源清洁化主要措施包括：（1）制定热电联产能效和可再生能源电力标准，规定联邦政府可再生能源采购要求；（2）要求制定CCS技术商业化推广应用的国家战略，确定CCS技术示范和早期推广项目，规定煤电站的排放标准；（3）发展清洁交通，主要是建造电动汽车基础设施，制订大规模车辆电气化计划，支持电动汽车制造，促进柴油减排，鼓励清洁车辆投资，对先进技术车辆制造提供贷款支持，为可再生燃料管道建设提供贷款担保；（4）建立州级能源与环境发展账户，支持州级和印第安部落可再生能源和能效计划；（5）打造先进智能电网；（6）建立能源效率中心和研发中心，包括能源创新中心、先进能源研究中心、建筑能效评估中心和确定高能效天然气管道研发示范项目等；（7）推动核能利用及其先进技术发展，设立清洁能源投资基金；（8）其他措施包括要求现有联邦设施增加水力发电，制订清洁技术商业竞争补助计划，实施国家生物能源伙伴计划等。

能源效率提高主要是提高建筑、照明和电器、交通、工业和公共机构等重点领域的能源效率。其中，工业领域提高能效措施包括：一是制定工业工厂能效标准，支持美国国家标准机构推行工业工厂能效自愿认证计划；二是制订热电余能回收利用奖励计划，对通过创新实现余能回收利用的现有或新建发电供热设备运营商给予经济奖励；三是实施电动汽车市场评估和商业意识计划，深入评估电动汽车能效、节能、市场占有、改进等相关状况，并对其商业发展提供建议；四是制订电动汽车能效返款计划，对购买安装能效达到规定标准电动汽车者相应给予部分返款；五是完善清洁能源制造循环贷款计划，以发展美国长期制造能力和创造就业岗位，支持领域主要包括清洁能源技术产品（包括风力涡轮机、太阳能、燃料电池、先进电池、电池系统和储电设备、生物质能源设备、地热设备、先进生物燃料、海洋能设备、CCS及其他选定产品）和能效产品生产；六是实施清洁能源和能效制造伙伴计划，支持制造商向清洁能源使用过度，

---

① "American Clean Energy and Security Act of 2009", http://www.epa.gov/lawsregs/laws/eisa.html.

2010—2013 年间支持额度分别为 2000 万、2500 万、3000 万、3500 万美元。

减少碳污染部分明确提出近期、中期和长期减排目标：到 2012 年美国碳排放量不超过 2005 年排放量的 97%，到 2020 年不超过 2005 年排放量的 80%，到 2030 年不超过 2005 年排放量的 58%，到 2050 年不超过 2005 年排放量的 17%。不过，王谋等学者认为，较 1990 年排放水平，到 2020 年排放仅下降 4%，与欧盟减排 30% 目标以及发展中国家所要求的 40% 的中期减排目标（相对 1990 年排放水平）差距很大。[①] 看来指望美国再回头承担《京都议定书》第一承诺期下的减排义务几无可能。另外，还设计了总量管制与交易机制（Cap-and-Trade），计划在运行早期阶段 75% 配额免费发放，在整个计划实施期间 60% 配额免费发放，40% 配额拍卖，为技术研发、适应行动以及国际援助等相关活动提供资金。

向清洁能源经济转型部分阐述了其目的，即促进全球努力实质减排，阻止除美国外其他国家温室气体增长，对国内适用工业部门减排成本上升给予返款补偿，对能效改进创新与投资予以奖励，驱使外国尤其快速增长发展中国家遵照 UNFCCC 巴厘岛行动计划采取实质减排行动，美国多边环境谈判目标是要达成一个将所有主要温室气体排放国家都对等纳入全球温室气体减排体系的协议，意图显然是一方面要引导国内产业向清洁能源经济转型；另一方面要减轻减排对国内产业造成的影响，削弱国外产品竞争力。国外相关条款主要是为压制中国、印度等发展中大国，防止这些国家获得竞争优势。

农林相关抵偿部分要求制定国内农林资源抵偿信用计划。法案为美国可能超排部分设计了每年总量不超过 20 亿吨 CO_2 的国内国际抵消计划，原则上国内国际抵消额度各为 10 亿吨。这些抵消额度中很大部分将可能通过农林业抵消配额实现，从而大大降低其减排成本，甚至导致国内无实质减排。若按 2020 年 61 亿吨 CO_2e 配额总量加上 20 亿吨抵消配额计算，当年排放总量可达 81 亿吨 CO_2e，这比美国 EPA 关于美国排放总量"参照情景（BAU）"模式下到 2020 年 73.9 亿吨排放量的预测还大，基本保障经济发展不受减排影响，也保证相关产业国际竞争力不受削弱。

[①] 王谋等：《美国清洁能源与安全法案的影响及意义》，《气候变化研究进展》2010 年第 4 期。

(五) 美国 EPA 减少碳污染的努力

2007年,美国最高法院要求 EPA 必须确定温室气体是否威胁公众健康或福利,以及由新机动车辆产生的排放是否导致大气污染。在广泛参考科学研究证据之后,2009年9月,EPA 公布温室气体威胁公众健康或福利及导致大气污染的研究发现,认为碳污染正导致更频繁的、强度更大的热浪、飓风、暴风雨、洪涝、干旱、野火、日益严重的臭氧层污染等环境问题。此后,EPA 认真对待限制碳排放问题,付出诸多努力。[①]

第一,减少车辆碳排放。交通排放约占全美排放的1/4。EPA 对汽车和轻型卡车排放制定管理规则,与国家高速公路及交通安全局(NHISA)联合制定2012—2016年汽车和轻型卡车燃料经济性标准,以及推进2017—2025年标准制定工作。据估算,在2011—2025年间,上述计划将为消费者和商家节约1.7万亿美元资金,降低美国120亿桶石油消费,减少60亿吨温室气体排放。2011年8月,EPA 与 NHTSA 再度给中重型车辆和公共汽车制定温室气体和燃料效率标准,并拟定2014—2018年试行计划。据估算,这项计划将减排2.7吨温室气体和节约5.3亿桶油。另外,EPA 还将实施可再生燃料标准计划,要求不断增加使用可再生燃料,其中包括先进生物燃料。据估算,这项计划若到2022年得以充分实施,将替代136亿加仑汽油和柴油,约占2022年汽油和柴油预计消耗量的7%,同时降低石油进口支出415亿美元,年减排1.38亿吨 CO_2e。

第二,构建碳污染排放信息透明、公开体系。2008年,美国国会要求 EPA 建立温室气体强制报告制度。根据该指令,EPA 于2009年10月公布温室气体排放报告规则,美国85%—90%的温室气体排放纳入该规则体系,大约覆盖10000个排放设施(facilities),适用于直接的温室气体排放单位、化石燃料供应商以及将 CO_2 注入地下的设施等。2012年1月,EPA 公布了该计划获取的2010年全美温室气体排放数据,其中100个设施报告排放超过700万吨 CO_2e,包括96家电站、2家钢铁企业和2家炼油厂。

第三,要求大型新排放单位采用最先进的低碳环保技术。2012年,

[①] "summary of EPA's efforts to reduce carbon pollution", http://www.epa.gov/climatechange/EPAactivities.html, 2013-01-05 登录。

EPA 做出首个"最佳可获得控制技术决议"（Best Available Control Technology Determinations），主要针对大型固定排放源制定。CCA 要求大型空气污染固定排放源在建造或改造之前先获得建设许可和具备最佳可获得控制技术。2010 年 5 月，EPA 发布温室气体裁定规则，该规则第一步是要实施温室气体排放许可计划，适用于年增排放达 7.5 万吨 CO_2e 的新增或新修建的排放设施；第二步是 2011 年 7 月实施 PSD（Prevention of Significant Deterioration）计划，对现存排放在 10 万吨 CO_2e 以上的设施，如新修年增 7.5 万吨 CO_2e 排放适用 PSD 计划。截至 2010 年 6 月，几十家工业温室气体排放源，如水泥厂、电站、炼油厂、钢铁厂等纳入上述许可计划中，大都选用了最佳可获得控制技术和最先进能效技术。

第四，针对电站推行碳污染排放标准。2012 年 3 月 27 日，EPA 提议推出新建电站碳污染排放标准，适用于年发电量在 25MW 以上的各类化石能源发电站，要求排放单位达到 1000 磅 CO_2/MWh 的排放率。目前，天然气发电和经过 CCS 技术处理的电站可以达到此标准。EPA 做了灵活设计，允许排放单位 30 年内平均排放水平达到此标准即可，这便允许排放单位在建立初期超排，在技术管理成熟后减排到目标水平就算符合相关要求。不过，该标准不适用于现有电站以及提议提出 12 月内开建的电站。这将引导利用现代技术和清洁燃料建设电站，朝着更清洁、更安全、更现代的电力方向迈进。

第五，通过实施自愿行动计划促进节能减排和节约成本。EPA 推出系列气候保护伙伴计划（Climate Protection Partnership Program），如能源之星计划（Energy Star Programs）、沼气减排计划（Methane Emission Reduction Program）和智能货运交通计划（Smart Way Program for the Freight Transport Sector）。在过去 20 年中，已超过 65 种不同类别产品使用能源之星标识，超过 130 万新家庭和 17000 多家建筑获得 EPA 能源之星认证，700 多家企业集团加入能源之星计划。据估算，在过去 20 多年中，消费者和商家减排超过 54 亿吨 CO_2e，节约 3140 亿美元资金，仅 2010 年就减排 3.45 亿吨 CO_2e，节约 210 亿美元资金，约有 1020 亿美元资金投资于能效和气候友好技术领域。

EPA 乐观地认为，在其成立的 40 余年里，净化空气，创造就业和经济增长能协同实现。虽然其所实施多数主要规则在实施过程中没有不遭遇反对意见的，但数据表明，在过去的 40 年里，美国实际 GDP 已增长

200%多,但六种主要大气污染物排放量都大幅下降,降幅都在70%以上。2008年,美国环境技术和服务产业创造了170万个就业岗位、3000多亿美元收入和440亿美元出口。EPA认为,CAA为清洁技术创新提供了市场机会,使美国成为全球清洁技术的领导者。

三 美国工业领域低碳技术和低碳产业发展状况

(一)可再生能源

图4-7显示,2011年美国能源供给结构中,石油、天然气、煤炭等化石能源比重分别为37%、25%、21%,合计占比83%。低碳能源中,核能占9%,可再生能源占8%,合计占17%,目前还处于补充地位。在可再生能源结构中,水电占31%,木材占25%,生物质能占23%,风能占11%,垃圾发电占6%,地热能占3%,太阳能占1%。水电和木材是传统可再生能源,下面着重讨论美国其余类型可再生能源发展状况。

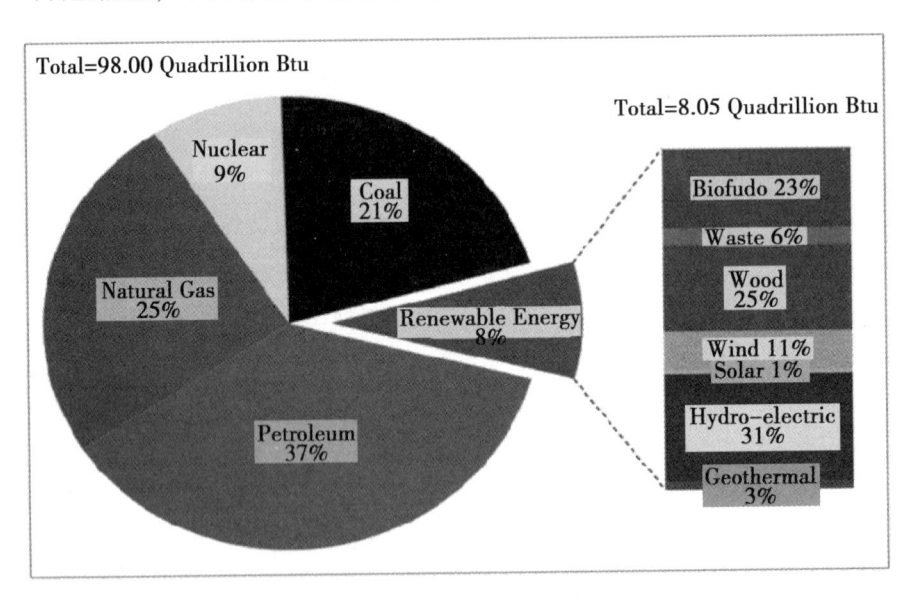

图4-7 美国能源供给结构图

1. 生物质能(biomass)

生物质能资源形式有多种,如植物等有机物、农林作物和农林余料、可用于生产生物燃料化学能/电能的市政和工业废弃物的有机成分、动物排泄物等。具体而言，包括：(1) 专用能源作物，有多年生草本能源作物，一般生长 2—3 年，如竹子、甜高粱、高羊茅（tall fescue）、麦草（wheatgrass）、象草（elephant grass）等，还有短期木本作物，一般生长 5—8 年，如杂交杨树、杂交柳、银槭、杨木、黑胡桃、枫香和梧桐等。(2) 农作物产品，如玉米淀粉、玉米油、豆油和豆粕、小麦淀粉、植物油等。(3) 农作物剩料，如玉米秸秆、废弃茎叶、稻壳、玉米棒子、小麦秸秆、稻草等，这些可用于生物发电进料。(4) 林产品边角余料。(5) 水生作物，如藻、巨藻、其他海藻和海洋微生物等。(6) 生物质材料加工产生的边角余料，如木制品加工过程中剩余的木屑、树皮、枝、叶等。(7) 居民、商业、工业废弃物中的有机成分，如废弃的纸和纸板、木材废料和生活垃圾等。(8) 动物排泄物。2007 年，美国 53% 的可再生能源能耗是生物质能。

生物质能利用形式有生产生物燃料和生物质发电（热）等。生物燃料主要用于交通，少部分用于发电，目前研究主要侧重于新形式生物燃料，如乙醇、生物柴油以及生物燃料转换过程等。其中，乙醇主要从玉米淀粉中提取，主要用于石油燃料添加剂，目前美国大约有一半销售的汽油产品添加了 5%—10% 的乙醇；生物柴油目前使用量较少，主要通过有机驱动石油和酒精（乙醇或甲醇）混合使用，在催化剂作用下加工成乙基或甲基酯，再与传统柴油混用或单独使用。生物质发电是利用生物质资源来发电或供热，目前美国拥有 10GW 的生物质发电能力。生物质发电技术主要包括直接燃烧、混合燃烧（co-firing）、厌氧消化（anaerobic digestion）等。

美国能源部生物质能技术办公室（The Biomass Technology Office, BTO）探索推进将生物质能转换成可再生燃料和产品的研发的路径方法，在纤维乙醇技术示范成功后，目前重点关注将生物质能转化为可以替代汽油、柴油、航空燃油及其他石油产品的烃类燃料和中间物质。2012 年，BTO 选择八个优先技术领域，涉及热化学、生物化学、海藻转换等技术类型。挑选标准需考虑以下因素：达到 3 美元/加仑的成本目标的可行性；近期/中期/长期技术经济潜力；潜在国家影响；原料可获得性；全程数据可获得性；伴生产品经济性；环境可持续性等因素。挑选技术研发方向包括：将糖转换成碳氢化合物的发酵技术；将糖转换成碳氢化合物的催化升级技术；快速高温分解和氢加工技术；原位催化高温分解技术；原位 X

射线催化分解技术；海藻整体水热液化技术；海藻脂质升级技术；合成气（syngas）升级为烃类燃料的技术。[①]

表4-3是美国1981—2010年30年间生物质能消费构成及其演变情况。可以看出，林木生物质能利用呈下降趋势，反映出美国加强了森林资源保护；生活生产办公废弃物生物质能利用上升，2010年是1981年的5倍多，达到454夸德Btu；生物燃料消费快速增长，2010年是1981年的144倍，2000年后增势更强劲，到2010年已达1870夸德Btu，接近林木生物质能消费量。美国生物质能消费主要用于工业领域，达2229夸德Btu，占51.7%；其次是交通领域，达1098夸德Btu，占25.5%；其余用于商业和家庭消费。

表4-3　　　　美国生物质能的消费构成及演变　　　（单位：夸德Btu）

	wood	waste	biofuel	total
1981	2496	88	13	2596
1985	2687	236	93	3016
1990	2216	408	111	2735
1995	2370	531	198	3099
2000	2262	511	233	3006
2002	1995	402	308	2705
2004	2121	389	487	2998
2006	2109	397	720	3226
2008	2044	436	1387	3867
2010	1986	454	1870	4310

	wood	waste	Fuel ethanol	biodiesels	others	total
工业	1307	168	16	—	738	2229
交通	—	—	1070	28	—	1098
家庭	420	—	—	—	—	420
商业	70	34	3	—	—	107

数据来源：Biomass Energy Data Book，Edition 4.

[①] Biomass Technology Office Conversion Pathways, http://www1.eere.energy.gov/biomass/technology_pathways.html, 2013-1-22登录。

2. 太阳能（solar）

目前，美国太阳能供电量并不高。2010年，美国太阳能供电量不到美国电力需求的0.1%，仅与1960年核电发电量相当。图4-8显示，2000—2010年间，世界PV组件出货量年增长率达53%，2010年PV组件产量达17GW。虽然2000年时美国PV出货量占30%，但随后十年美国市场份额逐步下降，到2010年美国PV组件供给市场份额仅占6%（约1000MW），需求市场份额仅占8%（约1400MW）。[①]

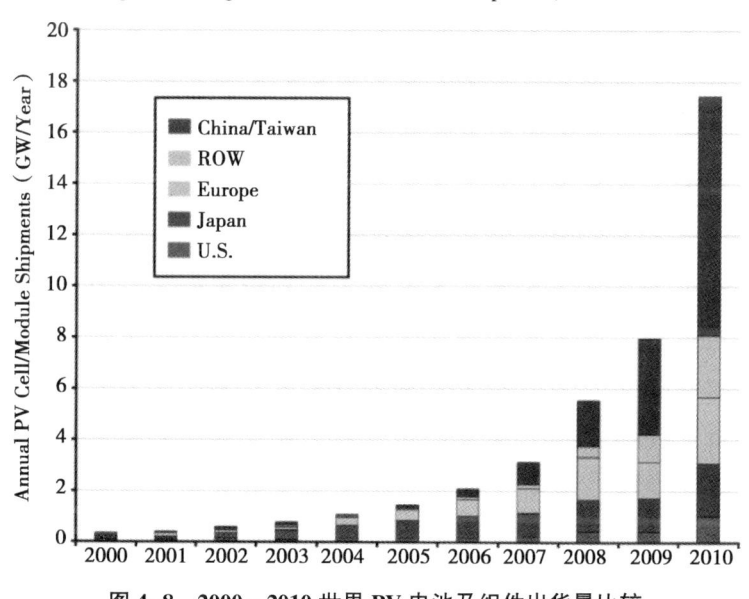

Figure 1-1.Regional PV Cell and Module Shipments,2000-2010

图4-8　2000—2010世界PV电池及组件出货量比较

一小时抵达地球的太阳能与全球全年的能耗总量相当，只要捕获其中一小部分就足够满足民用和商用能源需求，同时可确保美国未来能源安全。有研究显示，只需0.6%的美国国土面积安装PV设备发电就可满足美国终端电力总需求。正因为太阳能发展潜力巨大，所以美国政府高度重视发展太阳能。为此，美国能源部制订了SunShot计划，旨在使太阳能更具成本竞争力，到2020年将太阳能系统成本降低75%，降至6美分/千瓦时，这将促进太阳能在全美境内广泛应用，并确立美国在全球太阳能技术市场的领导地位，增强美国太阳能产业的国际竞争力。美国SunShot计划

---

① SunShot Vision Study, DOE, Feb., 2012, pp.3-4.

主要通过四大支柱来降低太阳能电池和安装成本：一是发展太阳能电池及组件技术；二是电子安装绩效最优化技术；三是改进太阳能制造工艺效率技术；四是优化太阳能系统安装、设计和许可等。

在 SunShot 计划下，又制订四个子计划，包括：Photovoltaic（PV）计划、太阳能聚热发电（Concentrating Solar Power，CSP）计划、Systems Integration（SI）计划、市场转型（Market Transformation）计划等。具体如下：

（1）PV 计划，即太阳能技术计划，通过国家实验室、学术机构、产业等联合研发更具成本竞争力的太阳能系统，努力降低 PV 技术发电成本，推动主要 PV 电池技术进步，包括晶片硅（wafer silicon）、非结晶和结晶薄片硅、高效（Ⅲ-Ⅴ）半导体、砥化镉（CdTe）、铜铟镓硒（CIGS）薄膜、先进有机和有色电池（organic and dye cells）等，目标是到 2015 年使太阳能具有成本竞争力而使 PV 电力应用快速增长。[①]

（2）CSP 技术是一种利用太阳热量制造蒸汽并让蒸汽带动涡轮进行发电的技术，CSP 计划将提供实用规模的、坚实可靠的、可迅速处理的可再生能源选择。目前，美国 CSP 技术装机容量已有 500MW 在运行中，另有 1300MW 在建设中和 7500MW 在开发中。自 2007 年以来，CSP 计划通过提供资金和技术援助已发展了 40 个合作伙伴，重点支持热能储备和热传输流体等技术。[②]

（3）SI 计划，亦通过国家实验室、学术机构、产业等联合研发克服技术障碍以大规模推广应用太阳能技术，主要途径包括：降低发电电器设备成本和平衡硬件系统；降低新技术应用风险；以安全、可靠、成本有效的方式将太阳能技术并网发电，同时为系统所有者和公共电网创造价值。SI 计划主要投资于并网发电、技术验证、太阳能资源评估、系统硬件平衡等领域。2011 年，SunShot 计划宣布太阳能并网系统——先进理念（Solar Energy Grid Integration Systems-Advanced Concepts，SEGIS-AC）和系统极限平衡（Extreme Balance of Systems，BOS-X）支助计划，前者受助的包括 Solarbridge、General Electric、Alencon、Delphi 等企业，后者受助的包括 The Dow Chemical Company、Carlisle Construction Materials Incor-

---

① Photovoltaic, DOE, Oct., 2011.
② Concentrating Solar Power, DOE, Oct., 2011.

porated、Solexel and Owens Corning、GE Global Research、Raymond Tinnerman、Zep Solar、Cascade Engineering、Georgia Tech 、Amonix 等企业。①

（4）市场转型计划。除了需要提高当地制造和物流发送能力外，美国太阳能市场还面临其他挑战，主要包括公用事业单位实践不一致性、政策法规限制、复杂昂贵安装及支助机制以及熟练太阳能安装工匮乏等发展障碍。市场转型计划将采取以下措施：一是驱动地方创新，引导当地和州政府、公用事业单位、安装商、NGOs 及其他利益相关方共同努力为居民和企业提供更可获取和承受的太阳能；二是支持强化州市场，通过培训、研讨会、技术援助，2011 年美国能源部在夏威夷、加州、东北和东南地区为政策制定者、公用事业单位管理者、法律工作者等提供培训，引导其发展当地太阳能市场；三是为实用规模化利用太阳能移除障碍，DOE 直接协同联邦机构，包括内政部、国防部、环境质量委员会等机构，为大型项目排除在选址、许可等方面的政策障碍，也与公用事业单位及其利益相关方排除其遇到的特殊障碍；四是加强太阳能产业熟练劳动力队伍建设，2009 年 DOE 建立了太阳能指导培训网络（Solar Instructor Training Network）以提高 PV 技术安装和设计指导的质量、一致性及可获得性；五是提供太阳能市场独立见解，通过提供关键数据收集和分析，跟踪太阳能市场发展，提供新问题的独立分析并及时发布研究成果。②

为发展美国太阳能市场，推广应用太阳能技术，DOE 与 25 个美国太阳能之城（Solar American Cities）建立了伙伴关系，要求地方机构和政策制定者采取综合措施将太阳能利用引入该市，并为其他城市做好示范。2010 年，DOE 又制订美国太阳能社区（Solar American Communities）计划，2011 年编写了《地方政府太阳能电力引进社区指导手册》，意在促进城市、乡村和其他地方太阳能市场的发展。

为发展太阳能市场，美国政府不吝巨资提供财政支持。2011 年 1 月，DOE 支助 1200 万美元用于屋顶太阳能挑战（Rooftop Solar Challenge）计划，支持 22 个地方加快太阳能推广应用。2012 年 12 月 7 日，DOE 宣布投资 2900 万美元支助四个项目，投资 2100 万美元在五年内设计即插即用 PV 系统，投资 5800 万美元用于支助 2 个项目，以帮助公用事业单位和电

---

① System Integration, DOE, Oct., 2011.

② Market Transformation, DOE, Oct., 2011.

网运营商更好地预测何时、何地、生产多少电阳能电力。

太阳能产业在美国发展很快，2012年较2011年增长了70%，太阳能硬件价格持续降至历史低点，还将努力降低太阳能应用的软成本（soft costs）。软成本是指包括许可、联网及监管等相关成本，这些成本提高了太阳能安装价格，在许多情况下占安装总成本的40%，且不同城镇之间、不同公用事业单位之间软成本也不同，这为太阳能安装商进入新市场造成障碍。有研究显示，超过35%的安装商避免在存在许可困难的地区开展业务，这限制了太阳能的推广应用。

实施SunShot计划，通过降低太阳能成本，预计到2030年将可满足美国14%的电力需求，到2050年将可满足美国27%的电力需求；相应将使美国电力部门碳排放量降低8%（1.81亿吨CO_2e）和28%（7.6亿吨CO_2e）；还将相应创造29万个和39万个太阳能新就业岗位，以及将每年节约资金300亿美元和500亿美元。到2030年，预计太阳能装机容量将达到PV装机302GW，CSP装机28G2W；到2050年，预计PV装机632GW，CSP装机83GW。到2030年，预计PV发电505TWh/年，占美国电力需求11%；预计CSP发电137TWh/年，占美国电力需求3%。到2050年，预计PV发电1036TWh/年，占美国电力需求19%；预计CSP发电412TWh/年，占美国电力需求8%。[1]

3. 风能（wind）

美国风电产业近年来发展较快，但目前也面临着不确定性。2011年新增装机容量在2010年水平基础上大幅增长，其关键驱动因素是持续的州和联邦政府的风能激励政策、风电技术在成本和绩效方面的最新进步以及为满足美国复苏和再投资法案（ARRA）1603条款（针对风电设施和生物燃料）财政补贴关于开工最后期限规定的要求等。不过，由于税收抵免政策于2012年底到期，也给风电产业发展带来不确定因素。[2]

（1）风电装机规模

2011年，美国新增风电装机容量大约6.8GW，占全美全年新增电力的32%，较2010年增长31%，风电总装机容量达到47GW。2011年美国风电投资143亿美元，自20世纪80年代以来累计投资950亿美元。图4-

---

[1] SunShot Vision Study, DOE, Feb., 2012.
[2] 2011 Wind Technologies Market Reports, DOE, Aug., 2012.

9显示,美国风电2006—2009年增速最快,2010年回落,2011年有恢复增长势头。值得注意的是,2006—2009年正是美国金融危机爆发期间。

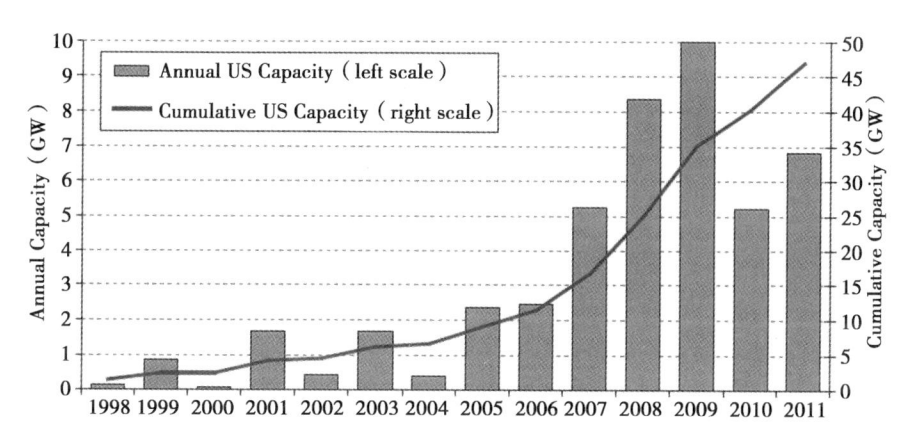

Source: AWEA project database
Figure 1. Annual and Cumulative Growth in U.S. Wind Power Capacity

图4-9 美国风电装机容量增长趋势图

小型风电(≤100KW)可以直接为家庭、学校、农场、商场、工业设施供电,虽然总供电能力较少,但其作用也不可忽视。表4-4显示,2008年小型风电涡轮机销售量达到最高,达到10386台;但总装机容量2010年达到最高,为25.6MW。这些小型风电设备大部分由美国公司制造。

表4-4　　　　　　　　美国小型风电装机容量发展情况

Year	Annual Sales of Small Wind Turbines (≤100kW) into the United States		
	Number of Turbines	Capacity Additions	Sales Revenue
2005	4324	3.3MW	$ 11 million
2006	8330	8.6MW	$ 36 million
2007	9102	9.7MW	$ 43 million
2008	10386	17.4MW	$ 74 million
2009	9820	20.4MW	$ 91 million
2010	7811	25.6MW	$ 139 million
2011	7303	19.0MW	$ 115 million

Source: AWEA (2012b)

美国风电装机容量2005—2008年一度引领世界,但2009年以来跌至第二,落后于中国。2011年,中国新增装机容量17.6GW,占全球市场

42%份额，美国占16%；中国装机总容量62.4GW，超出美国15.5GW。

表4-5　　　　　　　　　　风电装机容量国际排名

Annual Capacity (2011, MW)		Cumulative Capacity (end of 2011, MW)	
China	17631	China	62412
U.S.	6816	U.S.	46916
India	3300	Germany	29248
Germany	2007	Spain	21350
U.K.	1293	India	16266
Canada	1267	U.K.	7155
Spain	1050	France	6836
Italy	950	Italy	6733
France	875	Canada	5278
Sweden	763	Portugal	4214
Rest of World	5766	Rest of World	34453
TOTAL	41718	TOTAL	240861

Source：BTM Consult；AWEA project database for U.S. capacity

美国风电分布区域间并不均衡。表4-6显示，2011年总装机容量排序中，Texas、Iowa、California、Illinois、Minnesota、Washington、Oregon、Oklahoma、Colorado、North Dakota等列居前十位。

表4-6　　　　　　　　　美国风电装机的区域分布状况

Capacity (MW)				Percentage of In-State Generation			
Annul (2011)		Cumulative (end of 2011)		Annul (2011)*		Cumulative (end of 2011)**	
California	921	Texas	10394	South Dakota	22.3%	South Dakota	22.1%
Illinois	692	Iowa	4322	Iowa	18.8%	Iowa	20.0%
Iowa	647	California	3917	North Dakota	14.7%	Minnesota	14.9%
Minnesota	542	Illinois	2742	Minnesota	12.7%	North Dakota	14.1%
Oklahoma	525	Minnesota	2718	Wyoming	10.1%	Colorado	10.7%
Colorado	506	Washington	2573	Colorado	9.2%	Oregon	10.5%
Oregon	409	Oregon	2513	Kansas	8.2%	Idaho	9.7%
Washington	367	Oklahoma	2007	Idaho	8.2%	Kansas	9.2%
Texas	297	Colorado	1805	Oregon	8.2%	Oklahoma	9.1%

续表

Capacity (MW)				Percentage of In-State Generation			
Annul (2011)		Cumulative (end of 2011)		Annul (2011)*		Cumulative (end of 2011)**	
Idaho	265	North Dakota	1445	Oklahoma	7.1%	Wyoming	8.8%
Michigan	213	Wyoming	1412	Texas	6.9%	Texas	7.3%
Kansas	200	New York	1403	New Mexico	5.4%	Maine	6.5%
Wisconsin	162	Indiana	1340	Washington	5.3%	New Mexico	5.8%
West Virginia	134	Kansas	1274	Maine	4.5%	Washington	5.5%
Maine	131	Pennsylvania	789	Montana	4.2%	California	4.7%
New York	129	South Dakota	784	California	4.0%	Montana	3.8%
Nebraska	125	New Mexico	750	Illinois	3.1%	Illinois	3.7%
Utah	102	Wisconsin	631	Hawaii	3.1%	Hawaii	3.7%
Ohio	102	Idaho	618	Nebraska	2.9%	Indiana	3.0%
South Dakota	75	West Virginia	564	Indiana	2.7%	Nebraska	2.9%
Rest of U.S.	274	Rest of U.S.	2915	Rest of U.S.	0.4%	Rest of U.S.	0.5%
TOTAL	6816	TOTAL	46916	TOTAL	2.9%	TOTAL	3.2%

* Based on 2011 wind and total generation by state from EIA's Electric Power Monthly.

** Based on a projection of wind electricity generation from end-of-2011 wind power capacity, divide by total in-state electricity generation in 2011.

Source：AWEA project database, EIA, Berketey Lab estimates

相比之下，美国海上风电发展较慢。截至2011年，全球海上风电装机容量约为4GW，大部分位于欧洲。截至目前，美国尚未安装海上风电项目，主要原因是，近期海上风电成本较高，另外规划、选址、许可也面临诸多挑战。不过，美国内政部正考虑规则许可和能源部投资海上风电研发，目前已有10个建议项目在筹划中，这些计划项目累计容量达到3800MW。

（2）风电产业市场结构

美国风电装机市场主要还是由三大巨头所垄断。表4-7显示，2011年美国风电装机市场由GE Wind、Vestas、Semens等三家企业列居前三位，依次装机2006MW、1969MW和1233MW，市场份额依次是29.4%、28.8%和18.1%，共占76.4%，占了绝大部分市场份额。

表 4-7　　　　　　　美国风机制造商装机容量排序表

Manufacturer	Turbine Installations（MW）						
	2005	2006	2007	2008	2009	2010	2011
GE Wind	1431	1146	2342	3585	3995	2543	2006
Vestas	699	439	948	1120	1488	211	1969
Siemens	0	573	863	791	1162	828	1233
Suzlon	0	92	197	738	702	413	334
Mitsubishi	190	128	356	516	814	350	318
Nordex	0	0	3	0	63	20	288
Clipper	3	0	48	470	605	70	258
REpower	0	0	0	94	330	68	172
Gamesn	50	74	494	616	600	564	154
Acciona	0	0	0	410	204	99	0
Other	2	2	0	22	38	37	85
TOTAL	2375	2454	5249	8361	10000	5214	6816

Source：AWEA project database

不过，美国风电市场也出现产能过剩的局面。2009 年以来，一方面风机生产能力在增加，而另一方面风电企业安装需求在下降，导致产能过剩。2011 年产能过剩 5GW，而 2009 年需求缺口 4GW，这一趋势预计 2013—2014 年会更严重。

（3）风电成本趋势

首先是风机价格起伏较大。1997—2001 年下降，2002—2008 年上升，2009 年后又掉头向下，2012 年风机价格为 900—1270 美元/千瓦，较 2008 年大约降低了 33%。

其次是装机成本。1984—2004 年，装机成本持续下降，2005—2010 年反转上升，2011—2012 年才拐弯向下。2009/2010 年达到峰值，2011 年平均装机成本约为 2100 美元/千瓦。

再次是运营和维护（O&M）成本。整体上，更新的风机设备 O&M 费用更低。20 世纪 80 年代的风机设备 O&M 费用为 33 美元/MWh，90 年代的 O&M 费用为 23 美元/MWh，2000 年后的为 10 美元/MWh。O&M 费用下降主要是技术进步和设计先进所致。

最后是风电售价。图 4-10 显示，美国风电售价 1996—2001 年间下降，2002—2009 年间上涨，2010—2012 年又下跌。2009—2011 年风电协议采购价格分别是 72 美元/MWh、59 美元/MWh 和 35 美元/MWh，2011年美国风电价格已具备市场竞争力。

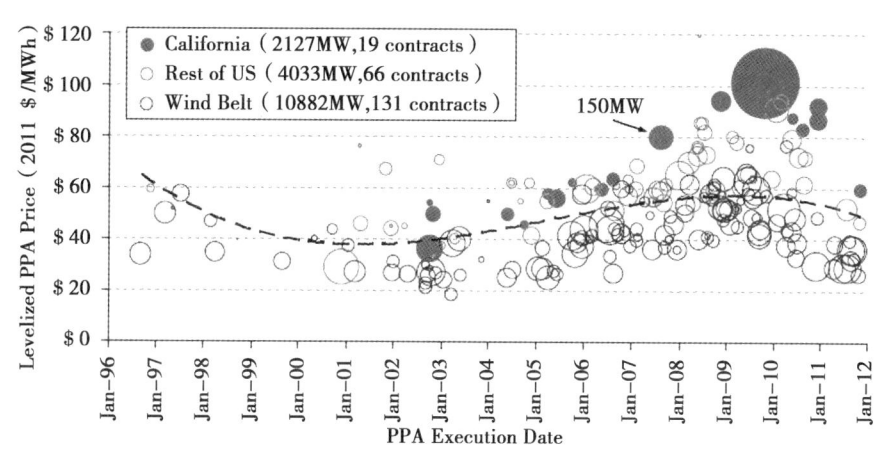

Note: Size of "bubble" is proportional to project nameplate capacity.
Figure 34. Levelized Wind PPA Prices by PPA Execution Date

图 4-10 加权平均风电采购价格走势

（4）风电政策和市场驱动

美国联邦和州层面均推出一系列激励政策是美国风电市场快速扩张的重要因素。在联邦政府层面，近年来最重要的政策激励因素包括生产抵税法案（Production Tax Credit，PTC）、加速税收折旧（Accelerated Tax Depreciation），以及两项美国复苏法案下的措施，即风电项目可以选择享受30%的投资税收抵免（ITC）或者30%的现金补贴以替代PTC政策。具体如下：

——按照美国《1992年能源政策法案》，2011年，PTC提供10年期通胀调整后的税收抵免，抵免额度为2.2美分/千瓦时。风电项目只要在2012年投入商业运营就能享受该税收抵免优惠政策。

——加速税收折旧政策可使风电项目所有者在5—6年期限内完成其大部分投资的折旧提取。甚至2008—2010年间实施更富吸引力的首年50%红利折旧计划。

——《复苏法案》使2012年投入服务的风电项目可以选择30%的投资税收抵免，另外，1603条款还允许风电项目选择从财政部获得30%的现金补贴。2011年，超过60%新安装的风电项目选择1603现金补贴。

——《复苏法案》1705条款为商业风电项目提供贷款担保，截至

2011年，装机容量达1024MW的风电项目获得四项贷款担保支持。

不过，上述政策基本都在2012年底到期，美国风电部门正面临着联邦政策严重的不确定性。

4. 氢和燃料电池

氢是种清洁燃料，氢的消费仅产生水，可通过煤、天然气、核电、可再生能源电力等生产。氢生产方法常见的有热处理、电解、光解（photolytic）等工艺方法。燃料电池（hydrogen and fuel cells）是种新兴技术，能为建筑提供光和热，为车辆和电器装置提供电力。美国氢和燃料电池计划（Hydrogen and Fuel Cells Program）全面指导其在技术和非技术方面的努力以使氢和燃料电池技术实现商业化推广应用，这也有助于美国增强能源安全和改进环境管理。该计划致力于氢和燃料电池关键技术进步的研发和示范，克服商业化进程中遇到的经济和制度障碍。2012年，美国国会拨款1.36亿美元支持该计划实施。计划通过若干子计划来达成目标。具体包括：[1]

——燃料电池子计划。2012年，该子计划继续降低汽车燃料电池的高额制造成本，本年降至47美元/千瓦，较2008年降低36%。成本降低主要得益于铂金属负重减轻、电池功率强度上升以及更加小巧精致的设计。

——氢生产子计划。2012年，该子计划继续关注技术开发以促进氢的广泛应用，包括固定电源、后备电源、专用车辆、交通、便携电源等。2012年，在多个关键领域获得进步，涉及生物燃料气化、生物提取液体变形、电解氢生产、太阳能—热化学氢生产、光电化学氢生产、生物制氢等方面技术。

——氢运输子计划。2012年，该子计划继续关注降低成本和提高氢运输能源效率。

——氢存储子计划。2012年，该子计划继续探索氢存储物料，包括金属氢化物、化学氢存储、先进存储罐和系统工程等。

——制造研发子计划。2012年，该子计划的制造研发项目继续在创新膜电极组件的电沉积过程，减少组装步骤降低成本，高压复合氢存储罐

---

[1] FY 2012 Progress Report for the DOE Hydrogen and Fuel Cells Program, Dec., 2012, DOE/GO-102012-3767.

装配技术等领域积极努力。

——基础研究子计划。DOE 科学办公室的能源基础科学计划支助基础研究以处理氢存储、氢生产和燃料电池相关的关键挑战。这些基础研究是应用研究项目的有益补充。

——技术验证子计划。该子计划致力于示范、检测、认证氢和燃料电池技术。2012 年该子计划侧重于氢基础设施与燃料电池电动汽车（FCEUs）的联合开发和整合。

——安全、编码和标准子计划。2012 年，该子计划继续支持研发以为编码和标准开发提供技术支持，涉及燃料规格、物料和零部件相容性、氢传感器技术等。

——培训子计划。该子计划通过向直接或间接与氢和燃料电池相关的人员提供技术上精确和客观的信息。

——系统分析子计划。该子计划通过提供技术差距、选择和风险的更好理解，为决策提供科技支持。

申请和批准专利的数量以及商业化应用技术的数量可以反映氢和燃料电池研发和示范计划的创新和应用活力和效果。图 4-11 显示，2012 年共有 36 种氢和燃料电池资助受益技术进入市场和 363 件专利获得授权。从增速上看，2004 年后氢和燃料电池商业化应用加速，专利增速基本稳定。

5. 地热能（geothermal）

地热资源，是指在当前经济技术条件下，地壳内可供开发利用的地热能、地热流体及其有用组分。与煤炭、石油和天然气等化石能源相比，地热能源具备数量巨大、可再生、不污染环境、就地取用等优势。通常，地热发电是将地下热水或热气用管道输送到地表，然后利用其驱动涡轮机带动发电机产生电能。地下热水温度决定涡轮机工作效率。水温越高，工作效率越高，同时地热水最低需达 93.3℃。

美国地热利用始于 19 世纪初期，随着欧洲殖民者进入而揭开序幕。1892 年，世界首个地热区域供暖系统在美国博伊西市建成。38 年后，美国首个商用温室在该处建成。到 20 世纪中叶，美国地源热泵技术研发成功并向美国东部转移。1960 年，美国首座发电量 11 兆瓦地热电站在加州盖沙斯地热田建成。此后，美国地热资源和技术发展引领全球地热产业。截至 2012 年 4 月，美国地热装机容量约为 3187MW，居世界首位，占全

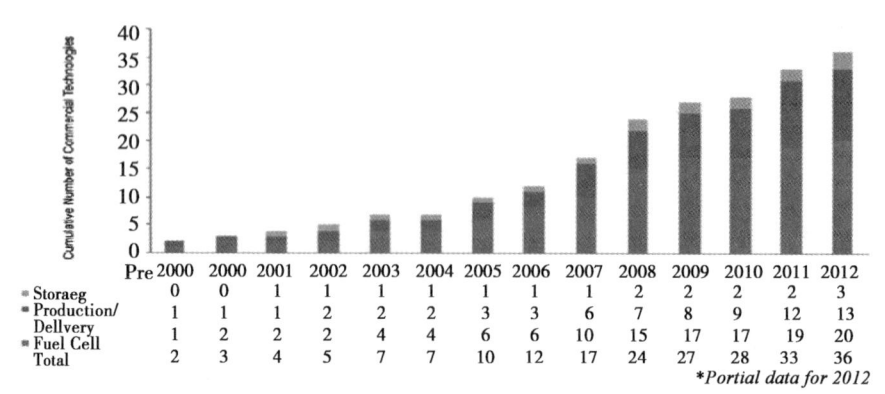

FIGURE 7. Cumulative number of commercial products on the market as a result of funding by the DOE Fuel Cell Technologies Program (source: Pacific Northwest National Laboratory).

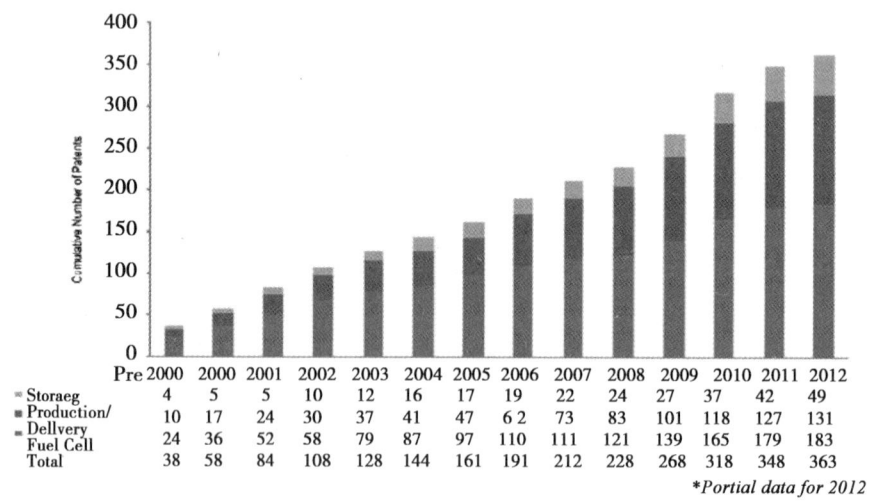

FIGURE 8. Cumulative number of patents awarded as a result of funding by the DOE Fuel Cell Technologies Program (source: Pacific Northwest National Laboratory).

图 4-11 美国资助受益的商业化产品和专利数量变化趋势

球地热装机容量的 28.4%。[①]（图 4-12）

美国地热公司持续增加地热资源开发规模。2010 年，地热能占美国可再生能源电力消费的 3%。地热装机容量主要集中在 California 和 Nevada 两州，在 Alaska、Hawaii、Idoho、Oregon、Utah、Wyoming 等州也有地热

---

① 2012 Annual US Geothermal Power Production and Development Report, Geothermal Energy Association, Apr. 2012. www.geo-energy.org. 图 4-12—图 4-15 和表 4-8—表 4-10 数据来源相同。

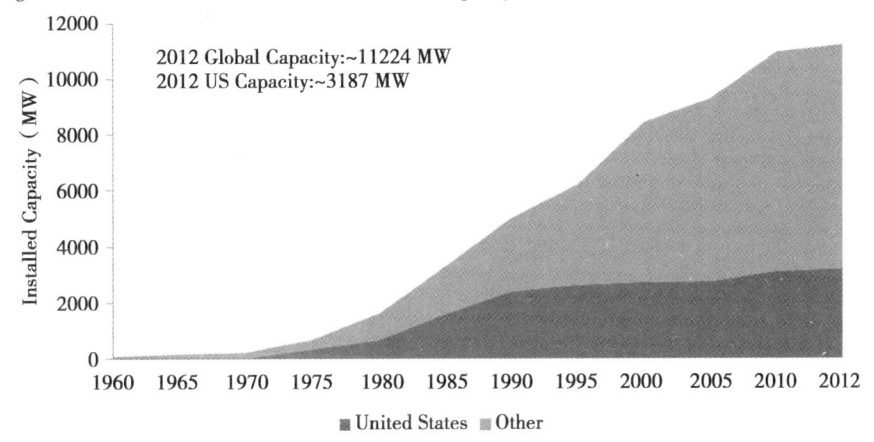

Figure 1:Global Context of US Geothermal Installed Capacity 1960—2012

2012 Global Capacity:~11224 MW
2012 US Capacity:~3187 MW

图 4-12　美国与全球地热装机容量

电站运营。

根据地热资源不同特点，美国发展了干蒸汽发电（Dry Steam）、扩容蒸汽发电（Flash Steam）、双循环式发电（Binary Cycle）三种地热发电技术。其中，干蒸汽发电装机容量约为 1585MW，约占 50%，全部位于加州境内；扩容蒸汽发电装机容量约为 900MW，约占 28%，也主要位于加州。双循环式发电装机技术有利于利用低温地热资源，使地热产业外溢到其他地区。（见图 4-13）

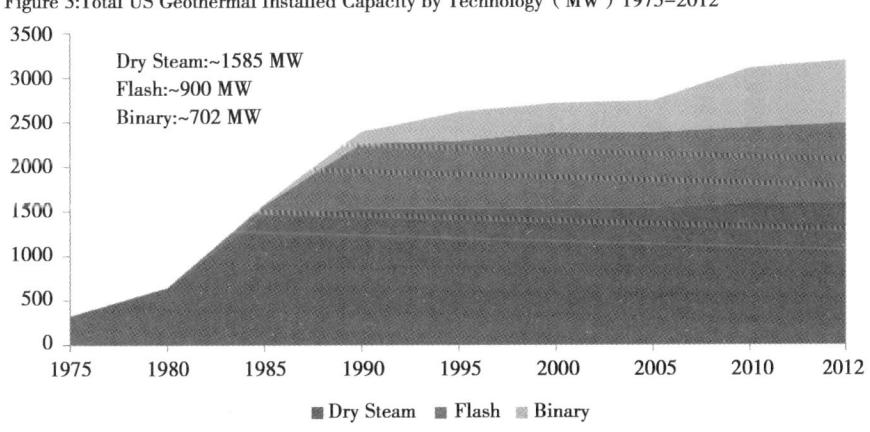

Figure 3:Total US Geothermal Installed Capacity by Technology（MW）1975-2012

Dry Steam:~1585 MW
Flash:~900 MW
Binary:~702 MW

图 4-13　美国地热技术类型及其装机容量

美国 2008—2009 年和 2011—2012 年间地热利用增长较快。其中，2009 年较 2008 年增加了 176MW 装机容量，2011 年和 2012 年第一季度仍有较快增速，增加 2 家地热新电站和上马 3 个扩建项目，新增装机容量 91MW（见图 4-14）。

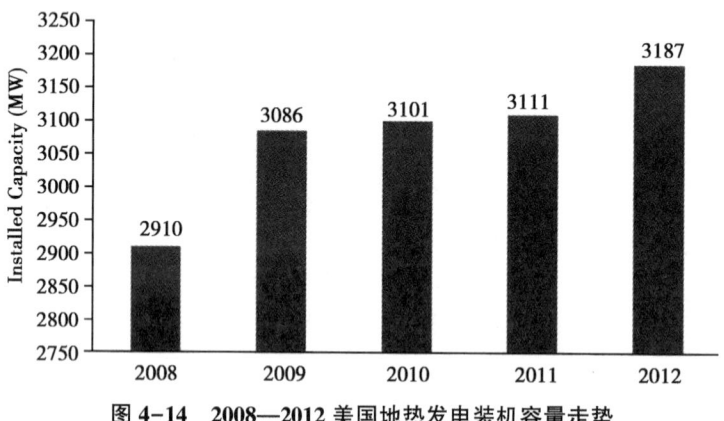

图 4-14　2008—2012 美国地热发电装机容量走势

随着美国经济的复苏和联邦、州投资驱动激励政策发挥作用，2012 年地热产业还将有 130 个确认项目等待开发，另有 17 个项目在等待确认中，这些项目广泛分布在 15 个州（见图 4-15）。

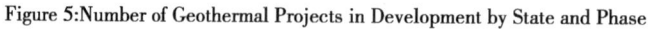

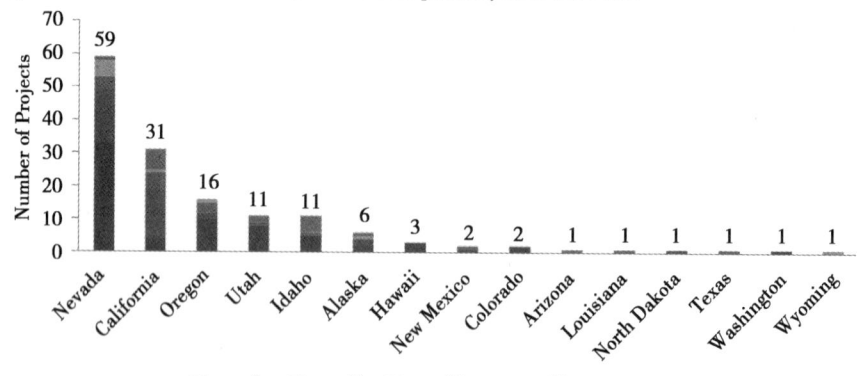

图 4-15　美国地热项目开发区域分布状况

全部确认项目装机容量总计 4116—4525MW，再加上未确认项目，则总装机容量达 4882—5366MW。（见表 4-8）

表 4-8　　　　　　　　美国地热开发项目容量地区分布状况

Table 2: Total Projects in Development Totals by State

State	Total Projects	PCA(MW)	Resource(MW)	Overall Total(MW)
Alaska	6	25.4	85	90
Arizona	1	2	0	2
California	31	1065.6—1110.6	1636.7—1765.7	1859.7—2008.7
Colorado	2	20—25	0	20—25
Hawaii	3	0	0	0
Idaho	11	33.2	589—664	589—664
Louisiana	1	0.05	0	0.05
Nevada	59	631.5—641.5	1915—2125	2030.15—2250.15
New Mexico	2	15	100	115
North Dakota	1	0.25	0	0.25
Oregon	16	107.5—109.5	285—330	319.5—364.5
Texas	1	0	0.8	0.8
Utah	11	60	170—195	190—215
Washington	1	0	100	100
Wyoming	1	0.28	0	0.28
Totals*	147	1961—2023	4882—5366	5317—5836

Source: GEA
*PCA,Resource,and Overall totals have been rounded to the nearest megawatt.Also,PCA and Resourec totals do not add up to Overall totals because they have been adjusted to avoid double counting.In cases where respondents gave both a PCA value and resource value,it was assumed that the PCA was already included in the stated resource total.In projects where PCA values but no Resource values were given the PCA value (being the planned capacity of the geothermal power plant) was used as the Resource value and added to the latter to get the Overall Total. As a result,the overall total is less than the sum of PCA and resource values.

通过《美国恢复与再投资法案》和美国能源部的年度拨款，美国能源部地热技术计划正对一批新地热技术示范项目提供经费支助。其中，增强地热系统（Enhanced Geothermal System/EGS）是其重点支助项目之一，通过七个示范项目来实验 EGS 的技术可行性，预期目标是到 2030 年将 EGS 标准化电力成本降至 6cents/千瓦时。（见表 4-9）

表 4-9　　　　　　　　美国受支助 EGS 技术示范项目

Table 4: DOE Funded EGS Demonstration Projects

Demo Performer	Demo Site
AltaRock Energy,Inc.	Newberry Volcano,Oregon
Geysers Power Company,LLC	The Geysers,California
Naknok Electric	Naknek,Alaska
Ormat Technologies,Inc.	Brady Hot Springs,Nevada
Ormat Technologies,Inc.	Desert Peak,Nevada
TGP Development Co.	New York Canyon,Nevada
University of Utah	Raft River,Idaho

Source: DOE Geothermal Technologies Program

另一重要地热技术创新领域是从石油天然开发伴生流体、地压资源（geo-pressure resources）中生产地热能源以及低温开发技术等。美国能源部支助 17 个此技术领域项目，预期目标也到 2020 年将其标准化电力成本降至 6cents/千瓦时。（见表 4-10）

表 4-10　　美国受助流体、地压、低温地热技术示范项目

Table 5: DOE Funded Coproduction and Geopressure Demonstration Projects

Demo Performer	Technology Focus	Demo Site
Electra Therm	Coproduction	Nevada
Universal GeoPower	Coproduction	Texas
University of North Dakota	Coproduction	North Dakota
Louisiana Tank	Geopressure	Louisiana
Terra-Gen	Low Temp.	Nevada
Terra-Gen	Low Temp.	Nevada
University of North Dakota	Low Temp.	North Dakota
Oski Energy	Low Temp.	Idaho
City of Klamath Falls	Low Temp.	Oregon
Johnson Controls	Low Temp.	Oregon
Oasys Water	Low Temp.	California
Surprise Valley Electrification Corp.	Low Temp.	California
Energent Corp.	Low Temp.	California
GreenFire Energy	Low Temp.	Arizona
Modoc Contracting	Low Temp.	California
National Renewable Energy Lab	Low Temp.	Colorado
National Renewable Energy Lab	Low Temp.	Colorado

Source: DOE

美国地热发电增长迅速，是世界上利用地热发电最多国家，美国专家将地热作为美国未来发展的"关键能源"。假设能把埋藏在美国地下 3000 多米深的地热资源充分利用起来，按照目前使用数据推算能够满足美国未来 3 万年能源需求。不过，完全利用经济技术可能性几乎为零，然而仅利用其中 5% 也足以满足全美用电需求。对于 5% 的目标，美国国家能源部可再生能源实验室认为到 2050 年便可实现。总之，地热资源作为一种清洁安全能源，其发展前景十分广阔。

6. 海洋能（ocean）

海洋面积超过地球面积的 70%，是世界最大的太阳能吸收器，储存从太阳吸收的热能以及可以从潮汐和海浪中产生机械能。其中，潮汐由月球引力所产生，海浪由风所产生。目前，海洋能利用大致包括海洋热能转换（Ocean Thermal Energy Conversion，OTEC）、潮汐能发电、海浪能发电等方式。

当海面与海底温差达到 36°F（20℃）时，OTEC 工作最佳。热带海岸线具备这些条件，专家认为，如果 OTEC 发电成本能与传统电力成本相竞争，将可生产几十亿瓦的电力。OTEC 最早由法国物理学家 Jacques Arsene d'Arsonval 于 1881 年首次提出，其学生 Georges Claude 于 1930 年在古巴建造世界首座 OTEC 电厂，1935 年在巴西建造另一座 OTEC 电厂。1956 年法国科学家在西非设计了 3 兆瓦发电能力的 OTEC 电厂。美国于

1974年开始涉足OTEC,建立了夏威夷国家能源实验室,是世界先进OTEC技术测验机构之一。OTEC技术包括闭循环、开循环和混合型等三种类型。1979年,国家能源实验室与多家私营合作伙伴在夏威夷海岸进行了微型OTEC实验,首次成功利用闭循环方式利用海洋热能发电。1999年,国家实验室建立了250千瓦示范OTEC电厂。1984年,太阳能研究所开发了首座开循环OTEC电厂,能源转换效率高达97%。1993年,夏威夷一座开循环OTEC电厂在一次净发电实验中生产了5万瓦电力。OTEC商业化应用面临诸多经济和环境挑战。在经济方面,OTEC电厂建设前期需要巨额投资,私营部门大多不愿意进行前期巨额投资,除非化石能源价格大幅上升或者政府提供金融激励;在环境方面,需要慎重选址以使环境影响最小化,且热带区域仅有几百个合适位置并要求离海岸够近,以使电厂建设具有可行性。

潮汐能利用要求涨潮和退潮相差5米才具有开发利用价值,地球上仅有40处适宜区域。美国靠近太平洋西北部和大西洋东北部地区具备潮汐能利用条件。不过,目前美国还没有潮汐能发电厂。海浪能储量丰富,有研究认为,海浪能发电潜力达3太拉瓦(Terawatts,1terawatts=1万亿瓦)电力。不过,并非处处都适合开发利用海浪能。世界海浪能丰富的地区包括苏格兰西部海岸线、加拿大北部、非洲南部、澳大利亚以及美国东北和西北海岸。潮汐能和海浪能发电商业化也面临着海洋热能发电相似的经济和环境障碍。虽然海洋能技术潜力巨大,但目前还没有海洋能资源的综合性研究,海洋能资源的确切情况还处于研究中。总之,美国目前仅有少数OTEC研究示范电厂,潮汐能和海浪能发电技术基本处于研发阶段。[①]

(二) 工业制造业

工业制造业是美国能耗最多的领域,也是碳排放最多的领域之一。工业制造业在生产加工过程中,既需要消耗,也产生损耗,如何节能增效降低能耗减少排放是美国政府高度关注的问题。美国能源密集型工业领域(能耗强度最高的工业行业)主要包括铝业、化工、林产品、玻璃、金属铸件、采矿业、炼油、钢铁等产业。

美国能源部能源效率和可再生能源办公室实施了工业技术计划(In-

---

① http://www.eere.energy.gov/basics/renewable_energy/ocean.html,2013-2-7登录。

dustrial Technology Program，ITP），针对能源强度最高的加工流程开发可以量化分析以及提高其能效的方法。他们采取了一种能源带宽分析（Energy Bandwidth Analyses）方法，能源带宽研究有利于重点关注提高能效潜力最大的过程或运行环节。该方法主要测度三个能耗指标：一是理论最低能耗（Theoretical Minimum Energy，TME），即在理想条件下特定加工过程的最低能源需求量；二是实际最低能耗（Practical Minimum Energy，PME），即在真实世界、非标准条件下，伴随产生副产品等状态下完成某一程序过程所需的能源，这是在当前市场可获得的最佳操作和最优工艺技术条件下的最低能源需求量；三是当前平均能耗（Current Average Energy，CAE），即在现实工厂条件下某一加工过程的真实能耗。CAE—PME的能源带宽代表了可以通过改进现有的加工技术、整体流程设计、操作及其他因素实现回收利用的能源损失。这种能源分析方法值得借鉴。

1. 制造业碳足迹

表4-11显示，美国工业制造业中碳排放量列居前十位的工业行业分别是化工、炼油、林产品、食品饮料、钢铁、交通设备、塑料、金属制品、水泥和铝业；单位能耗碳排放量列居前十位的工业行业分别是水泥、炼油、化工、纺织、计算机电子电器设备、食品饮料、塑料、铝业、交通设备、机械等。这些工业行业都是美国加强节能减排的重点。

表4-11　　　　　　美国制造业能源消耗和碳排放情况

序号	行业	能源消耗量（TBtu）	碳排放量（MMt CO$_2$e）	单位能耗碳排放量（MMtCO$_2$e/Tbtu）
1	制造业整体（NAICS31-33）	15494	643	4.1
2	铝业	603	36	6.0
3	化工	4513	275	6.1
4	炼油	3546	244	6.9
5	林产品	3559	140	3.9
6	食品和饮料	1934	117	6.0
7	钢铁	1481	62	4.2
8	交通设备	904	53	5.9
9	塑料	729	44	6.0
10	金属制品	708	41	5.8

续表

序号	行业	能源消耗量 (TBtu)	碳排放量 (MMt CO_2e)	单位能耗碳排放量 (MMtCO_2e/Tbtu)
11	水泥	471	39	8.3
12	计算机电子电器设备	527	31	5.9
13	纺织	472	29	6.1
14	机械	444	26	5.9
15	玻璃	466	26	5.6
16	铸造	281	16	5.7

2. 能源密集型产业

（1）铝业

2003年，美国铝业加工960万吨铝金属，产出400亿美元，在41个州分布有400多家工厂，雇用145000多个工人。在过去40余年里，美国铝业能耗降低了61%，其中技术进步贡献了22%，铝产品循环利用贡献了39%。美国铝业每年耗电 45.7×10^9 千瓦时（0.16quad①），约占美国经济耗电量的1.2%，相当于5222000个家庭年耗电量。

美国铝业有巨大的节能空间。铝金属及产品生产年能源需求量为 183×10^9 千瓦时（0.62quad），较最低理论能源需求量多出 149×10^9 千瓦时（0.51quad）。图4-16显示了美国铝业各环节的理论和实际能源需求及相应的节能潜力状况。其中，加工环节能源需求是指铝产品加工过程中所产生的能耗，能源总需求则还包括能源生产和传输损耗、作为原材料的燃料能源消耗等部分需求。表4-12显示，铝在冶炼（smelting）环节的理论和实际能源（总）需求均最多，（总）节能潜力也最大。理论能源需求是0.056夸德，实际需求是0.147夸德，节能潜力达0.09夸德。理论能源总需求是0.438夸德，总节能潜力为0.382夸德。图4-16进一步显示美国铝产品加工能耗实际需求与节能潜力大小。除冶炼环节排首位外，铝的精炼（refining）、铸造（casting）、铸件（shape casting）等环节节能潜力也较大，分别有0.033夸德、0.027夸

---

① 在美国，夸德/quad，是能量单位，是 quadrillion 的缩写，1quad = 10^15Btu，相当于2400百万吨石油。

德、0.018 夸德的节能潜力空间。

美国铝业冶炼环节能源需求占铝产品制造能源总需求的46%，电力需求占铝产品加工环节电力需求的98%。目前，对现有冶炼技术改进和冶炼工艺替代方法的研发努力具备将冶炼环节能耗降低30%的潜力。铝产品回收利用已占美国铝产品产量的一半以上，但其能耗不到铝土矿产铝能耗的6%，而且对环境十分有益，研究增加铝产品回收利用将大幅提高铝业节能能力。电解冶炼技术是铝产品生产能源强度最高的环节，美国致力于改进该技术并计划将能源强度从2000年的15.4千瓦时/kg降至2020年的11千瓦时/kg。[①]

表 4-12　　美国铝业的能源需求与节能空间

Table A: U.S. Energy Requirements and Potential Savings

	U.S. Annual Production 2003	Theoretical Minimum Energy Requirement	U.S. Process Energy Required	Potential Process U.S. Energy Savings	Total U.S. Gross Energy^{tf} Required	Potential Gross U.S. Energy^{tf} Savings
	metric tons	kWh(10⁹)/yr (quad)	kWh(10⁹)/yr (quad)	kWh(10⁹)/yr (quad)	kWh(10⁹)/yr (quad)	kWh(10⁹)/yr (quad)
Bauxite Mining						
Alumina Refining	2661500	0.37(0.001)	10.02(0.034)	9.65(0.033)	10.89(0.037)	10.52(0.036)
Anode Production	1230000	12.12(0.041)	15.75(0.054)	3.63(0.012)	16.45(0.056)	4.33(0.015)
Al Smelting	2758000	16.52(0.056)	42.97(0.147)	26.46(0.090)	128.36(0.438)	111.84(0.382)
Primary Casting	2704000	0.90(0.003)	2.73(0.009)	1.83(0.006)	3.94(0.013)	3.04(0.010)
Secondary Casting	2820000	0.94(0.003)	7.05(0.024)	6.11(0.021)	7.93(0.027)	6.99(0.024)
Rolling	4842600	1.55(0.005)	3.04(0.010)	1.49(0.005)	6.08(0.021)	4.53(0.015)
Extrusion	1826000	0.80(0.003)	2.37(0.008)	1.57(0.005)	2.77(0.009)	1.97(0.007)
Shape Casting	2413000	0.80(0.003)	6.17(0.021)	5.36(0.018)	6.37(0.022)	5.56(0.019)
Total		34.00(0.116)	90.10(0.307)	56.10(0.191)	182.77(0.624)	148.78(0.508)

（2）化工

化工是美国工业中能耗第二大的行业，2004年耗能6.3夸德Btu，约占美国工业能耗的1/3。化工能耗一半以上是作为原料使用，另一半是用于加热、冷却和制造加工动力，一小部分用于空调和照明。（见图4-17）

美国化工产业能源效率自20世纪70年代以来有大幅提升。其中，1974—1986年间单位产出能耗下降近40%，但此后20多年进步较少（见图4-18）。1974—1986年大幅下降的重要动力是由于20世纪70年代能源

---

① U.S. Energy Requirements for Aluminum Production: Historical Perspective, Theoretical Limits, and Current Practices, DOE, Feb., 2007.

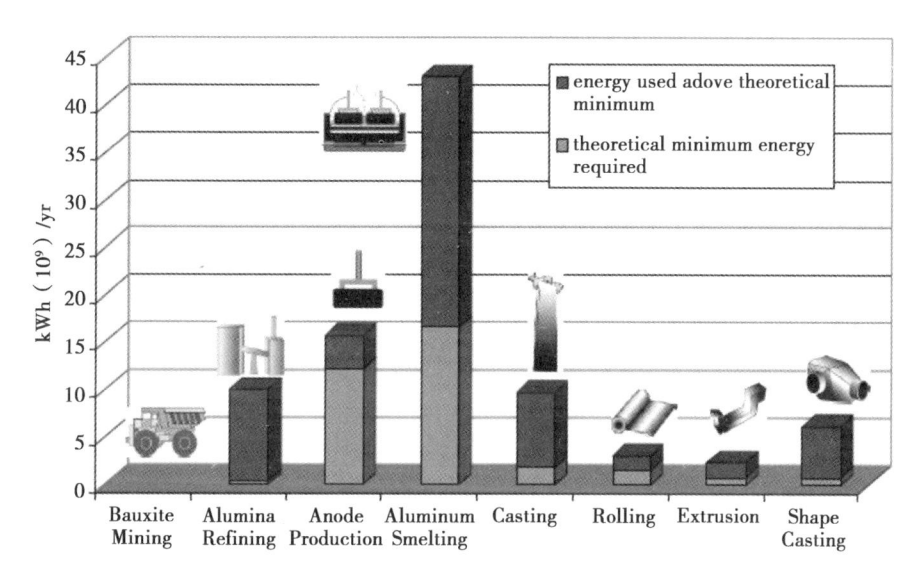

第四章 美国的低碳发展战略与经验借鉴

Figure B: Process Energy Used in U.S. Manufacturing of Aluminum Products

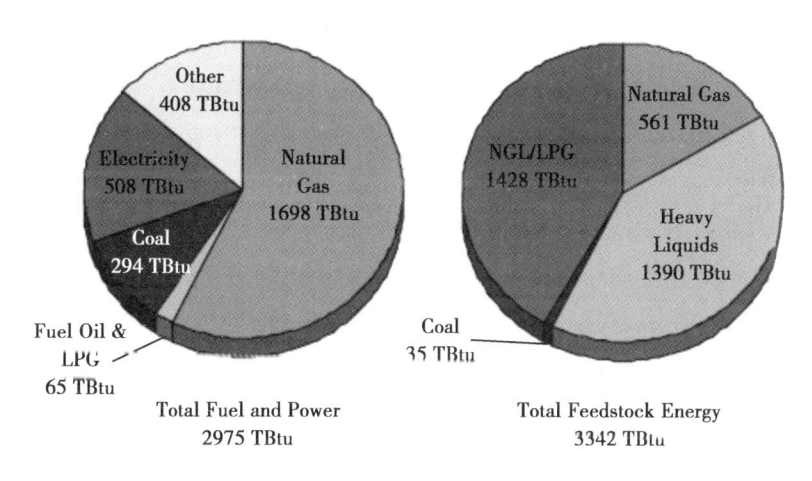

图 4-16 美国铝产品加工能耗实际需求与节能空间

Figure 1. Energy Use in the U.S. Chemical Industry, 2004
[ACC 2005]

图 4-17 美国化工产业能耗分布

危机导致能源价格大幅上升致使化工产业成本上升，为节约成本，化工企业有激励改进技术减少能耗降低成本。换句话说，能源危机—能源价格上升—改进生产技术—降低能源强度是其内在运行机制。

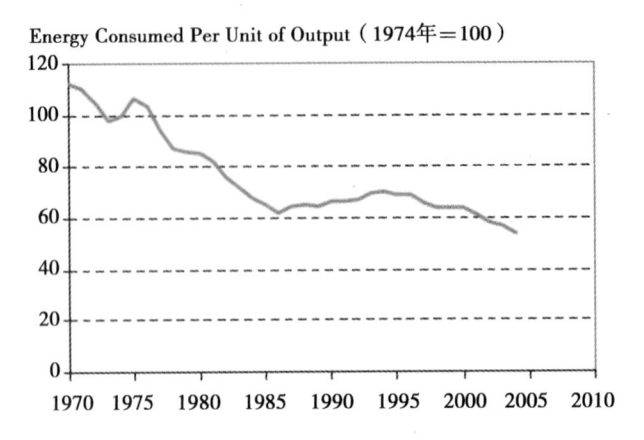

Figure 2.Energy Intensity of the U.S. Chemical Industry
[ACC 2003,ACC 2005]

图 4-18　美国化工业能源强度变化趋势

图 4-19 是美国化工行业 53 种产品的能源和能量（exergy）分析结果。图 4-20 是化工产品可回收利用能源从高到低的排序图。从中可以看出，氯（chlorine）、硫酸、氢、乙烯、环氧乙烷（ethylene oxide）、氨等化学产品可回收利用能源量[①]最高，分别有 189.5、131.4、109.7、109、99.6、92.4TBtu/年的回收潜力。所分析的 53 种化工产品潜在可回收利用能源总量达 1500 万亿 Btu。图 4-21 列出美国化工业能源输入和能量输入前十位产品，图 4-22 列出美国化工业外部能量损失和内部能量损失前十位产品。上述化工产品都是美国化工业节能重点领域。美国希望通过最佳实践措施（best practices）、最佳工艺技术和通过研发新技术来减少回收利用内外部能量损失达到节能的目的。

（3）炼油

目前，美国大约有 150 家炼油厂分布在全美各州，但大型炼油厂主要分布在沿海地区，年原油蒸馏能力约为 1800 万 BPSD。2002 年，美国石油和煤炭产业是仅次于化工行业列居能耗第二位的工业行业，共消耗 3.2 夸德 Btu 的能源，其中炼油产业能耗为 3.1 夸德 Btu。炼油过程主要包括常压和真空原油蒸馏（Atmospheric and Vacuum Crude Distillation）、流化

---

① Recoverable energy，包括内部和外部能量损失（internal and external exergy losses）。

第四章 美国的低碳发展战略与经验借鉴

Table 5. Energy and Exergy Analysis Results (Btu/lb)							
Process	Energy Input (Q_{IN})	Exergy Input	Process Exergy (Q_W)	Theoretical Minimum Energy	Recoverable Energy (Q_{LOSS})	Ratio of Q_{LOSS}/Q_{IN}*	Recoverable Energy (TBtu/yr)**
Chlorine	11,730	11,032	3,970	3,086	7,062	60%	189.5
Sulfuric Acid	129	81	-1,506	-2,900	1,588	1231%	131.4
Hydrogen	291	283	-33,033	7,391	33,317	11449%	109.7
Ethylene (from naphtha)	8,139	5,035	217	-989	4,818	59%	109.0
Ethylene Oxide	7,741	5,735	-6,720	734	12,456	161%	99.6
Ammonia	4,596	3,543	-351	414	3,894	85%	92.4
Ethylene (from ethane)	9,125	6,411	2,998	1,538	3,413	37%	77.2
Propylene	4,548	3,560	1,440	846	2,119	47%	71.6
Terephthalic Acid	1,919	1,157	-4,730	3,047	5,887	307%	64.7
Ethylene (from propane)	8,656	5,534	326	650	5,208	60%	58.9
Carbon Black	0	0	-12,566	-803	12,567		46.6
MTBE	8,868	2,572	-135	124	2,706	31%	34.6
Acrylonitrile (from propylene)	4,364	1,020	-8,015	4,355	9,035	207%	31.3
Ethylene Dichloride	701	168	-971	-784	1,139	162%	30.4
Formaldehyde	698	115	-3,209	802	3,324	476%	30.1
Phenol (from cumene)	6,942	2,016	-2,611	-1,470	4,627	67%	24.6
Nitric Acid	232	207	-1,401	1,953	1,609	694%	23.8
Propylene Oxide	7,001	1,839	-2,686	1,156	4,525	65%	20.2
Soda Ash	1,250	425	-327	-1,754	754	60%	18.3
Methanol (ICI)	4,883	871	-4,546	802	5,417	111%	17.5
p-Xylene	3,228	1,702	-133	5	1,835	57%	16.8
Methanol (Lurgi)	2,273	849	-4,125	526	4,974	219%	16.1
Ethylene Glycol	5,853	1,977	-143	-415	2,120	36%	13.5
Vinyl Chloride	2,671	975	147	142	828	31%	13.2
Methyl Methacrylate	3,599	742	-6,067	-6,359	6,809	189%	11.7
Carbon Dioxide	2,083	508	-426	N/A	935	45%	11.6
Styrene (Fina/Badger)	3,365	1,122	-369	340	1,491	44%	9.0
Ethylbenzene (Lummus)	1,528	1,131	-231	273	1,363	89%	8.7
Styrene (Lummus)	4,703	1,697	305	340	1,392	30%	8.4
Ethylbenzene (Mobil/Badger)	1,787	965	-317	273	1,282	72%	8.2
Oxygen	202	202	67	N/A	135	67%	7.9
Urea	1,276	503	-63	-289	566	44%	7.2
Nitrogen	164	164	63	N/A	102	62%	7.1
Phosphoric Acid	22	10	-270	-394	279	1268%	7.1
Ammonium Nitrate	171	23	-499	-502	522	305%	6.9
Vinyl Acetate	2,866	891	-1,194	-1,060	2,084	73%	6.9
Caprolactam	9,521	2,304	-1,318	-170	3,622	38%	6.3
Acetic Acid	1,612	786	-512	436	1,297	80%	6.2
Hydrochloric Acid	0	0	-530	-1,124	530		5.9
Isobutylene	2,288	518	53	54	465	20%	3.8
Aniline	956	368	-1,548	-2,093	1,915	200%	3.4
Nitrobenzene	1,147	419	-503	421	922	80%	2.6
Ammonium Sulfate	709	249	-148	-701	397	56%	2.3
Butadiene	1,382	468	55	N/A	413	30%	2.0
Cumene (AlCl₃)	1,124	110	-240	526	680	60%	1.9
bisPhenol A	2,131	649	-290	-491	938	44%	1.8
Cyclohexane	465	229	-543	-499	772	166%	1.8
Cumene (Zeolite)	1,061	375	-248	526	623	59%	1.7
Cumene (SPA)	812	328	-245	526	574	71%	1.0
Isopropyl Alcohol	3,880	808	-124	-50	932	24%	1.5
Methyl Chloride	398	249	-455	-250	703	177%	0.9
Phenol (from toluene)	4,787	2,149	-12,860	-3,556	15,009	314%	0.0
Acrylonitrile (from propane)	5,381	1,392	-13,152	5,509	14,544	270%	0.0

- Negative values indicate an exothermic reaction, net chemical conversion exergy inflow
N/A A separation process without chemical reaction
* Ratios may be higher than 100% because the input energy does not include heat generated by exothermic reactions
** Where multiple processes are modeled for a single product, production is assumed to be evenly divided among the technologies, except for phenol and acrylonitrile, where only one of the technologies is commercial. For ethylene, production is assigned 40%, 40%, and 20% to naphtha, ethane, and propane technologies, as discussed in the chemical profile.

图 4-19 美国化工行业 53 种产品能源和能量分析结果

床催化裂化（Fluid catalytic cracking，FCC）、催化剂氢化处理（Catalytic

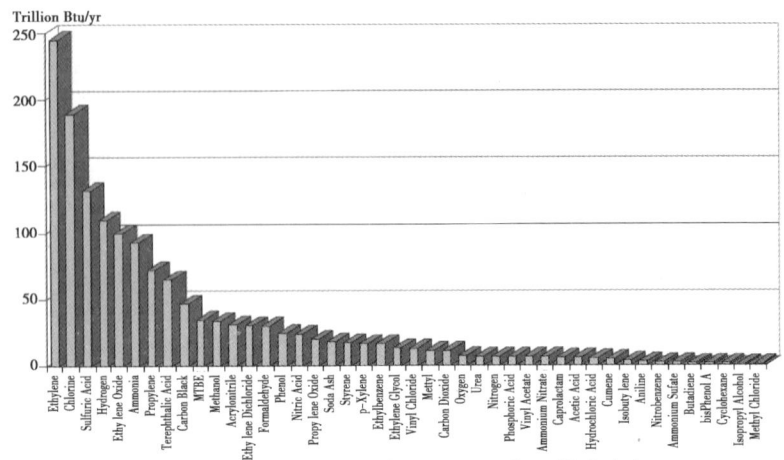

图 4-20　美国化工产业能源可回收利用排序

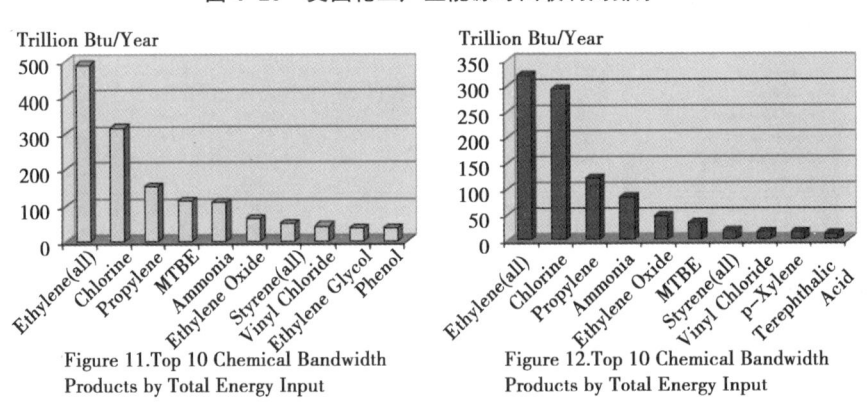

图 4-21　美国化工业能源投入和能量输入前十位产品

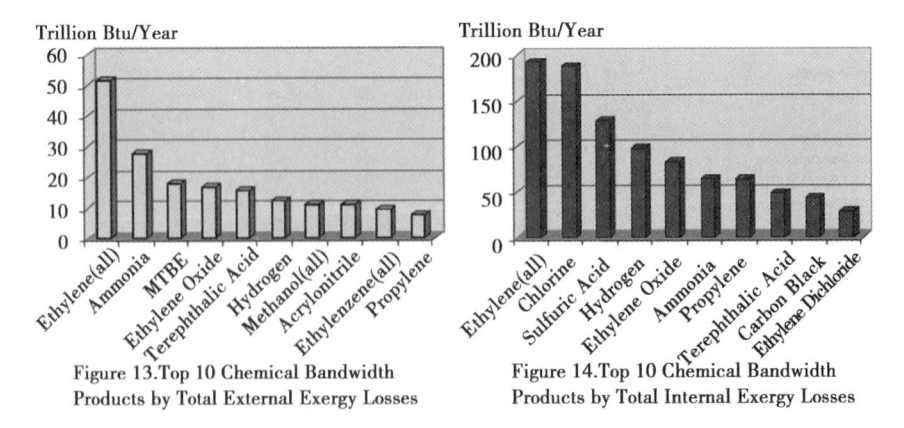

图 4-22　美国化工业外部能量损失和内部能量损失前十位产品

Hydro-treating)、催化重整（Catalytic Reforming）、烃化（Alkylation）等五个流程，共占炼油产业能耗的70%。[①]

表4-13是美国炼油业能源带宽分析结果，其中显示常压和真空蒸馏能源带宽节能潜力（CAE-PME/CAE * 100%）分别为54%和39%，烃化环节潜力为38%，催化剂氢化处理环节潜力为32%，是相对潜力最高的流程环节；CAE值最高的环节依次是常压蒸馏、催化剂氢化处理、FCC、催化重整等，分别为658、382、377、339（10^{12} Btu/yr）；潜在最高节能量依次是常压蒸馏、催化剂氢化处理、FCC等流程环节，潜在节能带宽依次是356、123、105（10^{12} Btu/yr）。显然，上述这些环节是美国炼油业节能的重点努力领域。

再从产品方面看，表4-14显示美国炼油制品能源消耗情况，炼油制品共耗能源2101TBtu/yr。其中，汽油能耗占62.1%，燃料油产品能耗占16.9%，两种产品合计占79%，占了绝大多数，是美国炼油业节能的重点产品领域。

表4-13　　　　　美国炼油产业五大流程能源带宽分析

Process	TME	PEM[a]	CAE	Energy Bandwidth (CAE-PME)	Potential Energy Bandwidth Savings (%)[d]	Total Annual CAE by Process (10^{12} Btu/yr)	Potential Energy Bandwidth Savings (10^{12} Btu/yr)
	10^3 Btu/bbl feed[b,c]						
1. Crude Distillation: Atmospheric / Vacuum	22 / 46	50 / 54	109 / 89	59 / 35	54% / 39%	658 / 242	356 / 95
2. Fluid Catalytic Cracking	40	132	183	51	28%	377	105
3. Catalytic Hydrotreating	30	55	81	26	32%	382	123[e]
4. Catalytic Reforming	79	203	264	61	23%	339	78
5. Alkylation: H_2SO_4 / HF	-58 / -58	156 / 152	250 / 245	94 / 93	38% / 38%	102[g]	38
					Total	2101[h]	

[a] This represents the minimum PME, In practice, the PME value may be greater due to overlap of the energy saving measures identified for each unit operation.
[b] A positive energy represents energy consumed by the process (endothermic). A negative energy represents energy produced by the process (exothermic).
[c] Energy values exclude losses incurred during the generation and transmission of electricity.
[d] This represents the maximum bandwidth savings; in practice, the savings may be less due to overlap of the energy saving measures identified for each unit operation.
[e] Energy value is based on the U.S. hydrotreating/desulfurization capacity.
[f] Energy value are based on the autorefrigeration-based sulfuric acid process.
[g] Energy value is based on the average CAE for the sulfuric and hydrofluoric acid processes.
[h] Total Annual CAE value is off by one due to rounding of the individual values.
Sources: DOE 2005b; See Appendix A for TME, CAE, PME sources.

[①] 该部分数据、图表均引自：Energy Bandwidth for Petroleum Refining Processes, U.S. DOE. Office of Energy Efficiency and Renewable Energy Industrial Technology Program, Oct. 2006。

表 4-14　　　　　　　　美国炼油制品能源需求状况

Table 3. Total Annual Refinery Product Energy Requirement (T Btu/yr)

Process Unit	Product Energy Requirement	Still Gas	LRG	Gasoline	Jet Fuel/Kero	Dist Fuel Oil	Resid Fuel Oil	Asphalt	Coke	Other
Crude Distillation: Atmospheric	658	1	1	295	54	180	38	30	49	12
Vacuum	242	0	0	61	0	33	39	45	64	0
Reformer	339	13	5	322	0	0	0	0	0	0
Hydrotreating	382	14	11	230	22	105	0	0	0	0
Alkylation	102	0	0	102	0	0	0	0	0	0
FCC	377	24	20	296	0	37	0	0	0	0
TOTAL	2101	51	37	1305	76	355	77	75	113	12
% of Total	100	2.4	1.7	62.1	3.6	16.9	3.7	3.6	5.4	0.6

(Some values are off by one when columns and rows are summed due to rounding error.)

（4）纸业

2002年，美国纸业共生产9950万吨纸制品，共消耗2361万亿Btu能源。自2002年以来，美国纸业通过余热回收利用以及安装节能设备降低了能耗。①

首先从产品结构看，纸和纸板产量为8970万吨，其中纸板占54%，印刷和书写纸占20%，机械用纸占13%，其他占13%；纸浆产量为990万吨，其中漂白纸浆占34%，未漂白纸浆占23%，回收利用纸浆占33%，其他占11%。

其次从能耗结构看，美国纸业消耗最多的是树皮和木材边角余料（bark/wood waste），占54.3%；其次是天然气，占21.3%；煤炭和净电力需求各占9.9%和9.4%；其他燃油类占4.8%。（见图4-23）

再分析节能潜力。从产品类型节能潜力看，美国造纸能耗776TBtu，使用BAT（Best Available Technology）技术能耗为527TBtu，节能潜力达32.1%；纸浆能耗708TBtu，使用BAT技术能耗为508TBtu，节能潜力为28.2%；电力机房能损755TBtu，使用BAT技术能损为592 TBtu，节能潜力为21.5%；整体节能潜力为25.9%。（见图4-24）

能源类型节能潜力。直接燃料消耗132TBtu，使用BAT技术能耗为

---

① J. Greenville, S. Carolina, Pulp and Paper Industry Energy Bandwidth Study, Atlanta, Georgia, Aug., 2006.

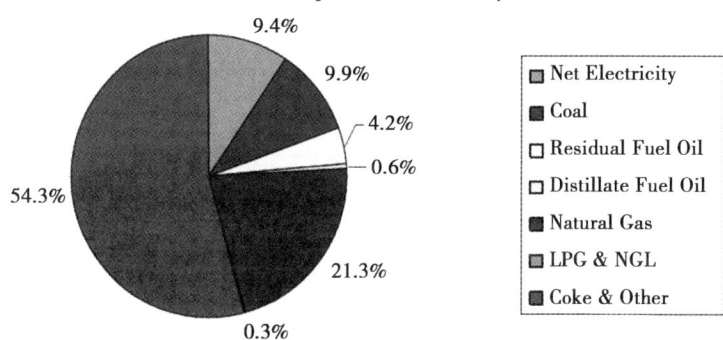

2002 MECS Fuel Consumption –P & P Industry

- Net Electricity 9.4%
- Coal 9.9%
- Residual Fuel Oil 4.2%
- Distillate Fuel Oil 0.6%
- Natural Gas 21.3%
- LPG & NGL 0.3%
- Coke & Other 54.3%

图 4-23 美国纸业能耗结构

Table 2.1
Energy Use Distribution within the Pulp and Paper Industry
Total MECS vs. Total After Applying BAT

Area	Total Energy Use 2002 MECS TBtu (% of total)	Total Energy Use BAT TBtu (% of total)	BAT Percent Change vs. MECS (%)
Paper Manufacturing	776 (32.9)	527 (30.1)	-32.1
Pulping	708 (30.0)	508 (29.0)	-28.2
Powerhouse Losses	755 (32.0)	592 (33.9)	-21.5
Misc.& Environmental	122 (5.1)	122 (7.0)	0.0
Total Industry Energy Consumption (Purchased and By-product Fuels)	2361 (100.0)	1749 (100.0)	-25.9

图 4-24 美国纸业能耗和节能潜力分析

104TBtu，节能潜力为 21.1%；电力能耗 393TBtu，使用 BAT 技术能耗为 297TBtu，节能潜力为 24.4%；蒸汽能耗 1081TBtu，占 67.3%，使用 BAT 技术能耗为 756TBtu，节能潜力为 30.1%（见图 4-25）。

为达到节能目标，美国拟采用和发展的纸业节能技术类型包括：一、High Consistence Forming 技术，提高纸张成型比率。传统生产硬纸盒的机械设备纸张成型率仅在 0.5%—1% 之间，利用该技术可提高到 4%。二、CondeBelt™-drying 技术，该技术采用两条连续旋转钢带，一条用于加热，另一条用于制冷，可以提高纸张烘干率。三、Hot Impulse Pressing 技术，研究显示利用该种热脉冲压技术可以提高纸张成型率，从而达到节能目的。四、BlackLiquor and Hog Fuel Gasification 技术，研究显示利用该技术可以提高蒸气和电力产能。五、Auto-Causticizing 技术，研究显示该技术可以减少石灰窑数量，从而减少化石能源消耗。六、Biorefinery 技术，研究显示该技术可以在纸浆生产之前从木屑等生物质材料中提取氢及其他化学原料，从而提高净能源效率。

Table 2.2 Energy Use by Type within the Pulp and Paper Manufacturing Total MECS vs. Total After Applying BAT			
Type	Total Energy Use by Type 2002 MECS TBtu (% of Total)	Total Energy Use by Type BAT TBtu (% of Total)	BAT Percent Change vs. MECS (%)
Direct Fuel	132 (8.2)	104 (9.0)	−21.1
Electricity	393 (24.5)	297 (25.7)	−24.4
Steam	1081 (67.3)	756 (65.3)	−30.1
Total Manufacturing	1606 (100.0)	1157 (100.0)	−28.0
Powerhouse Losses	755	592	−21.5
Total Industry	2361	1749	−25.9

图 4-25　美国纸业能耗类型及节能潜力分析

（5）钢铁

图 4-26 是挑选了几个主要炼钢流程的能耗指标及节能潜力分析结果。其中显示，液态热金属（liquid hot metal）实际能源需求 11.2—12.1（10^6 Btu/吨），理论最低能源需求 8.5（10^6 Btu/吨），实践可行最低需求 9（10^6 Btu/吨），理论节能潜力为降低 25%—30%，实际可行节能潜力为降低 20%—26%；液态钢（BOF 技术）实际能源需求 9.1—9.9（10^6 Btu/吨），理论最低能源需求 6.8（10^6 Btu/吨），实践可行最低需求 7.1（10^6 Btu/吨），理论节能潜力为降低 25%—31%，实际可行节能潜力为降低 22%—39%；液态钢（EAF 技术）实际能源需求 1.8—2.1（10^6 Btu/吨），理论最低能源需求 1.1（10^6 Btu/吨），实践可行最低需求 1.4（10^6 Btu/吨），理论节能潜力为降低 38%—46%，实际可行节能潜力为降低 24%—33%；热轧（hot rolling flat）实际能源需求 1.7—2.1（10^6 Btu/吨），理论最低能源需求 0.03（10^6 Btu/吨），实践可行最低需求 0.8（10^6 Btu/吨），理论节能潜力为降低 99%，实际可行节能潜力为降低 55%—63%；冷轧

(cold rolling flat) 实际能源需求 0.9—1.2（10^6 Btu/吨），理论最低能源需求 0.02（10^6 Btu/吨），实践可行最低需求 0.02（10^6 Btu/吨），理论节能潜力为降低 98%—99%，实际可行节能潜力为降低 98%—99%。可见，主要耗能环节在液态热金属和液态钢（BOF 和 EAF 技术），实际可行节能 1/5 以上；热轧、冷轧环节能耗实际节能潜力都在一半以上。有美国学者研究认为，改进以下技术可以促进美国钢铁产业降低能耗。主要包括：煤基近岸炼铁技术；非回收焦炭生产技术；直接提炼技术；薄带连铸技术；热铸产品储能技术；加工废气化学能捕获技术；操作中传感器应用技术等技术类型。[①]

Table 2. Fruehan Study Results: Comparison of Theoretical Minimum Energy and Actual Energy Requirements for Selected Processes (Note: all values exclude electrical generation and transmission losses)					
Process	Energy (10^6 Btu/ton)				
	Actual Requirements[a]	Theoretical Minimum	Difference (Actual vs Theo Min)	Practical Minimum	Difference (Actual vs Pract Min)
Liquid Hot Metal (5%C)	11.2—12.1	8.5	25%—30%	9.0	20%—26%
Liquid Steel (BOF)[b]	9.1—9.9	6.8	25%—31%	7.1	22%—29%
Liquid Steel (EAF)	1.8—2.1	1.1	38%—46%	1.4	24%—33%
Hot Rolling Flat	1.7—2.1	0.03	99%	0.8	55%—63%
Cold Rolling Flat	0.9—1.2	0.02	98%—99%	0.02	98%—99%
18–8 Stainless Melting	—	1.0	—	1.3	—

图 4-26 美国钢铁产业能耗及节能潜力分析

(6) 矿业

美国矿业为制造业、建筑业、公共事业及其他商业部门提供煤块、金属、矿石、沙子、石子等原料物质，美国人均消耗原料近 24 吨。一件普通消费产品需要消耗多种矿产品，如手机生产需要 42 种不同矿物产品，包括铝、铍、煤、铜、金、铁、石灰石、硅等，提炼所有这些矿产品都需要消耗大量能源。2002 年，美国矿业能源支出达 32 亿美元，占其总成本的 21%。矿业的采矿作业流程主要包括：爆破（blasting）、脱水（dewate-

---

① Steel Industry Energy Bandwidth Study, Energetics, Inc. Oct., 2004.

ring)、打钻(drilling)、挖掘(digging)、通风(ventilation)、搬移(materials handling)、粉碎(crushing)、研磨(grinding)和分离(separation)等作业程序。

除石油和天然气外，美国矿业大约耗能1246TBtu/年。图4-27是美国矿业能源带宽分析结果，其中显示理论最低(Theoretical Minimum，没有任何能损时的能耗)能耗需要184TBtu/年，实际最低能耗(Practical Minimum，研发取得实质进步所需的能耗)需要579TBtu/年，最佳作业能耗(Best Practice，平均水平以上能效时的能耗)需要988TBtu/年，当前能耗(Current Energy Consumption，平均能效水平时的能耗)需要1246TBtu/年。因此，在当前技术水平条件下节能潜力为258TBtu/年，大约节能20.7%；在技术取得实质进步条件下节能潜力为667TBtu/年，大约节能53.5%，对应可减排4060万吨CO_2e。

再从矿业类型看，图4-28显示，美国金属类能耗最高，为552.1TBtu/年，技术进步节能潜力为117.5TBtu/年，优化操作节能潜力为220.7TBtu/年，总节能潜力为338.2TBtu/年，可减排2060万吨CO_2e；其次是煤业，能耗量为485.3TBtu/年，技术进步节能潜力为84.2TBtu/年，优化操作节能潜力为153.3TBtu/年，总节能潜力为237.5TBtu/年，可减排1440万吨CO_2e；矿石类能耗量为208/9TBtu/年，技术进步节能潜力为56.6TBtu/年，优化操作节能潜力为35.2TBtu/年，总节能潜力为91.8TBtu/年，可减排560万吨CO_2e。可见，煤炭和金属类矿业是美国矿业节能减排重点领域。

再从操作环节看，图4-29显示，研磨和搬移设备节能潜力最大，在技术进步和优化操作情况下分别可节能356TBtu/年和111TBtu/年。换句话说，通过研发投资采用先进技术和安装新技术设备，在这两个环节就可节能467TBtu/年，约占目前能耗总量的37%。

(7) 玻璃

玻璃产业大多通过熔融原材料，再将熔融后的玻璃成型为所需要的产品。玻璃产业一般包括玻璃器皿、平板玻璃、玻璃纤维、特种玻璃等四种类型。玻璃生产流程大致包括批量制备和充电(batch preparation and charging)、熔融和提炼(melting and refining)、成型(forming)、后成型加工(post-forming)、应用等步骤。组图4-30显示，熔融和提炼环节是各类玻璃生产中能耗和节能空间最多的阶段，通过改进熔融技术、提高熔

Exhibit 1. U.S. Mining Industry Energy Bandwidth

- Best Practice Energy Saving Opportunity=258 Trillion Btu/Year
- R & D Energy Savings Opportunity=409 Trillion Btu/Year
- Less Practical Energy Savings Recovery Opportunity
- Minimum Energy Requirement

- Current Energy Consumption =1246 Trillion Btu/Year
- Best Practice =988 Trillion Btu/Year
- Practical Minimum =579 Trillion Btu/Year
- Theoretical Minimum =184 Trillion Btu/Year

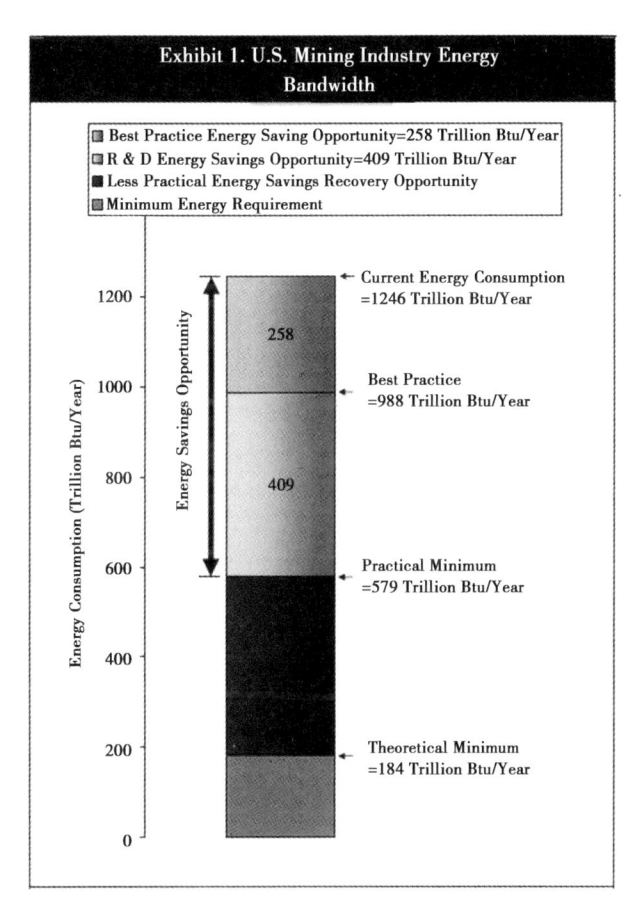

图 4-27　美国矿业能源带宽分析结果

Exhibit 2. Energy Savings Opportunity by Commodity Type (TBtu/yr)

	Current Energy Consumption	Energy Savings from R&D Improving Energy Efficiency	Energy Savings from Implementing Best Practices	Total Practical Energy Savings	CO_2 Reduction from Total Practical Energy Savings (million tonnes)*
Coal	485.3	84.2	153.3	237.5	14.4
Metals	552.1	117.5	220.7	338.2	20.6
Minerals	208.9	56.6	35.2	91.8	5.6
Total	1246.3	258.3	409.2	667.5	40.6

*The CO_2 emissions factor for the mining industry(60800 tonnes/TBtu)was calculated from the fuel mix in the Miing E&E Profile. The fuel consumption was equated to carbon dioxide emissions using conversion factors obtained from EIA.

图 4-28　美国矿业分类节能分析结果

融提炼阶段能效节能量最大。另外，通过应用先进技术和优化操作，玻璃器皿产业节能潜力最大。通过应用先进熔融提炼技术，玻璃产业（除特

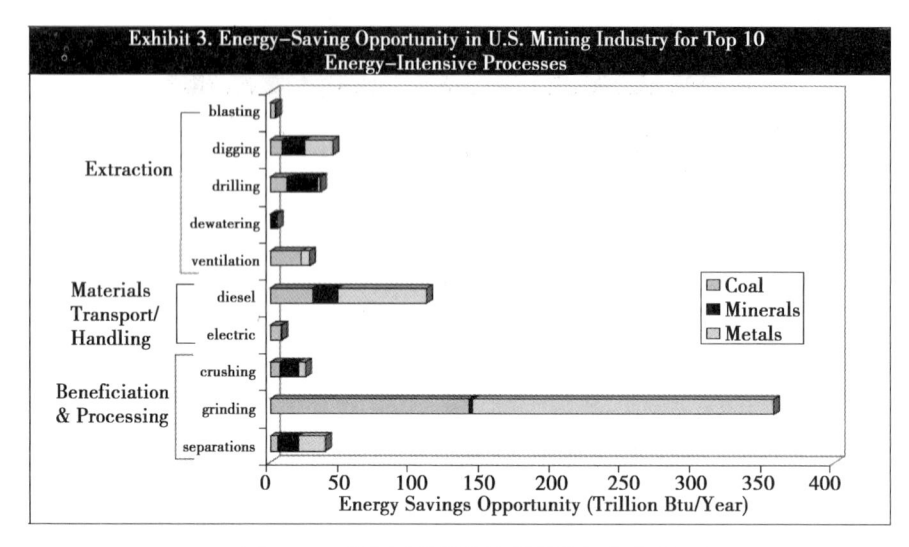

图 4-29 美国矿业操作流程节能机会分析

种玻璃外）可节能 39TBtu/年，其中玻璃器皿业可节能 22TBtu/年，平板玻璃、玻璃纤维业可依次节能 9.5TBtu/年和 7.522TBtu/年。[①]

3. 促进工业节能的政策措施

美国扶持工业制造业节能减排的政策措施类型涉及评估资助（Assessments）、能源分析（Energy Analysis）、拨款补助（Grants）、激励率计划（Incentive Rate Program）、贷款（Loans）、返款（Rebates）、可再生能源积分（Renewable Energy Credits）、税收抵免计划（Tax Incentive Program）、培训（Training）及其他相关政策措施。赞助主体单位包括联邦政府、州级政府、地方政府、公用事业公司、非营利组织及其他机构。资助工业领域包括一般工业系统（Industrial System General）、工业特定系统/工序（Industrial System/Process Specific）、照明（Lighting）、建筑系统（Building Systems）、采暖通风与空调（Heating, Ventilating and Air Conditioning/HVAC）、道路管理（Load Management）、能源资源（Energy Resources）等。赞助能源类型包括天然气、电力、可再生能源及其他能源类型。从政策措施类型看，涉及评估类的计划项目达 699 个，能源分析类计划项目达 794 个，拨款补助类计划项目达 160 个，激励率计划项目达 593

---

① D. M. Rue, J. Servaities, D. W. Wolf, "Industrial Glass Bandwidth Analysis", Gas Technology Institute, Aug. 2007.

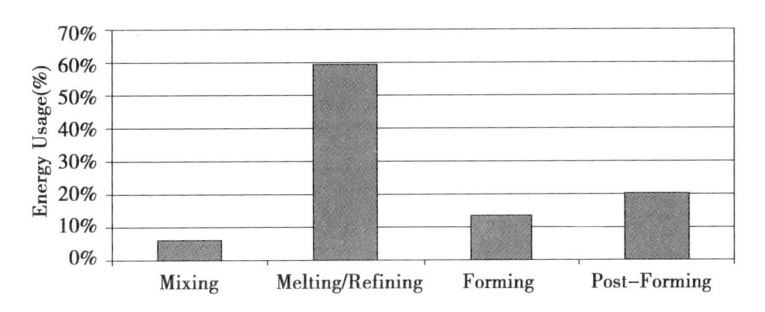

Figure 1: Flat Glass Energy Usage for Process Phases

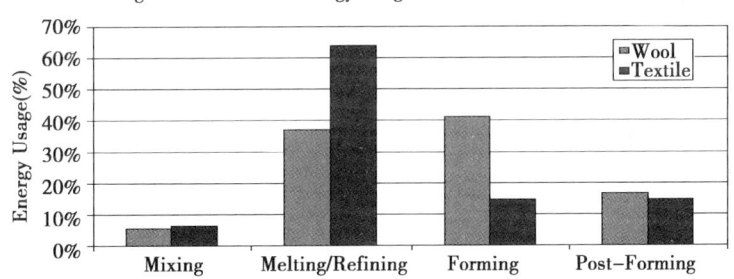

Figure 2: Glass Fiber Energy Usage for Process Phases

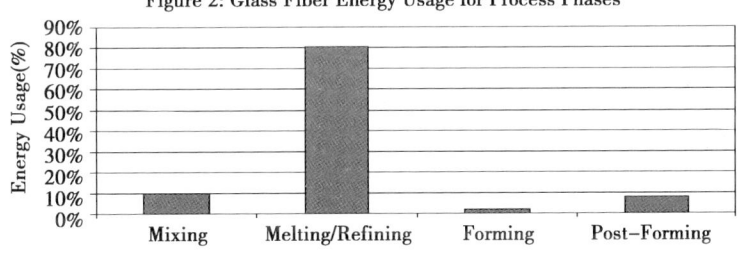

Figure 3: Container Glass Energy Usage for process Phases

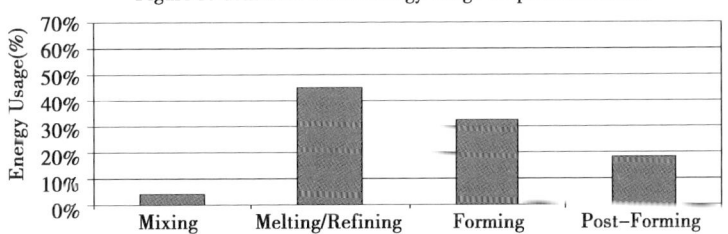

Figure 4: Pressed and Blown Glass Energy Usage for Process Phases

组图4-30　美国玻璃业分类按阶段能耗分析

个，贷款类计划项目达 298 个，返款类计划项目达 2161 个，可再生能源积分类计划项目达 115 个，税收激励计划项目达 173 个，培训类计划项目达198个,其他类计划项目达322个(不同类型计划项目之间可能重合)。① 下面举例说明。

(1) 评估资助类计划项目

如绩效解决(Performance Solutions)计划项目由巴德维电力成员合作组织(Baldwin Electric Member Cooperative)支助,为商业企业和工业企业提供独一无二的绩效解决方案,能源服务专家协助商业公司在其设施运行当中执行成本有效的解决方案。②

(2) 能源分析类计划项目

如HVAC咨询服务计划项目(HVAC Consulting Services)由阿拉巴马电力公司(Alabama Power Company)支助设立,该公司能源专家为其商业客户运行设施能源需求提供分析,在分析基础上提出最佳匹配和成本最低的HVAC解决方案。③

(3) 拨款补助类计划项目

如生物质能源利息补贴计划项目(The Biomass Energy Interest Subsidy Program)由阿拉巴马州经济和社会事务部支助设立,用于支持安装生物质能源系统的林业和非林业商业企业,对于安装经批准的生物质能源项目给予75000美元的补贴,适用申请者包括工业、商业、机构、农场主等拥有相关设施的实体单位,垃圾填埋气项目也适用申请补贴。

(4) 激励率计划项目

如空调负荷管理计划项目(Air Conditioning Load Management Program)由奥柯拓电力合作组织(Oconto Electric Cooperative)支助设立,参与该计划的消费者只要允许该组织在用能高峰时期临时关闭其空调使用可以获得25美元/年返款。④

(5) 贷款计划项目

佛蒙特商业节能贷款计划(Vermont Business Energy Conservation Loan Program)项目由佛蒙特州经济发展局出资设立,对佛蒙特州公司在实施

---

① http://www1.eere.energy.gov/manufacturing/states/state_activities/incentive_search.aspx
② http://www.baldwinemc.com/savings/bizsavings.cfm.
③ http://www.alabamapower.com/energy_efficiency/hvac.asp.
④ http://www.ocontoelectric.com/MemberCenter/ACLoadMGMT.

节能增效项目时给予5000—15万美元贷款支持。①

(6) 返款计划项目

如电动摩托返款计划（Electric Motor Rebate Program）由摩根乡村电力协会（Morgan County Rural Electric Association）对升级摩托的商业客户在购买标准能效和高能效的摩托后每马力（HP）给予2美元的现金返款激励。②

(7) 可再生能源积分计划项目

如印第安纳州绿色能源购买计划由印第安纳州杜克能源分公司（Duke Energy Indiana）支助设立，对计划参与者最低购买200千瓦小时绿色电力的商业公司仅需支付4美元/月，对超出部分，每100千瓦小时绿色电力仅需支付2美元/月。③

(8) 税收抵免计划项目

如商业建筑税收减免计划由美国环保署出资设立，对新建筑或现有建筑的所有者或设计者，只要建筑采暖和制冷耗能按照ASHAAE标准90.1-2001要求节能50%以上，便可获得1.8美元/平方英尺的税收减免优惠。减免优惠期限是2006年1月1日到2013年12月31日。④

(9) 培训计划项目

如俄克拉荷马州绿色补助计划（Oklahoma Green Grant）由美国能源部出资设立，为俄克拉荷马州提供600万美元绿色工作补助，以支持其在新兴工业部门如能效和可再生能源部门进行工人培训，目标是两年内培训4700个工人，为其给付高于州平均收入水平的报酬。⑤

(10) 其他类型计划项目

如美国先进生物燃料能源计划（Bioenergy Program for Advanced Biofuels）由美国农业部支助设立，该计划旨在确保扩大先进生物燃料生产，通过向农村地区先进生物燃料生产者提供支付，要求是获得的生物质能源是从先进的可再生生物质获取，如纤维素（cellulose）、糖（sugar）、淮

---

① http://www.veda.org/financing-options/vermont-commercial-financing/vermont-business-energy-conservation-loan-program/.

② www.mcrea.org.

③ http://www.duke-energy.com/indiana-business/products/gogreen-business.asp.

④ http://www.energystar.gov/index.cfm?c=tax_credits.tx_comm_buildings.

⑤ www.okcommerce.gov/Grants-and-Funding/Oklahoma-Green-Grant.

纤维素（hemicelluloses）、木质素（lignin）、废弃物（Waste）、沼气（biogas）、丁醇（butanol）、甘蔗（sugarcane）等，而非从玉米粒中提取。①

4. 促进工业节能的技术类型

(1) 锅炉和蒸气系统（Boilers and Steam System）

美国制造业中近49%的燃料用于加热锅炉，产生的蒸气再用于加热原材料和半成品，也可用于设备动力、采暖和发电。许多制造设施可以通过安装能效更高的蒸气设备，采用更高效的加工程序以及应用能源管理措施等达到节能增效目的，提高蒸气的产生、分配、使用和回收效率。②

(2) 压缩空气系统（Compressed Air System）

制造商每年支出50亿美元用于压缩空气系统。这些系统为工业生产过程中加压、碎化、搅拌和混合工具设备提供动力。应用最佳能源管理措施和购买高能效设备可促进压缩空气系统节能增效。③

(3) 热电联产（Combined Heat and Power）

CHP技术是一种高效和清洁的发电和供热技术，在美国应用已有100多年历史。目前，美国CHP发电能力达82GW，为3700多家工商业设施所采用，占全美发电能力的8%。其中，87%用于工业领域，为能源密集型产业供电和供热，商业和医院高校等事业单位应用占剩余的13%。美国CHP发电使用多种燃料，其中72%是天然气，其余燃料包括生物质能源、加工废弃物、煤炭等。与采用化石燃料发电相比，当前CHP技术每年可节约1.8万亿Btus能源和减少2.4亿吨CO_2排放。目前，美国政府已确立到2020年新增40GW发电能力的CHP发展计划。为此，美国政府将在不足10年时间内将CHP发电能力增加50%。该项计划将为能源使用者节约资金100亿美元/年，将节约1万亿Btus能源（相当于美国能源使用总量的1%），将减少1.5亿吨CO_2排放/年（相当于2500万辆汽车排放），将引致制造业等领域增加400亿—800亿美元投资。

在美国CHP产业发展既有有利因素，也有障碍因素。其中，最大的促进因素就是越来越多的州级政府支持CHP发展，也认识到CHP在节能、增效、减排、促进增长等方面的益处，正采取更多的支持政策。目

---

① http://www.rurdev.usda.gov/BCP-Biofuels.html。
② http://www1.eere.energy.gov/manufacturing/tech_deployment/steambasics.html。
③ http://www1.eere.energy.gov/manufacturing/tech_deployment/compressed_air.html.

前，已有 23 个州将 CHP 视为可再生能源组合标准或能效资源标准的一部分，在加州、纽约、马萨诸塞州、新泽西州等地区已启动支持 CHP 发展的特定激励计划。阻碍因素主要包括：一是许多投资者旗下的电力公用公司价值定位不清晰，因 CHP 部分构成其收入流失因素；二是由于 2005 年以来投资下降导致 CHP 相关销售和服务基础设施不足；三是存在诸多市场和非市场不确定因素，如燃料和电力价格波动、区域/国家经济条件、市场增长、公用和电力市场规则、环境政策等，使得 CHP 投资决策困难；四是终端用户意识较弱，多数终端用户并未将 CHP 视为核心供电选项；五是当地限制和选址问题，CHP 安装必须遵守当地环境、健康和安全要求。①

（4）能源密集型加工技术（Energy Intensive Processes）

美国非常重视能源密集型加工技术研发，主要关注四类技术平台，这些平台反映了工业活动能耗最高的领域，包括工业反应和分离技术、高温加工技术、余热最小化和回收利用技术、可持续制造技术等。其中，可持续制造技术是指通过改进设计、创新原材料组合、创新制造方法等降低能源强度、减少废弃物和增加产出。②

（5）信息通信技术（Information and Communications Technology，ICT）

美国《2009 年恢复与再投资法案》支助 14 个研发项目以提高 ICT 系统能效，降低数据中心和通信设施能耗强度。美国能源部为此拨款 4700 万美元，用以提高数据加工、数据存储和通信产业的能源效率。③

（6）电机、风扇和泵（Motors，Fans，Pumps）

采用最佳能源管理措施和高能效电机、风扇和泵设备可以大幅节能和节约成本。

（7）加热技术（Processing Heating）

采用最佳运转方法和最先进加热技术可以大幅节能和节约成本。

（8）其他技术

其他工业节能技术领域还包括燃料燃烧技术、工业原材料使用、传感

---

① Combined Heat and Power: A Clean Energy Solution. U. S. DOE, Aug., 2012.

② Energy-Intensive Processes Portfolio: Addressing Key Energy Challenges Across U. S. Industry, U. S. DOE, Mar. 2011.

③ Improving Energy Efficiency in Information and Communication Technology Sectors, DOE, May, 2011.

器和自动化控制技术、纳米制造技术等领域。①

四 主要发现与经验借鉴

(一) 主要发现

1. 美国碳排放数量与结构方面的研究发现

美国采取"自上而下"和"自下而上"两套方法构建碳源和碳汇数据库,为美国摸清国内碳源碳汇状况奠定基础,也为美国制定和实施有效政策提供依据。1990—2010年碳排放数据显示,美国除了因为金融危机经济衰退导致碳排放短暂下降外,绝对排放量基本呈上升趋势。注意到美国碳排放强度和人均排放均有下降,表明美国技术效应、结构效应仍不抵规模效应,最终使绝对排放持续攀升。再注意到美国2010年排放水平较1990年增长10.5%,与《京都议定书》要求其他工业国家平均减少5.2%排放相比,又表明美国经济发展利益绝对高于国际责任。美国排放产业结构分析表明,电力工业、工业和交通是碳排放三大源头,其中电力和交通排放上升,工业排放下降,农业、商业和家庭排放相当且基本稳定。在工业中,电站、普通固定源、废弃物填埋场、炼油、水泥、制氢、钢铁、石灰、制氨、硝酸等是工业排放重点领域。美国排放能源结构分析表明,石油、天然气、煤炭等化石能源占绝大多数,占比达86%,可再生能源和核能等低碳能源仅占14%,居于补充地位,低碳能源发展任重道远。

2. 美国低碳政策与监管努力方面的研究发现

美国《清洁空气法案》重在保护公众健康与环境,最新研究显示碳排放威胁了公众健康和导致大气污染,因此近几年逐步将碳污染纳入其适用范围。美国环保署也逐步将碳排放纳入其监管范围,并采取有效措施加以应对。美国《能源政策法案》《能源独立与安全法案》《清洁能源与安全法案》一脉相承,主要目标是协调美国能源供求矛盾,实现美国能源独立,确保美国能源安全,减少化石能源消耗,降低能源对外依存度;辅助目标是发展清洁能源、技术、制度和机制,减少碳排放,应对和适应气

---

① http://www1.eere.energy.gov/manufacturing/resources/industries_technologies.html.

候变化。其中,《能源政策法案》制定措施包括：提供资金支持；减免税费；提高节能标准；提供政府补贴；鼓励家庭节能；推广气候变化技术，鼓励技术创新。《能源独立与安全法案》制定措施包括：提高车辆燃油经济性标准；增加生物燃料生产；提高家用电器和照明设施能耗标准实现节能；促进建筑和工业节能；在工业领域实施能源密集型产业计划；促进政府和公共机构节能；加大可再生能源研发力度；推动 CCS 技术研发和示范；优化能源政策管理；加强国际能源合作；创造绿色工作机会；改善能源交通和基础设施；实施小企业能源计划；大力发展智能电网。其中，提高企业平均燃料经济性标准、提高可再生燃料标准和产量、提高家用电器和照明能效标准是法案三项核心措施。《清洁能源与安全法案》在清洁能源、能源效率、减少碳污染、向清洁能源经济转型、农林相关减排抵消等五方面做了安排。

2007 年以来，美国环保署加强了碳污染监管。一是通过提高车辆燃料经济性标准、可再生燃料标准等做事减少车辆碳排放；二是建立温室气体强制报告制度，构建碳污染排放信息透明、公开体系；三是要求大型新排放单位采用最先进的低碳环保技术；四是针对电站推行碳污染排放标准，引导利用现代技术和清洁燃料建设电站，朝更清洁、更安全、更现代的电力方向发展；五是通过实施自愿行动计划促进节能减排和节约成本。美国环保署乐观认为，美国过去 40 年经济和环境发展历程表明，环境保护、增加就业和经济增长能协同实现。

3. 美国可再生能源发展方面的研究发现

目前，美国可再生能源在其能源结构中仅占 8%，居于补充地位，其中又以传统可再生能源木材和水电为主，占了 56%，生物质能、风能、地热能、太阳能等新型可再生能源占比为 44%，海洋能利用基本还处于研发示范阶段。具体而言，(1) 生物质能利用主要是生物燃料和生物质发电两种形式，目前美国重点探索将生物质能转化为石油产品替代燃料的技术，已具备 10GW 的生物质发电能力。(2) 太阳能利用虽然目前占比不足 0.1%，但因其潜力巨大，美国政府十分重视，制订了 SunShot 计划以努力降低太阳能成本提升太阳能市场竞争力，SunShot 计划又通过 PV、CSP、SI 和市场转型四个子计划来分别克服太阳能商业化应用过程中遇到的技术、联网和市场障碍，期望到 2030 年和 2050 年满足美国 14% 和 27% 的电力需求。(3) 美国风能利用发展迅速，一度引领世界，2009 年后才落后中国。近几年风机价格、装机成本、运营维护成本、风电售价等均呈降势,已具备市场竞争力。风电迅速发展受优惠政策因素驱动,主要包括生产抵税法案、加速税收折旧以及投资税收抵免、现金补贴等政策。不过美国海上风电发展缓慢,迄今尚无安装海上风电项目,主要原因是海上风电成本高,且面临规划、选址、许可等诸多障碍。(4)美国地热利用引领世界,发展了干蒸气发电、扩容蒸气发电、双循环式发电三种地热发电技术,目前装机容量已达3.2GW,居世界首位。美国能源部地热技术计划为一批新地热技术示范项目提供经费支助,其中增强地热系统是重点支助项目之一。美国地热利用潜力巨大,前景广阔,被认为是美国未来发展的"关键能源"。美国氢和燃料电池计划(Hydrogen and Fuel Cells Program)全面指导其在技术和非技术方面的努力以使氢和燃料电池技术实现商业化推广应用,这也有助于美国增强能源安全和改进环境管理。该计划致力于氢和燃料电池关键技术进步的研发和示范,克服商业化进程中遇到的经济和制度障碍。2012年,美国国会拨款1.36亿美元支持该计划实施。计划通过若干子计划来达成目标。(5)美国氢和燃料电池计划全面指导相关技术和非技术努力,致力于氢和燃料电池关键技术进步的研发和示范,克服商业化进程中遇到的经济和制度障碍。计划通过若干子计划来达成目标,2012年共有36种氢和燃料电池资助受益技术进入市场和363件专利获得授权。(6)海洋能利用大致包括海洋热能转换、潮汐能发电、海浪能发电等方式,目前美国海洋热能转换建造了部分示范项目,潮汐能和海浪能发电还处于技术研发阶段,海洋能资源综合性评估仍在进行中。

4. 美国能源密集型产业节能潜力分析的研究发现

美国能源密集型工业领域主要包括铝业、化工、玻璃、金属铸件、矿业、炼油、钢铁等产业。美国能源部实施的工业技术计划,针对能源强度最高的加工流程开发可以量化分析以及提高能效的方法——能源带宽分析法,便于重点关注提高能效潜力最大的过程或运行环节。该方法主要测度理论最低能耗、实际最低能耗、当前平均能耗等三个能耗指标,当前平均能耗—实际最低能耗的能源带宽代表了可以通过改进现有的加工技术、整体流程设计、操作及其他因素实现回收利用的能源损失。报告对铝业、化工、炼油、纸业、钢铁、矿业和玻璃等能源密集型产业做了节能潜力分析。其中,铝业在过去40余年里能耗降低了61%,其中技术进步贡献了

22%，铝产品循环利用贡献了 39%；1974—1986 年化工能耗大幅下降的重要动力是 20 世纪 70 年代能源危机导致能源价格大幅上升致使化工产业成本上升，为节约成本化工企业有动力改进技术减少能耗降低成本，美国希望通过最佳实践措施、最佳工艺技术和研发新技术回收利用内外部能损达到节能目的；炼油流程主要包括常压和真空原油蒸馏、流化床催化裂化、催化剂氢化处理、催化重整、烃化等五个环节，能源带宽分析表明常压和真空蒸馏、烃化、催化剂氢化处理为节能潜力最高的几个环节；纸业为节能降耗拟发展高一致性成型技术、CondeBelt™-drying 技术、热冲压技术、Black Liquor and Hog Fuel Gasification 技术、Auto-Causticizing 技术、生物提炼技术等先进造纸技术；钢铁业为节能降耗拟改进煤基近岸炼铁技术、非回收焦炭生产技术、直接提炼技术、薄带连铸技术、热铸产品储能技术、加工废气化学能捕获技术、操作中传感器应用技术等；煤炭和金属类矿业是美国矿业节能减排重点领域；玻璃业中，熔融和提炼环节是各类玻璃生产中能耗和节能空间最多的环节，通过改进熔融技术、提高熔融提炼环节能效节能量最大。

5. 美国工业节能促进政策的研究发现

美国扶持工业制造业节能减排采取的政策措施类型包括评估资助、能源分析、拨款补助、激励率计划、贷款、返款、可再生能源积分、税收抵免计划、培训及其他相关政策措施。赞助单位包括联邦政府、州级政府、地方政府、公用事业公司、非营利组织及其他机构；资助领域包括一般工业系统、工业特定系统/工序、照明、建筑系统、采暖通风与空调、道路管理、能源资源等；赞助能源类型包括天然气、电力、可再生能源及其他能源类型。

6. 美国工业节能技术领域的研究发现

研究发现，美国工业领域重点发展的节能技术类型主要涉及锅炉和蒸气系统、压缩空气系统、热电联产、能源密集型加工技术、信息通信技术、电机、风扇和泵技术、加热技术以及燃料燃烧技术、工业原材料使用、传感器和自动化控制技术、纳米制造技术等领域。

(二) 基本特征

综合分析美国低碳发展政策与实践，可以发现其具有以下特征。

(1) 美国国家利益高于国际责任，这能从美国排放增长与漠视减排责任得到反映。

（2）对经济增量提高标准和要求，对经济存量要求相对宽松，尽量减轻对现有经济的损害，这能从新电站碳污染标准政策得到说明。

（3）追求、习惯和保持领导、引领、主导和世界第一的位置，被超越时会产生不适应感和忧患意识增强。如风电、太阳能被超越产生不适应感；国际气候谈判希望主导、设计未来格局与框架；地热能利用、海洋能研究世界领先而引以为豪。

（4）以追求能源独立与安全为根本目的，同时清楚清洁能源和技术代表未来发展方向，明确其战略重要性，因此大力发展可再生能源，当前尤其重点发展生物质能、风能、太阳能、地热能、氢和燃料电池。

（5）电力、工业、交通是碳排放重点领域，也是美国低碳发展政策的着力重点。

（6）产业发展，研发先行。整合国家实验室、高校和企业研究能力，克服新兴技术商业化进程中遇到的技术障碍。应用研究与基础理论研究相互结合，相互补充。如生物质能、风能、地热能、海洋能产业发展。

（7）明确目标，制订实施计划，计划又分为总计划和子计划。其中，总计划把握大方向，再分割成若干子计划，分别完成各个方面和环节的任务，最终实现总计划目的。如 SunShot 计划、氢和燃料电池计划。

（8）综合运用财政支持、税收减免、提高标准、政府补贴、贷款担保、培训、自愿伙伴行动等组合措施来达成政策目标。

（三）经验借鉴

第一，将温室气体排放纳入环境监管部门统一管辖，逐步建立温室气体强制报告制度，采取"自上而下"和"自下而上"两套宏观—微观相结合的方法，逐步建立温室气体开放、透明信息体系，为有效政策制定和执行提供科学依据。

第二，技术效应和结构效应难抵规模效应，经济要发展，绝对排放量就很可能上升，从国家利益出发，不能轻易承诺绝对减排。

第三，高度重视技术研发，联合国家实验、高校和产业等各方科研力量公关，克服产业发展中遇到的技术和非技术障碍，持有引领世界、领导世界的雄心和决心，始终走在世界前列。

第四，采用能源带宽分析方法，分析能源密集型工业行业能耗的主要环节和主要产品能耗及其节能潜力和主要节能领域，找准有效节能的主要着力点。

第五，目前，海洋能资源综合评估研究在美国也处于初级阶段，我国有必要开展海洋能资源综合性研究，摸清我国可利用的海洋能资源拥有状况。

第六，建立国家和省级能源与环境账户，动态掌握能源和环境演变状况。

第七，要求巨型新排放单位采用最先进减排技术，对新建电站采用更严格的碳排放标准。

第八，明确发展目标，制订实施计划，再细分任务；分割成若干子计划，通过子计划实施达成目标。这种目标—计划—若干子计划的机制和模式值得借鉴。

第九，政府职能部门助力企业通过加强研发、示范以及利用行政资源克服可再生能源等新技术商业化推广应用过程中遇到的技术和非技术障碍。努力降低生产成本和软成本，提高可再生能源市场竞争力。

第十，依靠技术进步、资源循环利用、最佳实践措施和工艺技术等降低能源密集型工业行业的能耗水平。

第十一，促进锅炉和蒸气系统、压缩空气系统、热电联产、能源密集型加工技术、信息通信技术、电机、风扇和泵技术、加热技术以及燃料燃烧技术、工业原材料使用、传感器和自动化控制技术、纳米制造技术等领域的技术进步。

第十二，美国高度重视生物质能、太阳能、风能、地热能、氢和燃料地位较高电池等可再生能源产业发展，尤其太阳能、地热能、风能视为战略重点，以及重视海洋能研发示范等，都值得密切关注和借鉴。

第五章

其他国家的低碳发展战略与经验借鉴

在全球应对气候变化时代,除了英国和美国需重点关注外,世界上还有许多其他发达国家和发展中国家也积极顺应全球低碳转型发展大势,结合各自国情,采取不尽相同的措施,按照各自的步法和节奏推进各自国家低碳发展,并积累了许多有益经验,值得借鉴。

一 法国

在发达国家中,法国是碳排放总量较低的国家,其工业碳排放占碳排放总量的比重也是较低的。2011年,法国化石燃料碳排放总量为328.3百万吨CO_2,其中工业碳排放占比仅为36.8%。2013年,澳大利亚环境协会(Climate Institute)发布的全球低碳竞争力指数报告显示,法国低碳竞争力指数居首位,随后四位分别是日本、中国、韩国和英国。

法国碳排放总量和工业碳排放较低,主要有以下原因:

一是以核能为主的能源结构。法国75%以上的电力供应来自核能。法国的煤、石油等化石能源资源贫乏,为减轻化石能源对外依赖,法国高度重视发展核电,其核电站数量、核电装机容量仅次于美国,居全球第二。法国是世界核电设备和技术的重要输出国,已向韩国、比利时、西班牙、南非、中国出口了成套的核电站设备。法国还与中国在浙江台山合作建设新一代欧洲压水反应堆(EPR)核电项目。法国核电站布局合理,从东到西、从南到北建设了19座核电站,所发核电直接输送各地用户,为地区经济发展及居民生活用电提供了能源保障,在全国形成相互连接大电网确保电力供应稳定安全。法国发展核电每年使其少排放3.45亿吨CO_2,取得较好的环境效益,同时保持了强大的国际竞争力。

二是步入去工业化发展阶段。2012年,法国工业占GDP比重仅为18.3%,较美国、英国、德国、日本、加拿大、澳大利亚等其他发达国家都低。在全球经济一体化趋势下,法国高端产业和企业优势依旧,但其低端产业和企业面对激烈的国内外竞争淘汰率上升。法国的高端优势产业包括航空航天、核能、高铁、高端制造业(如电子元器件、发电设备、洁净煤燃烧技术及环保系统等)、汽车、医药、环保等产业,这些产业具有低能耗低消耗低排放等特征,其中的代表性企业如空中客车、达索(DASSAULT)飞机制造公司、法国空间研究中心、法国阿尔斯通运输公司、ST Microelectronics公司、标致雪铁龙和雷诺等世界知名汽车制造商、瓦雷奥(Valeo)和佛吉亚(Faurecia)等汽车零配件制造商、赛诺菲—安万特集团医药企业、威利雅(Veolia)和苏伊士(Suez)法国环境集团,等等,具有较强的国际竞争力,2014年,世界500强企业中法国企业有31家。不过,法国低端产业和企业生存艰难,淘汰率上升。2012年,法国境内破产倒闭企业达到266家,较2011年上升42%,同期新设立生产型企业仅166家。2009—2012年,法国共有1087家企业倒闭,大多是低端不具竞争力的行业和企业,法国是目前欧洲地区去工业化程度最高的国家。

三是重视研发拥有先进技术。法国政府和企业都非常重视科研,法国政府科研投入长期以来在欧洲保持较为领先水平。2012年,法国科研预算达到510亿欧元,占其GDP的2.24%,仅次于德国。2011年,在欧洲前1000名科研预算支出最多企业中,法国企业占125家。法国企业科研投入积极,得益于法国政府推出的独有的科研税收贷款政策(CIR)。根据CIR政策,凡根据实际收益应纳税企业只要投入经费从事科研研发,都有权在企业每年纳税后,向法国教育科研部提交CIR申请,经审核通过后,政府将以补偿的形式将科研投入经费"偿还"给企业。自2008年起,CIR补贴比例为:在研发活动中首笔支付费用的30%,上限为1000万欧元;超过1000万欧元,则按超过部分5%进行补贴;首次申请CIR的企业,第一年首笔研发费用支出补贴比例增加到50%,第二年降至40%。2009年,法国CIR总额达到100亿欧元,占整个研发投入总量的1/3。CIR政策实施取得很好效果,企业科研投入、研发人员数量、营业额均有大幅增长。① 长期重视科研投入使法国成为世界科研创新核心国家之一，在其制造业的优势领域完全拥有全套核心技术，且基本是自主创新成果，也是世界重要的技术输出国，是我国第二大技术引进国。

在全球应对气候变化时代，法国也为未来制定了积极明确的低碳发展目标。2014年10月，法国众议院通过了《能源转型法案》。该法案确定的目标是：计划到2030年比2012年减少20%的最终能源消费，到2050年减少50%；计划到2030年化石燃料消费比2012年减少30%；计划到2025年，将核电占全国用电量比重从75%降至50%，并将核电限制在当前6320万千瓦的水平；到2030年，可再生能源占最终能源消费量的比重从2012年的13.7%提高到32%；计划到2030年温室气体排放量比1990年减少40%，到2050年温室气体排放量减少到1990年的1/4。其他举措包括：计划从2017年起每年翻新50万套房屋，到2050年全部建筑须符合"低能耗建筑"标准；到2030年电动汽车充电桩将达700万个；2020年起垃圾场内垃圾量比2010年减少30%，到2025年减少50%；2016年起禁止使用一次性塑料袋，2020年起禁止使用一次性塑料餐具。② 可见，法国制定了明确的节能减排绝对指标目标，是欧洲国家最积极应对气候变化的国家之一。

总之，法国碳排放总量和工业碳排放均相对较低，确定了明确的节能减排绝对指标目标，实施了独具特点的CIR科研激励政策，企业科研投入高自主创新意识强，在核电、高新技术及环保产业等领域优势明显，不过在太阳能光伏产业、风电产业、新能源汽车等领域虽也支持其发展但并不具明显国际竞争优势。

二 德国

德国推进低碳战略转型坚定有力，其工业领域低碳发展的主要做法归纳如下。

---

① 王小荣：《法国科研税收补偿政策及其启示》，《涉外税务》2012年第8期。
② 低碳工业网，http://www.tangongye.com/news/NewShow.aspx?id=227192，2014-10-31登录。

(一) 制定低碳发展战略、法规和政策

首先,战略层面。2002年,德国提出国家可持续战略,确定到2020年能源生产翻一番,可再生能源发电占比达到30%。2006年,德国推出高科技战略,注重提升气候和能源、交通、安全、通信领域技术能力,计划其后10年内投入10亿欧元支持研发气候保护技术。2007年,德国通过《能源和气候综合计划》,总体目标是在能源供求方面推动提供能效、扩大可再生能源使用和减排技术创新。2008年,德国实施综合性"国家气候倡议",目标是挖掘低成本减排潜力,推进气候保护创新示范项目,保障提高能效和可再生能源使用的气候保护措施实施。2010年,德国制订《第6个能源研究计划》,将能源和气候综合计划延展到2050年,确定德国能源和气候政策的长期战略目标。①

其次,法规层面。(1) 可再生能源法规。德国制定了《可再生能源发电向电网供电法》,强制要求公用电力公司采购可再生能源电力,明确规定了风电销售配额及补贴价格;《可再生能源优先法》确定了许多促进可再生能源电力发展的制度;《生物质能条例》确定了许多促进生物质能发展的制度;《热电联产法》规定了许多支持热电联产技术发展和应用的政策;《能源保护条例》明确规定到2020年新建建筑不得使用煤炭、石油、天然气等化石能源,强制其使用可再生能源;《可再生能源热促进法》明确规定到2020年可再生能源供热占全部供暖比重需要达到14%,新建建筑必须采用可再生能源供热供暖。(2) 节能法规。德国制定了《节省能源法》,用以指导减少化石能源消费和引导对废弃物进行资源化、无害化处理。还制定了《建筑节能法》《建筑物热保护条例》《供暖设备条例》《能源节约条例》《热电联产法》等,规定了建筑节能技术标准、指标、建材保暖性能等。(3) 其他法规。德国还制定了《煤炭经济法》《能源供应安全保障法》《电力供应保障法令》《燃气供应保障法令》《石油及使用制品储备法》等,保证保障基本能源供应,管控能源危机。德国还制定了《温室气体排放交易法》,用以指导各类碳排放权市场交易。

最后,政策措施层面。一是征收生态税。德国颁布了《引入生态税

---

① 赵新峰:《德国低碳发展的"善治"实践及其启示》,《中国行政管理》2013年第12期。

改革法》，对矿物能源、天然气、电等征收生态税，而对可再生能源发电免征生态税，鼓励生产和使用可再生能源，利用税收杠杆调节能源供求结构。二是提供财政补贴。例如，《热电联产法》规定：2005 年年底之前更新的热电联产设备生产的电能可获得补贴 1.65 欧分/千瓦；2012—2014 年间购买电动车可获得政府补助 3000—5000 欧元；对于大的可再生能源项目，政府提供优惠贷款，甚至将贷款额的 30% 作为补贴以支持项目建设。三是引导企业实行现代化能源管理。德国政府注重挖掘工业企业节能潜力，与工业界签订协议，规定企业税收优惠与其推行现代化能源管理措施挂钩。德国联邦经济部与德国复兴信贷银行建立了节能专项基金，为中小企业采取节能措施提供资金支持，促进中小企业提高能效和降低能耗。四是高度重视低碳技术研发投入。德国政府每年研发总预算超过 550 亿欧元，其中 2/3 来自工业，大约有 50 万名研发人员，130 多个优秀研究网络。德国政府大约投入 34 亿欧元用于支持 2011—2014 年能源研究，较 2006—2009 年的投入提高了 75%。

（二）大力发展可再生能源

2002 年，德国颁布《可再生能源法》，2011 年进行了修正，并提出能源转型长期战略目标，即到 2020 年，35% 以上电力消费来自可再生能源；到 2030 年，50% 以上电力消费来自可再生能源；到 2050 年，80% 以上电力消费来自可再生能源。[①] 经过十余年发展，德国可再生能源成绩显著。到 2013 年，德国超过 22% 的电力来自可再生能源，可再生能源装机容量达到 8600 万千瓦，高出全国 8000 万千瓦的最大电力需求。其中，光伏发电装机容量接近 3800 万千瓦，居世界首位；风电装机容量达到 3500 万千瓦，仅次于中国和美国；生物质能容量达到 650 万千瓦，成为生物质能发电的世界领导者，是欧洲利用林业残余物发电装机最大的国家；水电装机容量 500 万千瓦。预计到 2030 年，德国可再生能源装机容量将增至 1.7 亿千瓦，是将近目前 2 倍的水平。而在 2000 年，德国仅 6.8% 的电力来自可再生能源，光伏发电装机容量只有 7.6 万千瓦，风电 600 万千瓦，生物质能容量不足目前水平的 1/10，可再生能源利用取得长足进步。[②]

---

① 李思德：《德国可再生能源利用步入世界前列》，《能源研究与利用》2013 年第 5 期。
② [德] 沃尔夫冈·帕尔茨：《2013 年德国可再生能源发展综述》，《风能》2014 年第 1 期。

经过多年的发展，德国可再生能源电力增强了市场竞争力，可再生能源电价持续下降。2013年，德国光伏建筑一体化项目度电成本不到14欧分，是个人消费者从电网购买电量电价的一半；地面光伏电站度电成本低于10欧分，与法国电力公司在英国新建核电站的度电成本11—12欧分基本持平；风电度电成本为8欧分甚至更低。[①] 随着技术不断进步，可再生能源电价将持续走低，为可再生能源市场空间放大进而替代传统能源奠定了基础。

德国可再生能源发展迅速除了得益于技术创新外，也得益于非技术创新。具体体现在：

一是政策创新。德国可再生能源发展主要政策依据是强制输电法和可再生能源法及其修正案，这些法规明确了可再生能源电力并网关联各方的权利义务，创新举措包括：（1）可再生能源电力强制、优先、全部、就近并网。假如就近电网没有足够容量容纳可再生能源电力，则必须放弃一定数量传统能源电力，腾出空间保证可再生能源电力并网。（2）核定费率。可再生能源法规定了可再生能源电力购买最低价，相当于电力公司平均零售电价的60%—90%，其中风电最低价格是该平均价格的90%，这些规定为投资者提供了稳定的市场预期。（3）费率递减。即可再生能源电力并网电价逐年递减，投产时间越迟，并网价格就越低。这种规定有利于促进公平、激励技术创新、鼓励电力企业尽早进入市场。（4）全国分摊可再生能源电力附加费。理论依据是可再生能源的能源贡献、环境气候效应全国共享，全国分摊有利于增进地区公平，减轻可再生能源价格压力。

二是治理机制创新。纵向维度方面，"自上而下"和"自下而上"机制相结合，国家层面制定可再生能源政策，各州市因地制宜制定中长期规划，作为基层单位和企业参考，同时基层社区和个人可通过社区议员或公民动议形式反馈意见，推动政策改进。横向维度方面，各政府职能部门通过争论和相互妥协达成最终一致意见；可再生能源发电利益相关方之间通过多层博弈，避免出现垃圾工程和闲置风电场。

三是监管机制创新。一是明确分割利用相关方之间的责权利，地方政府负责地区空间规划，电网企业负责扩容、电缆建设等技术支持，发电企

---

① ［德］沃尔夫冈·帕尔茨：《2013年德国可再生能源发展综述》，《风能》2014年第1期。

业负责制定前期规划、与土地主协商用地、社区协调、后期建设运营等；二是设立分工明确的监管机构，增设了电网署（BN etzA）和仲裁院（Clearing House），前者负责可再生能源电力输送、费率计算和收费等；后者负责调解纠纷、司法解释及进行相关评估等。另外，非政府机构如德国能源局、风电协会、NGO 等也发挥各自的监管作用，是对政府监管机构的有益补充。

（三）发展高新技术，推进实施工业 4.0 战略

2010 年，德国制定了《高技术战略 2020》，确定的重点发展领域包括交通运输和物流、汽车电子、新能源技术、能源效率、数字媒体、智能化楼宇、医疗技术、公共安全等领域，强调推动工业自动化技术和微电子、微处理机的重要性，明确工业自动化技术是实现《高技术战略 2020》的关键。

在《高技术战略 2020》中，德国政府还明确提出工业 4.0 战略，在 2013 年举行的德国汉诺威国际工业博览会上正式推出工业 4.0 项目，引起世界各国关注。未来工业 4.0 项目主要分为两大主题：智能工厂和智能生产。前者重点研究智能化生产系统及过程，以及网络化分布式生产设施的实现，是实现工业 4.0 项目的关键，而互联网自动化技术的应用是实现智能工厂的基础；后者主要涉及整个企业的生产物流管理、人机互动以及 3D 技术在工业生产过程中的应用等。工业 4.0 战略目标旨在奠定德国在重要关键技术上的国际顶尖地位，引领全球工业制造业朝着高度信息化、自动化、智能化方向迈进，强化德国作为技术经济强国的固有竞争优势。[①]

德国是世界公认的专注工业科技产品研发创新的国家，在复杂制造工业过程管理、信息技术、嵌入式系统和工厂自动化等领域拥有很高的技术能力和水平，奠定了德国在制造工程工业领域的优势地位。为保持其全球固有优势地位，德国希望从生产机械制造模式的改革开始，通过将 IT 技术、互联网技术、物联网技术等有机应用于生产机械制造领域，按照灵活性、快速灵活性、成本高效率的要求建立一个高度灵活的个性化和数字化的产品与服务的生产新模式。

---

① 齐治平：《德国工业 4.0：制造业的未来？》，《决策》2013 年第 9 期。

在这种模式下，传统行业界限将消失，将充分利用物联网技术和设备监控技术强化信息管理和服务，准确掌握产销流程，提高生产过程可控性，即时采集生产线数据，合理编排生产计划和进度，集绿色、智能等高新技术于一体，构建一个高效节能、绿色环保、环境舒适的生产制造管理控制系统。①

可以预期，随着德国工业 4.0 战略的逐步实施，引导工业企业将生产制造技术与互联网技术、IT 技术、物联网技术等高新技术深度融合，推进生产过程网络化、智能化、绿色化、个性化，会进一步提高制造业生产效率、产品质量、能源效率、自动化水平及供需匹配度，从而降低单位产品的资源能源消耗，减少资源浪费，减少污染物和温室气体排放，增效、增长、节能、节材、减排等经济环境气候目标得以协同实现。

（四）逐步有序放弃核能

2002 年，德国制定了《有序结束利用核能进行行业性生产的电能法》，规定德国 20 年后要彻底关闭现有核电站。2011 年日本福岛核电站事故后，更坚定了德国放弃核能决心，同年 5 月 30 日德国政府宣布 2022 年前关闭所有 17 座核电厂。其中，7 座 1980 年以前投入运营的核电站永久性停运，其余 10 座核电站原则上于 2021 年前关闭，仅 3 座核电站可在新能源不能满足用电需求情况下延长运行一年。德国是首个放弃核能的主要工业国家。

综上所述，德国坚定推进低碳发展，制定了明确的低碳目标和行动计划。在工业领域的着力重心包括两大方面：一是大力发展可再生能源，推进能源由化石能源为主向可再生能源为主转变；二是大力发展高新技术，推动实施工业 4.0 战略，推进工业制造技术与互联网技术、IT 技术、物联网技术等深度融合，推动工业生产网络化、智能化、绿色化、个性化。德国对其可再生能源发展的信心使其得以坚定放弃核能的决心。德国可再生能源和工业 4.0 项目的进展值得我国密切关注，放弃核能的影响也值得持续观察。德国征收生态税、鼓励企业推行现代化能源管理、低碳补贴、低碳技术研发投入、可再生能源政策、治理及监管机制创新等方面做法均

---

① 杜品圣：《智能工厂——德国推进工业 4.0 战略的第一步（上、下）》，《自动化博览》2014 年第 1 期。

值得借鉴。

三　日本

日本低碳发展的历史可追溯到 20 世纪六七十年代，尤其 70 年代两次全球石油危机迫使能源资源匮乏的日本举国上下推行研发和应用节能技术，提出低石油、低能源要求，这些举措实质就是低碳做法。近几年，日本加快了发展低碳经济、建设低碳社会的步伐。2007 年 6 月，日本制定《21 世纪环境立国》战略，表示要综合推进低碳社会、循环型社会和与自然和谐共生的社会建设。2008 年 6 月，日本制定"建设最尖端低碳社会"报告书，宣称"日本应该果断地与自由排放温室气体的经济增长模式诀别，彻底转变产业革命以来的经济和社会的发展模式和经济架构，在世界上率先构建最先进的低碳社会"。7 月，日本通过《低碳社会行动计划》，计划重点发展低碳能源，目标是到 2020 年太阳能发电量增长到目前的 10 倍到 2030 年增长到 40 倍，在 2020 年前将 CCS 技术实现商业化并使目前每吨约 4200 日元的 CO_2 回收成本降至 2000 日元以下，在 2020—2030 年间将燃料电池系统价格降至目前 1/10，到 2020 年实现半数新车转换成电动汽车等新能源汽车目标并配备约 30 分钟即可完成充电的快速充电设备等。[①] 2008 年 3 月，经济产业省发布《清凉地球能源创新技术计划》，制定了日本能源创新技术发展路线图，提出了可促进温室气体大幅减排的 21 项技术。2008 年 5 月，日本综合科学技术会议公布《低碳技术计划》，强调日本在低碳技术领域的领先优势，细化了环境能源低碳技术创新促进措施。[②] 2009 年 4 月，日本公布《绿色经济与社会变革》政策草案，希望通过实行减排等措施强化日本低碳经济，进一步推动建设低碳社会进程。2009 年 5 月，日本公布《2008 财年能源白皮书》，提出将能源消费结构从以石油为主向以太阳能和核能等非化石燃料为主转变。其中措施包括：在所有住宅推广太阳能电池；最大限度使用风力、地热和生物质等可再生能源；积极利用木材建造房屋和制作家具等；选择食用应季蔬菜；城市交

---

① 邵冰：《日本建设低碳社会的举措对吉林省发展低碳经济的启示》，《长春大学学报》2010 年第 7 期。

② 陈志恒：《日本低碳经济战略简析》，《日本学刊》2010 年第 4 期。

通方式转变为以徒步、骑自行车以及乘坐公共交通工具为主等。①

由于日本资源能源匮乏，气候安全脆弱，环境保护和低碳行动起步较早，使日本在较长一段时期内在环保产业、节能技术、新能源利用等领域领跑世界。目前，日本是能源使用效率最高的国家，人均消耗石油只有美国的一半多，自 1973 年以来日本工业产量已增长 3 倍，但生产部门能耗却大致不变，1980—2008 年间日本能效提高了 38%，居世界首位。在推动低碳技术进步方面，日本政府和企业共同努力，配合积极。2008 年，日本经济产业省列出 21 项技术作为日本低碳技术创新重点，日本选择这些技术时参照了三个标准：一是有助于世界大幅降低 CO_2 排放；二是日本可领先于世界的技术；三是对已有技术进行材料革新和制造工艺改进，如比硅成本更低、更低碳的新材料太阳能电池等。为此，日本政府专门设计研究制度来为业界和学界参与研发及对其研究成果商业化提供资金支持。例如，日本经济产业省针对大学和企业的联合低碳技术研究开放项目进行公开招标，每项获选项目将获得政府 5000 万美元资助资金；2009 年，日本环境省在全国范围内招募三年内可实现商业化的减排技术并其提供丰厚的资金支持。日本企业也积极开展低碳技术研发。以日本建筑开发商为例，日本主要建筑开发企业都拥有自己的研究所，对高性能热泵、太阳能发电、住宅空调监控等诸多有助提高能效，降低排放的技术进行研究，且其研究水准和试验设施都属世界一流。日本企业不仅自己进行研究，而且不惜重金与拥有最强研究实力和前沿技术的研究所和企业合作，如本田汽车就一直和加拿大燃料电池的代表企业巴拉德合作以求在燃料电池车上领先世界。2010 年上海世博会上，日本展馆展示了太阳能发电、发电窗户、地板布、电动车、家用燃料电池组合、氢气利用、有机照明等多项先进低碳技术。虽然日本在低碳技术方面具有领先优势，但其发展低碳经济的产业基础仍然薄弱。其原因是，1985 年后日元被迫大幅升值，日本企业不得不向国际化发展而外迁，没有在国内改进，造成产业空洞，导致泡沫经济。

在低碳投资方面，日本的低碳设备投资主要集中在钢铁等原材料工业，低碳研发投入主要集中在运输机械、信息通信电气机器制造等加工组装工业，这种投入分布特点与日本减排规制有关。日本对原材料工业事实

---

① 马建平等：《国际碳政治》，国家行政学院出版社 2013 年版，第 224—226 页。

二氧化碳排放量规制，对汽车家电等加工组装业实施产品节能性能规制。日本低碳投入的这种分别特点表明，排放量规制有助于引导低碳设备投资，产品性能规制有助于低碳产品研发投入。不过，日本低碳设备投入与低碳研发投入之间的关联度较低，有待今后平衡两类政策关系，促进低碳设备投入与低碳研发投入之间实现良性互动。[①]

在促进低碳消费方面，日本采取了一些新举措。例如，日本推进节能产品"领跑者"制度，已在汽车、空调、复印机、冰箱、电视机、电子计算器、微波炉、冰箱等工业产品领域实行了此项制度；推行低碳"可视化"政策，落实节能标识制度，已对空调、冰箱、电视机、变压器、微波炉等产品实施了该项制度；减免混合动力车等环保车辆的购置税和重量税；日本政府决定从2009年开始实施"碳足迹"和"食物运送里程"项目来测定产品和食物从制造、运输、消费到最终废弃等全生命周期中的排放，便利消费者选择更低碳的消费和生活；日本政府还研究建立针对公民个人的"低碳积分制度"，民众在选择购买节能商品或服务时可获得积分且可累积积分用以交换商品和服务；日本政府还推出"碳中和"举措，借此提高公众的低碳意识。

总之，日本在节能、提高能效、新能源等领域低碳技术方面世界领先，在制定低碳发展规划、法规方面也较积极，低碳规制引导产业增加低碳设备投入和研发投入效果明显，在促进低碳消费方面也举措有效，不足的是，其低碳产业基础相对薄弱，且需进一步平衡排放量规制和低碳产品性能规制以增进低碳设备投入与低碳研发投入之间的关联性。

四 加拿大

加拿大经济发达，国土广阔，气候寒冷，人口稀少，2011年全国人口仅3348万人。加拿大能源资源丰富，石油、天然气、铀矿等储量很大，均居世界前列。在气候变化背景下，加拿大也积极推进低碳发展，确定的减排目标是，到2020年加拿大温室气体排放量在2005年基础上减少了17%。加拿大交通和电力行业是碳排放量最大的两个行业，也是其落实减

---

① 崔健：《日本产业低碳竞争力辨析》，《中国人口·资源与环境》2011年第9期。

排计划的工作重点，同时引导居民、企业和地方政府积极参与节能减排。加拿大推进低碳发展最具代表性的地区是安大略省。

安大略省面积为107.6万平方公里，人口1285万，超过加拿大人口的1/3，其GDP占加全国GDP的37%，出口额占加全国出口额的38%，均居加首位。2006年，安大略省提出《安大略省长期能源计划》，计划在2014年之前关闭所有燃煤电厂，缺口由核能及可再生能源弥补。2009年5月，安大略省通过《绿色能源法案》，旨在转变用能方式和提高能效。同年9月发布《电网回购计划》，是北美地区第一项对可再生能源发电进行稳定价格补偿的综合性计划，刺激了该省可再生能源投资和产业发展。总体而言，安大略省一方面通过发展太阳能、风能、水能等可再生能源，优化能源结构；另一方面推广使用低能耗设备、进行节能和环保技术改造，提高能源效率，从而促进减少温室气体排放。2003—2013年，安大略省能源结构明显清洁化，将燃煤在电源结构中占比从2003年的25%降至2013年的2.8%，挤出的能源缺口由风能、太阳能、核能和水电等清洁能源弥补。2013年，安大略省的能源结构是：核能占56.4%、水能22.3%、天然气14.6%、风能3.0%、燃煤2.8%、其他0.8%。[①] 安大略省的最终目标是实现100%的非化石能源电力供应。在日本福岛核事故后，安大略省考虑减少核能份额，腾出能源市场空间发展可再生能源。加拿大安大略省面积和人口规模均较大，其能源结构逐步去煤化进而逐步去碳化的做法值得我国有条件的地区借鉴。

五　澳大利亚

澳大利亚与加拿大相似，国土辽阔，人口稀少，能源资源丰富。澳大利亚人口仅2170万，人口密度为2.91人/平方公里。澳大利亚矿石、石油、天然气、煤炭等化石能源资源十分丰富，是世界主要的矿石和煤炭出口大国。在气候变化背景下，澳大利亚作为发达国家，减缓气候变暖减少温室气体排放的积极性并不高，且政策由于领导人更替缺乏连续性和稳定性。澳大利亚到2007年12月3日才签署《京都议定书》。澳大利亚的人

---

① Jose Etcheverry、苏晓：《加拿大安大略省能源转型的挑战》，《风能》2013年第7期。

均碳排放居全球发达国家首位，2010年将近达到25吨/人。同年澳大利亚单位GDP碳排放全球第二，仅次于爱沙尼亚。在过去20多年的温室气体减排中，澳大利亚落后于OECD的其他成员国家。[①]

澳大利亚高碳的能源结构是其高碳排放的重要原因，煤炭在其能源结构中占绝大多数，严重依赖煤炭供能。2009年，澳大利亚能源结构中，煤炭占76.7%，天然气占15.0%，水电占4.7%，风电占1.5%，石油占1.0%，生物质、沼气和太阳能占1.2%。可见，澳大利亚以煤炭和天然气为主，可再生能源开发利用较少。

澳大利亚政策常常由于政党政权更换和领导人更替而缺乏连续性。2010年，澳大利亚吉拉德（Julia Gillard）总理在任时期，对全澳矿业、能源、交通等行业500家重点企业开征碳排放税，力图将碳排放的环境成本内部化，激励重点能耗和碳排放企业节能减排。遗憾的是，到2014年7月，澳大利亚托尼·阿博特（Tony Abbott）总理在任，决定废除碳排放税。多年来，澳大利亚气候变化政策摇摆不定。

其实，澳大利亚可再生能源资源非常丰富。澳拥有世界上最丰富的风能资源，分布在奥西部、西南部、南部、东南部沿海地区并延伸到内陆数百公里。澳西部、南部海岸线拥有世界一流的波浪能资源。在北部尤其西北部地区还拥有丰富的潮汐能资源。目前，澳大利亚除了水能较早开发外，其他类型可再生能源开发利用较少。澳大利亚前任政府制订了可再生能源目标（RET）计划，该计划2010年起实施，目标是到2020年实现可再生能源电力达到电力供应总量的20%，要求在2020年以前可再生能源每年供应附加电力须达到450亿千瓦时。不过，目前澳大利亚政府正复审该可再生能源目标，澳大利亚可再生能源目标或将废弃。如果最终决定废弃可再生能源目标，将严重挫伤可再生能源投资积极性和产业发展。

整体而言，澳大利亚人均碳排放高，减排行动消极，能源结构严重依赖煤炭，高碳特征明显，可再生能源资源丰富但不善利用，政府政策缺乏连续性和稳定性，气候变化应对行动相对滞缓。

---

① 人民网，http://gongyi.ifeng.com/gundong/detail_2014_01/16/33071117_0.shtml，2014-12-12登录。

六 丹麦

丹麦是北欧小国，2013 年人口为 562.8 万人，面积为 4.2959 万平方公里，GDP 为 3306 亿美元，人均 GDP 达 58889 美元。丹麦经济结构以服务业为主，2013 年工业占 GDP 的 18%，服务业占 GDP 的 76%。

丹麦虽小，但其低碳行动及成就令世界瞩目。最显著的成就就是其能源结构不断优化，可再生能源占比不断提升，能源结构发生质的变化。丹麦能源结构转变始于 20 世纪 70 年代全球石油能源危机，自那时起，丹麦尝试改变过去传统能源模式，努力实现从"依赖型"向"自力型"转变。一方面开发其北海油气资源，提高能源自给率，目前丹麦是石油和天然气净出口国，也是欧盟成员中唯一能源净出口国；另一方面推进能源供应多元化，大力发展风能和生物质能等可再生能源。在 20 世纪 80 年代全球发展核能风潮下，丹麦在国内环保人士和民众的反对声中放弃选择核能，而历史性地选择利用其三面临海的风能优势，大力开发利用风能。[①]

经过 30 多年的发展，丹麦已成为世界风能发电大国和发电风轮生产大国，风电装机容量及在电力消费中比重持续上升。2013 年，丹麦新增风电装机容量 657MW，较 2012 年增长近 2 倍，风电累计装机容量达 4772MW。2013 年，丹麦风电在电力消费中占比达 33.2%，居欧洲首位，2003 年仅为 16%，10 年间风电比重翻了一番。丹麦不仅重视陆上风电发展，也积极发展海上风电。海上风电累计装机容量由 2003 年的 423MW，增长到 2013 年的 1271MW，10 年间增长近 2 倍。[②] 发展风电进程中，丹麦也产生了一些世界领先的知名企业。在 2013 年全球风电整机供应商排名中，丹麦维斯塔斯以 13.2% 的市场份额位居榜首。[③] 近几十年来，丹麦的能源结构中煤炭和石油占比不断下降，天然气和可再生能源占比不断上升。丹麦计划到 2025 年，可再生能源在发电总量中占比达到 36%，其中

---

① 董小君：《低碳经济的丹麦模式及其启示》，《国家行政学院学报》2010 年第 3 期。
② 北极星电力网，http://news.bjx.com.cn/html/20140813/536452.shtml，2014-12-13 日登录。
③ 北极星风力发电网，http://news.bjx.com.cn/html/20140314/497121.shtml，2014-12-13 登录。

风能占大部分，目前看实现该目标没有困难；到 2030 年，能源结构目标构成是风能占 50%、太阳能占 15%、生物质能和其他可再生能源占 35%；到 2050—2070 年建立完全摆脱化石能源依赖并且不含核能的能源结构体系，实现"零碳发展"。

丹麦低碳发展得益于其在政策措施方面的一些探索创新，主要体现在：

（1）做好基础性布局工作。一是重视分布式能源发展。丹麦相当一部分的风电、生物质发电和热电联产都以分布式供能方式开发建设，既有效利用小型、分散、清洁可再生能源资源，又增加农村和边远地区人民收入及减少供能成本。二是能源网络设计考虑兼容性。丹麦、瑞典、挪威、芬兰四国之间建立了北欧电力市场，实现电力相互输送。丹麦还与整个欧洲网络对接，通过德国、波兰等与欧洲北部电网连接，将海上风电输送到欧洲其他国家。

（2）实行激励性财税政策。一是开征碳税。丹麦对化石能源征税较高，用户每度电电费中税额高达 57%，促使用户自主节能。二是税收优惠。从 20 世纪 80 年代初期到 90 年代中期，丹麦对风电的收入都不征税。三是财政补贴。丹麦对绿色用电和近海风电实施定价优惠，对生物质能发电提供财政补贴，可再生能源免税补贴政策提高了新能源投资积极性。四是利用价格杠杆。丹麦采用固定风电电价，保证了风能投资者利益。

（3）加强新能源技术创新。丹麦把技术创新作为其发展的根本动力，不断增加能源研发资助。丹麦能源研究咨询委员会 2006 年发布《丹麦能源研究、技术开发和展示战略》，提出要高度重视能源技术研发和展示，强化大型公司和研究机构合作。近些年，能源科技已成为丹麦政府重点公共研发投入领域，通过制定《能源科技研发和示范规划》，确保能源研发投入快速增长，推动可再生能源技术市场化。丹麦还注重引导工业界积极参与，投入大量资金和人力从事技术创新。目前，丹麦已掌握许多节能和可再生能源技术，其绿色技术走在世界前列，成为欧盟绿色技术最大输出国。

（4）探索新的投资模式。丹麦有 15 万个家庭是风机合作社成员，私人投资者安装了丹麦 86% 的风机，家庭以合作社形式与私人投资商签订供电合同，这种合作投资模式使国家、投资者和家庭三方受益。私人投资与家庭合作投资是丹麦推动风电发展的有效模式。

通过大力发展节能和可再生能源技术及产业，丹麦经济增长和节能减排协同实现，在增加财富、保障能源安全和可持续发展之间形成稳定平衡的三角关系。2013年与1980年比较，丹麦经济累计增长78%，能源消耗总量近乎零增长，CO_2排放降低13%，GDP增长与减少碳排放目标协同推进。①

总之，丹麦作为北欧小国，资源贫乏，坚定地发展利用可再生能源，探索"零碳发展"模式，成功由煤炭和油气为主的能源结构转化为可再生能源为主的能源结构，真正步入可持续发展轨道，非常值得我国经济、人口、面积、资源禀赋类似的区域层面借鉴。同时，其发展分布式能源网络、邻国间互联能源网络设计、新能源技术创新、财税支持政策等经验做法也值得我国借鉴。

七　芬兰

芬兰位于欧洲北部，与瑞典、挪威、俄罗斯接壤，南临芬兰湾，西濒波的尼亚湾。海岸线长1100公里，内陆水域面积占全国面积的10%，有岛屿约17.9万个，湖泊约18.8万个，有"千湖之国"之称。芬兰是一个高度工业化、自由化的市场经济体，人均产出远高于欧盟平均水平，与其邻国瑞典相当。芬兰能源资源较为贫乏，严重缺乏石油、天然气、煤炭等化石能源资源。芬兰推进低碳发展的突出特色是其特别重视发展清洁技术。芬兰虽然国土面积较小，但却至少有2000家企业从事清洁技术。据芬兰清洁技术委员会调查，尽管2013年经济环境充满挑战，其他行业营业额都下滑，但芬兰清洁技术企业营业额仍达258亿欧元，年均增长5%。芬兰大力发展清洁技术，有助于实现能源和自然资源节约，改善生活环境。芬兰从事清洁技术业务的相关企业在能源、资源及水效率、生物能源、生物燃料、可再生能源、热电联供和智能技术等领域拥有世界领先的技术与专长。2013年，芬兰清洁技术业务覆盖范围包括室内节能采暖和空调解决方案、区域供暖和制冷、工业节能、生物柴油和生物煤油、垃圾转化能源的解决方案等方面。芬兰企业为未来清洁技术发展趋势可能会在

---

① 车魏：《丹麦"零碳发展模式"对中国的借鉴意义》，《能源与环保》2014年7期。

以下方面：可持续能源解决方案、回收、水资源管理、绿色信息和通信技术，以及政策法规的完善发展。在全球范围对芬兰清洁技术需求快速增长形势下，芬兰政府已经大力投资，支持清洁技术发展，并制定战略计划，帮助其清洁技术行业将营业额增加到500亿欧元，并到2020年创造4万个就业岗位。芬兰清洁技术是出口导向型行业，出口占比达到53%，主要出口到瑞典、德国、俄罗斯、英国和中国，未来几年最具增长潜力的市场包括中国、俄罗斯、德国、美国和瑞典，其中出口中国增长尤为迅猛。芬兰清洁技术行业还看好巴西、印度和法国的市场。[①] 总之，芬兰作为资源贫乏小国，顺应全球低碳转型发展大势，大力发展清洁技术产业，抓住市场机会，占领技术制高点，推动经济增长和扩大就业，并在国际竞争中形成竞争优势，这值得我国借鉴。

八 瑞士

瑞士是中欧国家之一，北接德国，西邻法国，南接意大利，东临奥地利和列支敦士登，全境以高原和山地为主，有"欧洲屋脊"之称。瑞士旅游资源丰富，有"世界公园"之美誉。瑞士是全球最富裕、经济最发达和生活水准最高的国家之一。2013年，瑞士人均GDP达到81161美元，列世界第四位。瑞士以亲近自然为社会发展原则，全社会低碳环保观念深入人心，低碳消费、低碳生活成为人们的日常习惯行为。瑞士的低碳城市建设世界闻名，瑞士的苏黎世被评为世界上"生活质量最好的城市"，琉森凭借在能源政策方面的不懈努力获得欧洲能源奖金奖，美丽的日内瓦吸引了联合国欧洲总部、世界气象组织、国际劳工组织、世界卫生组织、世界知识产权组织、联合国难民署和国际红十字会等国际机构入驻。

在经济结构方面，瑞士农业占比较低，约占GDP的5%；工业约占50%，主要工业部门包括钟表、机械、化学、食品等部门；服务业中，低碳旅游业和金融业比较发达，瑞士是世界金融中心。瑞士工业排放也比较低，2011年瑞士工业排放占其化石燃料碳排放的22.6%，处于较低水

---

① 国家能源局网，http://www.nea.gov.cn/2014-06/04/c_133382778.htm，2014-12-12登录。

平。瑞士工业低碳排放与瑞士工业企业较强的低碳环保观念和社会责任密切相关。

以总部位于瑞士洛桑的利乐公司（Tetrapak）为例。利乐公司是全球领先的食品加工和包装解决方案供应商，采用产品生命周期评估方法，从原材料选取、产品设计，到生产加工、运输流通，以及消费后包装的回收利用，均遵守可再生（Renewing）、减量化（Reducing）、可循环（Recycling）和负责任（Responsibility）的4R原则进行，以降低环境影响和减少碳排放。2011年，利乐公司对外公布2020环境目标，计划到2020年将消费后利乐包装的回收率在2010年基础上翻一番，达到40%；到2020年开发100%由再生材料制作的包装，并将森林管理委员会（FSC）认证纸板在利乐包装中的使用率逐步提高到100%；力争到2020年全价值链的碳排放量控制在2010年水平。2014年9月2日，利乐公司发布其《2014可持续发展报告》，报告显示，2013年全球利乐包装回收率达到24.5%，约有430亿个250毫升标准利乐包装被回收利用，较2012年增加了40亿个；2013年，11亿包带有以甘蔗提取物聚合制造的生物质塑料开盖的利乐包装交付使用，较2012年翻了一番；2013年320亿个FSC认证标志利乐包装投放市场，FSC认证包装比例由2012年的38%上升至41%；2010—2013年，利乐包装产量增长12%，但碳排放量减少了2000吨二氧化碳当量。① 瑞士利乐公司的低碳环保观念及做法值得国内企业借鉴。

瑞士可再生能源利用方面的特色做法是其地热源的利用，地热是瑞士新能源利用的支柱产业。地热源是瑞士人Zoelly最早在1992年提出的，经过一个世纪的发展，瑞士地热泵技术已惠及世界，成为瑞士供热市场中主流设备，并发展到空气源热泵、海水源热泵、水源热泵等系列产品，预计到2025年瑞士热泵应用将达到40万套，仅此一项每年即可减少二氧化碳排放400万吨。

总之，作为富裕国家，瑞士不仅低碳消费、低碳生活、低碳城市建设值得国内学习，而且其工业和能源领域中，企业低碳环保观念及做法、地热源利用也值得我国借鉴。

---

① 《利乐发布2014年可持续报告》，人民网，http://shipin.people.com.cn/n/2014/0904/c85914-25600821.html。

九 俄罗斯

俄罗斯幅员辽阔，资源丰富，是世界能源大国，拥有世界天然气储量的35%和石油储量的12%。与日本等资源能源匮乏国家相比，俄罗斯经济发展缺乏资源能源危机意识，经济发展模式表现出较强的高碳特征：一是经济增长粗放型、高消耗，依靠资源能源的大量消耗支撑其经济增长。与世界其他国家相比，俄罗斯能耗强度要高很多。2008年，俄罗斯单位GDP能耗为15.9吨标准油/万美元，是世界平均水平的5.41倍，美国的8.11倍，英国的13.47倍，日本的16.56倍。二是能源浪费现象严重，能源利用效率低下。俄罗斯过时的电网和照明系统使俄电力损耗率达到60%。俄罗斯供热效率比德、法低17%，供热系统流失量大约为产热总量的50%。三是工业结构不合理，重重工业，轻轻工业。2007年，在工业结构中，机器制造和金属加工业占到22%，燃料工业占20%，高科技和消费品生产占比较小，轻工业占比不到1.5%。相比之下，重工业较轻工业消耗更多的能源资源。[①] 四是能源结构不合理，可再生能源开发利用较少。俄罗斯能源消费以石油、天然气等化石能源为主，太阳能、风能、生物质能等可再生能源利用不足，可再生能源消费占一次能源消费的比重约为1%。

俄罗斯也清醒地认识到自身经济发展过程中存在的问题，积极推进节能和提高能源效率，推动可再生能源发展，降低俄罗斯单位GDP能耗和温室气体排放。根据规划，俄罗斯计划到2020年，将单位GDP能耗在2007年基础上降低40%，温室气体排放量在1990年基础上减少25%。

首先是促进节能和提高能效。1996年以来，俄罗斯先后制定了《俄罗斯联邦节能法》《关于俄罗斯境内鼓励节能的补充措施》《俄罗斯联邦关于节约能源和提高能源利用效率法》《俄罗斯联邦提高能源效率法规》等法律法规，引导企业提高生产能源效率和消费节能产品。

其次是鼓励发展核能和可再生能源。2009年，俄罗斯制定《2030年

---

① 贾林娟：《低碳经济背景下俄罗斯能源效率问题探析》，《西伯利亚研究》2013年第4期。

前俄罗斯能源发展战略》，指出燃料能源部门将按三个阶段发展，主要目标是从常规的石油、天然气、煤炭等化石能源转向非常规的核能、太阳能和风能等低碳能源。其中，第一阶段是 2013—2015 年，主要任务是克服危机；第二阶段是 2015—2022 年，主要任务是在发展燃料能源综合利用基础上整体提高能源效率；第三阶段：2022—2030 年，俄将开始转向低碳能源，包括核能、太阳能、风能、水能等。

俄罗斯比较重视发展核能，计划提高核能在国家电力供应中的比重，目前正在推进第四代核电站的研究论证。在可再生能源利用方面，除了水电外，俄罗斯其他类型可再生能源虽然资源丰富，但开发利用率较低。在太阳能方面，俄罗斯西伯利亚和远东地区以及黑海与里海之间地区光照充沛，适宜发展太阳能，目前开发利用较少。在风能方面，俄罗斯风电站主要分布在西部加里宁格勒州、东北部楚科奇自治区、西南部巴什科尔托斯坦共和国等，装机容量分别为 5100 千瓦、2500 千瓦、2200 千瓦，另有七个联邦主体在建风电站。在地热能方面，俄罗斯东北部勘察加州已建四座地热电厂，装机总容量 8 万千瓦。生物质能方面，目前只有西伯利亚鄂木斯克市建有一座乙醇燃料厂。在氢能方面，俄罗斯氢能研究起步较早，俄罗斯科学院乌拉尔分院电物理研究所氢能技术研究处于世界领先地位。在可燃冰方面，俄罗斯贝加尔湖底蕴藏巨量可燃冰，含量超过相当于 1 万亿立方米的天然气，开发利用潜力巨大。另外，值得注意的是，俄罗斯计划未来到月球建立氦-3 开采基地。氦-3 可以替代现有的石油、天然气、铀和煤，是一种清洁燃料，在反应过程中不会产生放射性废料。氦-3 的储量在地球上不到 500 公斤，可在月球上每平方公里就有 70 公斤。俄罗斯的这一计划前景无限光明，值得注意和引起重视。

总之，俄罗斯是资源能源极为丰富的国家，为应对气候变化，减少温室气体排放，降低单位 GDP 能耗，不断通过完善能源法律法规，制定能源发展战略，中短期内重点是引导生产生活节能和提高能效，长期内是鼓励发展核能和可再生能源，从而推进国家低碳发展。尤其俄罗斯计划到月球开采氦-3 资源满足其能源需求的科学计划值得我国关注。

十　印度

印度人口众多，贫困人口约占世界总贫困人口的 1/3，与中国相似，发展任务很重。印度石油资源较少,约占世界总储量的1%;煤炭资源相对较多,电力生产主要依靠煤炭,燃煤发电约占印度电力生产的53%。印度经济结构与中国差异较大,服务业是其经济重心。近几年印度服务业占GDP比重都超过50%,工业占比不到25%,农业占比不到20%。服务业为主导的经济结构和经济发展模式,使印度的能源强度较中国低。据IEA统计数据,2011年印度的能源强度为0.191,中国为0.283,约为印度的1.5倍。① 印度的人均碳排放不及中国和美国水平的1/4。②

在全球气候变暖及世界经济社会低碳转型大潮下,印度不甘落后,顺应大势,积极发展可再生能源和利用核能,努力促进提高能源利用效率,推动工业和家庭部门提高能效,促进能耗强度和碳排放强度不断下降,为应对气候变化做出自身贡献,其中部分措施也值得借鉴。2008年6月,印度政府发布《气候变化国家行动计划》(NAPCC),提出了印度发展低碳经济的初始框架,明确要在发展经济、改善民生前提下,兼顾提升气候变化应对能力。该行动计划主要包括太阳能计划、提高能源效率计划、可持续生活环境计划、水资源计划、喜马拉雅生态保护计划、绿色印度计划、农业可持续发展计划、气候变化战略研究计划等八项国家重点行动计划,将从可再生能源、提高能效等方面推进印度低碳发展。③

在优化能源结构方面,印度的举措包括:一是大力发展太阳能、风能等可再生能源。2005年8月,印度推出新能源政策,计划通过利用水电、太阳能、风能和其他类型能源,实现2030年全印度的能源独立目标。2011年,颁布全新太阳能政策,计划到2016年完成350千瓦太阳能项目,到2022年将太阳能发电量提高到2万兆瓦。印度政府在"十二五"规划中计划投资1.5万亿卢比(约合336亿美元)建设可再生能源发电装机容量,计划到2017年可再生能源利用率占发电装机总量的比例提高到12%。二是也积极发展核能。目前,印度运行核电站有20座,在建及计划建造核电站13座,2010—2020年印度计划为新建核电站投资770亿美元。三是积极升级煤电技术,提高能源效率。印度"十二五"规划引导新增火电厂采用超临界流体技术,较目前大部分火电厂采用的亚临界技

---

① 李雪:《解析印度低碳能源的发展模式与途径》,《经济问题探索》2014年第3期。
② [印]纳拉辛哈·拉奥等:《印度能源趋势概述:低碳增长与发展的挑战》,《经济社会体制比较》2010年第1期。
③ 欧阳国杏:《印度低碳经济发展战略探析与启示》,《技术与市场》2012年第2期。

术具有更高的发电效率。四是推动建立天然气上游市场机制。在过去10余年中，印度制定实施新勘探许可政策，自勘探许可政策实施以来，已发现100多个油气田（其中大部分是天然气），总计超过30万亿立方英尺，将在未来为印度增加天然气供应提供保障。

在工业领域，印度工业部门自20世纪90年代以来工业产值增长率超过同期工业能源消耗增长率，表明印度工业部门能耗强度逐步下降。印度燃料价格改革、市场竞争压力、制定能效标准和法规等是推动工业部门能耗强度下降的重要原因。自90年代以来，印度逐步在电力、石油零售产品、原油等领域从行政定价向市场定价机制过渡，能源价格相对较高，印度是世界工业用电价格最高的国家之一，较高的能源价格促使工业企业自主节能。

在投资方面，印度"十二五"规划增加了可再生能源项目投资预算，预算比例从原来占国家总预算的0.7%提高到1%，规划期五年内将投资3.2万亿卢比（约合588亿美元）。除了政府投资外，印度鼓励私营部门投资可再生能源领域，投资额预计超过20.8万亿卢比（合3822.21亿美元），远超过政府投资规模。

其他方面，就是印度能较好地利用CDM机制和碳交易市场，印度大宗商品交易所（MCX）和印度国家商品及衍生品交易所（NCDEX）先后推出EUA期货和CERS期货，印度碳交易市场的发展走在发展中国家前列，这对缓解印度可再生能源发展和工业企业低碳技术项目建设资金困境十分有益。

总之，印度是人口大国，贫困人口较多，发展任务较重，探索独特的服务型经济发展模式自身就是富有低碳特征的发展方式，与中国制造业主导型经济发展模式相比孰优孰劣还需要时间和实践检验。在全球应对气候变化推进低碳转型的国际大背景下，印度紧随发展大势，积极发展可再生能源和核能，谋求升级煤电技术，改革燃料能源价格形成机制，制定能效标准和法规，撬动私营部门资金投资可再生能源项目，推进低碳经济建设。虽然印度在很多方面难说优势，与其他许多发展中国家一样，还面临资金、技术、政府执行能力、观念等诸多障碍，不过其燃料能源市场价格形成机制改革、小比例财政资金撬动大比例私营部门投资的做法仍然值得借鉴。

十一 巴西

巴西是金砖国家成员，是世界上最大的热带国家，也是二氧化碳排放量较高的国家之一。巴西应对气候变化和自主减排的态度和行动都比较积极，早在1992年联合国环境发展会议上，巴西就对采取应对气候变化的行动做出承诺。2008年，巴西启动应对气候变化的国家行动计划。2009年，巴西通过《国家气候变化法案》，提出温室气体自愿减排目标，即到2020年减少36.1%—38.9%的二氧化碳排放。巴西的碳排放主要是源自土地利用格局的改变，其中，40%的碳排放源自森林砍伐，加上农业和畜牧业，碳排放则达到75%的比例。

巴西的能源结构比较清洁是巴西低碳发展的重要亮点。巴西能源结构中以水电和生物质能等可再生能源为主。其中，水电占总装机发电能力的75%，利用甘蔗生产乙醇替代汽油作为交通运输燃料占到40%的比例。2005年巴西可再生能源占一次能源消费比重高达44.5%，2020—2030年巴西希望维持44%的比例，争取达到44.7%。巴西境内提供乙醇燃料的加油站达到3.5万个。巴西还制订了生物柴油国家计划，将提高生物柴油的研发能力，加大生物柴油推广力度，利用大豆油、棕榈油、葵花油等原料加工制作生物柴油，作为卡车和柴油发电机的动力燃料。巴西的风力发电潜力较大，每年都有100GW的发电潜力，目前利用不到1GW，未来将加大风能开发力度。

巴西也推出配套的金融财税政策支持其可再生能源发展。例如，巴西国家经济社会开放银行提供各种信贷优惠政策，为生物柴油企业提供融资。巴西中央银行设立专项信贷资金，鼓励农庄种植甘蔗、大豆、向日葵、棕榈油等农作物，以满足生物柴油原料需求。巴西推行家电节能减税措施，对被评定为A级和B级节能标准的家电享受减免税优惠。2009年，巴西财政部决定只对白色节能家电继续减免工业产品税。如对具有A级节能标识的电冰箱的产品税税额由15%减至5%，B级减至10%，C、D、E级则无减免税优惠。

巴西和中国同为金砖国家，其发展和推广生物乙醇和生物柴油等生物燃料的做法以及对节能家电产品税收优惠区别对待的做法值得借鉴。

十二 小结

上述十一国中，有发达国家，也有转轨国家或发展中国家（如俄罗斯、印度、巴西）；有资源丰富的国家（如俄罗斯、加拿大、澳大利亚等），也有资源贫乏的国家（如日本、法国、丹麦等）；有富裕国家，也有人民生活水平穷困的国家。总的来看，除了澳大利亚等个别国家消极对待气候变化外，其他大多数国家都积极采取措施，推动国家经济社会低碳转型，减少各自的温室气体排放。不过各自的姿态略有差异，法国、德国、日本、丹麦等发达国家均希望发挥引领作用，其他国家大多能够紧随低碳潮流，努力跟进。其中，丹麦提出的远期目标即到2050年后100%可再生能源结构的"零碳发展"愿景最令人振奋，加拿大安大略省地区层面到2050年100%实现非化石能源以及德国80%电力源自可再生能源等宏伟目标，均给世界信心，值得期待。

上述十一国推进工业领域低碳发展的一般规律总结起来包括：制定中长期战略目标、行动计划及相关法律法规；重视发展可再生能源，主要是太阳能、风能、生物质能、地热能等；重视节能和可再生能源等低碳技术研发投入；推动提高能源效率；采取碳税、环境税、生态税及税收减免、财政补贴等财税政策；引导企业低碳生产和居民低碳消费等。另外也发现，能源资源优势未必会转化为低碳优势，甚至成为阻滞低碳转型的不利因素；相反，资源禀赋劣势反而增强危机意识，成为低碳转型的动力；国家制度差异也不会成为低碳转型的障碍，但政府低碳态度影响较大。

上述十一国也呈现不同的个性特征：（1）优化能源结构的取向不同。积极发展核能的国家有法国、加拿大、俄罗斯、印度等，明确放弃核能的国家有德国和丹麦等。澳大利亚和印度对煤炭依赖较高。（2）优势领域不同。法国拥有核电优势，德国在制造业、太阳能等领域拥有优势，日本在环境和能效技术具备优势，丹麦风电优势、芬兰清洁技术优势、瑞士地热优势、巴西生物质能优势，俄罗斯能效较低能源浪费现象严重，澳大利亚在低碳时代略显落后。

除了根据各自国情制定战略目标和法律法规外，上述十一国低碳发展进程中积累了许多具体经验做法值得借鉴，归纳如下：

对化石能源生产和消费研究征收碳税、生态税、能源税、环境税，对可再生能源电力及低碳绿色产品减免税，并可再生能源企业及消费提供补贴，抑制化石能源生产与消费的同时，激励可再生能源投资、生产和消费。

政府需要加大低碳技术科研投入，积极引导企业扩大低碳技术科研投入，对企业科研投入提供税收贷款优惠政策，形成政府和企业低碳技术科研投入的合力。采取有效措施推动低碳技术商业化，将技术优势转化为产业优势。

对可再生能源电力强制、优先、全部、就近并网，制定统一或最低价格，明确价格信号，创造可再生能源市场，引导可再生能源投资。

促进分布式能源发展，有效利用小型、分散、清洁可再生能源；积极与邻国协调合作，设计建立能源互联网络，邻国之间相互输送能源调节能源供求峰谷。

建立"自上而下"和"自下而上"相结合政策形成机制，疏通自下而上意见反馈渠道。

通过政府小比例投资撬动私人大比例投资，私人投资与家庭合作投资等可再生能源投资模式。

注意排放量规制与产品性能规制有机结合，增强低碳研发投入与低碳设备投入关联度，提高低碳投入经济和气候效应。

引导企业推行现代能源管理，自主制定环境目标，对产品进行生命周期环境影响评估，按照4R原则生产和销售产品，减少污染排放和温室气体排放。对实施现代能源管理和环境目标管理的绿色企业提供税收贷款优惠。

在消费领域，探索推行低碳"领跑者"、低碳标识、碳足迹、低碳积分、碳中和等措施，引导低碳消费，从而传导到企业激励其生产低碳产品和服务。

推进清洁技术产业发展，并加强与其他国家低碳技术研发和应用合作。

最后，值得我国密切关注的领域还包括德国的工业4.0项目和俄罗斯的月球氦-3开采基地计划，可以支持国内有条件地区和企业发展智能生产和建立智能工厂，以及加强氦-3基础研究。

第六章

我国工业领域的低碳发展状况分析

一 我国能耗(碳排放)和工业能耗(碳排放)状况

(一) 我国能耗水平和能耗结构分析[①]

分析能耗和碳排放总量及其构成不仅有利于认识我国的能耗和碳排放水平,而且能够找到能耗和碳排放重点领域,从而找准推进节能减排和低碳化改造的着力重点和方向。表6-1显示,2011年与1985年比较,能耗总量是后者的4.5倍,GDP(不变价格,1985=100)是后者的13.1倍,工业产值是后者的13.7倍,表明三项指标虽然均在增长,但能耗总量增速慢于GDP和工业产值增速;另外,2011年国民经济能耗强度和工业能耗强度均约为1985年相应能耗强度指标的1/3水平。这表明,国民经济总体和工业节能降耗大体同速进步。

表6-1　1985—2011年GDP、工业生产、能耗及能源强度情况

年份	能耗总量 (万吨标准煤)	GDP (不变价格) (1985年=100)	工业产值 (不变价格) (1985年=100)	国民经济能源 强度(万吨 标准煤/亿元)	工业生产能源 强度(万吨 标准煤/亿元)
1985	76682.0	9040.7	3448.7	8.5	22.2
1990	98703.0	11772.5	4313.2	8.4	22.9
1991	103783.0	12041.4	4461.6	8.6	23.3
1992	109170.0	13036.1	4977.1	8.4	21.9
1993	115993.0	14968.2	6023.0	7.7	19.3

---

① 本部分数据根据《中国统计年鉴(2011—2012)》数据整理得到。

续表

年份	能耗总量 (万吨标准煤)	GDP (不变价格) (1985年=100)	工业产值 (不变价格) (1985年=100)	国民经济能源强度（万吨标准煤/亿元）	工业生产能源强度（万吨标准煤/亿元）
1994	122737.0	17914.5	7254.2	6.9	16.9
1995	131176.0	19475.9	8124.6	6.7	16.1
1996	135192.0	22197.0	9318.9	6.1	14.5
1997	135909.0	24781.2	10451.2	5.5	13.0
1998	136184.0	27482.4	11260.6	5.0	12.1
1999	140569.0	30013.3	12164.7	4.7	11.6
2000	145531.0	32332.7	13208.1	4.5	11.0
2001	150406.0	36119.1	14565.7	4.2	10.3
2002	159431.0	40702.6	16210.3	3.9	9.8
2003	183792.0	45097.6	18358.0	4.1	10.0
2004	213456.0	50205.8	20532.1	4.3	10.4
2005	235997.0	55107.3	23178.5	4.3	10.2
2006	258676.0	62909.2	26605.7	4.1	9.7
2007	280508.0	75303.0	31242.2	3.7	9.0
2008	291448.0	83561.7	34442.1	3.5	8.5
2009	306647.0	95114.6	37797.6	3.2	8.1
2010	324939.0	105896.6	42575.4	3.1	7.6
2011	348002.0	117969.8	47094.0	2.9	7.4
2011/1985	4.5	13.1	13.7	34%	33.3%

表6-1显示，1985—2011年间，国民经济和工业生产能耗强度整体呈下降趋势，其中1985—1991年间略有上升，1991—2002年大幅下降，2003—2004年略有反弹，2005以后再度步入下降通道，但降速放慢。这表明，降低能耗强度边际速度较高，但降速边际递减。

表6-2显示，在能源消费总量构成中，工业能耗达到231101.8万吨标准煤，占能耗总量的71.1%，占了绝对多数。因此，工业自然成为节能减排重点领域。

表 6-2　　　　　　　　　能源消费总量及构成

行　业	能耗数量（万吨标准煤）	比重（%）
能源消费总量	324939.2	100.0
农、林、牧、渔、水利业	6477.3	2.0
工业	231101.8	71.1
建筑业	6226.3	1.9
交通运输、仓储和邮政业	26068.5	8.0
批发、零售业和住宿、餐饮业	6826.8	2.1
其他行业	13680.5	4.2
生活消费	34557.9	10.6

表 6-3 进一步显示，在 2010 年工业能耗构成中，黑色金属、化学制品、非金属、电热供应、石油加工、有色金属、煤炭、纺织等八个行业能耗比重依次是 24.9%、12.8%、12%、9.8%、7.2%、5.6%、4.6%、2.7%，合计占 79.6%，占工业能耗绝大多数，表明这八大行业是主要能耗行业，也是未来节能降耗努力的重点行业。

表 6-3　　　　　　　　2010 年工业能耗行业构成表

行业	能耗数量（万吨标准煤）	比重（%）
工业	231101.8	100.0
黑色金属冶炼及压延加工业	57533.7	24.9
化学原料及化学制品制造业	29688.9	12.8
非金属矿物制品业	27683.3	12.0
电力、热力的生产和供应业	22584.1	9.8
石油加工、炼焦及核燃料加工业	16582.7	7.2
有色金属冶炼及压延加工业	12841.5	5.6
煤炭开采和洗选业	10574.4	4.6
纺织业	6204.5	2.7
石油和天然气开采业	4057.6	1.8
造纸及纸制品业	3961.9	1.7
交通运输设备制造业	3748.9	1.6
金属制品业	3627.8	1.6
通用设备制造业	3270.8	1.4

续表

行业	能耗数量（万吨标准煤）	比重（%）
农副食品加工业	2644.3	1.1
通信设备、计算机及其他电子设备制造业	2525.2	1.1
电气机械及器材制造业	2121.5	0.9
塑料制品业	2097.5	0.9
专用设备制造业	1851.2	0.8
黑色金属矿采选业	1573.4	0.7
食品制造业	1508.5	0.7
工艺品及其他制造业	1505.1	0.7
橡胶制品业	1461.2	0.6
化学纤维制造业	1440.9	0.6
医药制造业	1427.7	0.6
饮料制造业	1130.4	0.5
木材加工及木、竹、藤、棕、草制造业	1035.6	0.4
非金属矿采选业	1026.4	0.4
水的生产和供应业	970.4	0.4
有色金属矿采选业	954.2	0.4
纺织服装、鞋、帽制造业	748.4	0.3
燃气生产和供应业	650.1	0.3
皮革、毛皮、羽毛（绒）及其制品业	392.2	0.2
印刷业和记录媒介的复制	391.0	0.2
仪器仪表及文化、办公用机械制造业	346.5	0.1
烟草制品业	228.9	0.1
其他采矿业	213.5	0.1
文教体育用品制造业	210.8	0.1
家具制造业	209.7	0.1
废弃资源和废旧材料回收加工业	77.5	0.0

能耗强度指标反映具体工业行业能耗经济贡献度和能源利用效率，以及相应的行业技术水平。表6-4显示，2010年工业平均能耗强度为0.33

万吨标准煤/亿元,能耗强度在平均水平以上从高到低的工业行业首先是其他采矿业,其次是黑色金属、非金属制品、水业、化学制品、石油加工、电热供应、煤炭、有色金属、石油开采、造纸、非金属矿选业等行业,分别为 6.82、1.11、0.86、0.85、0.62、0.57、0.56、0.48、0.46、0.41、0.38 和 0.33 万吨标准煤/亿元。

表 6-4　　2010 年工业行业能耗强度排序表

行　业	能源消费总量（万吨标准煤）	工业产值（亿元/当年价格）	能耗强度（万吨标准煤/亿元）
其他采矿业	213.52	31.31	6.82
黑色金属冶炼及压延加工业	57533.71	51833.58	1.11
非金属矿物制品业	27683.25	32057.26	0.86
水的生产和供应业	970.36	1137.10	0.85
化学原料及化学制品制造业	29688.93	47920.02	0.62
石油加工、炼焦及核燃料加工业	16582.66	29238.79	0.57
电力、热力的生产和供应业	22584.11	40550.83	0.56
煤炭开采和洗选业	10574.43	22109.27	0.48
有色金属冶炼及压延加工业	12841.45	28119.02	0.46
石油和天然气开采业	4057.55	9917.84	0.41
造纸及纸制品业	3961.92	10434.06	0.38
非金属矿采选业	1026.38	3093.54	0.33
工业	231101.8	698591	0.33
化学纤维制造业	1440.91	4953.99	0.29
燃气生产和供应业	650.11	2393.42	0.27
工艺品及其他制造业	1505.08	5662.66	0.27
黑色金属矿采选业	1573.35	5999.33	0.26
有色金属矿采选业	954.16	3799.41	0.25
橡胶制品业	1461.17	5906.67	0.25
纺织业	6204.53	28507.92	0.22
金属制品业	3627.75	20134.61	0.18
塑料制品业	2097.51	13872.22	0.15
木材加工及木、竹、藤、棕、草制造业	1035.62	7393.18	0.14
食品制造业	1508.52	11350.64	0.13

续表

行　业	能源消费总量（万吨标准煤）	工业产值（亿元/当年价格）	能耗强度（万吨标准煤/亿元）
饮料制造业	1130.42	9152.62	0.12
医药制造业	1427.68	11741.31	0.12
印刷业和记录媒介的复制	390.97	3562.91	0.11
通用设备制造业	3270.81	35132.74	0.09
专用设备制造业	1851.20	21561.83	0.09
农副食品加工业	2644.27	34928.07	0.08
交通运输设备制造业	3748.85	55452.63	0.07
文教体育用品制造业	210.84	3135.43	0.07
纺织服装、鞋、帽制造业	748.42	12331.24	0.06
仪器仪表及文化、办公用机械制造业	346.47	6399.07	0.05
皮革、毛皮、羽毛（绒）及其制品业	392.19	7897.50	0.05
电气机械及器材制造业	2121.53	43344.41	0.05
家具制造业	209.66	4414.81	0.05
通信设备计算机及其他电子设备制造业	2525.15	54970.67	0.05
烟草制品业	228.89	5842.51	0.04
废弃资源和废旧材料回收加工业	77.49	2306.13	0.03

总之，以上分析表明，工业能耗占国民经济能耗的绝对多数，是节能降耗重点领域。在工业能耗结构中，能耗数量分析表明黑色金属、化学制品、非金属、电热供应、石油加工、有色金属、煤炭、纺织等八个行业是工业节能重点行业；能耗强度分析表明，黑色金属、非金属制品、水业、化学制品、石油加工、电热供应、煤炭、有色金属、石油开采、造纸、非金属矿选业等工业行业是低碳化改造重点行业。1985年以来能耗强度不断下降，表明节能低碳技术不断进步，但降速放慢又表明技术进步愈加困难，呈现出边际递减特征。

（二）我国碳排放水平和结构分析

朱江玲等将人类活动排放 CO_2 区分成三个重要时期，一是1850年第二次工业革命至今，二是 1950 年战后世界经济迅速发展期至今，三是 1990 年世界签署《联合国气候变化框架公约》至今。他们利用 1850—2008 年世界 CO_2 排放量和人口数据测算和比较全球主要国家和中国的累计碳排放量和人均碳排放量。计算结果表明，过去 160 年全球累计历史碳排放量为 345PgC（1PgC=10 亿 tC），发达国家累计历史排放量和人均历史排放量均远高于发展中国家，前者分别是后者的 2.9 倍和 11.2 倍。不过，1980—2008 年我国碳排放总量和人均排放量均快速增长，平均年增量分别为 0.05PgC 和 0.04tC。他们研究表明，我国正在失去历史排放量较低优势，节能减排是实现可持续发展的必由之路。[①] 许军平、马晓明（2011）核算了 1992 年、1997 年、2002 年、2007 年我国碳排放数据，计算结果见表 6-5。表 6-5 显示，2002 年和 2007 年我国 CO_2、CH_4、N_2O 等温室气体排放总量为 5093.1 百万吨 CO_2-eq 和 8287.5 百万吨 CO_2-eq，分别较 10 年前增加 1528.4 和 3830 百万吨 CO_2-eq，可见增速较快。表 6-5 还显示，生产相关排放占主要部分，1992 年、1997 年、2002 年、2007 年四年生产相关排放分别占比 92.2%、95.4%、96.2%、96.4%。何小刚、张耀辉（2012）对中国工业行业碳排放问题的研究显示（见图 6-1），2000—2009 年间，电力供应、石油加工、石油开采、燃气供应、煤炭采选等行业是碳排放强度最大的五个行业，其中石油加工碳排放强度略有上升，电力供应业和石油开采业碳排放强度降幅较大，燃气供应和煤炭采选业碳排放强度缓慢下降。碳排放强度最低的五个行业依次是印刷、服装、电器机械、文体用品、计算机通信等行业。温室气体排放分析结果也表明，工业以及工业中的电力、石油加工和开采、煤炭、燃气等行业属于减排的重点领域和重点行业，与能耗分析结论基本一致。

表 6-5　　　　　　中国温室气体排放量（Mt CO_2-eq）

年份	CO_2	CH_4	N_2O	合计	生产相关排放
1992	2620.9	691.1	252.7	3564.7	3287.9
1997	3372.3	813.6	271.6	4457.5	4253.4
2002	3984.8	816.2	292.1	5093.1	4897.9
2007	6993.3	987.8	306.5	8287.5	7990.2

---

① 朱江玲等：《1850—2008 年中国及世界主要国家的碳排放》，《北京大学学报》（自然科学版）2010 年第 4 期。

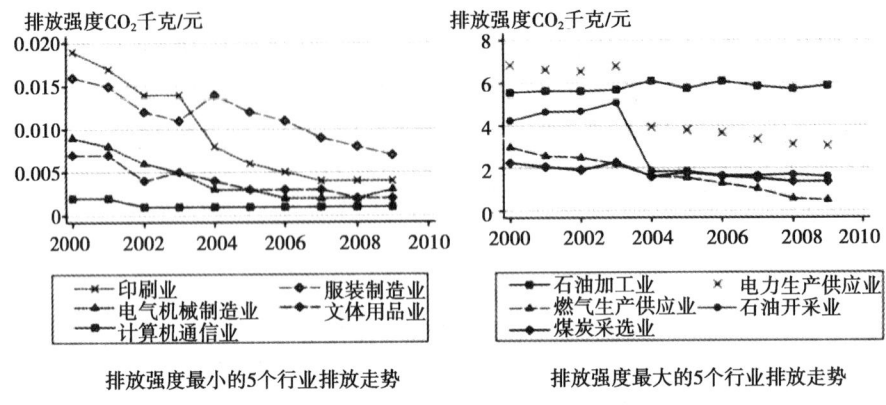

图 6-1　2000—2009 年部分工业行业碳排放强度走势

资料来源：何小刚、张耀辉：《中国工业碳排放影响因素与 CKC 重组效应》，《中国工业经济》2012 年第 1 期。

二　我国低碳工业和低碳技术发展状况

（一）可再生能源

1. 太阳能

（1）太阳能利用方式

在全球变暖和化石能源日益枯竭境况下，太阳能利用为世界各国普遍重视。太阳能利用基本方式包括光—热利用、光—电利用、光—化学利用、光—生物利用四类。

一是光—热利用基本原理就是将太阳辐射收集起来，通过与物质的相互作用转换成热能加以利用。目前使用较多的太阳能收集装置包括平板型集热器、真空管集热器、聚焦集热器等三种。根据所能达到的温度和用途不同，可把太阳能光热利用分为低温利用（<200℃）、中温利用（200—800℃）和高温利用（>800℃）。其中低温利用主要有太阳能热水器、太阳能干燥器、太阳能蒸馏器、太阳房、太阳能温室、太阳能空调制冷系统等，中温利用主要有太阳灶、太阳能热发电聚光集热装置等，高温利用主要有高温太阳炉等。

二是光—电利用。太阳能大规模利用的重点发展方向是用来发电。利用太阳能发电的方式主要有光—热—电转换和光电转换两种。其中光—热—电转换即光热发电，是利用太阳辐射所产生的热能发电，一般是用太阳能集热器将所吸收的热能转换为蒸汽，然后驱动汽轮机带动发电机发电。光电转换即光伏发电，是利用光生伏打效应将太阳辐射能直接转换为电能，基本装置是太阳能电池。太阳能电池根据所用材料不同可分为硅太阳能电池、多元化合物薄膜太阳能电池、聚合物多层修饰电极型太阳能电池、纳米晶太阳能电池、有机太阳能电池、塑料太阳能电池。其中硅太阳能电池分为单晶硅太阳能电池、多晶硅薄膜太阳能电池和非晶硅薄膜太阳能电池三种，发展最成熟，在应用中也居主导地位。

三是光—化学利用。光化学过程是地球上最重要的化学过程之一，包括光合作用、光电化学作用、光敏化学作用及光分解反应。其中光合作用为所有生物的生存提供了物质和能源来源，其实质是植物、藻类和某些细菌通过叶绿素利用光能把二氧化碳和水转化成储存能量的有机物并释放出氧气的过程。光电化学作用是指光照后就能引发电化学反应。光电材料经光线照射后产生光电效应和电化学反应。光电化学装置种类繁多，目前主要应用有光分解水生成氢气的装置、照光后可分解污染物和病菌的光触媒等。

四是光—生物利用。主要是通过植物的光合作用实现将太阳能转换成生物质从而储存能量的过程。目前主要利用有速生植物（如薪炭林）、油料作物和巨型海藻等。

（2）我国太阳能利用及相关产业的发展现状

由于太阳能利用是人类未来能源安全和可持续发展的必然选择，因而发展太阳能产业成为世界主要经济体竞逐的焦点领域。进入21世纪，我国也抓住机遇，在政府和业界共同努力下，太阳能产业发展迅速，与美国、欧盟、日本等发达国家相比，可谓各具优势，甚至整体而言我国略占上风。

一是太阳能热利用产业[①]。

目前，我国的太阳能热利用主要包括太阳能热水器、太阳房、太阳灶、太阳干燥、太阳海水淡化、太阳能空调、太阳能热发电及其他工农业

---

① 本部分数据引自《中国太阳能热利用2011年度发展研究报告》（霍志臣、罗振涛著）。

生产应用。表6-6显示，太阳能热水器总产量从1998年的350万平方米增至2011年的5760万平方米，保有量也相应从1500万平方米增至19360万平方米，后者分别是前者的16.5倍和12.9倍，形成一定的产业规模。表6-7显示，截至2010年，我国建成被动太阳房面积达2000万平方米，太阳灶正常使用保有量达205万台。其中，太阳房建设在北京、内蒙古、宁夏、西藏、辽宁等地区建成许多示范建筑，在北方地区较受欢迎。太阳灶在西部偏远地区仍有一定市场，尤其在西藏、甘肃、四川、内蒙古等严重缺柴和缺少生物质地区受到欢迎。另外，太阳能温室、太阳能工农业应用、太阳能干燥、太阳能空调等太阳能热利用技术逐步得到推广或示范，尤其是太阳能温室建造为农民创造了经济效益。2012年，太阳能热利用行业前十大品牌包括皇明、太阳雨、桑原、四季沐歌、清华阳光、力诺瑞特、天普、华扬、辉煌太阳能、桑夏等品牌。①

表6-6　　1998—2011年太阳能热水器年生产量和保有量

年份	总产量		比上年增长（%）	保有量		比上年增长（%）	能源替代标煤（万t）
	万 m^2	MW_{th}		万 m^2	MW_{th}		
1998	350	2450	—	1500	10500	—	225
1999	500	3500	43	2000	14000	33	300
2000	640	4480	28	2600	18200	30	390
2001	820	5740	28	3200	22400	23	480
2002	1000	7000	22	4000	28000	25	600
2003	1200	8400	20	5000	35000	25	750
2004	1350	9450	12.50	6200	43400	24	930
2005	1500	10500	11.10	7500	52500	21	1125
2006	1800	12600	20	9000	63000	20	1352
2007	2300	16100	30	10800	75600	19.4~20	1620
2008	3100	21700	32.50	12500	87500	15.70	1875
2009	4200	29400	35.50	14500	101500	16	2175
2010	4900	34300	16.70	16800	117600	15.90	2520
2011	5760	40320	17.60	19360	135520	15.20	2904

① 中国产业信息网，http://top.chyxx.com/201203/F29412T259.html，2013-04-12登录。

表 6-7　　　　　　我国 2006—2010 年太阳房和太阳灶应用情况

	2006	2007	2008	2009	2010
太阳房（万平方米）	1395.2	1467.8	1590.5	1700	2000
太阳灶正常使用保有量（万台）	86.5	111.9	135.7	172	205

太阳能热利用产业的发展产生了良好的环境和经济效益。表 6-8 显示，截至 2010 年，我国太阳能热水器保有量达 1.68 亿平方米，2000—2010 年节约 13647 万吨标煤，相当于节电 3196GWh，减排 SO_2 447 万吨，减排 NO_2 201 万吨，减排烟尘 345 万吨，减排 CO_2 29292 万吨。表 6-9 显示，"十一五"期间，太阳能热水器行业总产出达 2390 亿元，出口总额达 9 亿美元，太阳能热利用行业吸纳就业人数逐年增加，到 2010 年吸纳就业人员达 330 万人。

表 6-8　　　　　　2000—2010 年太阳能热水器节能减排量

年份	保有量（万 m^2/MW_{th}）	节约标准煤（万吨）	相当于节电（GWh）	减排 SO_2（万吨）	减排 NO_2（万吨）	减排烟尘（万吨）	减排 CO_2（万吨）
2000	2600/18200	390	108.42	12.61	5.72	9.75	837.2
2001	3200/22400	480	133.44	15.52	7.04	12.0	1030.4
2002	4000/28000	600	166.80	19.40	8.80	15.0	1288
2003	5000/35000	750	208.50	24.25	11.0	18.75	1610
2004	6200/43400	930	258.54	30.07	13.64	23.25	1996.4
2005	7500/52500	1125	312.75	36.37	15.0	28.12	2415
2006	9000/63000	1350	375.30	43.65	19.8	33.75	2898
2007	10800/75600	1620	450.36	52.38	23.76	40.50	3477.6
2008	12500/87500	1875	521.25	60.62	27.50	46.87	4025
2009	14500/101500	2175	604.65	70.32	31.90	54.37	4669
2010	16800/117600	2352	653.86	81.48	36.96	63.00	5045
总计		13647	3195.68	446.67	201.12	345.36	29291.60

表 6-9　　　　　　2006—2010 年太阳能热水器总收入和出口及
　　　　　　　　　太阳能热利用行业就业人数

年份	总收入（亿元）	出口（亿美元）	就业（万人）
2006	270	1.25	200

续表

年份	总收入（亿元）	出口（亿美元）	就业（万人）
2007	320	1.5	250
2008	460	1.8	280
2009	600	2.0	300
2010	735	2.5	330
合计	2390	9.1	—

太阳能热利用产业仍然保持较快发展态势。2012年，太阳能热利用产业总产量约为6390万平方米，较2011年增长11%；太阳能集热器保有量增加2577万平方米，增长11.9%。经过20年的努力，目前我国太阳能热水器使用量列世界首位。"十二五"规划进一步明确发展目标，即到2015年太阳能集热器面积保有量达4亿平方米，到2010年达8亿平方米，为未来太阳能热利用发展打开了国内需求市场空间。得益于业界科技创新，太阳能热利用领域也在不断延伸，表现为家用太阳能热水系统向热水工程系统扩展；生活热水向采暖扩展；民用热利用向工农业热利用扩展；低温技术向中高温技术扩展。虽然太阳能热利用产业进步较快，未来太阳能热利用仍需在八大技术领域加强研发和拓展，包括：太阳能低温热水集成技术、高效平板太阳能集热器技术、分体式承压太阳能热水系统、太阳能热水采暖及辅助能源匹配技术、太阳能中高温集热技术、太阳房/太阳灶技术、太阳能热利用在工农业生产中的应用技术、太阳能空调及热发电技术等。[①] 可以预见，太阳能热利用领域和范围将会随着技术进步、成本下降以及观念习俗更新而不断拓展，技术进步和应用范围会相互促进、相互推动前行。

二是太阳能光伏产业。

与太阳能热利用产业主要满足国内需求市场不同，在过去几年中我国太阳能光伏产业市场主要在国外。太阳能光伏产业链大体包括以下环节：太阳能级硅材料、硅锭硅片、电池、组件、系统集成，最后作用于市场端实现光伏发电。另外，再加上光伏产业的设备制造和平衡部件生产环节，光伏设备的技术水平直接影响光伏产品的质量和成本。

---

① http://info.china.alibaba.com/detail/1081934931.html，2013-4-19登录。

十余年来，全球太阳能光伏产业发展迅速，中国的太阳能光伏产业成长更是举世瞩目。2011年全球光伏发电装机27.7GW，较2010年增长约67%。2011年全球累计装机量达到67.4GW，在可再生能源中仅次于生物质能和风能。2012年由于多种原因，全球光伏市场增速放缓，全年新增光伏装机容量为31GW，较2011年仅增长11%，全球累计装机达98.5GW。从光伏装机的地区结构看，表6-10显示了2011年全球光伏装机分布状况，其中意大利占32.55%，德国占27.12，法国占5.42%，英国占2.53%，包括其他欧盟国家在内，欧盟成员国占比合计达71%以上；中国占7.23%；美国占5.79%；日本占3.98%；表明欧盟是太阳能应用和消费的主要市场，中、美、日处于第二梯队。由于能源安全同时包括生产和消费两端，所以今后加强太阳能应用和消费对我国未来能源安全意义重大。但是，从生产侧看，格局大不相同。表6-11显示，全球太阳能电池前十大厂商中，美国First Solar居首位，Sunpower居第十位，加拿大Canadian Solar居第九位，而第二至第六位由中国大陆五家企业占据，第七至第八位由中国台湾企业占据。中国大陆五家企业产量占比合计22%，加上台湾企业占比合计达28%。可见，在全球市场中，中国企业市场份额远超欧美国家，稳居首位，国际竞争优势明显。表6-12显示，2011年全球前十大光伏组件厂商中，中国尚德居首位，英利第三，天合光能第四，晶科第七，韩华第九，共占五席；其他五席分别由美国（2个）、日本（2个）和加拿大（1个）占据。[①] 这表明，中国光伏组件生产供应能力全球领先。

表6-10　　　　　　　　2011年全球光伏装机分布情况

国家	光伏装机占比（%）
意大利	32.55
德国	27.12
中国	7.23
美国	5.79
法国	5.42
日本	3.98

---

① 引自《2012全球太阳能光伏产业发展报告》，《建筑玻璃与工业玻璃》2012年第6期、2012年第7期。

续表

国家	光伏装机占比（%）
澳大利亚	2.53
英国	2.53
比利时	1.99
西班牙	1.45
其他国家	9.40
合计	100.00

表6-11　　　　　　2011年全球前十大太阳能电池厂商

序号	企业	国家和地区	产量占比（%）
1	第一太阳能（First Solar）	美国	7
2	晶澳太阳能（JA Solar）	中国大陆	5
3	尚德太阳能电力（Suntech）	中国大陆	5
4	英利新能源（Yingli）	中国大陆	4
5	天合光能（Trina）	中国大陆	4
6	茂迪新能源（Motech）	中国大陆	4
7	台湾昱晶能源科技（Gintech）	中国台湾	3
8	台湾新太阳能电力（Neo Solar Power）	中国台湾	3
9	Canadian Solar	加拿大	2
10	SunPower	美国	2
	其他1	—	17
	其他2	—	34
	其他3	—	10
	合计	—	100

表6-12　　　　　　2011年全球前十大光伏组件厂商

排名	厂商	变化情况
1	Suntech	
2	First Solar	
3	Yingli	+1
4	Trina Solar	+1
5	Canadian Solar	+1

续表

排名	厂商	变化情况
6	Sharp	−3
7	Jinko Solar	+11
8	Sun Power	
9	Hanwha SolarOne	
10	Kyocera	−3

随着规模的扩大和规模经济的显现，及制造技术日趋成熟、生产效率和管理水平逐步提高，光伏产业链从多晶硅原材料、组件到逆变器的生产成本和价格均随之下降。另外通过大规模光伏电站的建设与维护使整个产业界的电站设计、建设和运营管理经验日益丰富，也促进了电站系统价格持续下降。截至 2012 年，投资国内大型地面电站的系统价格平均为 1.5—1.8 美元/瓦，光伏发电的度电成本也不断下降，在光照资源丰富地区 2012 年大型光伏地面电站发电度电成本已近 0.6 元/度。这为光伏发电在我国大范围应用逐步累积了经济性基础。图 6-2 预测，到 2017—2018 年太阳能资源很丰富带光伏发电价格将与常规发电上网电价相当，此后将低于后者；到 2020 年太阳能资源丰富带光伏发电价格将与常规发电上网价格相当。这表明，差不多到"十三五"中后期，太阳能光伏发电成本将可与常规发电相竞争，国内需求空间便迅速打开。[①]

我国政府也是高度重视和支持太阳能产业发展。2012 年发布的《太阳能发电发展"十二五"规划》中明确了未来几年的发展目标，即"十二五"时期新增太阳能光伏发电装机容量约 10GW，太阳能光热发电装机容量约 1GW，分布式光伏发电系统约 10GW，到 2015 年底，太阳能发电装机容量达到 2100 万千瓦以上，年发电量达到 250 亿千瓦时。

（3）我国太阳能产业发展面临的问题、困难与对策

在国内外光伏产业发展的大好形势下，2012 年以来我国光伏产业的发展面临着诸多问题、困难和困境，有企业和行业自身固有的内因，也有国际不良竞争等其他不利外因的影响。归纳起来，大体包括：

第一，产能相对过剩，是引致产业危机的市场原因，这是企业、行业

---

① 《2013 中国光伏产业发展报告》，SEMI，2013。

图 6-2 中国光伏发电价格趋势

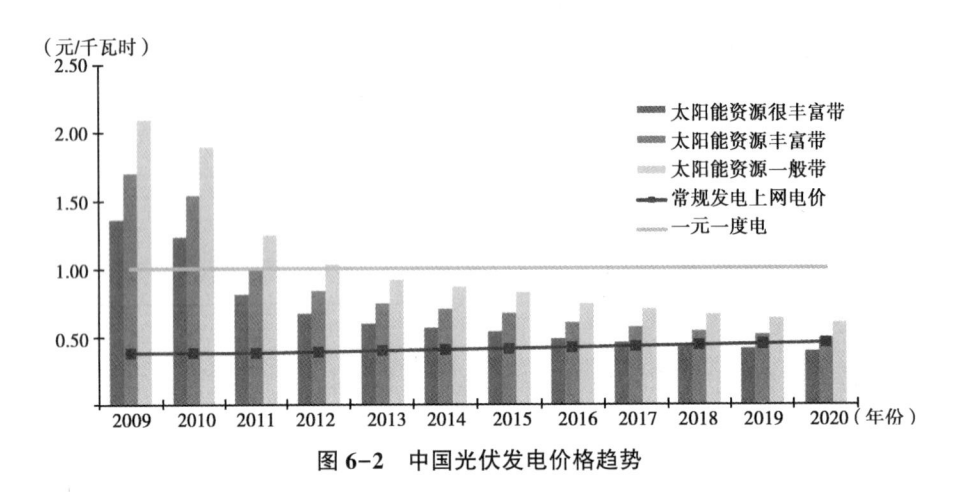

和市场自身的内因。由于国内外太阳能应用需求的增速赶不上产业扩张的速度，导致了全球太阳能产品供过于求，形成产能的相对过剩。2011 年底全球光伏制造产能达 79GW，产量达 40GW，装机量为 27.7GW。2012 年全球产能降至 70GW，产量 39GW，装机量为 31GW。全球产能形成相对过剩局面。在这种市场格局下，国内光伏企业为求生存而血拼价格，引致企业亏损乃至破产倒闭，经营形势十分严峻。

第二，两头在外，受制于人。两头在外，一是原料在外，多晶硅等原材料需要向欧美日等国家进口；二是市场在外，欧美是我国光伏产品出口的主要市场。因此，如果我国光伏企业被出口市场国家非市场力量挤出，势必陷入产品积压而低价销售以求生存的经营困境。

第三，遭遇欧美国家蓄意的战略扼杀。太阳能产业是各国公认的未来战略性产业，美国、欧盟无不希望占领该产业的战略制高点。面对中国太阳能产业在竞争中处于优势地位，美国产业界、政府合力对中国光伏产业采用"双反"等非市场力量予以"围剿"、堵截，以期达到削弱中国光伏产业竞争力，扼杀中国光伏产业的战略目的。2011 年 11 月 9 日，美国商务部宣布对中国输美太阳能电池（板）产品发起反倾销反补贴合并调查，指控中国产品的倾销幅度在 49.88%—249.96% 之间，指控补贴项目包括出口品牌奖励、低于充分报酬提供原材料、优惠贷款和税收优惠等。2012 年 10 月 11 日，美国商务部最终裁决决定对大多数从中国进口的太阳能板和太阳能电池产品征收 34%—47% 的关税。对中国最大的太阳能企业尚德终裁征税幅度比初判高出很多，从约 33% 上调至 47%。2012 年 9 月 6 日，欧盟也宣布对中国光伏组件、关键零部件等发起反倾销调查，涉及产品范围超过美国，涉案金额超过 200 亿美元，是欧盟对我国发起的最大规模贸易诉讼。欧美相继采用"双反"手段，使严重依赖欧美市场的国内光伏企业顿时陷入困境，乃至出现一些龙头企业濒临破产。2013 年 3 月 18 日，无锡尚德太阳能电力有限公司债权银行联合向无锡市中级人民法院递交无锡尚德破产重整申请。可见，欧美国家不择手段表面打击个别企业，实际是要对我国太阳能产业实施战略扼杀，抢占这一世界性的战略产业的制高点。所以，从这个角度说，我国光伏企业当前的经营困境并非市场竞争优胜劣汰的结果，而是欧美国家强行干预市场施加政府行政力量的结果。相反，如果政府收手，仅让"看不见的手"发挥作用，照目前发展形势，中国光伏企业势必进一步获得竞争优势，将有更多的欧美光伏企业淘汰出局。因此，帮助国内光伏企业摆脱经营困境，扶持国内光伏产业稳健发展是我国政府推进太阳能这一战略性新兴产业发展的理性选择，也是国家间战略产业竞争的需要。

第四，技术瓶颈制约了企业发展和行业发展。技术瓶颈表现为技术较欧美国家落后，技术类型较少，满足不了竞争的需要，也满足不了多样化发展的需要。技术瓶颈导致了投资的同质化，也就是简单重复投资，继而导致产品的同质化，以致加剧市场竞争程度，是约束企业和行业发展的技术原因。例如，流化床法（Fluidized Bed Reactor）多晶硅制备技术的转换效率和沉积速度较传统钟罩式反应器多晶硅技术都更高，能够节约能耗，为钟罩式生产多晶硅能耗的 1/4。2012 年全球多晶硅总产量 29 万吨，其中流化床法产量近 2 万吨，由美国和德国的多晶硅生产商供应。国内先进多晶硅制造商的成本约为 20 美元/公斤，国际顶尖制造商成本约为 12 美元/公斤，差距明显，因而需要尽快提升国内多晶硅制造技术水平以降低成本，否则难以在国际竞争中胜出。[①] 技术落后于欧美国家，是政府和企业轻视技术科研投入造成的。地方政府方面重视项目资金支持，轻视科研资金支持。企业方面重视规模扩张，轻视技术研发投入。由于项目上马、规模扩张见效快，同时规模扩张能较快产生规模经济效应，降低生产成本。技术研发虽然可以通过提升技术水平提高生产效率，从而也降低成本，但其见效速度较慢。由于一些地方政府和企业急功近利，造成资本重

[①]《2013 中国光伏产业发展报告》，SEMI，2013。

复涌入技术门槛最低的组件和电池制造环节,为目前出现的诸多问题和困境埋下隐患。总之,技术研发投入少、进步慢、突破难是制约国内太阳能产业健康稳定发展的根本原因。

第五,产业标准化进程期待推进。在制造端,产品的设计和检验、材料与产品生产的衔接、设备与工艺的配合以及产品质量和生产管控都需要标准。为适应不断涌现的新设计、材料、设备和产品,光伏制造业亟须构建有效的标准规范体系。

上述问题中,最根本、最核心的问题还是技术瓶颈。因为,只要技术瓶颈解除了、突破了,便可以解决简单重复投资问题、产品同质化问题、成本问题、国内需求规模问题,从而打破受制于人的局面,提升产业国际竞争力,推动产业可持续发展。为此,建议政府和企业加大技术科研支持和投入力度,整合学术、企业科研力量,组建制造技术科研联合体,财政、企业、金融、社会多方筹资充实科研资金,成果由政、学、企共享。另一方面,在行业内,组建联合太阳能产业链上下游企业研发力量的组织,加强产业链从材料、设备供应商、制造商到电站和消费者的技术研发整合,提高技术推陈出新效率。

2. 风能

(1) 我国风电发展现状①

2012 年,我国(不含台湾)新增安装风电机组 7872 台,装机容量 13GW,同比下降 26.5%;累计安装风电机组 53764 台,装机容量 75.3GW,同比增长 20.8%。我国风电利用自 2007 年以来快速发展,2010 年新增装机量最高,此后有所回落(见图 6-3)。据中国电力企业联合会 2012 年全国电力工业年快报统计,2012 年我国风电发电量 1004 亿千瓦时,超过核电发电量的 982 亿千瓦时,是继火电和水电之后的第三大主力电源。

我国风电装机主要集中在华北、西北、东北、华东等地区,中南、西南地区装机量较低。从累计装机容量看,其中以内蒙古、河北、甘肃、辽宁、山东、黑龙江、宁夏、新疆列居前八位,共计 56GW,占全国风电装机总容量的 74%,约占 3/4 的比重。(见表 6-13)

我国的海上风电也开始起步。2012 年,海上风电新增装机 46 台,装

---

① 中国可再生能源学会风能专业委员会:《2012 年中国风电装机容量统计》,2013 年 3 月。

机容量为127MW，其中潮间带装机容量为113MW，约占89%。我国海上风电大体从2010年后开始发展，2010—2012年新增装机容量相当（见图6-4）。截至2012年底，我国建成海上风电项目共计389.6MW，仅次于英国和丹麦，走在美国前面。其中，潮间带风电开发进展较快，截至2012年底，我国潮间带风电装机容量达261.5MW；近海风电装机容量为128.1MW，规模最大的项目是东海大桥海上项目（102MW），其余多为安装样机。

在风电装机市场中，金风、华锐市场份额最高，合计达39%比重；东汽、联合动力其次，合计占19.5%；明阳和Vestas处于第三梯队，合计占11%份额。六家企业市场份额合计占近70%。与太阳能市场主要在国外不同，我国风电装机市场主要在国内，不过近几年风机出口也有一定发展。2012年，我国共有七家风机制造商对外出口风机225台，容量为430.5MW（见表6-14）。累计出口407台，总容量达700.2MW，出口国家累计达到19个，其中美国是风机出口主要目标市场国家，接近一半的出口份额。

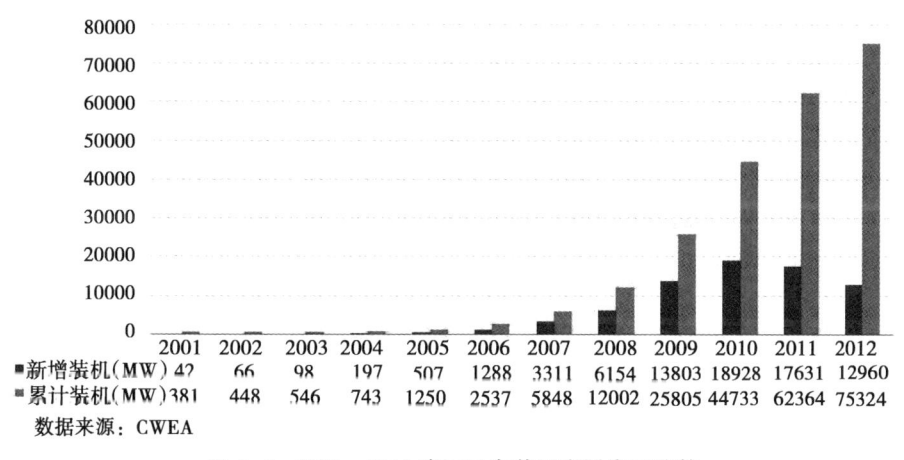

	2001	2002	2003	2004	2005	2006	2007	2008	2009	2010	2011	2012
新增装机(MW)	42	66	98	197	507	1288	3311	6154	13803	18928	17631	12960
累计装机(MW)	381	448	546	743	1250	2537	5848	12002	25805	44733	62364	75324

数据来源：CWEA

图6-3 2001—2012我国风电装机容量发展趋势

表6-13　　2011—2012年我国各省区市新增和累计风电装机情况

序号	省（自治区、直辖市）	2011年累计（MW）	2012年新增（MW）	2012年累计（MW）
1	内蒙古	17504.4	1119.4	18623.8
2	河北	7070.0	908.8	7978.8
3	甘肃	5409.2	1069.8	6479.0

续表

序号	省（自治区、直辖市）	2011年累计（MW）	2012年新增（MW）	2012年累计（MW）
4	辽宁	5249.3	869.0	6118.3
5	山东	4562.3	1128.7	5691.0
6	黑龙江	3445.8	818.6	4264.4
7	吉林	3564.4	433.0	3997.4
8	宁夏	2875.7	690.0	3565.7
9	新疆	2316.1	990.0	3306.1
10	山西	1881.1	1026.0	2907.1
11	江苏	1967.6	404.5	2372.1
12	云南	932.3	1031.8	1964.0
13	广东	1302.4	388.9	1691.3
14	福建	1025.7	265.0	1290.7
15	陕西	497.5	212.0	709.5
16	贵州	195.1	312.0	507.1
17	安徽	297.0	197.0	494.0
18	河南	300.0	192.6	492.6
19	浙江	367.2	114.5	481.7
20	上海	318.0	34.0	352.0
21	海南	256.7	48.0	304.7
22	江西	133.5	154.0	287.5
23	天津	243.5	34.5	278.0
24	湖南	185.3	64.0	249.3
25	广西	79.0	124.5	203.5
26	湖北	100.4	93.5	193.9
27	青海	66.5	115.0	181.5
28	北京	155.0	0.0	155.0
29	重庆	46.8	57.6	104.4
30	四川	16.0	63.5	79.5
31	香港	0.8	0.0	0.8
	汇总	62364.2	12960.0	75324.2
32	台湾	564.05	57	621.05
	总计	62928.2	13017.0	75945.2

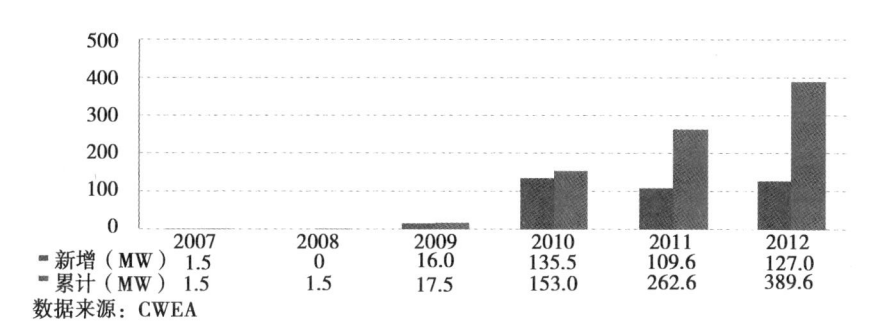

图 6-4 我国海上风电装机容量增长趋势图

	2007	2008	2009	2010	2011	2012
新增（MW）	1.5	0	16.0	135.5	109.6	127.0
累计（MW）	1.5	1.5	17.5	153.0	262.6	389.6

数据来源：CWEA

表 6-14 2012 年我国风机出口情况

序号	制造商	已发运数量（台）	已发运容量（MW）	出口国家
1	华锐	36	54.00	土耳其
		22	52.50	意大利
		12	36.00	西班牙
		23	34.50	巴西
	小计	93	177.00	
2	金凤	26	43.00	美国
		13	19.50	澳大利亚
		11	16.50	厄瓜多尔
		3	7.50	泰国
		1	0.75	乌兹别克斯坦
	小计	54	87.25	
3	华创	17	61.20	美国
4	三一电气	25	50.00	美国
5	明阳	33	49.50	保加利亚
6	湘电风能	2	4.00	伊朗
7	浙江运达	1	1.50	伊朗
	总计	225	430.45	

另外，再从全球范围看，2012 年全球新增风电装机 4471 万千瓦，到 2012 年底全球风电累计并网装机容量达 2.82 亿千瓦，其中中国、美国和德国居前三位，累计并网装机容量依次为 6300 万千瓦、6000 万千瓦和 3115 万千瓦。2012 年，中国、美国和欧洲地区新增风电并网装机容量依

次为1500万千瓦、1320万千瓦和1242万千瓦,居世界前三位。从地区累计装机看,2012年欧洲风电累计并网装机容量达1.09亿千瓦,居世界首位;亚洲风电累计并网装机容量9759万千瓦,主要在中国和印度;北美风电累计并网装机容量6758万千瓦,主要在美国。2012年,全球新增海上风电装机约129万千瓦,累计装机约541万千瓦。其中欧洲新增116.6万千瓦,累计装机达500万千瓦。截至2012年底,英国海上风电累计装机达295万千瓦,居世界首位。目前,我国海上风电装机居世界第三位。①

《风电发展"十二五"规划》进一步为我国风电未来几年的发展明确了具体目标:(1)到2015年,投入运行的风电装机容量达到1亿千瓦,年发电量达到1900亿千瓦时,风电发电量在全部发电量中的比重超过3%。其中,河北、蒙东、蒙西、吉林、甘肃酒泉、新疆哈密、江苏沿海和山东沿海、黑龙江等大型风电基地所在省(区)风电装机容量总计达到7900万千瓦,海上风电装机容量达到500万千瓦。(2)"十二五"时期,风电机组整机设计和核心部件制造技术取得突破,海上风电设备制造能力明显增强,基本形成完整的具有国际竞争力的风电设备制造产业体系。到2015年,形成3—5家具有国际竞争力的整机制造企业和10—15家优质零部件供应企业。并预期到2020年我国风电总装机容量超过2亿千瓦,其中海上风电装机容量达到3000万千瓦,风电年发电量达到3900亿千瓦时,力争风电发电量在全国发电量中的比重超过5%。这一目标的确立为我国风电产业的持续发展注入了新的动力。

总之,近几年来,在政府扶持下,通过技术引进、消化吸收、联合设计、自主研发等多种方式,中国风电产业取得了规模化发展,初步具备大型风电设备制造能力,建立起包括风电整机、零部件在内的风电研发体系和产业配套体系,风电也对增加能源供应、减排、带动增长和创造就业机会等做出贡献,在全球风电产业行业中也已跻身前列,与欧美国家基本站在大体相等的位置上。在中期目标的引导下,我国风电产业将持续向前发展。

(2)我国风电产业发展进程中遇到的问题

虽然风电发展势态良好,方向明确,前景光明,但在发展进程中也遇

---

① http://www.qianinfo.com/index/34/40/4425130.html,2013-06-15登录。

到一些问题亟须解决，方能突破瓶颈，持续进步。问题涉及技术、生产、规划、基建、经济、政策、人才等方面，这些问题的解决也需要从技术、产业、规划、经济、政策等方面统筹优化，才能推动我国风电产业继续稳定健康发展。当前，我国风电产业发展进程中遭遇的问题主要表现在以下方面。

一是风电并网难，并网技术难以突破。由于风力发电具有随机性和间歇性，大规模风电并网对电力系统的电压、频率和稳定性产生一定影响，从而影响电能质量和电力系统运行安全。随着风电装机在电网中所占比例不断上升，风电对电能质量和电力系统运行安全的影响问题将更为突出。如内蒙古锡林郭勒盟灰腾梁风电基地沿线变电站220千伏母线电压接近额定电压的1.1倍，大、小负荷方式下电压差值达16千伏；新疆达坂城风电变电站220千伏母线电压基本在238千伏以上。这一技术性问题还需加强科研攻关以取得技术突破和解决。

二是风电消纳和外送能力不足，出现弃风限电现象。风电建设与电网发展步调不一，风电建设速度较快，配套电网规划和建设相对滞后，致使部分风电发展较快区域风电消纳外送能力不足，出现较多弃风限电现象，造成经济损失。风电发展往往侧重资源利用和规划，对具体风电送出和消纳缺乏统筹考虑。如内蒙古虽然建有多个千万千瓦级风电基地，但送出方式和落点至今没有落实。因受风电消纳能力的限制，内蒙古目前投产的94座风电场中仅有44座运行时间能达到每年2000小时以上，甚至有13座年运行时间不满1000小时。另据国家能源局数据统计，2012年风电设备利用小时数全国平均为1890小时，个别省（区）风电利用小时数降至1400小时，东北地区按照当地资源风电平均利用小时数应在2000小时以上，但实际只有1500小时。风电设备利用率偏低，其主因便是风电消纳能力受限。由于风电消纳能力不足，弃风限电势所必然，2012年全国弃风电量约200亿千瓦时，进而导致风电场运行经济性下降，2012年全国风电弃风限电造成直接经济损失达100亿元以上。其中限电最严重的是东北地区，黑龙江、吉林、辽宁及蒙东地区限电约达100亿千瓦时，占全国总量一半。解决这一瓶颈问题，还需要在国家层面统筹规划，综合考虑风电资源、电力需求市场、环境保护、国土空间规划等因素，有计划推进风电输送和电网配套建设。

三是风电技术水平落后，创新能力不足。目前，我国风电技术装备水平与发达国家相比存在差距，仍局限于材料选用和局部工艺改进，未能掌握风电整机总体设计方法的核心技术，变流器、轴承、变桨距、控制系统等关键设备和技术主要依赖进口。国产机组可利用率与国外同类机型机组相比明显偏低，已投运风电机组对电网故障和扰动的过渡能力不强，多数不具备有功、无功调节性能和低电压穿越能力。为此，需要加强技术自主研发，力争引领世界风电技术发展，降低对国外技术依赖惯性，努力使我国风电技术达到国际先进水平。

四是风电运行和调度管理经验欠缺，专业人才匮乏且不稳定。在管理方面，由于我国风电大规模投运时间较短，风电运行管理主要参考火电运行经验，适合风电场特点的管理模式尚未形成，安全生产管理制度还不健全。同时，现行的水、火电调度运行管理制度对风电场也不完全适用，调度机构还缺乏对风电的调度管理经验和手段。在人才方面，由于风电产业兴起时间较短，熟练掌握相应技术的人才队伍严重不足，且由于风电项目所在地大多远离城市，自然环境恶劣，生活条件艰苦，很难吸引到高学历专业人才。而本地化一线工人也因为用人单位人事劳资管理大多采用劳务管理方式，大多无法安心服务。这些因素决定了风电场专业人才队伍建设还需要时间。

五是风电场普遍经营困难。导致风电场经营效益不佳的原因是多方面的，如风能资源评估偏差；风电场布局不合理；设备选购不当；风电场运行小时数不足；国家特许权项目中标电价较低；近年来风电 CDM 项目收益更加不确定等。这些因素都影响到风电场经济效益。

六是技术标准及规范不健全，认证检测工作有待加强。部分现行国家（行业）标准急需修订，如风电场接入电网技术标准已过了有效期，运行、检修、安全规程都是 2001 年前所制定，已不适应风电产业发展形势。风电机组制造、检测和调试相关标准尚未形成完整体系，多数关键零部件标准有待制定。另外，我国风电设备和风电场认证检测工作尚处起步阶段，大部分风电机组功率线、电能质量、有功和无功调节性能、低电压穿越能力都未经认证，认证检测工作亟待加强。

3. 生物质能①

生物质是通过光合作用而形成的各种有机体，包括所有的动植物和微

---

① Mycle Hchneider, Antony Froggatt: "World Nuclear Industry Status Report 2013", Paris, London, July 2013.

生物。生物质能就是太阳能以化学能形式贮存在生物质中的能量形式，是以生物质为载体的能量。生物质能直接或间接来源于绿色植物的光合作用，可转化为固态、液态和气态燃料，是一种可再生能源。生物质资源依据来源不同，可分为林业资源、农业资源、生活污水和工业有机废水、城市固体废物和畜禽粪便等五大类，常应用于沼气、压缩成型固体燃料、气化生产燃气、气化发电、生产燃料酒精、生产生物柴油等。作为可替代化石能源的可再生能源，生物质能仅次于煤炭、石油和天然气，居世界能源消费总量第四位。我国的生物质能资源比较丰富，理论生物质能资源达50亿吨左右，主要利用形式包括农作物秸秆、薪柴、禽畜粪便、工业有机废弃物、城市固体有机垃圾、水生植物、油料植物等。据统计，我国清洁能源（不含太阳能）年可开采资源量为21.5亿吨标煤，其中生物质能占54.5%，大水电、小水电、风电、核能各占18.5%、8.7%、15.5%和2.8%，生物质能资源量分别是水能和风能的2倍和3.5倍。况且水能资源集中于西部，风能、太阳能资源集中于西北和青藏高原，而生物质资源则富集于中、东、南部，与风能和太阳能资源富集区远离终端市场需要远距离传输不同，生物质能资源更靠近需求市场，其灵活就近优势是风能、太阳能无法比拟的。[1]

（1）我国发展生物质能产业的政策脉络

近年来，生物质能作为重要的可再生能源类型，国家在政策方面也给予了大力支持。[2] 相关法律法规按时间先后顺序归纳如下：

——2005年2月，通过了《可再生能源法》，明确提出："国家鼓励清洁、高效地开发利用生物质燃料，鼓励发展能源作物。利用生物质资源生产的燃气和热力，符合城市燃气管网、热力管网的入网技术标准的，经营燃气管网、热力管网的企业应当接收其入网。国家鼓励生产和利用生物液体燃料，鼓励和支持农村地区的可再生能源开发利用，因地制宜地推广应用沼气等生物质资源转化技术。"

——2005年11月，国家发改委发布了《可再生能源产业发展指导目录》，涉及的生物质能项目主要包括大中型沼气工程供气和发电、生物质直接燃烧发电、生物质气化供气和发电、城市固体垃圾发电、生物液体燃

---

[1] 北极星节能环保网，http://news.bjx.com.cn/html/20110829/305836.shtml，2013-07-16登录。

[2] 薛辉：《我国生物质能政策综合分析》，《科技和产业》2012年第5期。

料、生物质固化成型燃料、生物质直燃锅炉、生物质燃气内燃机、生物质气化焦油催化裂解装置、生物液体燃料生产成套装备、能源植物种植、能源植物选育及高效、宽温域沼气菌种选育等。

——2006年11月，国家发布了《关于发展生物能源和生物化工财税扶持政策的实施意见》，鼓励以木本为原料加工生产生物能源，鼓励开发利用荒地建设生物能源原料基地。随后，财政部确定了200元/亩的补助标准。

——2007年3月，发布了《全国农村沼气工程建设规划（2006—2010）》提出："十一五"期间，全国将新建农村户用沼气2300万户，规模化养殖场大中型沼气工程4000处。到2010年，全国户用沼气达到4000万户，占沼气适宜农户的30%左右，规模化养殖场大中型沼气工程达到4700处，达到适宜畜禽养殖场总数的39%左右。相当于替代2420万吨标准煤的能源消耗和1.4亿亩林地的年蓄积量，沼渣、沼液的使用将减少20%以上的农药和化肥施用量，降低农产品农药残留1个百分点，改良土壤5000万亩，农民年增收节支200亿元，并将有效治理畜禽养殖场粪便污染。

——2007年5月，发布了《农业生物质能产业发展规划（2007—2015年）》提出："在保障国家粮食安全的前提下，以充分利用农业废弃物，大力加强沼气建设，积极推广秸秆汽化和固化成型燃料为重点，适度发展能源作物，走中国特色的农业生物质能产业发展道路。一要坚持循环农业理念，推动农业废弃物能源化利用，把农业废弃物的能源化利用作为今后农业生物质能产业发展的主攻方向；二要始终把保障国家粮食安全作为农业发展的第一任务，开发能源作物应坚持不与人争粮、不与粮争地为前提，适度发展甘蔗、甜高粱、木薯、甘薯、油菜等能源作物；三要坚持技术可行，强化自主创新，积极探索发展农业生物质能的多种有效途径，引领我国生物质能产业的持续健康发展；四要坚持因地制宜和产业协调推进，强化产业间的有效对接，促进农业生物质能产业和相关产业协调发展。"

——2007年8月，发布了《可再生能源中长期发展规划》，对生物质能的中长期发展做出了明确规定，即到2020年，生物质发电总装机容量达到3000万千瓦，生物质固体成型燃料年利用量达到5000万吨，沼气年利用量达到440亿立方米，生物燃料乙醇年利用量达到1000万吨，生物柴油年利用量达到 200 万吨。

——2008 年 3 月，发布了《可再生能源发展"十一五"规划》，对生物质能的发展做出部署，即"合理安排生物质发电、生物液体燃料和生物质固体成型燃料等生物质能利用技术的研发和产业化项目，支持企业进行新技术、新装备和新产品的研制和开发工作，以及技术标准和认证工作。安排好能源作物和树种的筛选、培育等科研工作，为能源作物种植和能源林栽培提供技术支持。做好生物质发电、非粮原料生物液体燃料、生物质固体成型燃料的试点项目的组织和建设工作。落实好试点项目的资金补贴方式和渠道。抓紧制定和落实非粮原料的生物液体燃料收购制度和财政补贴办法。抓紧制定生物液体燃料的技术标准和使用规范，做好生物液体燃料的生产和销售工作的衔接。石油销售企业按照生物液体燃料试点的部署和要求研究制定推广的实施方案。协同抓好造纸、酿酒、印染、皮革等企业以及大中型畜禽养殖场有机废水处理的沼气工程建设和垃圾填埋场沼气回收利用的监督工作"。

——2010 年 7 月，下达了《关于完善农林生物质发电价格政策的通知》，确定对农林生物质发电项目实行标杆上网电价政策。未采用招标确定投资人的新建农林生物质发电项目，统一执行标杆上网电价每千瓦时 0.75 元。通过招标确定投资人的，上网电价按中标确定的价格执行，但不得高于全国农林生物质发电标杆上网电价。已核准的农林生物质发电项目（招标项目除外），上网电价低于上述标准的，上调至每千瓦时 0.75 元，高于上述标准的国家核准的生物质发电项目仍执行原电价标准；农林生物质发电上网电价在当地脱硫燃煤机组标杆上网电价以内的部分，由当地省级电网企业负担，高出部分，通过全国征收的可再生能源电价附加分摊解决。

——2012 年 12 月，发布了《生物质能发展"十二五"规划》，规划指出："十二五"期间生物质能源的发展目标是：到 2015 年底生物质发电装机将达 1300 万千瓦，到 2020 年将达 3000 万千瓦，在 2010 年底 550 万千瓦的基础上分别增长 1.36 倍和 4.45 倍。农林生物质发电将达 800 万千瓦，沼气发电将达 200 万千瓦，垃圾焚烧发电将达 300 万千瓦。"十二五"期间，生物质成型燃料利用量将达 1000 万吨，生物质乙醇利用量将达 350 万到 400 万吨，生物柴油利用量将达 100 万吨，航空生物燃料利用量将达 10 万吨。

——2013年5月，发布了《全国林业生物质能发展规划（2011—2020年）》确立的总体目标是到2020年，建成林业生物质能种植、生产、加工转换和应用的产业体系，现代能源林基地对产业保障程度显著提高，培育壮大一批实力较强的企业。到2015年，建成油料林、木质能源林和淀粉能源林838万公顷，林业生物质年利用量超过1000万吨标煤，其中，生物液体燃料贡献率为10%，生物质热利用贡献率为90%。建成一批产业化示范基地。到2020年，建成能源林1678万公顷，林业生物质年利用量超过2000万吨标煤，其中，生物液体燃料贡献率为30%，生物质热利用贡献率为70%。具体目标包括：（1）油料能源林。到2015年，油料能源林规模达到212万公顷，可利用约50万公顷，全部利用折合约70万吨标煤。到2020年，油料能源林规模达到422万公顷，全部进入结实期后，全部利用折合约580万吨标煤。（2）木质能源林。到2015年，木质能源林规模达到524万公顷，其中约400万公顷可供利用，每年可提供生物质原料约2400万吨，全部利用可替代1200万吨标煤。到2020年，木质能源林基地规模达到943万公顷，其中约750万公顷可供利用，每年可提供4500万吨生物质原料，全部利用可替代2200万吨标煤。（3）淀粉能源林。到2015年，淀粉能源林规模达到102万公顷，进入结实阶段的约40万公顷，全部利用折合9万吨标煤。到2020年，淀粉能源林规模达到313万公顷，进入结实的约150万公顷，全部利用折合30万吨标煤。全部进入盛产期后，全部利用折合60万吨标煤。（4）示范基地。到2015年，建成能源林培育示范基地29个，总规模90万公顷，其中，油料能源林培育示范基地15个、规模38万公顷，木质能源林培育示范基地11个、规模40万公顷，淀粉能源林培育示范基地3个、规模为12万公顷。建成能源林良种繁育推广示范基地18个，其中，油料能源林良种繁育推广示范基地9个，木质和淀粉能源林良种繁育推广示范基地9个。

——2013年5月底，国家发改委会同环保部和农业部下达了《关于加强农作物秸秆综合利用和禁烧工作的通知》。通知指出，政府将加大对农作物收获及秸秆还田收集一体化农机的补贴力度，研究建立秸秆还田或打捆收集补助机制。

从上述政策系列可以看出，国家从生物质能发展的政策方向、产业指导、财税措施、中长期总体和专项规划、单项通知等方面全方位支持生物质能利用和产业发展，为生物质能的推广应用和行业发展打开了巨大的市场空间。

（2）我国生物质能产业的发展现状

事实上，在相关政策指导下，近几年来我国生物质能开发利用和产业发展都取得较大进步。由信息管理中心编制的《2012年度中国生物质发电建设统计报告》显示，在核准容量和并网容量方面，2012年我国生物质能发电新增核准容量为1156MW，至2012年底全国累计核准容量为8781MW，其中并网容量5819MW，在建容量2962MW，并网容量占核准容量的66%。在各省区市中，2012年江苏省累计核准容量1216MW，占全国累计核准容量的14%，累计核准容量居全国首位；贵州省新增核准容量270MW，占全国新增核准容量的23%，新增核准容量居全国首位；山东省累计并网容量773MW，占全国累计并网容量的13%，累计并网容量居全国首位；江苏省新增并网容量249MW，占全国新增并网容量的17%，新增并网容量居全国首位。在上网电量方面，2012年全国生物质年上网电量211.4亿千瓦时，其中，华东地区生物质年上网电量64.8亿千瓦时，占全国总上网电量的30.6%；江苏省生物质年上网电量32.6亿千瓦时，居全国首位。在技术类型方面，到2012年底直燃发电技术类型项目累计并网容量3264MW，占全国累计并网容量的55%；垃圾焚烧发电技术类型项目累计并网容量2427MW，占41.7%；沼气发电技术类型项目累计并网容量206MW，占3.5%。在电价补助方面，到2012年底全国共申报电价附加补助生物质项目591个，其中发电项目359个，接网工程226个，公共独立系统6个；2012年全国电价附加补助金申报生物质项目共418个，其中发电项目253个，接网工程158个，山东省、江苏省和河南省居前三位，分别上报84、61和39个生物质项目。在项目确认及资金发放方面，2012年国家能源局公布了三批次可再生能源电价附加补助发电项目新增确认目录，共确认1146个电价附加资金补助项目，总容量4937万千瓦，其中生物质发电项目185个，发电总容量384万千瓦，占全部容量的8%。财政部2012年公布两批次可再生能源电价附加补助目录，共987个，总容量2550万千瓦，其中生物质发电项目135个，总容量215万千瓦，占全部容量的8.4%，生物质接网工程100个，2013年1月份财政部公布了第三批补助目录。按照项目建设情况，2012年全国可再生能源电价附加补助资金总需求约240亿元，财政部下发了前两批项目电价附加补助，其中生物质项目补贴43.6亿元，占全部资金22%。在

2012 年国家能源局第三批新增确认可再生能源电价附加补助资金申报项目中，秸秆/林木废弃物发电项目 85 个，容量 237 万千瓦；城市垃圾发电项目 68 个，容量 140.2 万千瓦；沼气发电 32 个，容量 6.5 万千瓦。总之，生物质能系列扶持政策有力地推动了各省市生物质能项目建设、推广应用和产业发展。

(3) 我国生物质能产业发展过程中遇到的问题与对策

虽然我国支持生物质能产业发展的政策信息是明确的，但是在实际发展过程中也遭遇到诸多始料未及的市场、技术、经济和政策障碍，直接制约了生物质能产业的健康成长。这些障碍主要体现在以下方面：

——由于先天存在原料供给不稳定和市场结构不对称问题，生物质发电厂内在地需要承担较大市场风险，这一市场障碍严重制约了全国各地生物质发电企业的持续成长。首先，从市场结构方面分析。一方面，在产品输出侧，生物质发电厂上网电价基本上是政府计划确定的，生物质发电厂并无自主定价权，即其单位产品售价和收入上限是确定的。当然，电价会随着时间的推移而有所调整，但该调整周期是比较漫长的，即在一段时间内，电价可视为固定价格。另一方面，在原料输入侧，生物质发电厂消耗原料主要是秸秆、稻壳、木屑等农林边角余料，是一种充分竞争的市场结构。在实际市场中，常出现如下情形：一是当这些原材料供给有限而生物质电厂需求较大时，原材料卖方势必会提高价格；二是由于这些农林边角余料大多处于离散状态，往往需要中间商去农户逐个收购，如果收购价格压得太低，农户没有采收积极性而减少了原材料来源，如果确保农户收入部分，再加上中间商加价以及运输成本，势必又提高了原料收购成本；三是若在同一区域存在两家及两家以上的生物质发电厂，则必然相互竞价争夺秸秆等原料，这又势必推高原料收购成本；四是由于气候等各种原因导致农林作物减产，从而秸秆等原料供应也相应减少，这就必然使生物质发电厂"无米下锅"，且收购价格较高，从而造成经营困难局面。因此，对生物质发电企业而言，秸秆等原材料收购难、收购价格相对容易走高等市场因素很容易使其陷入亏损，从而抑制其成长。例如，江苏省已建成投运的 13 家生物质发电厂出现家家亏损的局面，直接原因便是事先没有预料到秸秆等原材料难收集，继而影响了发电成本，以至造成亏损乃至停产。如何摆脱这一市场困局，是促进各地生物质发电企业发展壮大需要解决的现实难题。建议政府逐步建立生物质原材料统收统购和计划指导价格体系，可以利用现有的粮食收储系统，再加上完善直接针对生物质原材料交售农户的补贴，从根本上改善生物质发电企业面临的市场结构，只有堆成的非完全竞争的市场结构才能为生物质发电企业创造长期的生存空间，否则局部静态的补贴政策只能治标，不能治本，生物质发电企业很容易为原材料成本和劳动力等其他要素成本上升而挤掉利润空间，从而挤出市场难以发展。

——生物柴油生产企业经营遭遇原料收购和市场销售两头困难的尴尬局面。在原料收购方面，以地沟油为原料的生产企业，由于地沟油回收市场监管松散，回流餐馆价格高出生物柴油企业收购价格，致使生物柴油生产企业需要与其竞争原料从而拉高价格增加成本，同时地沟油收购量也因此不足。例如，河南省郑州市每天能产生600吨左右的餐厨垃圾，90%以上落入个体户手中，而很多个体户出于利润考虑更多将"地沟油"卖给餐馆，收购价格也不断上涨。近年来，河南省近30家生物柴油企业中多半遭遇收购困难的尴尬境地，陷入停产或半停产状态。以黄连木树籽油、小桐子油脂、海藻等为原料的生产企业，则面临种植周期长、单个企业资金不足且融资难、财政税收优惠政策缺失等问题。例如，河北省武安市正和生物能源有限公司自主研发出利用黄连木树籽提取生物柴油的生产工艺，虽然黄连木"不与人争水、不与粮争地"，既可缓解能源紧张，又可促进山区农民增收，想象中前景广阔。然而，黄连木从育苗到结果需要6—8年时间，时间周期较长，如果建立黄连木采种基地，则单个企业在资金、技术等方面都存在困难，如果不建基地则原料供应难有保障。由于缺乏原料、资金以及政策支持，该公司已经被迫停产。在市场销售方面，目前生物柴油根本没有途径进入中石油、中石化的成品油零售市场，加上生物柴油生产企业通常都欠缺资金实力建设自己的加油点，社会知名度也因时间较短而不高，销售渠道可谓少之又少，致使生物柴油企业卖不动油，经营困难就在所难免了。各地许多生物柴油企业由于同时面临原料难收"吃不饱"，缺少渠道"卖不动"的尴尬境地，陷入停产或半停产状态。为助力生物产油企业摆脱这种经营困境，一是建议政府对"地沟油"的收购、存储、运输、加工、再生利用及价格等从法律法规上做出详细具体规定，餐厨废弃物收集和处置单位均须备案，记录餐厨废弃物种类、数量、去向和用途，既从源头堵住"地沟油"回流餐桌，又能保证生物柴油企业以合理价格收购到更多的制油原料；二是《可再生能源法》已有规定:"石油销售企业应当按照国务院能源主管部门或者省级人民政府的规定,将符合国家标准的生物液体燃料纳入其燃料销售体系。"为此,建议政府制定具体的实施细则,强制要求中石油、中石化等石油寡头企业不得拒收和拒售由中小企业生产的达标生物柴油等生物质液体燃料;三是针对农村山区种植能源作物的生物柴油生产企业提供融资、财税优惠政策扶持其发展。

——补贴政策还有待完善。目前,政府针对生物质能项目基本采取"先补贴后建设"模式,补贴机制缺乏能源主管部门和技术部门参与。通常做法是先投钱建设,项目竣工后再简单验收,后期维护和监管环节比较薄弱,这极易造成企业不愿意支付成本进行研发和引进先进设备,没有先进技术和设备项目便难以保证高效稳定运行,也就难以获得较好经济环境社会效益。另外,部分补贴门槛偏高。如财政部财建〔2008〕735号文件规定,企业注册资本金要在1000万元以上,年消耗秸秆量要在1万吨以上,才有资格获得140元/吨的补助,这对一些中小企业而言很难跨越。再如生物质发电要求每吨燃烧值要等同于每吨煤炭燃烧值即5500大卡才能享受补贴,但秸秆燃烧值在现有技术下最高只能达到每吨4500大卡,若要进一步提高燃烧值只有对秸秆进一步细化粉碎,这将进一步增加成本。故有必要放低秸秆发电补贴门槛,以鼓励更多发电厂利用秸秆发电。为此,建议政府变"先补贴后建设"模式为"先建设后补贴"模式。企业或个人在投产生物质能项目时,政府可提供贷款帮助,但不必给予补贴。待项目建设完毕后,每发一度电或者每产生一立方米沼气,政府再根据其实际产能给予相应补贴。产能越大,补贴越多。这不仅能激励企业开发利用生物质能,而且能有效避免"面子工程"浪费政府补贴资金。另外,也需适当根据实际情况调整某些补贴门槛。

——生物质燃料相应排放标准缺失,阻碍生物质燃料推广应用与产业发展。例如,广东省资源紧缺,基本依靠外部能源供应,部分企业尝试运用生物质燃料替代化石燃料投入生产,但实际推广应用中遭遇项目审批无法可依、无章可循的困境。迄今,我国尚未制定燃用生物质燃料的锅炉、窑炉烟气排放标准和污染物排放检测方法及标准,因此无法推出鼓励生物质燃料推广应用的政策措施,抑制了化石能源用能企业利用生物质替代燃料的积极性,阻碍了生物质成型燃料替代化石燃料技术的商业化推广应用。为此,建议政府尽快建立生物质燃料使用设备污染物排放标准和检验检测方法标准，以及生物质燃料使用项目的环境评价标准体系，继而制定相应的经济激励政策措施。

4. 核能

核能分为裂变能、聚变能及聚变—裂变混合能三大类，其中裂变能是利用中子与铀、钚、钍等重核发生裂变反应而释放的能量，聚变能主要是利用氢同位素氘、氚发生热核聚变反应而释放的能量，聚变—裂变混合能则是利用聚变产生的大量中子驱动次临界裂变堆而释放的能量。核能要成为未来主力能源，必须解决好安全性、经济性、资源利用率和核废料处理等几大问题。从资源储量看，能够支持人类长久文明的能源，将主要是太阳能和核能。[①] 太阳能在规模化、稳定性方面不及核能，而核能在安全性方面不及太阳能，尤其在出现战争、地震、海啸、恐怖袭击等非常事件时期，其安全性问题更为负责任的政府、企业和公众所担忧，而这些事件在当前民族国家激烈竞争、自然灾害无法准确预测和完全消除的人类文明水平条件下并不能彻底消除。而一旦重大安全事故发生，此前核能利用所创造的经济和社会价值很可能被突发安全事故所造成的经济社会损失所吞噬。因此，安全是核能利用的生命线。核能利用的主要形式就是发展核电。

(1) 国际核电发展现状[②]

截至2013年6月底，全球共有31个国家有核电站在运行，共有核反应堆427座，核电装机容量达364GWe。不过，核电利用呈下降趋势。相比2002年，核反应堆减少了17座。核电装机容量在2010年达到峰值，为375GWe，高出当前装机容量11GWe。核电发电量在2006年达到峰值，为2660TWh，2012年降至2346TWh。2012年核电发电量较2006年下降12%，较2011年下降7%。核电在全球发电总量中的比重也从1993年的17%持续降至2012年的10%。核电在全球商业一次能源的比重也降至4.5%，降至1984年的水平。

在核电站建设方面，目前共有14个国家有在建核电站。其中，阿联酋一年前开始在巴拉卡（Barrakah）建首座核电站。截至2013年7月，共有66核反应堆在建设中，在建容量达63GWe，较2012年7月在建核反应堆数减少了7个，其中2/3（44个）在建反应堆在中、印、俄等发展

---

① 彭先觉：《核能未来之我见》，《科技导报》2012年第30期。

② Mycle Hchneider, Antony Froggatt: "World Nuclear Industry Status Report 2013", Paris, London, July 2013.

中国家。相比之下，发达国家建设核电站的积极性在衰退。2011年日本福岛核电站事故发生后，截至2013年7月，日本现存的44座核反应堆仅有2座在运行，且其未来前途也不确定，其他反应堆中有多少要多久获准重启尚不得知。德国在日本福岛核电站事故后不久，即于2011年5月决定将于2022年前彻底放弃核能发电。法国总统奥朗德承诺，到2025年法国核电比例要减少1/3，作为全球核电比例最高的国家，这相当于关闭24座核电站。其邻国西班牙、意大利和瑞士等则先后出台了抑制核电发展的政策。美国发展核电也变得更加慎重，截至2013年7月，全球只有1个新核电站启运，有4个决定关闭，且这些核电站都在美国。为提高核电安全性，新反应堆设计许可审批时间继续推迟，美国由Franco-German设计的EPR许可审批被延迟到2015年，仅西屋AP1000获得设计许可。

在核电站经济性方面，建设核电站的资本成本在增加。在过去10年中，美国建设核电站的单位成本从1000美元/kw上升到7000美元/kw。核电站的营运成本也在上升，美国核电站营运成本接近核电零售价格水平。在福岛核电站事故后，为增强核电站安全性所发生的升级和加固成本也将实质性增加投资和运营成本。

（2）国内核电发展现状

在国际社会既积极又谨慎的核电利用大环境下，在经济发展、能源安全、环境保护、核安全性等多重因素的共同制约下，我国核电产业也在或慢或快中持续向前发展。早在20世纪70年代，我国就已有核动力应用的想法，但因十年动乱社会破坏严重而没有取得进展。拨乱反正后，20世纪80年代初，便开始了核电站的设计与建设。1985年，我国首座自己研究、设计、建造的秦山核电站开建，是我国核电事业的开端。1996—2010年，我国核电事业总体上发展较快。2011年福岛核电站事故后，我国政府也高度重视核安全问题，放慢了核电建设步伐，加强了核安全工作。经过20多年的发展，截至2013年7月，我国共有28个核反应堆在建，有18个核反应堆在运行，运行装机容量为14GW。2012年，核电发电量达到92.7TWh，占全国发电总量的2%。在建反应堆全部将于2018年之前建成并实现发电，到时共计46座核反应堆，装机容量合计达42GWe。目前，我国在运行和在建的核电站大多在沿海地区，但是已有较多的内陆核电站正在筹划中（参见图6-5和表6-15）。截至2010年7月，我国43个完成初步可行性研究报告审查的核电项目中，内陆核电站占31个。2013

年，我国共计划增加 52GW 的非化石能源电力，其中包括 3GW 的核电，另外是水电 21GW，风电 18GW，太阳能 10GW。① 由于核能在能源、环境、安全等方面的特性，其清洁低碳品质决定核能难言舍弃，而在当前技术和管理水平下核安全隐忧又决定核能只能处于补充地位。

图 6-5　中国在运、在建、在筹核电站分布

表 6-15　　　　　　　　中国核电站项目一览

状态	省份	名称	开工时间	投产时间	技术来源	投资额	主要股东
运营	浙江	秦山核电站	1985-3-20	1991-12-15	中国	12 亿元	中核
		秦山二期核电站（1/2 号机组）	1996-6-2	2004-5-3	中国	148 亿元	中核、浙江电力
		秦山三期核电站	1998-6-8	2003-7-24	加拿大	28.80 亿美元	中核、中电投、浙江电力、申能股份、江苏国信
	广东	大亚湾核电站	1987	1994-5-6	法国	40 亿美元	广核、香港核电
		岭澳核电站一期	1997-5-15	2003-1-8	中国	40.25 亿美元	广核
	江苏	田湾核电站一期	1999-10-20	2007-5-17	俄罗斯	32.04 亿美元	中核 50%、中电投 30%、江苏国信 20%

---

① http：//www.pv-tech.cn/news/china_national_power_meeting_announced_10gw_pv_capacity_target_for_2013.

续表

状态	省份	名称	开工时间	投产时间	技术来源	投资额	主要股东
建设中	广东	岭澳二期核电站	2005-12-15	2011	中国	260亿元	广核
		阳江核电站	2008-12-16	2014-5-1	中国	近960亿元	中广核、广核
		台山核电站一期	2009-12-21	—	法国	237亿元	中广核
	辽宁	红沿河核电站一期	2007-8-18	—	中国	486亿元	广核、中电投、大连建投
	福建	宁德核电站一期	2008-2-18	2013	中国	490亿元	中广核、大唐、福建煤炭
		福清核电站	2008-11-21	—	法国	800亿元	中核、华电
	浙江	秦山核电站扩建	2008-12-26	2014-10-	中国	260亿元	中核
		三门核电站	2008-2-26	2014-9-1	美国	250亿元	中核、浙江能源、中电投、华电、中核建设
	北京	中国实验快堆	2000-5-1	2010-6	俄罗斯		
	山东	海阳核电站	2009-12-28	—	美国	400亿元	中电投、山东国信、烟台电力
		石岛湾核电站		2013-11	中国	1100亿元	华能、中核、清华控股
	海南	昌江核电站一期	2010-4-25	2014	中国	160亿元	中核、华能
筹建中	广东	陆丰核电站一期	—		中国	120亿美元	中广核
		海丰核电站		—			中核
		揭阳核电站			中国		中广核
		韶关核电站		—		560亿元	
		肇庆核电站			中国	500亿元	中广核
		台山核电站一期	—	2013-12	法国		中广核
	辽宁	徐大堡核电站	2010-3-1	—	—	250亿元	中核
		东港核电站				430亿元	华电
	福建	漳州核电站	—		美国	544亿元	中电投、国电
		三明核电站	—	2016-11	中国	540亿元	中核、福建投资、三明市
	湖北	桃花江核电站	—		法国	600亿元	中核、华润、长江三峡、湖南湘投
		华容小墨山核电厂			美国	600亿元	中电投、五凌电力
	湖南	咸宁大畈核电站	—	2012	—	600亿元	中广核、湖北能源
		松滋核电站			中国	800亿元	湖北核电

续表

状态	省份	名称	开工时间	投产时间	技术来源	投资额	主要股东
筹建中	江西	彭泽核电站	—	2015-8	美国	600亿元	中电投
		万安烟家山核电	—	—	—		中核、赣能股份
	广西	防城港红沙核电站	—	—	中国	690亿元	广核、广西投资
	重庆	涪陵核电站		2015	美国	1000亿元	中电投
	四川	蓬安三坝核电站	—	—		500亿元	
	浙江	龙游核电站	—	—		600亿元	中核、浙江能源
		苍南核电站	—	—	中国		中广核
	安徽	芜湖核电站				460亿元	中广核、申能股份、皖能股份、上海电力
		池州吉阳核电站			2015年	400亿元	中核、皖能股份
		安庆核电站					华能、中核、清华控股
		宣城核电站				400亿元	大唐
	河南	南阳核电站		2017-6		480亿元	中核、中电投、河南投资
	吉林	靖宇核电站		2016-3	美国		中电投
	黑龙江	佳木斯核电站	—				中广核

(3) 国内核电发展中出现的问题

第一，需要重新权衡经济增长、能源安全、减排降污与核安全问题的优先顺序。确立核电发展目标，上马核电项目，主要理由和目的是保障能源安全以减轻对化石能源依赖，促进经济增长以带动就业增加收入，减少二氧化硫、氮氧化物等污染排放以保护大气环境，减少温室气体排放以应对气候变暖。核电，低污染、低碳。核电项目也往往是大型项目，通常投资规模达到几百亿、上千亿，年增加财税收入几亿，再在乘数效应作用下会放大其经济效益。因此，从近期和中期来看，这些项目的上马无疑对引入项目所在地区实现产值增长、税收增长、就业增长、洁能、减排、保障能源供应等政府规划指标、考核指标和经济安全运行的实现具有重大现实意义。在各地都以经济建设为中心的背景下，这一优势激起内陆地区纷纷筹建核电项目。然而，不要看不见在和平无事时期的繁荣下埋藏着可怕的安全隐患，一旦发生战争，遭遇地震、陨石袭击、恐怖袭击等非常突发事件，引发核泄漏，造成水污染、土壤污染、生态污染，威胁生命健康和子孙繁衍，这些后果是人口稠密的内陆地区承担不起的代价，其损失和影响也将远远超出由核电运行所产生的净收益。虽然目前由有关所测算的理论安全系数较高，非常突发事件发生的概率极小，但是万一发生，将在几百年、几千年甚至上万年难以补救，子孙后代可以退回和忍受过去贫穷、落后的生活状态，却不可以失去适宜生存的土地和生存机会。况且，没有谁可以充分保证所有施工单位能够绝对保证工程质量，所有操作人员能够忠实履行安全管理制度，否则就不会屡屡出现豆腐渣工程和食品安全等问题，即由于道德和人为因素增加了核安全事故发生概率。另外，核电站运行需要消耗大量水资源，近几年一些内陆地区政府一窝蜂似地规划开发非海水冷却核电项目，包括甘肃缺水省份也上报核电项目，由于核电站排放废水经过多道程序处理仍具有一定的放射性，即使内陆核电站采用比沿海地区更严格的环保标准，大规模扎堆建设导致的低放射性废水排放，使流域累计效应给国内本已非常稀缺的淡水资源带来巨大的环境风险。一旦发生重大事故，后果不堪设想。因此，需要重估经济环境效益和潜在核安全隐患的不同分量，为实现当前经济环境气候目标而埋下可怕核安全隐患留给自己子孙后代实不可取。在战争等非常事件无法消除，安全机制没有达到极高保障水平的时期，还是不要在内陆地区筹建核电站。①

第二，需要加强约束地方政府在核电站建设项目通过社会稳定风险评估和获得国务院审批之前便开始开工建设、征地搬迁、关键设备采购及其他大规模投资，避免因项目最终被国务院否决而造成地方财政资源和企业投资的巨大浪费，以及给当地居民生活生产造成的不良影响。例如，广东江门鹤山市370亿核燃料项目在稳评（《中核集团龙湾工业园项目社会稳定风险评估公示》）发布之前便开始了征地搬迁，鹤山市市财政也已斥资1.44亿元用以支持项目前期建设。可是，在稳评发布后，始料未及地遭到来自佛山、中山、广州、深圳等周边地市公众和企业家的强烈反对，在这种社会反映形势下，鹤山市不得不放弃该核燃料项目，既造成财政资金的浪费，也给已征地和搬迁的当地居民生活生产秩序造成影响。再如江西彭泽核电厂项目，也是在社会公众稳评和国务院批准之前便开始大规模前期建设投资，即便不论核安全隐患，其自身投资风险也是巨大的。由于

---

① 何祚庥：《坚决反对在内陆建核电站》，《中国三峡》2012年第3期。

江西彭泽核电厂的开建，引起毗邻地区安徽省安庆市望江县的担忧和反对，几名退休老干部联名向国务院领导递交陈情书，要求叫停江西彭泽核电厂。安庆市望江县政府顺应民意提交了《关于请求停止江西彭泽核电厂建设的报告》，报告指出江西彭泽核电项目在选址评估、环境影响等方面存在严重问题，包括项目规划限制区内人口数据失真、核电厂厂址地震标准不符、核电厂邻近工业集中区、项目建设民意调查走样等。该核电厂2009年开始"四通一平"，2010年6月奠基开工，工程总投资约1050亿元。目前，内陆核电厂建设已暂停审批，未来该核电厂是否能获得国务院批准而重启尚不得知，一旦被否决，其前期巨额投资将打水漂，造成巨大的资源浪费。

第三，进一步完善核电站建设和运行过程中的核安全规划、核准、核查及监管监测机制，增强国家核安全局监管职能的独立性和技术评判的权威性。有关核电发展的安全规划由国家核安全局和国家能源局共同完成，前者负责核安全规划，后者负责核电安全规划。核安全规划对在运、在建和拟建核电站分别要达到的安全要求给予明确规定，旨在构建国家核安全管理体制并确定清晰的技术路线。核电安全规划则着重突出核电运行、建设、设备供应、基本安全、设计验证等内容。然后，在两个部门进行协调基础上形成统一的核电发展安全规划。核电站的监管部门同时涉及三大部门，包括作为行业主管单位的国家发改委下属的国家能源局，管理核燃料的工信部军工局及其常设机构国家核电应急委员会，及环保部下属的国家核安全局。在这种机制和体制之下，核安全相关工作的独立性和效率都相对难以得到保证，有必要进一步加强国家核安全局在核电站建设和运营过程中有关核安全核准、核查、监管、监测等职能方面的相对独立性以及在技术方面的权威性。一是要继续坚持正确执行核电项目核准制和核安全监管制度。我国在核电起步阶段就成立了国家核安全局，颁发了一系列与国际接轨的法律法规，尤其各种许可证制度对核电建设业主、从业单位和个人设置了较高门槛，对核电站建设重要环节均要求获得国家核安全监管机构认可后方可推进。这些核准制和核安全监管制完全必要且行之有效，国家核安全局应继续严格执行。如在核电项目核准阶段，应根据最新安全法规从技术上认真评审核电业主提交的初步安全分析报告和初步设计等文件，对达不到核安全要求的不予核准，对符合要求的及时颁发建造许可证。二是要进一步提高核安全评审的决策独立性与技术权威性。对核电厂实施核安全监管是国家核安全局的核心职能。要对在建、在运核电站开展定期或不定期的核安全检查,密切监管核电站运行的安全状态,建立一支技术过硬的核安全评估、核查、监测组织队伍,增强核安全监管机构的独立性和技术监管能力,在具体核安全检查工作中避免走形式敷衍了事,严把核安全控制关,不断提升核电站安全运行水平和监管水平。另外,除了日常安全监管工作外,国家核安全局还需尽早制备在战争、恐怖袭击等非常事件发生时期的安全管控以应对机制和体系,以防不测。

5. 地热能

(1) 地热资源及其分布

地热能是指蕴藏在地球内部距地表 5 千米以内的能量,是一种由于复杂地质构造活动而形成的巨量自然能源。据估算,地球蕴藏的地热能约为 14.5×10^{25} J,折合 4948 万亿吨标准煤,而全球煤的储藏量仅为 1 万亿吨,可见地热资源的利用前景十分广阔。[①] 全球已知地热资源比较集中区域包括三个主要地带:一是环太平洋沿岸地热带;二是从大西洋中脊向东横跨地中海、中东到我国滇、藏地热带;三是非洲大裂谷和红海大裂谷地热带。这些地带都是地壳活动异常区,多火山、地震,为高温地热资源比较集中切区域。[②] (图 6-6 红色部分)

我国的地热资源储量丰富,分布广泛。据国土部不完全统计,我国仅 12 个主要沉积盆地地热资源储量折合标准煤就高达 8532 亿吨,可采资源量折合标准煤 2560 亿吨;我国大陆 3000—10000 米深处干热岩资源储量折合标准煤高达 860 万亿吨,相当于目前全国年度能源消耗总量的 26 万倍[③];我国地热资源总量占世界地热资源总量的 7.9%。如果技术水平和经济性得以提升,其利用前景无可限量。

地热资源按介质温度状况可分为三种:高温(>150℃)、中温(90℃—150℃)、低温(25℃—90℃)系统(见表 6-16)。其中,最适宜用以发电的只有高温地热系统。中低温地热系统大部分采取直接利用方式开发。高温地热资源一般由地球板块碰撞形成,通常分布在板块边缘上,

---

[①] 李志茂、朱彤:《世界地热发电现状》,《太阳能》2007 年第 8 期。
[②] 鹿清华等:《国内外地热发展现状及趋势分析》,《石油石化节能与减排》2012 年第 1 期。
[③] 《我国地热能源相当于 860 万亿吨标准煤》,《行业资讯》2012 年第 4 期。

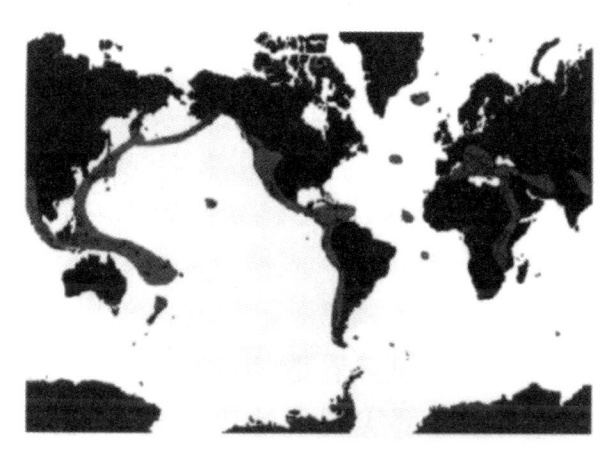

图 6-6　全球地热资源集中分布带

如日本大岳、冰岛克拉夫拉、意大利拉德瑞罗地热田等。①

表 6-16　　　　　　　　　　地热资源按温度分类

分类		温度界限（℃）	主要用途
高温地热资源		>150	发电、烘干
中温地热资源		90—150	工业利用、发电、烘干
低温地热资源	热水	60—90	采暖、工艺流程
	温热水	40—60	医疗、洗浴、卫生
	温水	25—40	农业灌溉、养殖、土壤加温

(2) 国际地热资源的开发利用状况

地热能开发利用可分为发电和直接利用两个方面。高温地热资源主要用于发电；中低温地热发电技术相对滞后，中低温地热资源多以直接利用为主，包括采暖、工农业加温、水产养殖、洗浴、旅游等；对25℃以下的浅层地温多用地源热泵进行供暖和制冷。与地热发电相比，地热直接利用优点包括：热能利用效率高达50%—70%，比传统地热发电的5%—20%高很多；开发时间较短，投资也比地热发电少；地热直接利用，既可利用高温也可利用中低温地热资源，应用范围比地热发电更广。不过，地热直接利用受热水分布区域所限制，原因是地热蒸汽与热水难以远距离输

---

①　李志茂、朱彤：《世界地热发电现状》，《太阳能》2007年第8期。

送。① 世界地热资源直接利用前十位国家见表6-17。其中，美国热容量为3766MWt，列首位，中国热容量为2282MWt，列第二位；中国年热能产出达37908TJ·a^{-1}，列首位，美国年产出热能20302 TJ·a^{-1}，列第三位。在地热发电方面，目前有20多个国家利用地热发电，总装机容量达到10751MWe，年发电利用67246 GWh。地热发电装机容量和发电量前十位的国家是美国、菲律宾、印尼、墨西哥、意大利、冰岛、新西兰、日本、萨尔瓦多和肯尼亚。② 2010年，美国地热装机容量达3093MWe，运行容量2094MWe，年度总生产能量16603GWh，运行机组达到209套，均列世界首位。③ 总之，美国是全球地热资源最丰富的国家，也是引领全球地热资源利用的发达国家。

表6-17　　　　　　世界地热资源直接利用前10位国家

国家	热容量（MWt）	热容量排名	年产出热能（TJ·a^{-1}）	年产出热能排名
中国	2282	2	37908	1
日本	1166	4	27515	2
美国	3766	1	20302	3
冰岛	1469	3	20170	4
土耳其	820	5	15756	5
瑞典	377	10	4128	6
匈牙利	473	7	4085	7
瑞士	547	6	2386	8
德国	397	8	1568	9
加拿大	378	9	1023	10

说明：MWt：兆瓦热功率。

欧盟也十分重视地热能源勘查开发利用技术研发工作，由于地热能源技术属于新能源技术，涉及多学科、多领域和多行业，其绝大部分技术研发是新兴综合性开发技术，因此，需要统筹资源和优化配置，形成科研合力。欧盟第七研发框架计划（FP7）、欧盟战略能源技术行动计划（SET-

---

① 舟丹：《我国地热利用现状》，《中外能源》2012年第17期。
② 鹿清华等：《国内外地热发展现状及趋势分析》，《石油石化节能与减排》2012年第1期。
③ 2010世界地热利用的最新数据，《地热能》2010年第5期。

Plan）和欧洲地热能源工业协会，联合资助支持地热能源关键技术研究创新活动，主要集中于：超高温、超高压深层地热资源有效利用技术研究，包括高温腐蚀性盐水处理技术和新型耐腐蚀材料技术；地热资源特性研究，包括地温梯度和地热流量机理基础研究，地质结构包括岩石学、水文地质学和地质构造引发地震的机理研究等；地热田设计及开采技术研发，包括计算机数字模型、地质断裂特征图、原位应力测定（In-Situ Stress Determination）和最佳刺激区预测技术等；地热田刺激技术研发，包括新型刺激技术、改进型连接井口与地热源技术、增强型液压穿透刺激技术、地热模块化学刺激技术、地震/非地震地质运动剪切过程分析及模型、实验室及现场测试技术、环境友好性化学催化剂技术；地热田运营及维护技术的开发，包括储量监测分析技术、新型检测工具和测绘工具、盐溶液与岩石的相互作用、新型再注入设计（井内循环、冷却技术）、微地震诱导技术、地热田储量的力学演变、地热田寿命和地热田从分钟到数十年期的储量模型；盐溶液防腐技术的开发，包括金属部件表面积的缩小及防腐技术、热交换机和过滤器以及管道防腐技术、经济上合适的防护技术及产品以及地热泵的可靠性从 6 个月延长至 12 个月。[①]

（3）国内地热资源开发利用现状

一、地热资源勘查

我国地热资源勘查活动始于 20 世纪 50 年代中期，勘查与开发范围重点是天然出露温泉等，对少数重要温泉如北京小汤山温泉做了地热资源勘查评价。到 20 世纪 70 年代初，我国开始对隐伏地热资源进行勘查与开发，相继在天津市近郊、北京城东南地区 1000 米左右深度打出温度在 40—90℃ 的地热水，随即在城区开始了地热供暖、医疗洗浴、水产养殖、工业洗涤等方面应用。同期还相继在河北后郝窑、广东丰顺、湖南灰汤等地热田进行地热资源勘查评价，建立了一批试验性地热电站。20 世纪 80 年代以来，地热资源勘查开发持续发展。1988 年，在西藏羊八井建立了生产性地热电站；重视对与地区经济发展有利的地热田资源进行勘查评价；提高了地热资源开发深度，获得较高温度的地热资源；在地热供热和采暖、温室种植和养殖、温泉疗养和旅游等方面形成一批地热产业；地热资源勘查开发进入一个全新发展阶段。

---

① http://www.chinagre.com/news/show.php?itemid=310, 2013-07-25 登录。

二、地热勘查开发技术

经过多年的发展,我国在技术上已初步形成完整的地热资源勘查技术体系,在设计和施工方面已有相应先进设备作为辅助配套,监测仪器也逐步实现国产化。例如,在西藏、河北下庄地区地热勘查中,采用断裂构造遥感解释技术;在云南(腾冲)、江苏(淮安)、河北(承德)等地,采用频率域法进行地热勘查取得良好效果;浅层地热资源开发所需的地源热泵技术已居世界第二位。①

三、地热资源利用

目前,我国地热资源开发利用以中低温地热资源直接利用为主,主要包括:②

——地热发电。一是试验性电站。20世纪70年代后期,先后在广东丰顺、湖南灰汤、江西宜春、广西象州、山东招远、辽宁熊岳、河北怀来等地建设了试验性电站。这些电站除个别(广东丰顺、湖南灰汤)仍在运外,多数因地热温度低发电效果差而停运。二是生产性地热电站,有羊八井(25.18MW)、朗久(2MW)、那曲(1MW)等电站。

——地热供暖。主要对北京、天津、西安、咸阳、郑州、鞍山、林甸、霸州、固安、雄县等城镇进行供暖,面积约2000万平方米。近10年来,由于热泵技术的应用,浅层地热资源开发快速发展,地源热泵供暖发展速度已超过常规中低温地热资源利用发展速度。

——医疗保健。我国多数地热温泉均具医疗价值,不少地热水可作为医疗矿泉水开发利用,实际利用工程遍布全国各地。

——温泉洗浴和旅游度假。地热温泉多分布在自然景区,本身集热能、水、矿于一体,适合开发室内大型水上娱乐健身场所,如广东恩平、海南琼海官塘等地。

——水产养殖。在北京、天津、福建、广东、昆明、西安等地建有养殖场地200多处,鱼池面积200万平方米,多用于养殖鳗鱼、罗非鱼、对虾、河蟹、甲鱼等。

——温室种植。如北京小汤山地区现代农业园,利用不同作物对最低温度要求,梯级利用地热种植名贵花卉、特色蔬菜、反季节蔬菜和发展观

---

① 李瑾:《关于地热能开发利用的现状及前景分析》,《才智》2012年第13期。
② 宾德智:《对我国地热资源开发利用的几点建议》,《中国地热能:成就与展望》,地质出版社2010年版。

光农业等，效果较好。

——农业灌溉。水质好、40℃以下的地热水或利用后的地热尾水，一般直接用于农田灌溉。

——工业利用。主要用于印染、粮食烘干和生产矿泉水等。

总之，经过几十年的缓慢发展，我国已基本形成以西藏羊八井为代表的地热发电、以天津和西安为代表的地热供暖、以东南沿海为代表的疗养和旅游以及以华北平原为代表的种植和养殖的开发利用格局。截至2010年底，全国浅层地温能供热（制冷）面积达到1400万平方米，全国地热供热面积达到3500万平方米，全国高温地热发电总装机容量24MW，洗浴和种植利用地热热量约合50万吨标准煤，各类地热能总计贡献500万吨标准煤，每年可减少约4000万吨CO_2排放。

2013年1月10日，国家能源局、财政部、国土资源部、住房城乡建设部联合印发《关于促进地热能开发利用的指导意见》，确立了主要目标，即到2015年基本查清全国地热能资源情况和分布特点，建立国家地热能资源数据和信息服务体系。全国地热供暖面积达到5亿平方米，地热发电装机容量达到10万千瓦，地热能年利用量达到2000万吨标准煤，形成地热能资源评价、开发利用技术、关键设备制造、产业服务等比较完整的产业体系。到2020年，地热能开发利用量达到5000万吨标准煤，形成完善的地热能开发利用技术和产业体系。

（4）地热开发利用存在的问题与建议

地热资源较风能、太阳能稳定，较核能安全，且储量极其丰富，只要科研和技术不断突破，其发展前景十分诱人，值得政府积极扶持。目前，我国地热资源开发利用和产业发展过程中，也出现一些问题。主要如下：

首先，全国地热资源地热勘察程度较低，开发利用呈现小、散、乱状态，缺乏科学统一规划，资源开发利用效率较低，无序开发、资源浪费现象比较严重，地热能在能源结构中比重太低，与地热能源储量及其优点不相称。地热资源虽属可再生资源，但其再生需要条件和时间，否则其利用将不可持续。当前我国地热利用以直接利用为主，技术含量较低，其能源使用平均效率仅20%左右，远低于地热发电的73%，是种粗放型利用方式，不符合科学发展要求。为此，国家需要对全国地热资源储藏及分布状况进行全面普查，对未来地热资源利用做好中长期规划，与可再生能源中长期规划和节能减排目标相衔接，统一部署地热资源利用及地热产业发展，各地再在国家地热发展规划基础上编制地方地热发展规划，使各地地热利用和产业发展方向明确，步调协整。另外，我国需要加大油田区中低温地热资源发电技术开发，提高地热能利用效率；同时充分开发现有高温地热资源，高温地热大多处于偏僻的西藏等地域，资源远远没有开发利用，很多热能白白流掉，甚是可惜。

其次，需要重视地热资源开发利用中出现的地质影响和环境污染问题。虽然地热能属于清洁能源，但在一定程度上也会引起一些问题，主要是可能引起地面沉降、热污染和土壤污染等。一是从地下抽取热水会改变地下地质和受力结构，可能导致地表下沉，因此必须强调要对井回灌（将热水抽出来以后，再回灌到地下去），保持地层均衡压力。二是热流体的有害物质会被排入空气中，对人体造成伤害。同时，被排出的地热水在流入土层后会烧死周围农田和植物，对农作物造成破坏。因此，地热利用必须开发与防治兼顾。

再次，与地热利用先进国家相比，我国地热开发与利用技术相对落后，在前沿科技科研方面力量薄弱，缺乏引领世界地热技术发展方向和潮流的能力、决心和气魄。例如，在地热直接利用方面与技术较成熟国家相比，我国地热发电技术特别是中低温地热资源发电技术与国外有一定差距。我国使用的螺杆膨胀机发电技术，相比国外，如美国联合技术公司等的技术，效率更低，但国外先进技术对我国实行技术封锁，因此需要加紧自主攻关，一旦突破必将有广阔发展空间。[①] 在地热前沿科研领域，如地热领域科研热点——干热岩和增强型地热系统，只有很少的理论研究，存在大量的空白领域。其中干热岩埋藏在地下3—10公里深处，温度可高达150—350℃，热储量巨大，需要利用深部地热资源开发技术，难度极大，国外正在加强技术攻关；干热岩法近几年则由美国等国改进为增强型地热系统，扩大了研究范围，利用传统水热型或干热岩资源，提高岩石渗透率以及在干岩或缺水系统中的含水量。全球任何5—10公里深度的岩石中都可发现大量的热，开发潜力巨大。[②] 我国需要紧跟这些先进地热技术科研领域，从长远看应是一个发展方向，未来对我国能源安全保障具有重要战略意义。为此，我国需要加强地热技术研发创新，完善技术研发支持体

[①] 汪集旸：《能源环境危机下的地热能开发》，《科技导报》2012年第30期。
[②] 康玲等：《增强型地热系统（EGS）的人工热储技术》，《地热能》2009年第2期。

系，组建国家级研发平台，将地热资源有效利用列入各级政府产业发展和科研攻关计划，增加财政支持力度，促进企业和科研单位建立创新战略联盟，加快制定相关技术标准和规范，规范地热能资源开发利用，积极吸收国外先进地热应用技术，培育一批既懂地面技术又懂地下勘查的高层次、复合型人才，尽快提升我国地热科研科技水平。

最后，相比风能、太阳等其他可再生能源，国家对地热能重视程度不够，地热资源开发和地热产业发展缺乏扶持政策，发展相对滞后。今后，需要提升地热能源在未来能源结构中的战略地位，吸纳财政、金融和社会资本创建地热勘查开发专业基金，支持地热资源勘查、地热技术研发、地热项目投资、地热产业发展等；推出财政资金补贴政策、投资税费减免、地热设备生产税收优惠、银行贷款优惠等优惠财税金融政策，降低地热投资成本，促进地热产业投资；参照其他可再生能源发电上网电价补贴做法，制定地热发电上网电价补贴政策；挑选合适地热田，实施示范工程，带动其他地区地热开发和产业发展。①

6. 海洋能

（1）海洋能的含义和国际发展状况

海洋能是指海洋中所蕴藏的和由于海洋特殊环境而产生的可再生的自然能源，主要包括潮汐能、波浪能、潮流能、温差能、盐差能、海洋生物质能以及离岸风能等。② 海洋能具有以下特点：一是环境友好、零碳、可再生，不需消耗一次性矿物燃料，几乎没有氧化还原反应；二是总蕴藏量大但能量密度低，各种海洋能的能量大小随时间、地域变化而变化，不过还是有规律可循；三是海洋能利用目前主要以发电为主，也可直接利用，如热能利用与机械能利用。

欧洲可再生能源委员会研究认为，目前全球海洋能理论发电量预计可达 10 万太瓦时（TWh）/年，而全球电力消耗约 1.6 万太瓦时/年，仅海洋能这一项就能满足人类的用电需求。在过去几年中，国际社会对海洋能的关注度持续上升，全球已经提出超过 4000 种波浪能的转化技术。根据欧洲海洋能协会发布的《欧洲 2010—2050 年海洋能路线图》，欧洲海洋能发电装机容量到 2020 年可达 3.6 GW，到 2050 年可达近

---

① 李霞：《地热产业问题与建议》，《供热制冷》2012 年第 5 期。
② 周庆海：《我国将全面推进海洋能开发利用》，《中国海洋报》2012 年 4 月 2 日。

188GW，将分别占欧盟电力需求的0.3%和15%。① 虽然海洋能开发潜力巨大，但与太阳能、风能、核能相比，其总体发展程度仍然较低，原因是海洋能利用面临诸多技术和非技术性障碍。在海洋能利用中，目前人类潮汐能利用经验相对丰富，法、中、英、韩等国拥有潮汐能电站项目，实现一定程度商业化，但经济效益仍需提高，而波浪和潮流发电还处于发展初期阶段。

（2）我国海洋能的资源和利用状况

我国是一个海洋大国，拥有300多万平方公里海域，大陆岸线18000公里，6500多个岛屿，海洋能储量丰富，开发利用潜力巨大。② 不过，到目前为止，我国还说不清楚海洋能储量究竟有多丰富，至今未对海洋能资源进行海区和岸段全面、能源类型全面的深入细致的调查和评估，缺乏相应的准确权威的数据库。

施伟勇等对我国海洋能资源状况做了较为系统的分析。具体如下③。

一是潮汐能。

根据第二次全国沿海潮汐能资源普查（1978—1985）和中国沿海农村海洋能资源区划（1986—1989）调查结果，我国沿岸潮汐能资源理论可开发装机容量为21796MW，年发电量为62.4TWh（见表6-18）。潮汐能资源主要集中在东海沿岸，其中福建、浙江两省沿岸最多，合计装机容量19.25GW，年发电量55.1TWh，均占全国总量的88.3%。其次是辽宁、上海、广东、山东等省市。在上述地区中，浙江和福建潮汐能潮差④相对较高，开发条件最好；其次是辽东半岛南岸东侧、山东半岛南岸北侧和广西东部等岸段。这些经济发达地区常规能源资源匮乏，开发利用潮汐能有利于缓解其能源缺口。

---

① 丁大伟：《国际社会对海洋能关注升温 海洋能发展空间大》，《人民日报》2010年10月19日。

② 徐锭明、曾恒一：《大力加强我国海洋能研究开发利用》，《中国科技投资》2010年第3期。

③ 施伟勇等：《中国的海洋能资源及其开发前景展望》，《太阳能学报》2011年第6期。本部分数据均引自该文献。

④ 潮差是指在一个潮汐周期内，相邻高潮位与低潮位间的差值，又称潮幅。潮差大小受引潮力、地形和其他条件影响，随时间及地点而不同。中国沿海潮差分布趋势是东海沿岸最大，渤海、黄海次之，南海最小。

表 6-18　　　　　　　　　　中国沿岸可开发潮汐能资源

省区	200—1000kW 潮汐能			全部潮汐能		
	装机容量（MW）	年发电量（GWh）	坝址数（个）	装机容量（MW）	年发电量（GWh）	坝址数（个）
辽宁	12.0	32.87	28	596.6	1640	53
河北*	9.2	18.30	19	10.2	21	20
山东	8.4	16.78	12	124.2	375	24
江苏	1.1	5.46	2	1.1	6	2
长江口北支	—	—	—	704.0	2280	1
浙江	21.2	44.32	54	8913.9	26690	73
福建	16.9	44.72	26	10332.9	28413	88
台湾	4.9	13.54	7	56.2	135	17
广东	16.3	32.24	23	572.7	1520	49
广西	27.0	84.21	56	393.6	1112	72
海南	6.1	12.17	14	90.6	229	27
全国	123.1	304.61	242	21796.0	62421	426

说明：*河北内含天津市。

二是波浪能资源。

根据中国沿海农村海洋能资源区划利用沿岸 55 个海洋站 1 年波浪观测资料统计计算，我国沿岸波浪能资源理论可装机容量为 12.843GW（见表 6-19）。我国沿岸波浪能资源除台湾外，浙江、广东、福建、山东沿岸较多，分别为 2.05GW、1.74GW、1.66GW、1.61GW，合计为 7.06GW，占全国总量的 55.2%，其他省市沿岸波浪能资源较少。其中，福建、浙江沿岸，广东东部、长江口和山东半岛南部的中段沿岸具备较好开发条件，具体地点包括嵊山岛、南麂岛、大戢山、云澳、表角、遮浪等海岸段。这些地点一般具有波功率密度较高、季节变化较小、平均潮差小、近岸水较深、基岩型海岸、岸滩较窄、坡度较大等优良条件，可作为优先开发候选站址。

表 6-19　　　　　　　　　我国沿岸波浪能资源　　　　　　　　（单位：MW）

省区市	辽宁	河北	山东	江苏	长江口	浙江
装机容量	255.1	143.6	1609.8	291.3	164.8	2053.4
省区市	福建	台湾	广东	广西	海南	全国
装机容量	1659.7	4291.3	1739.5	72.0	562.8	12843

三是潮流能①资源

根据中国沿海农村海洋能资源区划对我国沿岸130个海峡、水道的计算统计，我国潮流能资源理论可装机容量为13.9GW（见表6-20）。其中，浙江沿岸最多，达7.1GW，占全国资源总量的51.1%；台湾、福建、山东、辽宁其次，合计达5.9GW，占42.4%。杭州湾和舟山群岛海域是全国潮流能功率密度最高海域，其中杭州湾口北部为28.99千瓦/平方米，舟山群岛区金塘水道为25.93千瓦/平方米，龟山水道为23.89千瓦/平方米，西堠门水道为19.08千瓦/平方米，渤海海峡北部老铁山水道北侧为17.41千瓦/平方米，福建三都澳三都角西北部为15.11千瓦/平方米，台湾澎湖列岛渔翁岛西南侧为13.69千瓦/平方米。这些地区能量密度高、理论储量大、开发利用条件较好，可作为潮流能开发利用重点海区。

表6-20　　　　　　　我国沿岸潮流能资源　　　　　　（单位：MW）

省区市	辽宁	河北	山东	江苏	长江口	浙江
装机容量	1131	—	1178	—	305	7091
省区市	福建	台湾	广东	广西	海南	全国
装机容量	1281	2283	377	23	282	13949

四是温差能②资源

施伟勇等（2011）研究结果认为，我国近海与毗邻海域温差能理论可开发装机容量约为373GW，90%以上分布在南海，其次是东海（见表6-21）。其中，在南海中部，西沙群岛为一群坐落在900—1000米的大陆坡台阶上的岛礁，其边坡陡峻，是良好的陆基式或陆架式温差电站站址，适合选作温差能开发试验场地。在东海黑潮区，温差能资源具有温差大、暖水层厚、全年温差较稳定及离岛屿较近等优点，具备较好开发条件。

---

① 潮流能是指月球和太阳的引潮力使海水产生周期性的往复水平运动时形成的动能，集中在岸边、岛屿之间的水道或湾口。

② 温差能是指海洋表层海水和深层海水之间的温差储存的热能，利用这种热能可以实现热力循环并发电，此外，系统发电的同时可生产淡水、提供空调冷源等。

表 6-21　　我国近海与毗邻海域的温差能

海区	黄海	东海		台湾以东	北部	南海		全部	合计
		陆架区	黑潮区			中部	南部		
理论储量/10^{21}J	0.141	0.338	1.75	—	2.11	5.90	4.95	12.96	15.19
技术可利用量/10^{18}J	4.92	4.56	112	—	163	481	399	1043	1164.5
技术装机容量/TW	—	—	3.55	—	5.17	15.25	12.65	33.07	36.62
可开发装机容量/GW	—	—	35.5	6.8	51.7	152.5	126.5	330.7	373

五是盐差能①资源。

利用中国江河入海水量资料计算，我国沿岸的盐差能资源理论储量约为 3.58×10^{15} kJ，理论功率约为 114GW。假设可开发其中的 10%，则全国沿岸的盐差能理论可开发装机容量约为 11.4GW。我国盐差能资源主要分布在长江口及其以南大江河入海口沿岸，其中长江口最多，可开发装机容量为 7GW，占全国总量的 61.4%；珠江口为 2.2GW，占全国总量的 19.3%；合计占全国总量的 80.7%。目前，盐差能开发技术研究的历史较短，技术尚处于原理性探讨和实验室研究阶段，以及盐差能开发对环境条件的要求，如何与其他海洋经济活动和海洋生态环境良性互动等都还有待深入研究。

表 6-22　　我国主要入海河流河口盐差能资源储量

江河名称	河口省区	入海水量（10^8m³）	理论储量（10^{12}kJ）	理论功率（MW）	
鸭绿江	辽宁	81.8	19.9	630	977
辽河		45.1	11.0	347	
滦河	河北	45.6	11.1	351	351
海河	天津	14.8	3.6	114	114
黄河	山东	431	104.7	3320	3320
淮河	江苏	223	54.2	1718	1718
长江	上海	9114	2214	70220	70220

---

① 盐差能是指海水和淡水之间或两种含盐浓度不同的海水之间的化学电位差能，是以化学能形态出现的海洋能。主要存在于河海交接处。

续表

江河名称	河口省区	入海水量 ($10^8 m^3$)	理论储量 ($10^{12}kJ$)	理论功率 (MW)	
钱塘江	浙江	292	70.9	2250	4200
瓯江		143	34.7	1100	
椒江		66.6	16.2	513	
飞云江		43.8	10.6	337	
交溪	福建	65.7	16.0	506	6279
闽江		552	134	4250	
晋江		50.6	12.3	390	
九龙江		147	35.7	1133	
浊水溪	台湾	45.7	11.1	352	352
韩江	广东	241	58.6	1857	24757
珠江		2860	694.6	22030	
鉴江		52.9	12.9	408	
漠阳江		59.9	14.6	462	
南流江	广西	52.7	12.8	406	406
南流江	海南	59.0	14.3	455	849
万泉河		51.1	12.4	294	
	全国	14738	358	113543	113543

遗憾的是，虽然我国海洋能储量丰富，但由于环境、成本和技术障碍，我国海洋能利用尚未取得实质性经济效益。主要原因有：[1] 一是影响海洋生态环境，阻塞航运和渔业生产。如海洋能电站会影响几百海里内的潮差，会造成泥沙淤积而影响海洋动植物、鱼类和鸟类栖息的生态环境，会阻塞航道，所用涡轮会划伤、吸入鱼类等海洋生物而影响渔业生产，会影响鱼类正常产卵等。二是海洋能开发技术难度较大，经济性较差。如要求海洋能发电装置的叶片、结构、锚泊点有较高强度，必须抗腐蚀、抗冲击；发电时随时会有泥沙裹入装置可能会损毁轴承；海水腐蚀和海洋生物依附会降低水轮机效率并影响其寿命；海洋能发电设备维护成本较高，与传统能源相比不具经济竞争力等。海洋能未来要规模化发展还需要突破环

---

[1] 储呈阳：《谈谈我国海洋能利用的现状和前景》，《中小企业管理与科技》2012年第22期。

境、经济和技术障碍。

(3) 促进海洋能利用的政策建议

由于海洋能开发存在资源状况底细和实际开发潜力不清,环境、经济和技术障碍较多等原因,目前海洋能开发利用在整体能源和清洁能源结构中都处于辅助、补充地位。为海洋能在未来取得较大发展,有许多前期工作有待做好。党的十八大报告中已明确作出建设海洋强国的重大部署,那么,大力发展海洋能产业便是构成海洋强国战略的重要部分,也是实现海洋强国的必要支撑。

首先,要加强海洋能资源调查、研究和评估评价工作,建立我国海洋能资源数据库,这是确定未来海洋能开发规模和发展规划的基础。我国已做过的海洋能资源调查研究工作已过去 20 多年,各类海洋能资源和开发环境已发生许多变化,为开创海洋能开发新局面,需要利用 1—3 年时间开展全海域、各类海洋能资源的新一轮调查研究评价,尤其那些从未调查的资源和海域。

其次,要加强海洋能技术及其他基础研究,包括海洋能开发技术、海洋能开发的环境影响以及海洋能发电的成本与效益等相关研究。目前,全球还没有哪个国家可以称为海洋能利用强国,都还处于开发利用的初级阶段。许多年来在许多领域,我国常常以美国等发达国家为前进标杆,也习惯处于跟随地位。然而,随着我国经济、社会和技术的不断进步,与欧美等发达国家的相对差距不断缩写,可以说,我国已发展到在许多领域要追上、赶超他们的时点,同时在许多领域没有可以比较的标杆,也即我国将步入 50 多年来美国所处的境地,这就需要自定目标和方向,自主攻关和突破,引领世界的发展。在海洋能利用方面,我国需要加强海洋能技术和基础研究,只有有了坚实的科研基础,海洋能产业才能科学发展,才能实现经济和环境的双赢。

再次,在中央相关职能部门的统一指导下,沿海各省市要积极主动从本省市海洋能资源状况出发,加强海洋能资源科研和技术研发,加强近海外海潮汐能、波浪能、潮流能、温差能等海洋能源开发的可行性研究,逐步提高海洋能在当地能源结构中的地位,这不仅对缓解当地经济发展能源缺口有益,而且是未来支撑海洋资源开发的重要甚至主要的能源来源。

沿海省市可以在深度技术、经济和环境评估基础上,审慎选择试点示范项目,逐步推进。电站规模可以先开发小规模、低电压、就近消纳的小型项目,再随着技术、经济、市场、政策、电力配套体系等条件的逐步成熟过渡到一定规模、一定电压、就近产业配套消纳等中型项目,远期再过渡到大型项目。

最后,研究破解海洋能开发经济和政策障碍的方案,提高海洋能开发的经济效益和效率。海洋能开发技术风险、投资风险、环境风险都比较大,涉及国家海洋局、国家发改委、国家电监会、国家税务总局、国资委、电网企业等多个职能部门和经营部门,包括海洋能电力如何并网、电价如何确定、补贴如何发放等在内的许多具体问题都还有待研究确定,如果具体问题不及时解决,部门之间不有效协调,都将阻碍海洋能产业发展。为此,政府可以吸收国有、金融和民营资本,制定优惠财税和金融政策,包括税费减免、补贴和信贷优先优惠政策,在各职能部门之间建立高效的统一领导、协调和联合攻关机制,排除海洋能开发存在的现实经济和政策障碍。

(二) 新能源汽车

新能源汽车是指除汽油、柴油发动机之外所有其他能源汽车,包括燃料电池汽车、混合动力汽车、氢燃料电池汽车和太阳能汽车等。与传统化石能源汽车相比,新能源汽车更低碳更环保,因此在全球应对气候变化的背景下,世界主要经济体均将新能源汽车产业作为战略性产业加以扶持,推动发展。

1. 国际新能源汽车产业的发展状况

第一电动研究院发布的《2012年全球新能源汽车产业发展研究报告》分析了美国、日本、法国、德国和英国等国在2011年和2012年的新能源汽车销售业绩,基本反映出当前世界新能源汽车产业发展的总体趋势。[①]

其中,美国新能源车2011年前三季度销售11103辆,2012年同期销售31081辆,增长179.9%。前三季度销量依次为1662辆、4966辆和4475辆,2012年前三季度销量依次为7250辆、10291辆和13540辆,同比增长336.2%、107.2%和202.6%(见图6-7)。销量大增原因包括:2012年各大车企扩大了电动汽车生产规模;新车型加入统计,如2012年插电式普锐斯列入统计范围,有四个月销量超过1000辆,仅4月、9月

---

① 第一电动研究院:《2012年全球新能源汽车产业发展研究报告》,2012年。

销量就达到 1654 辆和 1652 辆；技术改进也在一定程度上促进了新能源车的销售，2011 年通用将雪佛兰沃蓝达销量目标为 10000 辆，而仅售出 7671 辆，2012 年通过技术改进尽可能降低电池价格及增加纯电动车续驶里程，仅前七个月就销售 10666 辆，超出 2011 年目标。另外，油价上涨和销售打折也促进了销售。

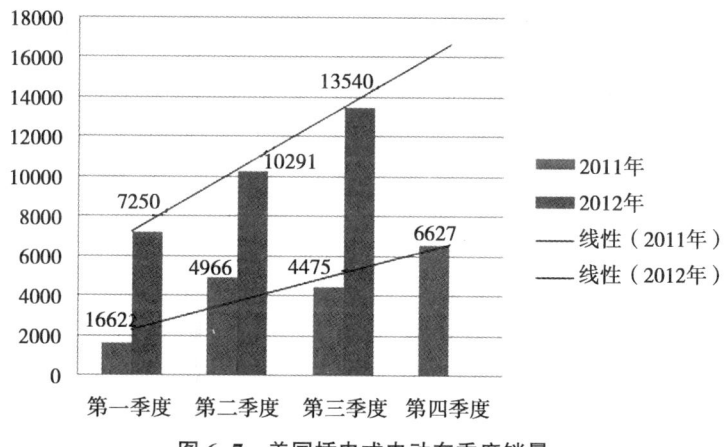

图 6-7 美国插电式电动车季度销量

日本新能源车 2011 年前三季度销售 8617 辆，2012 年同期销售 17513 辆，同比增长 103.2%。这主要得益于第二季度销售量大幅上涨，2011 年第二季度日本新能源车仅售出 1167 辆，而 2012 年同期销售 7382 辆，同比增长 6215 辆，增长 532.6%。第二季度销量大增主要得益于新车型加入统计及部分车型销量增加，如插电式普锐斯 2012 年 4 月加入统计，4—6 月销量分别为 1068 辆、1004 辆、1070 辆，均超出 1000 辆；聆风 2011 年 4—6 月销量分别为 177 辆、472 辆和 407 辆，2012 年同期为 936 辆、1401 辆和 1013 辆，同比增长 428.8%、196.8% 和 148.9%。（见图 6-8）

法国新能源车 2011 年前三季度销售 1428 辆，2012 年同期销售 4451 辆，同比增长 211.7%，前三季度销量均高于上年同期（见图 6-9）。其主要贡献者是 Bluecar、C-zero 和 Peugeot iOn，其中 Bluecar 占法国电动车 2012 年前三季度总销量 33%，C-zero 占 27%，Peugeot iOn 占 23%。

德国新能源车 2011 年前三季度销售 1786 辆，2012 年同期销售 1844 辆，同比仅增长 3.3%，增速较慢。2012 年德国销售的电动车中，Opel Ampera、Citroen C-Zero、LEAF 以及 Peugeot iOn 为主要车型。其中，Opel Ampera 销量最大，占 40%，Citroen C-Zero、LEAF 和 PeugeotiOn 这三款

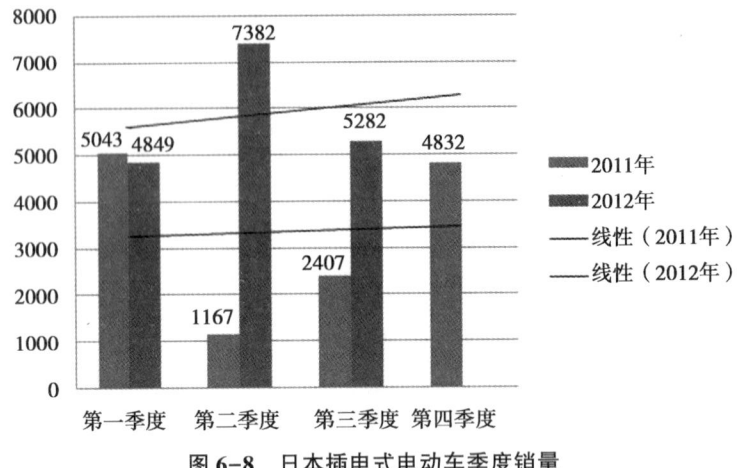

图 6-8 日本插电式电动车季度销量

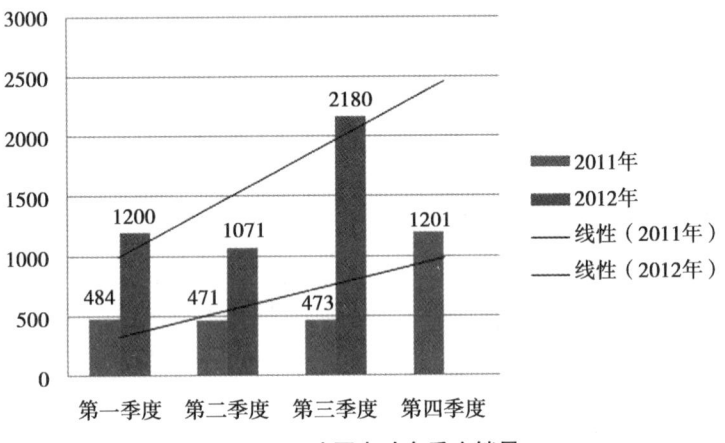

图 6-9 法国电动车季度销量

车月销量均不及百辆，增势不明显。英国新能源车 2011 年前三季度销售 910 辆，2012 年同期销售 1145 辆，同比增长 25.8%。虽然英国电动车销量有所增加，但目前发展现状及方式并不被认可。例如，2009 年 5 月伦敦市长 Boris Johnson 宣布将把伦敦打造成欧洲电动车之都，并公布电动车投放计划（Electric Vehicle Delivery Plan，EVDP）。2012 年大伦敦市议会环境委员会对该计划完成情况和问题作了评估，建议市长对 EVDP 加以改进。

可见，法国、美国和日本新能源汽车销量增长较快，并且初步形成产业化规模，其中美国和日本已初显在国际新能源汽车产业竞争格局中的优势地位和引领地位。德国和英国增长较慢，尚未形成产业化规模。新能源汽车价格普遍较高，降价打折、租赁模式是促进新能源汽车销售的有效手段。该报告综合分析后发现，油价、技术改进、基础设施的普及以及新能源汽车车型的逐渐丰富，都是影响新能源汽车销量的重要因素。

另外，与纯电动和混合动力汽车相比，氢燃料电池汽车由于技术和成本原因发展相对滞后。由于氢燃料电池汽车只会排放水，其环保性能要优于其他新能源汽车车型，未来广阔市场前景被美、日等国看好，他们也提前布局，强强合作，联合攻关。2013年1月，宝马与丰田联盟，后者为前者提供动力系统和氢气存储技术，共同开发氢燃料罐、马达和电池。戴姆勒、福特、日产也结成氢燃料电池汽车开发联盟。英国首辆氢燃料电池汽车预期将于2015年上路，预计到2030年达到150万氢燃料电池汽车，在2050年前使其市场占有率达到30%—50%。[1]

2. 国内新能源汽车发展现状

最近几年，我国也高度重视新能源汽车产业的发展，制定了购车补贴、税费减免等优惠政策，并将新能源汽车产业列为战略性新兴产业加以扶持，遗憾的是，新能源汽车产业成长艰缓，困难重重。

2009年2月，财政部公布《节能与新能源汽车示范推广财政补助资金管理暂行办法》。按照混合程度和燃油经济性，规定混合动力汽车最高每辆可享受5万元的补贴，纯电动汽车和燃料电池汽车每辆补贴6万元和25万元。2009年12月，国家发改委公布《国家重点节能技术推广目录（第二批）》，其中就包括汽车混合动力技术和纯电动汽车动力技术。2010年5月底，财政部等四部委联合发出《关于开展私人购买新能源汽车补贴试点的通知》，试点城市包括上海、长春、深圳、杭州、合肥等五个城市，试点期为2010—2012年，各城市根据本市情况编制了新能源汽车购车补贴实施方案，每个试点城市都提出到2012年底私人购买新能源汽车2万—3.5万辆不同目标，目前新能源汽车试点城市已增加到25个。2012年5月，交通部发布《交通运输"十二五"发展规划》，要求积极采用混合动力汽车、替代燃料车等节能环保型营运车辆；鼓励使用天然气动力和电动车等节能环保型城市公交车；开展混合动力、电能出租汽车试点工作。2012年6月，国务院颁布《2012—2020年节能与新能源汽车产

---

[1] 刘春娜：《国外氢燃料电动车最新动态》，《电源技术》2013年第4期。

业发展规划》，明确了我国新能源汽车发展技术路线是以纯电驱动为新能源汽车发展和汽车工业转型的主要战略取向，当前重点推进纯电动汽车和插电式混合动力汽车产业化，推广普及非插电式混合动力汽车、节能内燃机汽车，提升我国汽车产业整体技术水平；主要目标是产业化取得重大进展，到 2015 年纯电动汽车和插电式混合动力汽车累计产销量力争达到 50 万辆，到 2020 年纯电动汽车和插电式混合动力汽车生产能力达 200 万辆、累计产销量超过 500 万辆，燃料电池汽车、车用氢能源产业与国际同步发展。另外，规划还明确提出，2011—2020 年的 10 年间，中央财政将投入 1000 亿元用于扶持新能源汽车产业。其中，500 亿元为节能与新能源汽车产业发展专项资金，重点支持关键技术研发和产业化，促进公共平台等联合开发机制；300 亿元用于支持新能源汽车示范推广；200 亿元用于推广混合动力汽车为重点的节能汽车；购买纯电动汽车、插电式混合动力汽车将免征车辆购置税。[①]可见，我国政府对促进新能源产业发展给予了高度的重视和支持。

然而，市场的反应并没有政府和企业预期那样顺利，到 2011 年底几乎所有试点城市都没有达到预定的新能源汽车示范运行和私人购买计划目标。表 6-23 显示，到 2011 年底，25 个试点城市示范运行新能源汽车共计 12864 辆，其中纯电动大客车 1291 辆，占 10%；混合动力大客车 7840 辆，占 60.9%；纯电动乘用车 433 辆，占 3.4%；混合动力乘用车 750 辆，占 5.8%；燃料电池轿车 190 辆，占 1.5%；燃料电池客车 6 辆，占 0.05%；纯电动专用车（邮政、环卫等）1654 辆，占 12.9%。在所消费的新能源汽车中，混合动力大客车、纯电动大客车、纯电动专用车是主要示范运行新能源车型，合计占 83.8%。表 6-23 还显示，截至 2011 年底，达到千辆计划的试点城市只有北京、上海、杭州、深圳，部分城市不足百辆。虽然各地在国家补贴基础上，均提出对私人购买新能源汽车追加补贴，但私人购置仍然寥寥无几，到 2011 年底北京、长春等部分试点城市还没有 1 辆新能源汽车被私人购买，私人消费市场如何破局仍有许多工作要做。[②]

---

① 张扬：《我国新能源汽车减排潜力与成本分析》，《节能与环保》2012 年第 8 期。
② 吴憩棠：《示范运行和私人购买新能源汽车未达到预期目标》，《汽车与配件》2012 年第 4 期。

表 6-23　　2011 年底全国 25 个试点城市示范运行新能源汽车数量

序号	示范运行城市	合计（辆）	纯电动大客车（辆）	混合动力大客车（辆）	纯电动乘用车（辆）	混合动力乘用车（辆）	燃料电池轿车（辆）	燃料电池客车（辆）	纯电动专用车（邮政、环卫等）（辆）
1	北京	2250	50	1120	—	—	—	—	1080
2	上海	1147	120+61（超级电容）	150	*130（观光车）+140（场馆车）	*350（出租车）	*90+100（观光车）	*6	—
3	大连	422	10	262	100（出租车）	50（出租车）	—	—	—
4	深圳	2303	253	1750	300（出租车）	—	—	—	—
5	合肥	433	430	3	—	—	—	—	—
6	杭州	1488	0	864	200（出租车）	—	—	—	424
7	重庆	56	6	50	—	—	—	—	—
8	济南	200	0	200	—	—	—	—	—
9	长株潭	975	102	873	—	—	—	—	—
10	长春	200	0	200（气电混合）	—	—	—	—	—
11	武汉	410	10	400	—	—	—	—	—
12	昆明	250	4	196	—	50（出租车）	—	—	—
13	南昌	251	0	51	200（出租车）	—	—	—	—
14	天津	450	0	450	—	—	—	—	—
15	苏州	393	4	89	—	300（出租车）	—	—	—
16	广州	476	26	450	—	—	—	—	—
17	唐山	20	20	0	—	—	—	—	—
18	海口	227	30	170	27（出租车）	—	—	—	—
19	郑州	21	6	15	—	—	—	—	—
20	厦门	252	36	180	36（出租车）	—	—	—	—
21	沈阳	100	0	100	—	—	—	—	—
22	南通	50	3	47	—	—	—	—	—
23	襄阳	260	90	20	—	—	—	—	150（环卫车）
24	成都	30	30	0	—	—	—	—	—
25	呼和浩特	200	0	200（气电混合）	—	—	—	—	—
	总计	12864	1291	7840	433	750	190	6	1654

注：世博会后，已退出示范运行，上海实行示范运行车辆为 331 辆。

资料来源：吴憩棠：《示范运行和私人购买新能源汽车未达到预期目标》，《汽车与配件》2012 年第 4 期。

实施城市试点实际上也是在试探问题、调整策略、探索出路。到

2013年，我国新能源汽车市场开始回暖。2013年1—6月，我国共生产纯电动汽车和插电式混合动力汽车5885辆，较上年同期增长56.3%；销售纯电动汽车和插电式混合动力汽车5889辆，较上年同期增长42.7%。生产普通混合动力汽车9388辆，销售10048辆，较上年同期分别增长1.6倍和1.7倍。生产天然气汽车43898辆，销售43562辆，较上年同期分别增长1.1倍和1倍。① 新能源汽车产销均呈平稳快速增长态势。

3. 我国新能源产业发展暴露的问题与对策

首先，新能源汽车私人消费市场仍需多方培育。目前，新能源汽车大多以包括政府、环境卫生等提供公共服务的行政事业性单位消费为主，主要的私人消费市场领域尚未大规模打开。其原因是系统性的，包括新能源汽车技术的成熟度、驾驶的安全性、日常运行的便利性、购置和维护成本、充电站和加氢站等配套设施、售后服务、消费心理和习惯等多种因素。叶楠等利用两步聚类分析方法对我国新能源汽车消费群体特征进行了实证研究，结果显示我国购买新能源汽车早期大众与晚期大众相比，相对较年轻、收入水平不高、教育程度也不是很高、未婚者居多、性别比例相当，对汽车产品知识还不甚了解、驾驶经验也不丰富，不过他们对新能源汽车的推广较为认同，甚至期待。② 可见，早期消费理性成分较低，还属于勇敢尝试阶段，这意味着私人新能源汽车市场要从消费尝试到形成消费潮流还需要一段时间，还有很多工作要做。这需要系统性应对，政府需要研究有效扶持政策和机制，企业需要不断提高技术成熟度生产安全便利产品，并深入跟踪消费和收集消费信息反馈，创新营销模式，只有推出更加安全、便利、经济、美观的新能源汽车产品和服务，才能大规模释放私人消费需求。虽然新能源汽车消费市场目前相对较小，但是随着安全、便利、经济等指标的改善，其市场拐点必定会到来。

其次，在重视对产品和消费进行补贴的同时，也要研究科学有效的科研补贴机制。由于科研成果的先进程度及其社会经济效益等难以量化，不如产品和消费补贴容易度量和操作，科研补贴对象的选择、补贴的发放、补贴成效的考核等全程补贴机制都有待深入研究。这种科学有效的科研补贴扶持机制不仅对新能源汽车行业意义重大，对其他新兴高科技和战略性

---

① http://www.china-nengyuan.com/news/49515.html，2013-7-22登录。
② 叶楠等：《我国新能源汽车潜在采用者两步聚类分析》，《广东广播电视大学学报》2012年第4期。

新兴产业也同样适用。按照《2012—2020年节能与新能源汽车产业发展规划》确立的目标和目前的补贴额度粗略估算,即便不计算地方政府追加的补贴,要实现2020年度确立目标也将达到2500亿以上规模,但直接有效用于科研的补贴额度很难准确测算。科研不能领先,便决定了产业发展要滞后于发达国家。例如,氢燃料电池汽车生产落后于日美等发达国家主要是因为国内企业氢燃料汽车生产科技研发投入不足,重视不够,政府相应补贴额度也较低,在日美国家提前布局联合攻关之时我们被甩在后面。未来氢燃料电池汽车的广阔市场竞争中我国很可能处于竞争劣势地位。可见,科技突破是新能源产业持续发展的基础和动力,加大科研投入,包括政府补贴和企业投资,对我国新能源产业超越对手、引领世界具有重要意义。

最后,需要重视对新能源汽车产业的潜在问题进行前瞻性研究。一个新兴产业的兴起虽有其利,也必有其弊。例如,新能源汽车产业可能会导致汽车产业从传统的对化石能源的依赖转变为对某些特定电池材料的依赖,而这些特定电池材料的储量将决定新能源汽车的产销规模上限。以技术较成熟且电池较小的日产Leaf为例,其电池重量为171公斤,所用锂元素换算成碳酸锂约36公斤,丰田Prius PLUG-IN是插电式混合动力的代表,需要使用碳酸锂约8公斤,如果未来我国纯电动汽车和插电式混合动力汽车生产规模达到200万辆(假设各100万辆)以上,则需耗用4.4万吨碳酸锂。目前,全球碳酸锂产量约为15万吨,已探明的锂元素资源约为5300万吨,且其中80%部分在智利、阿根廷和巴西,我国储量只有285万吨,只占全球储量的5%。那么,未来大规模开发新能源汽车将使汽车产业从对化石能源的依赖转化为对锂资源的依赖,而锂资源世界分布更加不均,来源更加有限,因此需要对未来新能源汽车产业的电池原料资源的供求、分布及其储备问题作前瞻性研究。另外,锂电池回收处理也需要引起重视,目前我国对废旧锂电池没有任何管理措施,《固定废弃物污染环境防治法》未对废电池的回收处理作明确规定。由于不掌握锂电池回收再利用技术,车用锂电池废弃后只能封存在企业车库里,不妥善管理很可能引起环境污染。①

---

① 黄方庆:《魔鬼藏在细节中:新能源汽车发展中一些未被重视的问题》,《汽车与配件》2012年第9期。

(三) 工业低碳化改造

工业低碳化改造,是指对传统的高消耗、高能耗、高排放工业行业,从优化生产管理,优化能源管理,优化产品结构,提高工序、工艺、流程、工具、设备技术水平,提高资源能源循环利用和尾矿、尾气、余热综合利用效率,实现管理节能、结构节能和技术节能,从而整体降低传统工业的能耗强度和能耗总量,逐步推动传统工业从"高碳"特征向"低碳"特征转变。随着管理的优化和技术的进步,部分工业行业可能会从高碳产业逐步演变为低碳产业。在前面的研究中,对工业行业能耗水平排序和能耗强度排序进行了分析,其中能耗水平和能耗强度水平排序同时靠前的工业行业,便是工业低碳化改造的重点行业。主要包括黑色金属冶炼及压延加工业、非金属矿物制品业、化学原料及化学制品制造业、石油加工冶炼及核燃料加工业、电/热生产供应业、有色金属冶炼及压延加工业、石油天然气开采业、造纸及纸制品业等资源开采利用型行业。需要指出的是,在工业低碳化改造中,节能减排改造的含义更为丰富:一是节能不仅仅是直接地节约能源,而且还应内在地包含降耗,节约资源消耗,因为任何资源的获取都需要消耗能源,降耗即意味着节能,提高资源利用效率,循环利用资源能源,是低碳经济与循环经济的统一;二是减排不仅仅是减少温室气体排放,而且还包括减少二氧化硫、烟尘、二噁英、氮氧化物、固体废弃物、废水等污染物排放,是低碳经济与绿色经济的统一;三是改造还包括对厂区、矿区、尾矿库区等厂内外环境进行绿化,是低碳经济与生态经济的统一。下面选取三个代表性工业行业来说明工业低碳化改造问题。

1. 黑色金属冶炼及压延加工业

黑色金属冶炼及压延加工业主要包括炼铁业、炼钢业、钢压延加工业和铁合金冶炼业等,是衡量一国综合国力的重要指标。我国黑色金属冶炼及延压加工业的主体是钢铁行业,是世界最大的黑色金属冶炼及延压加工业产品生产国和消费国。[①] 前面部分统计结果显示,2010年黑色金属冶炼及延压加工业能耗达5.7亿吨标准煤,占工业能耗总量的24.9%,在工业能耗量排序中居首位;能耗强度为6.8万吨标准煤/亿元,在工业能耗强度排序中居第二位。因此,黑色金属冶炼及延压加工业也即钢铁行业是节

---

① 编辑部:《黑色金属冶炼及压延加工业深层次修炼》,《中国海关》2011年第10期。

能减排重中之重。

2010年4月,工信部下发了《工业和信息化部关于钢铁工业节能减排的指导意见》,指导要充分认识钢铁行业节能减排的重要意义,指出钢铁工业节能减排的诸多突出问题,包括:能源利用效率与国际先进水平相比仍有差距,如吨钢综合能耗高于国际先进水平约15%,重点大中型企业48.6的烧结工序、37.8%的炼铁工序、76%的转炉工序、38.7%的电炉工序能耗高于《粗钢生产主要工序单位产品能源消耗限额》国家强制性标准中的参考限定值,13%的焦化工序能耗高于《焦炭单位产品能源消耗限额》国家强制性标准中的参考限定值,余热资源回收利用率不足40%;主要污染物排放控制水平有待进一步提高,如重点大中型企业吨钢烟粉尘、SO_2排放量与国外先进钢铁企业相比尚有较大差距,钢铁行业氮氧化物、CO_2、二噁英等污染物减排处于研究探索阶段;固体废物综合利用技术水平偏低,重点大中型企业固体废物高附加值利用技术和水平亟待提高,尾矿综合利用率仅5.02%;落后产能比重大;先进节能减排技术的推广应用力度不够,如重点大中型企业高炉干式炉顶压差发电(TRT)、干熄焦、转炉干法除尘配备率仅30%、52%和20%,煤调湿技术仅在少数企业得到应用。《意见》确立到"十二五"末目标,即吨钢综合能耗不超过615千克标准煤,主要生产工序能耗全部达到国家《粗钢生产主要工序单位产品能源消耗限额》和《焦炭单位产品能源消耗限额》限定值。全面实施综合污(废)水回收利用,钢铁联合企业废水基本实现"零"排放;氮氧化物、二噁英等污染物排放得到有效控制。冶金废渣基本实现综合利用,尾矿综合利用率较大幅度提高。大幅提升废钢资源循环利用水平,铁钢比降低5个百分点。全国钢铁行业初步形成资源节约型、环境友好型发展模式。《意见》对指导"十二五"钢铁工业节能减排发挥了重要作用。

钢铁行业在国民经济中的基础地位是由我国经济发展所处的阶段所决定的,目前从产业结构中挤出钢铁行业的空间有限,在全国节能减排总目标的硬性约束下,即便处于微利的艰难时期,钢铁行业也只能探索出一条继续发展与节能减排协同进行的道路来,实现节能降耗高效的经济收益、减排的环境收益超过为节能减排污染防治所投入的环境治理成本,是钢铁行业的唯一选择。

表6-24是我国2011年主要钢铁生产企业的粗钢产量、综合能耗和吨

钢标煤等指标情况,可以看出宝山钢铁、江苏沙钢、唐山钢铁、山东日照控股集团、首钢、酒泉钢铁等六家钢企吨钢指标都已达到"十二五"期末 615 千克/吨钢的目标,但武汉钢铁、本溪钢铁、马钢、鞍钢、安阳钢铁、莱芜钢铁、包钢、柳钢等八家钢企离目标还有距离。其中,酒钢为 524 千克/吨钢,能耗强度最低;本溪钢铁为 718.5 千克/吨钢,能耗强度最高。

表 6-24　　　　　　　2011 年我国主要产钢企业综合能耗

重点企业	粗钢年产（万吨）	综合能耗（万吨标煤）	吨钢标煤（千克）
宝山钢铁集团有限公司	3335.6	1995.5	598.2
江苏沙钢集团有限公司	2070.3	1132.5	547.0
武汉钢铁（集团）公司	1816.3	1138.1	626.6
本溪钢铁（集团）有限责任公司	1649.1	1184.8	718.5
唐山钢铁集团有限责任公司	1601.7	938.1	585.7
马钢股份有限公司	1391.6	904.5	650.0
鞍钢股份有限公司	1386.1	859.7	620.2
安阳钢铁集团有限责任公司	1177.3	768.1	652.4
山东日照控股集团有限公司	1120.1	639	570.5
莱芜钢铁集团有限公司	1036.6	642.6	619.9
首钢集团	1031.8	565.9	548.5
包头钢铁（集团）有限责任公司	1022.1	712.8	697.4
酒泉钢铁（集团）有限责任公司	1021.6	535.3	524.0
广西柳州钢铁（集团）公司	955.2	627.5	656.9

资料来源:黄元明:《"十二五"柳钢生产系统节能实施途径的探讨》,《柳钢科技》2013 年第 1 期。

下面选取部分代表性企业介绍相关的节能减排经验做法,具体如下:

江苏沙钢

——2013 年 4 月,"沙钢"牌矿渣粉产品被建筑材料工业信息中心、中国建材市场协会联合推荐为"2013 中国环保·低碳矿渣粉采购首先供货单位",获得"2013 中国健康·环保·低碳建材产品信息验证查询与推广平台"准入证书,沙钢矿渣粉率先取得通往建材市场的绿色通行证。

矿渣粉是可替代水泥30%—50%用量的一种建材产品,原料水渣为高炉冶炼产生的废渣,是一种环保、低碳的绿色产品。目前,已新开发客户四家,2013年1—3月已签订销售合同380万吨,产生良好的经济环境效益。①

——2012年11月15日,沙钢公司申报的5#、7#360平方米烧结烟气余热回收利用项目通过省节能技术服务中心初审,项目实施后年可节约标准煤6.6585万吨,可获国家节能技改财政奖励资金1598万元。"十一五"以来,沙钢公司强化节能减排管理,加大节能减排投入,采用先进的生产工艺、节能技术和污染治理技术,全方位推进节能技改,在节能减排、发展低碳经济方面的投入超过了50亿元,形成了煤气、蒸汽、炉渣、工业污水和焦化副产品回收利用等五大循环经济圈,每年从中获得的综合经济效益占企业总效益的20%以上,实现了经济效益和环境效益的统一。同时,根据国家相关激励政策,公司积极申报争取国家、省、市节能财政专项奖励资金。已有干熄焦余热发电、CCPP发电、电炉烟气余热回收、4#烧结烟气余热回收、烧结脱硫等近20个项目获得了累计超过1亿元的国家专项资金,为公司节能减排工作注入了很好的发展后劲儿。

——2010年9月18日,江苏沙钢集团4#烧结机脱硫项目控制中心电脑屏幕上显示:尾气在未进入脱硫装置前每立方米含二氧化硫505毫克、烟粉尘60毫克,经处理后,尾气每立方米仅含二氧化硫40毫克、烟粉尘25毫克。沙钢4#烧结机脱硫项目投资近1亿元,装置包括脱硫塔、增压风机、脱硫剂贮存及浆液制备供给系统、除尘系统等,2010年2月建成投运后,脱硫率达90%以上,二氧化硫排放浓度每立方米小于100毫克,烟粉尘排放每立方米小于30毫克,每年可减排二氧化硫4000吨、烟粉尘700吨。沙钢集团专门成立烧结机脱硫工程项目班子,对国内外的烟气脱硫技术进行跟踪了解和实地调研,最终确定采用旋转喷雾法烧结烟气脱硫技术。其工艺流程为:烧结烟气进入旋转喷雾吸收塔,与被雾化的石灰浆液接触,发生化学、物理反应,气体中的二氧化硫被吸收净化,雾化的浆液被干燥;吸收二氧化硫并干燥的含粉料(脱硫灰)烟气出吸收塔后进入布袋除尘器进行气固分离,净化后的烟气经烟囱达标排放,脱硫灰被集

---

① 江苏沙钢集团网站,http://www.sha-steel.com/newspage.aspx?pid=6457,2013-4-30登录。

中收集。虽然安装脱硫装置是赔本买卖，但其社会效益却无法用金钱衡量。①

包头钢铁②。

——2013年8月，包钢公司生产部组织环保工作检查组，对包钢厂区主体生产单位以及包钢西创、综企公司、建安公司所属单位开展环保大检查。检查重点是各厂矿已有环保设施是否正常运行，除尘灰、物料等在二次倒运过程中是否存在无序排放问题，是否有"跑、漏"现象等。检查结果表明，虽然各单位按照公司要求为环保治理做出了努力，取得了一定的效果，但也暴露出一些环保管理工作不到位、环保设施维护检修不及时、治理效果不明显、环境治理主动性不强等问题。

——2013年年初以来，包钢尾矿库除了有鹤外，还栖息着红雁、野鸡、野鸭等十几种禽类。包钢尾矿库是国内最大的重要生产设施。近几年，包钢加大尾矿坝库区治理，开展了坝体加固，水质达标排放，植树绿化、生态移民等工程，收效显著。特别是水资源达标排放后，尾矿库水质得到彻底改善，鱼类、鸟类回归，这是对包钢多年来环保投入的回馈。今后，包钢将把尾矿库打造成绿色库区，启动"包钢白云鄂博矿产资源综合利用示范基地建设"项目，其中"白云鄂博综合回收铁、稀土、铌、萤石选矿新工艺示范项目"借助新的选矿体系建设和新型尾矿干堆技术，将600万吨氧化矿石留在白云鄂博矿山分选。项目建成后，尾矿堆存每年可减少一半以上，按照项目规划，在未来十年中包钢最终实现尾矿坝封库，把尾矿库打造成绿色库区。

—— 2013年6月，总投资2.8亿元的包钢总排水深度处理工程加紧施工。该工程处理能力为每小时3500立方米，届时将满足稀土钢板材公司冷轧、炼铁等对水质要求较高工序的用水需求。工程计划年底竣工。目前，包钢新建项目的水系统均采用国内外最先进的节水工艺，现有设备也选用先进的节水技术加以改造。包钢厂区所有的污水都排入包钢污水处理中心，处理过的水绝大部分回用厂区。包钢总排水深度处理工程是针对达标排放的水进行深度处理，处理后供给对水质要求比较高的一些工序使

---

① http://www.acfic.org.cn/publicfiles/business/htmlfiles/qggsl/js_qydt/201010/22806.html，2013-4-30登录。

② http://www.btsteel.com/NewsClass_jryw.asp?BigClass=新闻中心&SmallClass=今日要闻，2013-4-30登录。

图 6-10 白鹤在水中小憩

用,特别是满足稀土钢板材公司用水需求。包钢"十二五"期间将实施几项重大节水举措,包括项达标排放的中水要全部回用、所有高炉要采用密闭循环系统以及排泥水将实现全部回收、回用。

鞍钢[①]。

——CCPP。鞍钢建设的燃气轮机联合循环发电机组(CCPP)利用鞍钢富余的高炉煤气进行发电,有效降低高炉煤气放散对环境的污染。2008 年,回收利用富余高炉煤气 22 亿标准立方米,回收利用焦炉煤气 1.4 亿标准立方米,节约标准煤 33.4 万吨,CCPP 发电量达 13.2 亿千瓦时。

——淘汰落后产能。实施提铁降硅攻关,大幅降低高炉矿耗和尘灰;淘汰热烧结工艺,生产冷烧结矿,粉尘排放量大幅减少;淘汰落后高炉和小焦炉,新建现代化大高炉和大焦炉,配套建设焦炉装煤、推焦除尘系统和干熄焦设施;淘汰产能为 520 万吨的 12 座平炉,建成 6 座大型现代化转炉;转炉生产采用二次除尘、溅渣补炉、散状料筛分、新式氧枪定位等新工艺,每年减少大量外排废气和粉尘排放,能耗大幅降低;新增脱硫扒渣、LF、RH-TB 和 VD 精炼等设备,形成从铁水预处理到转炉自动吹炼、钢水炉外精炼与真空处理再到铸坯的高效连铸生产工艺流程;淘汰模铸、初轧工艺,实现负能炼钢和全连铸,大幅降低能耗和污染物排放。

---

① http://www.ansteelgroup.com/news/xwzx/,2013-4-30 登录。

——废物再生。建成矿渣微粉生产线和矿渣水泥生产线,对高炉水渣进行深加工;建成粉煤灰、含铁尘泥循环利用系统,回收利用发电粉煤灰;建成瓦斯泥全回收系统,回收的瓦斯泥全部用于烧结配料;合资建设水泥熟料生产线,以发电粉煤灰、石灰石筛下物和铁渣为原料,生产水泥熟料。目前,钢铁渣、高炉泥、转炉泥、轧钢泥及除尘回收的含铁物料全部得到循环利用,自备电厂粉煤灰综合利用率达到60%以上。

八一钢铁。

——八钢是新疆最大的钢铁企业。2012年11月,八钢拆除了两座落后20吨炼钢转炉,淘汰落后产能100万吨,年减少SO_2排放1000吨、减少粉尘排放1500吨。同年12月底,总投资1.8亿元的烧结机烟气脱硫工程建成,该工程具有国际领先水平,投产后脱硫效率可达95%,SO_2排放可小于100mg/Nm^3,粉尘排放可小于30mg/Nm^3,与烧结机同步运行率达99%,实现每年减少SO_2排放量12000吨。[①]

——新疆维吾尔自治区印发《自治区"十二五"重点用能单位节能低碳工程实施方案的通知》,八钢10个项目被列入自治区"十二五"重点用能单位节能低碳工程,分别为:430平方米烧结机主轴风机为蒸汽透平驱动节能改造项目,锅炉背压发电系统节能改造,2500立方米C高炉煤气炉顶余压发电(TRT),3台烧结机、150吨转炉回收余热发电,水轮机、变频节电及低温余热发电,焦煤集团瓦斯利用,焦煤集团机电系统节能改造,蒙库铁矿余热余压利用工程二、三线破碎系统厂房封闭节能改造,蒙库铁矿余热余压利用等节能改造工程,蒙库铁矿能量系统优化节能技术。

——近年来,八钢积极推广应用先进节能环保新技术,努力提高二次能源综合利用率,在实现企业整体成本降低的同时,还获得国家财政奖励支持,八钢应用的节能环保技术中已有六项获国家财政奖励1.95亿元。近三年来,仅节能减排、环境治理总投资就达到30多亿元,项目包括高压变频调速、电炉烟气余热回收、高炉炉顶余压余热发电等32项新工艺、新技术。八钢积极推广现有成熟节能技术,利用富余焦炉、高炉、转炉煤气,八钢全年可减少动力煤购买量50余万吨,削减一次能源消耗。与兵团农合作建设年产180万吨的矿渣微粉项目,既减少固体废弃物排放,又

---

① 肖华堂:《"十二五"八钢节能减排全面提速》,《新疆钢铁》2012年第4期。

取得经济和社会效益。目前，八钢因税收减免和生产管理、节能减排政策综合利用项目等已获得国家各项财政奖励 4.6 亿元。①

从以上代表性钢铁企业在节能减排方面的事例可以看出，我国钢铁行业低碳化进程已有多年，措施大致包括淘汰落后产能、更新设备技术、循环利用资源、绿化厂区环境等，促进钢铁企业低碳、绿色、循环、生态良性发展，取得一定的成绩，但依然有巨大的节能减排降耗空间。

促进钢铁行业节能减排的措施建议

（1）建立能源管理中心，对能耗实施精细化管理，提高能源管理信息化程度，政府可以提供部分财政资金补贴，支持钢铁企业能源管理中心建设，逐步建立全国统一的钢铁行业能源消耗实时动态数据库。能源管理中心负责全厂能源消耗预算、计划、平衡、调度、调节、监测、统计、考核、分析等能源控制职能，能源监测统计落实到工厂、车间、工序、产品等微观环节，进行时序对标、工序对标、产品对标，研究分析各工序、各环节节能潜力，自下而上、由局部到整体有效推进节能降耗。为提高个体操作人员的节能降耗积极性，可以引入绩效激励机制，即对在考核年度中取得超过既定基准能耗目标的，从节能降耗的成本节约中提取一定比例（如 5%—10%），奖励取得成绩的工人、小组、车间、工厂等，调动所有工作人员节能降耗的积极性。可以预见，节能降耗效益的取得会来源于管理改进、责任心增强、技术改进、结构调整等不同因素，充分释放节能降耗正能量。

（2）加强各种技术研发，提高生产设备技术水平，融合生产技术和环境技术，从技术源头实现增产与环保两者兼容。钢铁涉及产品类型多、工序环节多，可以创新改进的技术领域范围极广，创新空间极大。如柳钢生产工序涉及炼铁、焦化、烧结、球团、炼钢、轧钢及其他辅助工序，2011 年柳钢这些工序能源消费情况是，炼铁占 57.9%，焦化占 5.3%，烧结占 9.6%，轧钢占 7.3%，辅助工序占 17.9%，其他工序能耗占比较低，那么，这些环节就是节能降耗的重点工序环节。② 提升技术水平，可以引进、自主研发、引进—消化—提高等不同路径。例如，2013 年 2 月，印度钢铁企业向日本引进 17 项节能技术，包括对钢铁厂产生的热能以及天

---

① 刊编辑：《八钢十项目入选新疆"十二五"重点用能单位节能低碳工程》，《八钢应用的节能环保技术获国家财政奖励》，《新疆钢铁》2012 年第 4 期。

② 黄元明：《"十二五"柳钢生产系统节能实施途径的探讨》，《柳钢科技》2013 年第 1 期。

然气进行再利用发电、大幅减少电力消耗等技术。印度向日本引进技术是为破解印度钢铁行业推进扩大化和现代化发展与高耗能矛盾的难题。从理论上说，只要解决能源资源利用效率和排放再回收利用等问题，任何"高能耗、高污染、高排放"产业都可以摘掉"三高"帽子，转化为绿色产业。因此，钢铁行业技术创新发展空间极大。当管理精细化到一定程度，节能减排终极任务还是得依靠技术进步。赵建安等实证研究结果显示，我国钢铁工业在技术节能减排方面，需要淘汰落后产能，提高产业集中度，由此实现的技术节能减排约占1/3；通过积极引进、创新生产新工艺，实现生产过程精确化控制，由此可实现的技术节能减排约占2/3；以2005年先进水平为基准和综合能耗为基数，有270—280公斤标煤/吨钢的节能潜力。[1]

（3）节能、降耗、减排、治污、生态，不尽相同，但你中有我，我中有你，难以分割。钢铁行业任何用以节能减排、防治污染的环境项目都能取得上述不同方面的环境效益，是低碳经济、绿色经济、循环经济、生态经济四种经济形态高度交汇的领域，因此，节能减排、污染防治项目的投资都力争取得上述环境效益的最大化，提高上述环境目标的协同度。而且，在实现上述环境目标的同时，往往也能取得部分经济收益。如江苏沙钢将矿砂粉制成水泥，煤气、蒸汽、炉渣、工业污水和焦化副产品的再回收循环利用，既减少污染物排放，又获得经济效益；烧结机脱硫项目同时减少SO_2、烟粉尘排放，当然还有进一步协同降低其他污染物排放的潜力；包钢综合回收铁、稀土、铌、萤石矿石资源，减少了污水排放，又改善了尾矿库水质，改善了生态环境，实现绿色经济、生态经济的统一。可见，钢铁行业未来节能减排、环境保护项目立项，应努力提高环境、生态、气候、经济目标协同度，最大化节能、降耗、减排、治污、生态、经济效益，相互带动，相互促进，追求整体效益最优。

（4）提供优惠财税金融政策，扶持废钢循环利用产业发展，有利于节约铁矿石资源、节能和降低生产成本。生产钢铁需要使用铁矿石，使用铁矿石生产1吨钢铁，在生产过程中会排放2.1吨CO_2；如果回收再利用废钢生产1吨钢铁，仅排放0.6吨CO_2，这就意味着通过废钢生产钢铁既

---

[1] 赵建安等：《我国主要工业部门技术节能减排的潜力及实现途径探讨》，《自然资源学报》2012年第6期。

减少温室气体排放，又能减少铁矿石、煤炭等资源能源消耗。目前，我国钢铁生产仍以高耗能的长流程为主，约占整个钢铁生产90%，利用废钢的短流程生产所占比重低，与世界高水平相差20多个百分点，废钢利用潜力较大。

2. 非金属矿物制品业

非金属矿物是指不具有金属或半金属光泽、无色或呈各种浅色、在0.03毫米厚的薄片下透明或半透明、导电性和导热性差的矿物。非金属矿物包括绝大部分含氧盐矿物以及部分氧化物和卤化物矿物。非金属矿物制品就是利用非金属矿物固有特性的原料加工成的制成品。按照特征不同，非金属矿物制品业可分为：①水泥制品和石棉水泥制品业，包括水泥制品业、石棉水泥制品业、其他水泥制品业等；②砖瓦、石灰和轻质建材制造业，包括砖瓦制造业、石灰制造业、建筑用石加工业、轻质建材制造业、防水密封建材制造业、隔热保温材料制造业等；③玻璃及玻璃制品业，包括建筑用玻璃制品业、工业技术用玻璃制造业、光学玻璃制造业、玻璃仪器制造业、日用玻璃制品业、玻璃保温容器制造业等；④陶瓷制品业，包括建筑、卫生陶瓷制造业、工业用陶瓷制造业、日用陶瓷制造业、其他陶瓷制品业等；⑤耐火材料制品业，包括石棉制品业、云母制品业、其他耐火材料制品业等；⑥石墨及碳素制品业，包括冶金用碳素制品业、电工用碳素制品业、其他石墨及碳素制品业等；⑦矿物纤维及其制品业，包括玻璃纤维及其制品业、玻璃钢制品业、其他矿物纤维及其制品业等；⑧其他类非金属矿物制品业，包括砂轮、油石、砂布、砂纸、金刚砂等磨具磨料制造等。2010年非金属矿物制品业能耗达2.77亿吨标准煤，占工业能耗总量的12%，居第三位；能耗强度达0.86万吨标煤/亿元，也列第三位。可见，非金属矿物制品业也是低碳化改造的重点工业行业。下面以水泥行业为例说明非金属矿物制品业的低碳化改造问题。

"十一五"期间，我国水泥工业在节能减排方面已做了大量工作，如淘汰落后水泥产能3.4亿吨，推广新型干法工艺达到1300多条生产线，推进循环经济发展模式，有三家水泥企业成为国家首批循环经济试点单位等。这些努力降低了吨熟料水泥烧成标准煤耗，降幅达20%，但是并未改变水泥行业"高能耗、高消耗、高排放"的"三高"特征，能耗水平和节能技术与国外先进水平相比仍有一段差距，行业低碳化改造任务依然很重。[1]

目前，我国水泥行业的现状是：一是产出规模大。2012年，我国水泥产量达21.8亿吨，同比增长7.4%。二是能源资源消耗大，需要巨量的能源和石灰石等矿物资源消耗才能维持水泥行业的巨量产出，而且水泥生产规模仍在继续扩大。三是污染物排放量大，水泥工业排放的污染物包括废水、烟（粉）尘、SO_2、NO_X、HF、CO_2、固体废弃物等。环境保护部污染物排放总量控制司2009年全国环境统计资料显示：2009年水泥生产排放粉尘约1330万吨，粉尘污染排放高于国外15倍；SO_2排放量约100万吨，NO_X排放量$1.3—1.6×10^6 m^3$，排放高于国际先进水平6—10倍，在华中、西南、华东、华南等地区形成酸雨区，且污染呈加重趋势。[2]

我国水泥行业持续低碳化的措施具体如下。

（1）继续淘汰落后产能

要加快淘汰窑径3米以下的立窑生产线、窑径2.5米以下的水泥干法中空窑和水泥湿法窑生产线，以及熟料来源不稳定、单位产品能耗偏高、主要污染物超标排放的产能等。

（2）推广最佳可获得技术

最佳可获得技术是指最有效、最先进、最节能的工艺技术和装备水平，且可进行实际应用。应用最佳可获得技术，可取得显著经济和环境效益。最佳可获得技术有三方面含义：一是技术的综合性，包括技术本身、技术设计、安装、维护及运行等；二是技术可获得性，即在工业生产中可获得实际经济运行；三是技术最佳，即应用该技术可取得最优经济和环境效益。顾阿伦等归纳了18种水泥行业的最佳可获得节能减排技术，其中，减排潜力最大的四种技术是水泥生产的碳捕集与封存（CCS）、能耗在线检测和分析管理系统、水泥生产替代燃料和纯低温余热发电技术，但CCS技术边际减排成本最高；前13种减排技术属于成本有效减排技术，在减排同时还能节约成本，尤其以矿山优化开采、新型窑尾钢丝胶带提升机、生料立磨粉磨技术、生料辊压机粉磨技术和矿石输送拖动发电系统等技术

---

[1] 左振军、杨墨：《关于"十二五"期间我国水泥工业节能减排的思考》，《中国水泥》2011年第7期。

[2] 刘维维等：《水泥工业节能减排措施及节能量分析》，《环境科学导刊》2012年第3期。

类型属于具有可观投资回报的减排技术①（见表6-25）。对于减排潜力大且成本有效的最佳可获得技术应给予优惠财税金融政策，支持企业推广应用。

表6-25　　　　　水泥行业18种最佳可获得节能减排技术

编号 Number	技术名称 Technology	技术要求 Key points of technology
1	矿山优化开采	通过自动化、信息化技术，制定矿山优化方案，实现矿山开采零排放
2	矿石输送托动发电系统	通过矿石输送的落差及重力作用，带动发电机组的运行，实现能量的充分利用
3	生料立磨粉磨技术	通过立磨粉磨作用，大幅度提高粉磨效率；通过高温废气的引入，进行原料的烘干和选粉，大幅度提高生产能力
4	生料辊压机粉磨技术	通过辊压粉磨作用，提高能量的利用率；通过V型选粉机进行选粉和烘干联合作业，满足了粉磨兼烘干的需求
5	高效分解炉预热器系统	通过采用低压损的6级预热器和新型分解炉，预热器出口废气温度由360℃降到300℃，生产每吨熟料可节省标准煤5公斤
6	新型高效燃烧器	采用大力推进、一次风速可达300m/s，风量低于8%，吨熟料生产可节省约1公斤标准煤
7	新型窑尾钢丝胶带提升机	采用钢丝胶带提升机代替原气力提升机，向窑尾预热器输送生料
8	第四代篦冷机技术	新一代进行式稳流篦冷机，依据料床变化自动调节冷却风量、无漏料
9	辊压机加球磨机联合粉磨系统	采用辊压机作为预粉磨，再通过球磨机粉磨制成水泥产品
10	纯低温余热发电技术	在不增加熟料烧成热耗的前提下，采用了出预热器废气和出篦冷机预余风的余热进行发电
11	新型高效烘干技术	通过全新的结构设计，增加物料与热气流的接触，大幅度提高烘干效率
12	高温风机变频技术	对高温风机安装变频调速，包括窑尾风机、篦冷机风机等
13	能耗在线检测和分析管理系统	通过信息化、智能化技术应用、分解生产线各工艺过程的能耗水平，实现能源管理
14	增加预热器级数	将目前采用的5级预热器增到6级预热器，可降低出口废气温度约100℃
15	戊烷介质纯低温余热发电技术	通过采用戊烷介质，使低温度气（<150℃）也可进行余热发电

---

① 顾阿伦等：《中国水泥行业节能减排的潜力与成本分析》，《中国人口·资源与环境》2012年第8期。

续表

编号 Number	技术名称 Technology	技术要求 Key points of technology
16	水泥熟料煅烧富氧燃烧技术	通过提高助燃空气中的氧含量，提高燃煤的燃烧效率，提高熟料的形成速率
17	水泥生产替代燃料技术	通过工、农业废物的预处理，生产替代燃料，用于水泥窑炉的煅烧
18	水泥生产的碳捕集与封存（CCS）	将水泥窑炉排放烟气通过管道送入地下进行封存

（3）逐步在全国水泥行业建立能源资源消耗数据监测统计信息共享系统

缺乏客观、准确、可靠、科学的资源能源消耗数据监测统计体系，能源资源消耗分析缺乏依据，政策措施推出缺乏科学论证基础，因此，有必要在全行业由粗到细逐步建立行业能源资源消耗数据监测统计体系，完善数据库建设，将能耗资源消耗数据深入工厂、生产线、工序、产品等各个环节。只有摸清楚能源资源消耗足迹，企业才能更好地有针对性地采取措施节能降耗减排。

（4）提高企业管理水平，推行清洁生产方式以及完善循环经济发展模式

提高水泥生产企业管理水平，增强管理人员、工程技术人员、操作工人在内所有员工的环境意识、参与意识和职业素养。推行清洁生产，促进节能、降耗、减污、增效，并改善员工工作环境。在水泥企业自身废水、废气、余热、废渣、尾矿等综合利用"小循环"基础上，与化工、电力、建筑等关联行业企业相衔接，延展产业链，向"中循环""大循环"发展，实现废弃资源、能源在更多的企业和产业、更长的产业链中循环利用。

（5）积极利用碳交易市场，将节能减排环境效益转化为现实经济效益

企业节能减排项目投资，不仅能从节能降耗中获得直接经济效益，而且其产生的碳排放量可通过国内外碳交易市场，将环境气候效益转化为现实的经济收益。例如，江苏鹤林水泥股份有限公司"15兆瓦低温余热发电项目"采用国际最先进纯低温余热发电技术，不增加其他一次能源和资源投入，仅通过回收利用公司熟料生产过程中窑尾预热器及窑头熟料冷

却机废气余热联合生产低压过热蒸汽,供给电站发电,年可实现余热发电1亿多度,折算可减少消耗3万余吨标准煤。2011年7月,该项目因减排获得联合国签发核证减排量(CERs)超过10万吨二氧化碳当量,以11.5美元/吨价格出售,当年获得碳收益超过百万美元,取得良好环境经济效益。① 目前,随着国内碳交易市场发展步伐的加快,国内自主减排碳交易、碳配额交易以及国际CDM市场为水泥及其他高能耗高排放企业提供了诸多将环境气候效益转化为现实经济收益的机会,将进一步激励企业节能减排低碳发展的积极性。

3. 化学原料及化学制品制造业

化学原料及化学制品制造业,又称化学工业,是指利用化学工艺生产经济社会所需的各种化学产品的社会生产部门的总称。根据国家统计局行业分类标准(GB/T 4754—2011),化学原料及化学制品制造业包括基础化学原料制造②,肥料制造,农药制造,涂料、油墨、颜料及类似产品制造,合成材料制造,专用化学产品制造③及日用化学产品制造等七个子行业。④ 前面计算结果(表6-3和表6-4)显示,2010年化学工业能源消耗29689万吨标煤,占工业能耗总量12.8%,列第二位;化学工业能耗强度为0.62万吨标煤/亿元,列第五位;可见,化学工业也是节能减排和低碳化改造的重点领域。而在化学工业中,五大重点行业合成氨、甲醇、电石、氯碱、纯碱的能源消耗,分别约占我国化学工业能源消耗总量的25%、12%、9%、9%、2%。在这些化工产品中,一般产品能源成本占总

---

① 信息荟萃:《利废、环保、节能、增效四获益 鹤林水泥"碳交易"打入国际市场》,《上海建材》2011年第5期。

② 根据国家统计局关于制造业行业分类标准,基础化学原料制造行业包括:无机酸、无机碱、无机盐、有机化学原料制造和其他基础化学原料制造五个细分子行业。主要产品包括"三酸两碱"(硫酸、硝酸、盐酸、烧碱、纯碱)、电石、三烯、三苯、乙炔、萘等产品。基础化学原料上游主要是原油、天然气、煤炭、原盐等大宗商品,本身主要作为生产下游衍生化工产品的中间投入。

③ 依据国家统计局关于制造业的划分标准,我国专用化学品制造行业包括化学试剂和助剂制造、专项化学用品制造、林产化学产品制造、信息化学品制造、环境污染处理专用药剂材料制造、动物胶制造、炸药火工及焰火产品制造和其他专用化学品制造8个细分领域。一般而言,专用化学品和精细化学品共同构成了"精细化工"概念,其中一些技术含量较高、工艺先进的产品则同时属于"化工新材料"范畴,与"战略性新兴产业"关系密切。

④ 国研网行业研究部:《2012—2013年度化学原料及化学制品制造业分析报告》。

成本的 20%—30%，高能耗产品能源成本甚至占总成本的 70%—80%，汞排放量接近全国 60%，CO_2 排放强度明显高出化工行业平均水平。因此，这五大化工行业又构成化工行业节能减排和低碳化改造的重点。①

合成氨

合成氨工业是关系我国农业和国民经济发展的重要行业，其能耗数量居五大化工重点能耗行业之首，这与其原料结构、技术结构、企业结构紧密相关。首先从原料结构看，我国合成氨生产原料以煤为主，以天然气为辅。2011 年，国内合成氨生产原料中煤炭、天然气、油、焦炉气分别占 76%、21%、2% 和 1%。在煤炭原料中，无烟煤占 64%，非无烟煤占 12%。这种原料格局是由我国多煤少气能源结构决定的。其次是技术结构和企业结构，2011 年，天然气合成氨综合能耗平均为 1205 千克标煤/吨，其中 35% 产能综合能耗处于先进水平（1020—1160 千克标煤/吨）；非无烟煤合成氨生产主要以大中型氮肥企业为主，综合能耗为 1500—2050 千克标煤/吨，平均综合能耗为 1688 千克标煤/吨，其中 40% 产能综合能耗达到先进水平（1500—1700 千克标煤/吨），17% 产能处于落后水平（1800—2050 千克标煤/吨）；无烟煤合成氨综合能耗平均为 1683 千克标煤/吨，装置综合能耗在 1365—2050 千克标煤/吨区间变动，相差悬殊，其中平均水平产能占 50%，先进水平产能占 35%，落后产能占 15%，企业数量分别占 43%、28%、29%，落后产能以中小型氮肥企业居多。② 整体而言，我国合成氨产业综合能耗与国际先进水平存在一定差距，达到先进水平的产能占比总体偏低，高能耗产能大多集中在中小企业，降低综合能耗，提升先进水平产能占比还有较大潜力空间。工艺技术和装备技术进步是节能降耗最重要措施，消除企业间竞争造成的技术流动障碍，政府推动先进技术装备推广应用，可以促进合成氨生产综合能耗下降。另外，部分企业节能降耗意识淡薄，多数企业能源统计制度、方法、设施、组织不健全，缺乏有力有效激励和奖惩机制，一些企业开展热电联产、蒸气多级利用、余热回收利用积极性有待提高，这些因素不利合成氨生产企业节能减排，需要加强引导，完善基础设施和制度。

甲醇

与合成氨相似，甲醇生产综合能耗水平、CO_2 和"三废"排放量与

---

① 郁红：《合成氨：有多少潜力可以变成现实》，《中国化工报》2013 年 3 月 4 日。
② 同上。

原料路线选择、工艺路线选择紧密相关。综合能耗方面，2011年，天然气制甲醇单位产品能耗为1293千克标准煤/吨，焦炉气制甲醇单位能耗为1733千克标准煤/吨，无烟煤制甲醇单位产品能耗1830千克标准煤/吨，烟煤、褐煤制甲醇单位产品能耗为1958千克标准煤/吨。2011年，甲醇原料结构中，煤、焦炭占66%，天然气占19%，焦炉气占15%；CO_2排放方面，天然气制甲醇先进产能排放0.4—0.6吨CO_2/吨甲醇，焦炉气制甲醇先进产能排放1.45—1.55吨CO_2/吨甲醇，非无烟煤制甲醇先进产能排放3.4—3.8吨CO_2/吨甲醇，无烟煤制甲醇先进产能排放3.8—4.0吨CO_2/吨甲醇；在"三废"排放方面，煤制甲醇即使采用洁净煤技术和先进环保处理设施排放的大气和水体污染物也超过天然气甲醇。由于不同企业甲醇生产装置技术水平和规模不同，综合能耗在相同原料制造甲醇企业之间产生差异。其中，天然气制甲醇先进产能综合能耗1020—1200千克标准煤/吨，占30%；一般产能1200—1365千克标准煤/吨，占62%；另有8%落后产能。焦炉气制甲醇先进产能综合能耗1500—1650千克标准煤/吨，占65%；一般产能综合能耗1650—1750千克标准煤/吨，占30%；1750千克标准煤/吨以上的落后产能占5%。非无烟煤制甲醇先进产能综合能耗1650—1850千克标准煤/吨，占45%；一般水平1850—2000千克标准煤/吨，占43%；2000千克标准煤/吨以上的落后产能占12%。无烟煤制甲醇先进产能综合能耗1500—1700千克标准煤/吨，占35%；一般产能综合能耗1700—1900千克标准煤/吨，占50%；1900千克标准煤/吨以上的落后产能占15%。工艺路线选择也会导致综合能耗差异。煤制甲醇生产工艺主要分为固定层、流化床、气流床气化，其中固定层工艺综合能耗在50—80吉焦，气流床甲醇装置普遍为50—60吉焦。[①]

甲醇工业节能减排潜力空间比较大。目前，甲醇工业节能减排存在的问题表现在：一是产能扩张过快，部分企业使用效率低下的技术扩大产能，产业发展质量欠佳；二是技术装备水平偏低，一方面是生产技术装备水平低，落后生产技术在甲醇行业中占比较高，能源利用效率偏低，另一方面污染物控制技术落后，烟气脱硫脱氮处理率、污水深度处理与回用率普遍较低；三是环保管理水平相对落后，缺乏足够环保管理组织机构和人员保证，设施不能适应加强环保工作需要。

---

① 刘敬彩：《甲醇：技术升级该从何处破题》，《中国化工报》2013年3月5日。

电石

近几年，国家推出系列电石行业低碳化发展政策。2006年5月，国家发改委下发《关于加快电石行业结构调整有关意见的通知》，明确表示要淘汰落后产能；2007年，颁布新修订的《电石行业准入条件》，对新建和改扩建电石装置的生产布局、工艺技术和装备规模、能源消耗与资源综合利用、环保监管等方面做出规定；2008年4月，环保部发布《清洁生产标准——电石行业》。在这一系列政策引导下，电石单位产品能耗逐年下降，由2006年的3665千瓦时/吨降至2011年的3310千瓦时/吨，单位产品综合能耗由2006年的1.94吨标准煤/吨降至2011年的1.71吨标准煤/吨，单位产品CO_2排放量由2006年的5.47吨降至2011年的4.85吨。电石生产能耗受电石炉型选择影响较大。2011年，采用密闭式电石炉型装置吨产品能耗为1635.5千克标准煤/吨，CO_2排放量为4553.3千克/吨；采用内燃式电石炉装置的吨产品能耗则高达1887.1千克标准煤/吨，CO_2排放为5224.9千克/吨。到2011年，我国已完全淘汰开放式电石炉，密闭式电石炉产能比例达到58%，内燃炉产能占42%。过去几年，电石行业低碳化依靠淘汰落后产能，未来挖掘节能减排潜力就需要依靠推广应用先进工艺技术和装备，才能持续降低单位产品能耗。[①]

再以一家企业为例说明化工企业的节能减排问题。

广西河池化学工业集团

首先，加强组织领导，健全能源计量统计制度。成立节能工作领导小组，与河池市质量技术监督局签订《共同推进节能降耗增效工作责任书》，成立节能办公室和组建节能小组，制定《河化集团节能管理条例》《生活水电管理条例》《加强节能用电管理的规定》等管理条例，严格考核制度。配备能源计量器具、仪表，建立原始记录和台账，定期报送企业能源利用状况报表和相关资料。

其次，加大投入，推动节能降耗技术改造。一是实施合成氨、尿素装置改造，提高合成氨生产能力和尿素装置生产能力。其中，合成氨采用型煤生产技术、间歇固定床造气、吹风气集中回收、栲胶法半水煤气脱硫、中低温变换、精脱硫及醇烷化精制、氢气膜分离器回收、国昌合成塔技术等工艺和技术，综合能耗达到国内先进水平。尿素装置采用改良水溶液全

---

① 刘敬彩：《电石：普及先进炉型还需要做什么》，《中国化工报》2013年3月7日。

循环工艺改造老尿素系统,能耗达到国内先进水平。二是实施造气型煤工程,利用块煤筛粉下来的粉煤制成型煤作为入炉原料。三是实施造气吹风气余热回收工程,将原造气炉每三台设备设一个总管,集中回收显热,副产蒸汽。四是实施尿素装置挖潜节能技术改造工程,尿素蒸发系统增设尿素洗涤器和预分离器改造。

再次,发展循环经济,回收利用"三废",提高资源综合利用效益,减少污染物排放。(1)回收利用含氰废水。合成氨生产过程中会产生大量含氰废水,直接排放将会严重污染环境,通过401循环水处理,清除粉煤灰,冷却再利用,实现循环水闭路循环,粉煤灰则再用作燃料。(2)回收利用工艺冷凝液和蒸气冷凝液。其中,工艺冷凝液含有尿素、氨等,经技术改造达到锅炉用水的工艺指标,全部送给热电厂产生蒸气。(3)回收精炼工段含氨废水。精炼工段的再生气含氨,用脱盐水吸收洗涤,制成稀氨水回收利用。(4)循环利用冷却水。合成氨系统和尿素系统冷却水通过循环水处理场统一集中处理,再次循环使用。(5)回收精炼工段再生气。再生气含有 CO、CO_2、NH_3 等气体,打回系统作为合成氨原料气。(6)回收合成氨吹出气、驰放气。合成氨系统因必须控制一定压力需将一部分惰性气体排出系统,包括 H_2、N_2、NH_3 等气体,通过蒸氨岗位回收氨,变压吸附和膜分离回收氢后得到的气体作为生活煤气和造气吹风气回收利用。(7)增设液体 CO_2 装置。合成氨系统产生的没有消化完的 CO_2 通过液体 CO_2 装置生产食用液体 CO_2。(8)治理和综合利用固体废物。将煤气发生炉产生的煤渣用作循环流化床锅炉的燃料,将循环流化床锅炉产的炉渣作为生产水泥的掺合料,锅炉炉渣全部回收利用。(9)回收利用低品位能源。公司合成氨生产工艺是以煤制造半水煤气的,粉煤锅炉不能回收这部分能量,但循环流化床锅炉能全部回收。(10)减少 SO_2 排放。采用循环流化体锅炉,排烟 SO_2 都能达标,循环流化体锅炉炉渣能进一步综合利用,灰渣可作水泥厂掺和料。(11)节约电能。省掉石磨机、排粉风机,降低电耗。(12)回收利用余热余压。热电厂背压式汽轮发电机组,利用过热蒸气的余压发电,利用合成氨系统的余热产生蒸气。

4. 小结

综上所述,高能耗高排放高污染工业行业是由我国目前经济发展阶段、国民经济需求结构等因素所决定的,是构成国家经济体系的重要组成部分,在结构调整过程中被挤出和压缩的空间较为有限,探索节能、降耗、减排、治污、绿化、增效协同解决是其唯一选择。节能、降耗、减排、治污、绿化、增效协同解决的过程也便是高碳工业低碳化改造的过程。通过对上述三个代表性高碳行业的分析，传统工业低碳化改造的途径归纳起来大致包括：①加强环境管理，提高各级组织节能减排责任感和积极性，可以引入激励机制，提出部分节能降耗减排效益用于奖励环境绩效优秀团队和个人，激发和释放工业企业全员节能减排正能量；②购置能耗、物耗、排放统计计量必备仪器设备，相应建立能耗物耗管理中心等组织体系，健全相关数据台账和报表填制和报送制度，逐步构建企业、行业、省市、国家层面共享的能耗、物耗、排放数据库，为节能降耗减排治污提供基础数据和科学决策依据；③继续淘汰落后产能，随着技术的进步，周期性检查和淘汰相对落后的产能；④推广最佳可获得技术，相关政府职能部门、各行业协会、龙头企业等可以联合评选推荐各自行业的最佳可获得技术，再逐步推广应用；⑤鼓励支持融合创新生产技术和环境技术，提高工序、工艺、工具、设备、装备技术水平，提高资源利用效率和生产效率，从源头上节能减排降耗；⑥推进循环经济建设，回收利用废水、废气、固体废物、余温余额等，提高资源综合利用效率；⑦加强企业间、国内外技术合作和经验交流，共同促进节能减排；⑧积极利用国内外碳交易市场，将气候环境收益转化为现实经济收益，为持续节能减排增加动力和经济支持。

第七章

我国工业低碳发展的政府规制、制度创新及地方实践

近些年来,我国能耗强度和碳排放强度持续下降,这些低碳发展成绩的取得与我国不断建立和完善低碳发展相关法律法规、各级政府编制低碳发展规划、探索推行政府强制采购绿色产品、财税优惠补贴支持、淘汰过剩落后产能、环境权益交易、节能环保产品推荐使用等新制度、新政策、新措施密不可分,与地方省市、工业园区推进低碳转型的行动实践密不可分,本章将着重分析推进我国低碳战略转型的政府规制、制度创新与具体的地方实践,总结其中的经验与不足。

一 政府规制

为推进我国工业低碳发展,国务院、发改委、工信部、环保部、科技部、能源局等组织机构,通过制修订法律法规,编制发展战略规划、产业发展规划、产业(产品)发展指导目录、科技专项规划、污染防治规划、能效标准和污染排放标准,重点工程建设、推行试点示范等,指导推进我国工业领域绿色低碳发展。尤其"十二五"以来,为确保实现国家确定的节能减排降污目标,各部委制定了一系列绿色低碳相关规划、行动方案、标准等,对加速我国工业领域绿色低碳转型源源不断地注入制度推进力。

(一)制定了一系列工业绿色低碳发展相关的法律法规

我国先后制定了一系列与工业绿色低碳发展密切相关的法律,其中包括《可再生能源法》《清洁生产促进法》《节约能源法》《循环经济促进

法》《环境保护法》《环境影响评价法》等,这些法律对促进工业领域发展清洁能源、提高能效、推进工业企业清洁生产和循环利用能源资源、减少污染排放保护生态环境意义重大。

相关部委根据需要还制定了许多行政法规。例如,1990年原国家计委就颁布实施《节约能源监测管理暂行规定》,以加强国家节能管理,促进节能降耗;1999年原国家经贸委颁布实施《重点用能单位节能管理办法》,以强化对重点用能单位的节能管理;2005年3月实施由国家发改委、国家质检总局联合制定的《能源效率标识管理办法》,以推动节能技术进步和提高能源效率;2012年5月,财政部、发改委、工信部联合制定了《节能产品惠民工程高效节能房间空气调节器推广实施细则》和《节能产品惠民工程高效节能平板电视推广实施细则》,对高效节能产品提供财政补贴,促进高效节能产品消费;2014年12月,环保部修订了《陶瓷工业污染物排放标准》(GB 25464—2010),指导陶瓷工业企业减少污染物排放。

(二) 编制了一系列工业绿色低碳发展相关的发展规划

表7-1是按时间先后归纳的2010年以来国务院、发改委、工信部、科技部、环保部等组织机构编制的部分与工业绿色低碳发展相关的发展规划、工作方案和指导意见。一般而言,国务院做好总体综合性顶层设计,部委参照制定具体规划。表7-1中,有综合类的,如国务院制定的《"十二五"节能减排综合性工作方案》《"十二五"控制温室气体排放工作方案》《工业转型升级规划》《节能减排"十二五"规划》《能源发展"十二五"规划》《循环经济发展战略及近期行动计划》等;有专项类的,如工信部制定的《工业节能"十二五"规划》《工业清洁生产推行"十二五"规划》,发改委制定的《全国老工业基地调整改造规划(2013—2022年)》等;还有许多指导低碳环保产业发展的规划和意见,如国务院下发的《关于加快培育和发展战略性新兴产业的决定》,将节能环保、新能源、新能源汽车列为战略性新兴产业;工信部制定的《太阳能光伏产业"十二五"发展规划》《环保装备"十二五"发展规划》《大宗工业固体废物综合利用"十二五"规划》《"十二五"国家战略性新兴产业发展规划》,国务院制定的《"十二五"节能环保产业发展规划》《节能与新能源汽车产业发展规划(2012—2020年)》《关于加快新能源汽车推广应

用的指导意见》，发改委制定的《半导体照明节能产业规划》等发展规划对促进我国节能环保、新能源、新能源汽车等战略性新兴产业发展将产生有力的推动作用，同时将对优化我国产业结构和能源结构、构建绿色低碳高新等具有低碳特征的产业结构体系发挥积极作用。

另外，国务院还制定了《关于化解产能严重过剩矛盾的指导意见》，用以指导各级政府有效化解部分行业过剩产能，或淘汰部分行业后产能；科技部制定了《洁净煤技术科技发展"十二五"专项规划》《风力发电科技发展"十二五"专项规划》《废物资源化科技工程"十二五"专项规划》等专项规划，这些专项规划将推动洁净煤技术、风电技术、废物资源化利用技术进步，对我国高效清洁利用煤炭、风电和废物资源，提高能源资源综合利用效率具有重要意义；环保部制定了《重金属污染综合防治"十二五"规划》，用以约束重点防控工业行业的砷、铅、汞、铬、镉等重金属污染，从污染排放刚性约束方面驱动工业企业绿色发展。

大体来说，我国自2009年确定到2020年单位GDP的二氧化碳排放量降低40%—45%的目标后，就加快了经济发展低碳转型的步伐，从国务院到各部委，再到各级地方政府都自上而下制定低碳发展规划和行动方案，大多将工业作为低碳转型重点领域推进实现低碳目标。可以预期，在2014年11月我国进一步明确到2030年甚至更早达到碳排放峰值目标后，各领域各地方推进低碳转型的政策措施、转型力度会更加有效、有力。

表 7-1 近几年我国工业绿色低碳发展相关规划、工作方案和指导意见

时间	机构	规划名称	主要内容
2010.10	国务院	《关于加快培育和发展战略性新兴产业的决定》	确定到2015年，战略性新兴产业增加值占GDP比重达到8%左右，到2020年达到15%左右。节能环保、新一代信息技术、生物、高端装备制造产业成为国民经济的支柱产业，新能源、新材料、新能源汽车产业成为国民经济的先导产业
2011.2	环保部	《重金属污染综合防治"十二五"规划》	涉及5大重点防控行业的砷、铅、汞、铬、镉等重金属污染，提出到2015年，重点区域重点重金属污染排放量比2007年减少15%，非重点区域重点重金属污染排放量不超过2007年水平

续表

时间	机构	规划名称	主要内容
2011.8	国务院	《"十二五"节能减排综合性工作方案》	到2015年,非化石能源占一次能源消费总量比重达到11.4%;工业锅炉、窑炉平均运行效率比2010年提高5个和2个百分点,电机系统运行效率提高2—3个百分点,新增余热余压发电能力2000万千瓦
2011.12	国务院	《"十二五"控制温室气体排放工作方案》	要求大力推进节能降耗,到2015年,形成3亿吨标准煤的节能能力,单位国内生产总值能耗比2010年下降16%;积极发展低碳能源,到2015年非化石能源占一次能源消费比例达到11.4%;控制非能源活动温室气体排放,控制工业生产过程温室气体排放;加强高排放产品节约与替代;开展低碳产业试验园区试点
2012.1	国务院	《工业转型升级规划(2011—2015年)》	要求资源节约、环境保护和安全生产水平显著提升,单位工业增加值能耗较"十一五"末降低21%左右,单位工业增加值用水量降低30%。促进工业绿色低碳发展。大力推进工业节能降耗,促进清洁生产,发展循环经济,积极推广低碳技术,加快淘汰落后产能,提高工业企业本质安全水平
2012.2	工信部	《工业节能"十二五"规划》	提出到2015年,规模以上工业增加值能耗较2010年下降21%左右;钢铁、有色金属、石化、化工、建材、机械、轻工、纺织、电子信息等重点行业单位工业增加值能耗分别比2010年下降18%、18%、18%、20%、20%、22%、20%、20%、18%;主要产品单位能耗持续下降;加快淘汰炼铁、炼钢、焦炭、铁合金、电石、电解铝、铜冶炼、铅冶炼等工业行业落后产能
2012.2	工信部	《太阳能光伏产业"十二五"发展规划》	确定了太阳能光伏产业发展的经济、技术、创新及成本目标
2012.3	工信部	《环保装备"十二五"发展规划》	"十二五"期间环保装备产业总产值年均增长20%,2015年达5000亿元。环保装备出口额年均增长30%以上,2015年突破100亿元。形成10个以上区位优势突出、集中度高的环保装备产业基地,10—20个在行业大型龙头环保装备企业集团
2012.3	工信部	《工业清洁生产推行"十二五"规划》	要求规模以上工业企业主要负责人接受清洁生产培训比例超过50%,通过清洁生产审核评估企业不低于30%。审核报告中提出的清洁生产技术改造项目实施率达到60%以上;重点行业70%以上企业达到清洁生产评价指标体系中的"清洁生产先进企业"水平;培育500家清洁生产示范企业

续表

时间	机构	规划名称	主要内容
2012.3	工信部	《大宗工业固体废物综合利用"十二五"规划》	到2015年大宗工业固体废物综合利用量达到16亿吨,综合利用率达到50%,年产值5000亿元,重点领域包括尾矿、煤矸石、粉煤灰、冶炼渣、工业副产石膏、赤泥等
2012.3	科技部	《洁净煤技术科技发展"十二五"专项规划》	在煤炭提质与资源综合利用、高效洁净燃煤发电、煤基洁净燃料、高效燃煤与工业节能等方面,开发出一批具有国际领先水平的新工艺、新技术,为重点示范工程和洁净煤技术战略性新兴产业提供技术支持。重点包括高效洁净燃煤发电、先进煤转化、先进节能技术、污染物控制和资源化利用技术等技术
2012.3	科技部	《风力发电科技发展"十二五"专项规划》	全面掌握大型风电设计、制造、安装和运营等各领域的核心技术,建立风电公共服务体系,开发储备一批风电新技术,系统部署建设一批国家级重点实验室和工程技术研究中心,全面提升我国风电制造企业的国际竞争力
2012.4	科技部等	《废物资源化科技工程"十二五"专项规划》	"十二五"期间,形成100项左右重大核心技术,开发100项左右市场前景好、附加值高的废物资源化产品,推进100项左右示范工程建设。重点发展再生资源利用技术、工业固废资源化技术、垃圾与污泥能源化资源化技术、废物资源化全过程控制技术等技术
2012.6	国务院	《"十二五"节能环保产业发展规划》	节能环保产业产值年均增长15%以上,到2015年节能环保产业总产值达到4.5万亿元,增加值占GDP比重为2%左右。到2015年,高效节能产品市场占有率由目前的10%左右提高到30%以上,资源循环利用产品和环保产品市场占有率大幅提高
2012.6	国务院	《节能与新能源汽车产业发展规划(2012—2020年)》	到2015年,纯电动汽车和插电式混合动力汽车累计销量力争达到50万辆;到2020年,纯电动汽车和插电式混合动力汽车生产能力达200万辆、累计销量超过500万辆,燃料电池汽车、车用氢能源产业与国际同步发展。燃料经济性显著改善
2012.8	国务院	《节能减排"十二五"规划》	指出到2015年,单位工业增加值(规模以上)能耗比2010年下降21%左右,主要产品单位能耗达到先进节能标准的比例大幅提高,部分行业和大中型企业节能指标达到世界先进水平。工业重点行业主要污染物排放总量大幅降低
2013.1	国务院	《能源发展"十二五"规划》	非化石能源消费比重提高到11.4%,非化石能源发电装机比重达到30%。天然气占一次能源消费比重提高到7.5%,煤炭消费比重降低到65%左右

续表

时间	机构	规划名称	主要内容
2013.1	国务院	《循环经济发展战略及近期行动计划》	到"十二五"末，主要资源产出率比"十一五"末提高15%，资源循环利用产业总产值达到1.8万亿元。到2015年，单位工业增加值能耗、用水量分别比2010年降低21%、30%，工业固体废物综合利用率达到72%，50%以上的国家级园区和30%以上的省级园区实施了循环化改造
2013.2	发改委等	《半导体照明节能产业规划》	到2015年，60W以上普通照明用白炽灯全部淘汰；节能灯等传统高效照明产品市场占有率稳定在70%左右；LED功能性照明产品市场占有率达20%以上。LED照明节能产业产值年均增长30%左右，2015年达到4500亿元。LED芯片国产化率80%以上，硅基LED芯片取得重要突破
2013.3	发改委	《全国老工业基地调整改造规划（2013—2022年）》	节能减排取得明显成效，与2012年相比，单位工业增加值用水量降低32%，单位地区生产总值能源消耗降低18%，化学需氧量、二氧化硫排放分别减少10%、9%
2013.7	工信部	《"十二五"国家战略性新兴产业发展规划》	到2015年，战略性新兴产业增加值占国内生产总值比重达到8%左右，到2020年达到15%，部分产业和关键技术跻身国际先进水平，节能环保、新一代信息技术、生物、高端装备制造产业成为国民经济支柱产业，新能源、新材料、新能源汽车产业成为国民经济先导产业
2013.10	国务院	《关于化解产能严重过剩矛盾的指导意见》	化解钢铁、水泥、电解铝、平板玻璃、船舶等行业产能严重过剩矛盾，同时指导其他产能过剩行业化解工作
2014.7	国务院	《关于加快新能源汽车推广应用的指导意见》	加快新能源汽车的推广应用，有效缓解能源和环境压力，促进汽车产业转型升级

资料来源：根据国务院、发改委、工信部、科技部、环保部官网的法律法规文件整理得到。

二 政策制度

为支持我国经济低碳转型，财政部、国家税务总局、国家发改委、工信部、环保部、中国人民银行等部委也推出制定了一系列政策，在财政、税收、市场、信用等方面创新设计了许多新的制度来促进工业企业低碳发展。归纳起来，近几年探索创新的政策制度大致包括以下方面。

（一）政府强制采购绿色产品制度

2007年7月，国务院办公厅下发《关于建立政府强制采购节能产品制度的通知》，推进政府机构优先采购节能节水产品。截至2014年12月19日，财政部等部委先后公布十七期节能产品政府采购清单，其中包括节能和节水产品。另外，财政部等部委还先后公布了十五期环境标志产品政府采购清单，指导各级政府优先选购环境产品。政府强制或优先选购节能节水及环境产品，可以产生三方面作用：一是可以直接减少政府公务能耗、水耗、污染排放和碳排放；二是可以支持相关生产企业和产业发展，扶持低碳环保产业成长；三是可以为社会提供低碳消费示范，带动私营部门和个人消费者选购低碳绿色环保产品。

（二）税收优惠与财政补贴制度

为促进新能源汽车产业发展，2014年8月财政部、国家税务总局、工信部等部委联合发布《关于免征新能源汽车车辆购置税的公告》，确定对购置的新能源汽车免征车辆购置税，免征期限为2014年9月1日至2017年12月31日。截至2014年12月19日，三部委联合公布三批次免征车辆购置税的新能源汽车车型目录。类似免税措施将能够降低消费者购置成本，激励新能源汽车消费，扩大新能源汽车市场规模，推动新能源汽车生产和产业发展。

另外，财政部还针对一些高效节能电器产品提供财政补贴。例如，按照《节能产品惠民工程高效节能房间空气调节器推广实施细则》规定，对能效等级二级及以上，额定制冷量在14000瓦以下，气候类型为T1的分体式房间空气调节器，提供财政补贴，补贴标准见表7-2。根据《节能产品惠民工程高效节能平板电视推广实施细则》的规定，对满足技术性能要求的高效节能平板电视提供财政补贴，补贴标准见表7-3。这些补贴政策对推广高效节能家用电器消费，促进企业生产高校节能家电产品将产生积极作用，有利于降低消费端能耗和碳排放。

此外，财政部还强化对能源资源征税。为促进环境治理和节能减排，2014年12月，财政部和国家税务总局决定提高成品油消费税，将汽油、石脑油、溶剂油和润滑油的消费税单位税额由1.12元/升提高到1.4元/升，将柴油和燃料油的消费税单位税额由0.94元/升提高到1.1元/升，这将进一步抑制原油能源消费，减少燃油碳排放。

表 7-2　　　　　　　　　高效节能空调推广财政补贴标准

额定制冷量（瓦）	定速空调（元/台、套）		转速可控性空调（元/台、套）	
	能效等级 1 级	能效等级 2 级	能效等级 1 级	能效等级 2 级
额定制冷量≤4500	240	180	300	240
4500<额定制冷量≤7100	280	200	350	280
7100<额定制冷量≤14000	330	250	400	330

表 7-3　　　　　　　　　高效节能平板电视推广财政补贴标准

尺寸（英寸）	液晶电视（元/台）		等离子电视（元/台）	
	能效指数≥1.7	能效指数≥1.9	能效指数≥1.4	能效指数≥1.7
19≤尺寸<32	100	150	—	—
32≤尺寸<42	250	300	250	300
尺寸≥42	350	400	350	400

（三）碳排放权交易制度

为在"十二五"期间探索建立国内碳排放权交易市场，自 2012 年以来先后在北京市、天津市、上海市、重庆市、广东省、湖北省、深圳市七省市开展碳排放权交易试点，各试点省市均将本地区的综合能耗大户企业纳入碳排放权交易单位范围。以北京市为例，根据《北京市碳排放权交易试点实施方案（2012—2015）》，将北京市辖区内 2009—2011 年年均直接或间接二氧化碳排放总量 1 万吨（含）以上的固定设施排放企业强制参加，其他排放企业资源参加。对纳入强制参加交易范围的工业企业，则其碳排放配额就转变成其资产，对其实际产生的碳排放量就转化为其生产成本。为降低成本积累资产，势必促进这些工业企业加强节能降耗技术研发，购置节能环保设备，强化能耗和碳资产管理，形成内生降碳驱动力。

（四）探索推行环境信用管理制度

为加快建立环境保护"守信激励、失信惩戒"机制，督促企业改进环境行为，履行环境保护法定义务和社会责任，推进环境信用体系建设，

2013年12月环保部、发改委、人民银行、银监会等部委联合发布《企业环境信用评价办法（试行）》。根据规定，环保部门应当记录企业的环境行为信息，建设企业环境行为信息管理系统，对企业环境信用评价工作实施信息化管理。企业的环境信用，分为环保诚信企业、环保良好企业、环保警示企业、环保不良企业四个等级，依次以绿牌、蓝牌、黄牌、红牌表示。对环保诚信企业，将在许可证发放、环保专项资金、项目审批、政府采购、融资信贷、保险办理等许多方面享受优先优惠政策，相反对环境信用等级较低企业也将在许多方面限制或惩处，从而激励企业自主减排。

（五）过剩落后产能强制淘汰制度

2010年2月，国务院下发了《关于进一步加强淘汰落后产能工作的通知》，以加快产能过剩行业结构调整，抑制重复建设，促进节能减排。2013年10月，国务院又下发了《国务院关于化解产能严重过剩矛盾的指导意见》，以化解钢铁、水泥、电解铝、平板玻璃、船舶等行业产能严重过剩矛盾，以及指导其他产能过剩行业化解工作。2014年4月，工信部向各省市下达2014年工业行业淘汰落后和过剩产能目标任务。截至2014年12月，工信部先后三批次公布2014年工业行业淘汰落后和过剩产能企业名单。对各批次列入名单的企业落后产能强制淘汰，这种过剩落后产能强制淘汰制度将在整体上有利于我国产业结构调整，节约资源能源，降低企业能耗排放。

（六）节能环保产品和企业推荐制度

与过剩落后产能淘汰制度相反，对高效节能环保产品及先进企业则采取推荐做法。例如，截至2014年11月17日，工信部先后五批次公布《节能机电设备（产品）推荐目录》，共涉及九大类344个型号产品。其中变压器96个型号产品，电动机59个型号产品，工业锅炉21个型号产品，电焊机77个型号产品，制冷机43个型号产品，压缩机27个型号的产品，塑机5个型号产品，风机13个型号产品，热处理机3个型号产品。[1] 同日，工信部还公布了《"能效之星"产品目录（2014年）》，共

---

[1] http://www.miit.gov.cn/n11293472/n11293832/n12845605/n13916898/16273371.html，2014-12-20登录。

涉及10大类25种类型128个型号产品,包括电动洗衣机、热水器、液晶电视、房间空气调节器、家用电冰箱、容积式空气压缩机、中小型三相异步电动机、三相配电变压器、工业锅炉、通风机等。[①] 对列入该目录的产品,可在产品明显位置或包装上使用"能效之星"标志,其中消费类产品"能效之星"称号有效期二年,工业装备"能效之星"称号有效期三年。

另外,对节能环保先进企业,探索树立标杆企业做法。2014年12月19日,工信部首次公布《国家节水标杆企业和标杆指标(第一批)》,筛选了钢铁、纺织、造纸、饮料行业的12家企业及主要用水指标,拟作为第一批国家节水标杆企业和标杆指标,有效期为2014—2016年。[②] 树立标杆企业,不仅能激励标杆企业自身进一步改进技术,同时将促进同业企业比对改进,从而提升全行业技术水平。

综上所述,在全国全面推进低碳转型战略时期,各部委各地方政府都在积极探索促进支持工业企业低碳发展的新政策、新制度、新做法。目前,许多领域还处于尝试初期,如碳交易制度、环境信用管理制度、环境税收补贴制度等,还需要继续改进和完善,引导、驱动或约束工业企业节能降耗减排。

三　地方实践

为推进低碳转型,积累转型经验,国家发改委2010年选择了广东、辽宁、湖北、陕西、云南五省和天津、重庆、深圳、厦门、杭州、南昌、贵阳、保定八市开展试点工作,2012年又选择了济源等29个城市和省区开展低碳试点,2014年工信部和发改委选择黄金山工业园区等55家园区作为国家低碳工业园区试点。下面以保定市为例分析其低碳发展实践经验及遇到的困难和问题。

保定·中国电谷,就是河北省保定国家高新技术产业开发区。保定市

[①] http://www.miit.gov.cn/n11293472/n11293832/n12845605/n13916898/16274228.html,2014-12-20登录。

[②] http://gzly.miit.gov.cn:8080/opinion/noticedetail.do?method=notice_detail_show&noticeid=1091,2014-12-20。

高新技术产业开发区是1992年11月经国务院批准建立的国家级高新技术产业开发区之一。实际管辖面积60平方公里；辖内街道1个（3个社区），乡2个（34个行政村），总人口5.5万人。保定·中国电谷连续荣获五项国家级产业基地称号，包括"国家火炬计划新能源与能源设备产业基地"（科技部批设，全国唯一）、"国家科技兴贸出口创新基地"（新能源）（商务部、科技部联合批设）、"国家可再生能源产业化基地"（科技部批设，全国唯一）、"国际科技合作基地"（科技部批设）、"新能源产业国家高新技术产业基地"（国家发改委批设）。

保定·中国电谷的发展成就和成功得益于它的差异化发展定位，得益于它敢于引领国内发展敢于创建世界一流的发展理念。早在1999年，保定天威英利新能源有限公司就承建国家高技术产业化示范工程——多晶硅太阳能电池及应用系统项目，瞄准了中国太阳能光伏发电行业。2000年8月，第一片国产商业化风电叶片在保定产生，由保定一家军工企业将航空螺旋桨研发生产优势、技术用于风电叶片研制，完成国家重点科技攻关项目——600KW大型风力发动机组风轮叶片的研制任务，填补了国内空白。2003年10月，我国首个240公斤级多晶硅锭在保定出炉。2003年12月，国家重点高新技术产业化示范项目——年产3兆瓦多晶硅太阳能电池系统通过验收并正式投产，是我国第一个、世界第四个全产业链太阳能光伏产业基地。2006年，《可再生能源法》正式生效，为可再生能源发展提供了法律框架。同年，保定提出建设"中国电谷"，依托高新区打造中国新能源产业战略发展平台，全面推进"中国电谷"建设，并扩大其空间。2008年，中国电谷建设规划，要通过产业创新、体制创新、技术创新，以打造区域核心竞争力为目标，研发具有颠覆性的重大核心原始创新技术，构建完整的产业链，形成全新的新能源与能源设备产业集群，把"中国电谷"建成我国新能源装备技术中心、制造中心、信息中心和面向全社会的公共技术服务平台。

经过十多年的发展，保定·中国电谷已在光电、风电、节电、储电、输变电与电力自动化设备等六大产业领域保持集聚优势，相关企业有170多家。其中，英利、国电联合动力、天威、中航惠腾等光电、风电、输变电知名企业保持同行业领先地位，并带动形成中国电谷光电、风电两大完整产业链条。中国电谷新能源产业的鲜明特色，在国内形成独特产业品牌，吸引了中国兵装集团、国电集团、国家开发银行等国字号大集团、金融机构加盟发展。①

重视研发是电谷企业持续发展的源源动力。例如，英利非常重视光伏前瞻技术和关键技术研发，拥有"光伏材料与技术国家重点实验室"和"国家能源光伏技术重点实验室"两个国家级研发平台，企业技术中心被国家发改委等部委联合评定为国家级企业技术中心。英利与荷兰能源研究中心、挪威材料与化学研究所、中国科学院电工研究所、华北电力大学等国内外顶级研发机构和高等院校开展广泛的技术合作和高端人才培养项目，设有博士后工作站和院士工作站，英利"光伏技术国际联合研究中心"被国家科技部认定为我国光伏领域首家国家级国际联合研究中心。与美国杜邦、德国瓦克、睿纳等国际知名企业建立长期合作关系，掌握从高纯硅材料制备、高质量晶体硅生长、超薄硅片切割、高效太阳能电池、长寿命光伏组件到光伏发电应用系统各环节核心技术，光伏组件产品和技术研发代表了行业最高水平。自主研发的"熊猫"N型高效太阳能电池最高转换效率超过21%，量产效率达19.7%，是世界三大高效太阳能电池之一。拥有完全自主知识产权的大容量磁悬浮飞轮储能技术，20千瓦时磁悬浮飞轮储能实验样机填补了国内飞轮储能系统装置空白。在创新驱动下，英利申请专利1176项，拥有发明专利368项，主持和参与编写国际、国家及行业标准23项，承担"863计划"、"973计划"、国家科技支撑等国家级项目八项，被评为国家创新型试点企业。②

总之，保定·中国电谷发展成绩得益于企业和地方政府的差异化发展战略定位，尽管不具区位优势和能源资源优势，但其差异化发展战略定位使其形成特色赢得发展空间。加之企业高度重视科技研发，得以取得国内行业领先优势，达到国际先进水平。

四 经验总结与问题分析

通过上述分析可以发现，近些年来我国为推进经济低碳绿色发展，推动工业领域低碳转型，制定了一系列法律法规、发展规划，探索了强制淘

---

① 保定国家高新技术产业开发区网站，http://www.bdgxq.gov.cn/wai/gk/gxqgk/webinfo/2013/02/1359445752523459.htm，2014-12-13登录。

② 英利集团网站：http://www.yingligroup.com/main/user/about.asp，2014-12-13登录。

汰过剩落后工业产能、政府强制采购绿色产品、提供财税优惠与财政补贴、碳排放权交易、环境信用管理、节能环保产品和标杆企业推荐等新制度、新政策、新措施，选择了许多低碳试点省市和低碳试点工业园区，指导其先期探寻低碳转型路径，这些经验做法对推进全国范围内工业企业降低能耗、减少排放、发展和应用可再生能源，从而降低全国能耗强度和碳排放强度都发挥了积极作用。不过，其中也能发现还存在以下不足或困难。

（1）各级地方政府制定发展规划比较积极，发展目标比较明确，由于低碳绿色转型需要许多领域的低碳绿色技术支撑，因此相形之下，低碳绿色科技发展规划相对不足和滞后，今后需要加强低碳绿色科技支持发展规划。

（2）前期低碳绿色转型可以说政府这只"看得见的手"比较给力，无论是制定规划、政策，还是强制淘汰过剩落后产能，比较充分地利用了行政管理手段，在较短的时期内取得了明显的节能降耗减排效果，但是在这些初期潜力发掘之后，就需要转向重点依靠企业技术升级，优化企业能源管理等深层次内涵式节能减排。

（3）目前，财税政策针对具体低碳环保产品设计较多，针对企业低碳绿色科技研发投入和成果的优惠政策设计较少，可以借鉴法国的科研税收贷款政策（CIR）做法，对我国工业企业自主开展低碳环保科研活动的投入和成果制定优惠财税政策，以及要求金融机构配合提供优惠融资政策，激励我国工业企业增加科研投入，开发更多高新低碳绿色科技成果。

（4）目前，我国低碳绿色发展协同度还有待提高。总体而言，低碳发展侧重降低化石能源消耗和减少温室气体排放，绿色发展侧重降低污染物排放。目前，我国应对气候变化管理职能主要由发改委承担，降低污染物排放保护生态环境职能主要由环保部门承担，这种管理体制导致低碳化过程与生态化过程步调难以一致，今后需要加强低碳绿色协同推进。

例如，《国家低碳工业园区试点实施方案编制指南》侧重从产业低碳化、能源低碳化、管理低碳化和基础设施低碳化等方面引导工业园区低碳发展，指标指导也侧重从能源、碳排放方面设计，对生态环境保护方面指导不足。事实上，降碳与降污具有较高的协同关系，否则实现低碳绿色前景黯淡，其结果难以令人满意。再以北京为例，2014 年，北京在全国低碳城市十强排行榜中列第八,[①] 可是截至 2014 年 12 月 23 日,北京市 2014 年中轻度污染达到 78 日,中度污染达到 61 日,重度污染 27 日,严重污染达到 10 日,合计达到 176 日,占 51.5%。[②] 可见,不能有效减少污染物排放的低碳发展并非是科学的发展,低碳与绿色需要协同并进。

(5) 全国范围内的能源、碳排放及生态环境综合管理新体制、新制度、新的组织体系均没有建立健全,今后需要试点探索创新建立综合性能源、碳排放及生态环境管理制度与组织体系,以适应低碳绿色生态化发展的需要。

(6) 许多地方低碳绿色转型普遍遭遇低碳绿色技术、资金及人才瓶颈,需要配套制定优惠支持技术研发、信贷融资及人才队伍建设政策,克服技术、资金及人才等发展障碍。

另外,碳排放权交易、环境信用管理等新制度新机制尚在初步探索阶段,今后仍需不断完善和推进。

[①] http://news.xinhuanet.com/house/hf/2014-11-23/c_1113364369.htm,2014-12-24 登录。

[②] 环保部网站:http://datacenter.mep.gov.cn/report/air_daily/air_dairy.jsp?city=北京市&startdate=2014-01-01&enddate=2014-12-23&page=12,2014-12-24 登录。

第八章

我国低碳环保产品[①]的国际竞争力分析[②]

气候变暖，环境恶化，世界各国都普遍增强节能环保意识，提高节能环保标准，生产生活领域对节能环保产品的需求也迅速上升，低碳环保产业日益成为国际竞争的重点行业。大气污染，水体污染，水土流失，生态破坏，能源资源日益枯竭是我国发展成为世界第二大经济体所付出的资源环境代价，低碳环保产业便是协调经济发展与环境保护矛盾的关键产业。因此，大力发展低碳环保产业，提升低碳环保产品国际竞争力是我国经济环境协调发展、应对未来国际竞争的需要。再说，从国际环境看，WTO推进中的多哈回合多边贸易谈判正积极推动环境货物和服务贸易自由化，可以预期未来该领域国际竞争必定更趋激烈。不过，无论未来竞争形势如何，提升国内低碳环保产品国际竞争力是应对一切挑战的根本。需要说明一下，WTO所指的环境货物或环境产品（Environmental Goods or Environmental Products）实质就是低碳环保产品。为与WTO表述一致，便于分析，本章均使用环境产品概念。然而，目前学界关于环境产品国际竞争力的相关研究相对较少。曹风中等[③]分析了APEC将环境货物和服务确定为提前自由化部门所带来的挑战与机遇，国冬梅[④]分析了环境货物与服务谈判的总体概况、焦点问题、国内外市场供求、贸易自由化的潜在影响等问

---

① 本部分在论述时使用环境货物或环境产品概念，实质即指低碳环保产品，主要是与WTO相关表述一致。

② 本章阶段性研究成果曾荣获2011年商务部"集成创新，全球视野：寻找竞争优势新源泉"征文论文三等奖。

③ 曹风中、杨昌举、沈晓悦：《不容回避的加速日程——我国环境产品及服务场域的提前自由化》，《国际贸易》1998年第3期。

④ 国冬梅：《环境货物与服务贸易自由化》，中国环境科学出版社2005年版，第4—6、18—21、48页。

题,陈燕)① 讨论了环境产品的界定及其清单标准的改进问题,魏艳茹② 讨论了环境议题谈判进展、争议及我国法律对策,钟娟③讨论了环境产品贸易自由化对发展中国家关税收入、国内产业和国际经济政治利益的影响,这些研究偏重于定性分析,对我国环境产品国际竞争力问题涉及较少。马建平、曲如晓④测算了我国气候友好商品的国际竞争力,但由于气候友好商品仅是环境产品的一部分,所以对环境产品国际竞争力的评估不够全面。本章将利用贸易竞争力系列指数评估我国环境产品的国际竞争力,分析其优劣势及原因所在,再相应提出竞争力提升对策建议。

一 环境货物的定义与分类

目前,国际社会尚未对环境货物给出统一权威定义。我国环保产业界对环境货物的定义是"指用于防治污染、保护生态环境的设备、药剂和材料、环境监测专用仪器,包括水污染治理设备、大气污染治理设备、固体废物处理处置与回收利用设备、噪声与震动控制设备、放射性与电磁波防护设备、污染治理专用药剂和材料、环境监测仪器等",主要以末端治理为主。经济合作与发展组织(OECD)将环保产业定义为:"测量、预防、限制或修复水、大气和土壤等方面的环境破坏以及与废物、噪声和生态系统有关问题的活动。减少环境风险、最小化污染与材料使用的清洁技术、工艺、产品和服务也被作为环保产业的内容。"亚太经合组织(APEC)采用了OECD的定义。OECD、APEC、新西兰、美国、日本、欧盟等国际组织和国家均以此定义为基础拟定环境货物的税号清单。其中,APEC清单按环境货物的最终用途确定,包括大气污染控制、固体废弃物管理、饮用水处理、废水管理、噪声/震动消

---

① 陈燕:《环境产品界定及我国贸易清单标准的改进》,《商业时代》2008年第23期。
② 魏艳茹:《WTO环境货物贸易谈判的最新进展及我国的对策》,《国际经贸探索》2008年第4期。
③ 钟娟:《环境产品和服务贸易自由化影响研究——发展中国家的视角》,《河南社会科学》2010年第11期。
④ 马建平、曲如晓:《我国气候友好商品的国际竞争力分析》,《国际经济合作》2009年第3期。

除、热/能管理、可再生能源管理、监测/分析、补救/清除、其他回收系统等十大类。OECD、日本清单分成污染管理、较清洁技术和产品、资源管理等三大类，然后再细分，较APEC清单增加了较清洁技术、工艺和产品。目前，WTO环境议题谈判还存在其他补充清单，但迄今对最终清单尚未达成一致。无论最终清单保留哪些税号，不妨将上述清单合并，全部视为环境产品，对所涉税号环境产品的国际竞争力进行评估，以便采取提升和谈判对策。

二 我国环境货物产品的国际竞争力评估

（一）数据说明

本书合并APEC、OECD和日本清单，对照中国海关统计年鉴，剔除没有发生进出口的税号，将重复税号只归入其中一种环境产品类型以避免重复计算，以及将4位数税号分解成6位数税号，共计204种税号，其中包括1种2位数税号。具体分配如下：污水处理产品，50种；环境监测和分析产品，48种；洁净/资源高效利用产品，26种；固体废弃物处理产品，22种；大气污染管理类，21种；再生能源设备，10种；补救与清除产品，10种；热/能源节约及管理产品，6种；引用水处理/供水系统产品，4种；噪声和震动消除产品，3种；其他可重复利用设备，4种。由于2009年对外贸易受金融危机冲击较大，故选用2008年数据。

（二）评价指标

国际竞争力是一个内涵丰富的综合概念，可以从不同角度进行评价，也出现多种评价方法，主要包括多因素综合评价法、生产率指标评价法、利润率指标评价法和进出口数据评价法。[1] 本书采用第四类评价方法，除了应用出口额、进口额、进出口总额、贸易差额、比重等一般指标外，还分别引入从价值、数量和价格角度反映贸易竞争力的指标。依次如下：

---

[1] 陈立敏：《国际竞争力就等于出口竞争力吗？——基于中国制造业的对比实证分析》，《世界经济研究》2010年第12期。

指标1：贸易价值竞争力指数（VTC）
VTC =（出口额−进口额）/进出口总额 (1)
指标2：贸易数量竞争力指数（NTC）
NTC =（出口数量−进口数量）/进出口总量 (2)
指标3：贸易价格竞争力指数（PTC）
PTC =（出口额−出口数量）/（进口额−进口数量） (3)

上述指标各有利弊。其中，VTC值既适用总体分析，也适用个别分析，但只能反映进、出口金额的优劣势，是数量和价格因素的合成结果，体现不出进、出口数量和价格状况，是从价值角度评判贸易竞争力的指标；NTC值只适用计量单位相同的个别税号分析，不适用计量单位不同的总体分析，是从数量角度反映贸易竞争力的指标；PTC值也只适用个别税号分析，不适用总体分析，是从价格角度反映贸易竞争力的指标，实质是贸易条件指数。另外，由于NTC值和PTC值均需假定同一税号产品具有同质性，所以是平均估算值，只能做出大致估计，但不妨碍说明问题。VTC和NTC值均处于[−1,1]区间，如果大于0，表示具有竞争优势；如果等于0，表示国内外竞争力相当；如果小于0，表示处于竞争劣势；越接近1，优势越大；越接近−1，劣势越深。PTC值如果大于1，表明可以以不到1个单位的实物出口换取1个单位的实物进口，对出口国有利；如果小于1，对进口国有利。三者间关系是：当PTC = 1，VTC = NTC；当PTC > 1，VTC > NTC；当PTC < 1，VTC < NTC。

PTC、NTC、VTC值存在多种排列组合，在上述不等式关系条件约束下，主要存在以下类型：

(1) 当PTC > 1、NTC > 0、VTC > 0，表明出口国同时在出口数量、价格和价值方面占有优势，价值优势是数量优势和价格优势的合成结果，是最佳情形，记为Ⅰ类；

(2) 当PTC > 1、NTC < 0、VTC > 0，表明出口国是以价取胜，通过价格优势弥补数量劣势，是次优情形，记为Ⅱ类；

(3) 当PTC < 1、NTC > 0、VTC > 0，表明出口国是以量取胜，通过数量优势弥补价格劣势，是中间情形，记为Ⅲ类；

(4) 当PTC > 1、NTC < 0、VTC < 0，表明出口国价格优势不足以弥补数量劣势，出口数量远少于进口量，记为Ⅳ类；

(5) 当 PTC < 1、NTC > 0、VTC < 0，表明出口国数量优势不足以弥补价格劣势，是次劣情形，记为 V 类。

(6) 当 PTC < 1、NTC < 0、VTC < 0，表明出口国在出口数量、价格和价值方面全部不利，完全处于竞争劣势，是最差情形，记为 VI 类。

其中，前三类在价值方面占优，后三类在价值上处劣。将只有出口没有进口列入 I 类，将只有进口没有出口列入 VI 类。虽然理论上还存在 PTC = 1、NTC = 0 或 VTC = 0 等多种情形，但由于实际中这些临界情形很少出现，所以不予讨论。

(三) 环境货物贸易的总体分析

2008 年，我国环境货物出口为 1042.8 亿美元，进口为 1051.2 亿美元，进出口总额为 2094 亿美元，贸易逆差 8.4 亿美元，VTC 值为 -0.004。同期，我国出口总额为 14285.5 亿美元，进口总额为 11330.9 亿美元，全国进出口总额为 22072.6 亿美元，贸易顺差 1960.6 亿美元，VTC 值为 0.12。其中，环境货物出口占全国出口总额比重为 8.9%，环境货物进口占全国进口总额比重为 10.8%，环境货物进出口占全国进出口总额比重为 9.8%。由此可见，总体而言环境货物贸易在我国对外贸易中占有一定地位，但其整体国际竞争力偏弱，与全国整体竞争力偏强局面不相称。

再考察各类环境货物的进出口情况（见表 8-1）。其中，洁净/资源高效利用类产品进出口比重均过半，净进口 58.3 亿美元，VTC 值为负；污水处理产品出口占比近 1/5，VTC 值为正；环境监测分析产品、固体废弃物管理产品出口比重在 6% 上下，VTC 值一负一正。上述四类环境产品出口占比合计达 86%，进口占比达 91.6%，占环境货物贸易的绝大多数。其他七类环境货物进出口占比很少，除了噪声和震动消除产品的 VTC 值为负外，其余 VTC 值均为正，且补救与清除产品、饮用水处理、其他可重复利用设备、热/能源节约管理设备、可再生能源设备的 VTC 值较大，分别为 0.83、0.72、0.55、0.49 和 0.25，竞争优势明显，但覆盖税号较少，对应贸易额也少。这说明 WTO 环境议题谈判清单对我国有利的商品税号涵盖相对较少，而对我国不利的税号涵盖相对较多，现有的谈判清单对我国不利。

表 8-1　　　　各类环境货物产品的进出口额及其比重　　　　单位：千美元

环境货物类型	税号种数	出口额	进口额	贸易差额	VTC	出口比重%	进口比重%
污水处理产品	50	19008352	17208332	1800020	0.05	18.2	16.4
环境监测与分析	48	6943318	11822049	-4878731	-0.26	6.7	11.2
洁净/资源高效利用	26	57608423	63438647	-5830224	-0.05	55.2	60.3
固体废弃物管理产品	22	6170910	3776945	2393965	0.24	5.9	3.6
大气污染管理产品	21	4389903	3910083	479820	0.06	4.2	3.7
再生能源设备	10	2157830	1288740	869090	0.25	2.1	1.2
补救与清除产品	10	1625246	148423	1476823	0.83	1.6	0.1
热/能源节约管理设备	6	4331651	1470271	2861380	0.49	4.2	1.4
饮用水处理	4	421586	68944	352642	0.72	0.4	0.1
噪声和震动消除产品	3	1495612	1950270	-454658	-0.13	1.4	1.9
其他可重复利用设备	4	131271	38033	93238	0.55	0.1	0.0
环境货物合计	204	104284102	105120737	-836635	-0.004	100	100
全部货物（亿美元）	—	14285.5	11330.9	1960.6	0.12	—	—

（四）环境货物贸易的价值、数量和价格竞争力分析

表 8-2 是各类环境货物产品贸易价值、数量和价格竞争力指数的汇总情况。主要如下：污水处理产品的 50 种税号中，有 33 种税号的 VTC 值大于 0，其中有 21 种税号大于 0.7，价值竞争力较强；有 46 种税号的 NTC 值大于 0，其中有 21 种税号大于 0.9，数量竞争力较强；有 43 种税号的 PTC 值小于 1，其中有 7 种税号小于 0.1，价格竞争力较弱；这表明我国污水处理产品数量优势弥补了价格劣势，最终取得价值优势。环境监测与分析产品的 48 种税号中，有 34 种税号的 VTC 值小于 0，其中 22 种低于 -0.4，价值竞争力较弱；有 42 种税号的 NTC 值大于 0，其中 15 种大于 0.9，数量竞争力较强；有 46 种税号的 PTC 值小于 1，其中有 26 种税号小于 0.1，价格竞争力较弱；这表明我国环境监测与分析产品数量优势

不足以弥补价格劣势，最终仍呈价值劣势。噪声和震动消除产品与环境监测分析产品相类似，数量优势不足以弥补价格劣势；其余八类与污水处理产品相似，通过数量优势弥补价格劣势。再从总体情况看，在204种税号中，有120种税号的VTC值大于0，84种小于0；183种税号的NTC值大于0，其中81种大于0.9；181种税号的PTC值小于1，其中58种小于0.1。可见，整体而言也是数量优势很大，价格劣势很大，多数税号靠数量优势弥补价格劣势才能取得价值优势。

表8-2 各类环境货物产品的贸易价值、数量、价格竞争力指数

环境货物类型	VTC				NTC			PTC			竞争力整体评价
	>0	<0	≥0.7	≤-0.4	>0	<0	≥0.9	>1	<1	≤0.1	
污水处理产品	33	17	21	8	46	4	21	7	43	7	以量取胜
环境监测与分析	14	34	6	22	42	6	15	2	46	26	量优不抵价亏
洁净/资源高效利用	17	9	11	3	22	4	12	3	23	4	以量取胜
固体废弃物管理产品	15	7	3	2	20	2	9	2	20	6	以量取胜
大气污染管理产品	14	7	8	4	21	0	7	0	21	5	以量取胜
再生能源设备	7	3	5	2	8	2	4	3	7	3	以量取胜
补救与清除产品	9	1	7	2	10	0	9	1	9	3	以量取胜
热/能源节约管理设备	4	2	2	0	5	1	1	3	3	1	以量取胜
饮用水处理	3	1	2	1	4	0	2	0	4	2	以量取胜
噪声和震动消除产品	1	2	0	0	3	0	0	0	3	0	量优不抵价亏
其他可重复利用设备	3	1	2	0	2	2	1	2	2	1	以量取胜
合计	121	84	68	44	183	22	82	24	181	58	—
占比（%）	59	41	33	21	89	11	40	12	88	28	—

（五）环境货物贸易的税号类属分析

表8-3是全部环境货物产品税号的类属汇总情况。除了环境监测与分析产品、噪声和震动消除产品以V类税号为主外，其余类型环境产品均以Ⅲ类税号为主，即以数量优势弥补价格劣势型为主。在全部环境产品税号中，Ⅰ类税号11种，占5.4%；Ⅱ类税号4种，占2%；Ⅲ类税号105

种，占 51.5%；Ⅳ类税号 6 种，占 2.9%；Ⅴ类税号 65 种，占 31.9%；Ⅵ类税号 13 种，占 6.4%。可见，依靠数量优势弥补价格劣势的税号超过一半，而数量优势还不足以弥补价格劣势的接近 1/3，两类占了绝大多数；量价俱优和量价俱劣的税号均较少，而依靠价格优势弥补数量劣势的税号则更少。

表 8-3   各类环境货物产品税号类属汇总结果

环境货物类型	Ⅰ类	Ⅱ类	Ⅲ类	Ⅳ类	Ⅴ类	Ⅵ类
污水处理产品	4	1	28	1	14	2
环境监测与分析	0	0	14	1	28	5
洁净/资源高效利用	2	0	15	1	4	4
固体废弃物管理产品	1	0	14	1	5	1
大气污染管理产品	0	0	14	0	7	0
再生能源设备	1	1	5	1	1	1
补救与清除产品	1	0	8	0	1	0
热/能源节约管理设备	2	1	1	0	2	0
饮用水处理	0	0	3	0	1	0
噪声和震动消除产品	0	0	1	0	2	0
其他可重复利用设备	0	1	2	1	0	0
合计	11	4	105	6	65	13
比例（%）	5.4	2.0	51.5	2.9	31.9	6.4

（六）不同类属环境货物的对比分析

表 8-4 是Ⅰ类和Ⅵ类、Ⅱ类和Ⅳ类环境产品的对比情况。①Ⅰ类是量价俱优的环境货物，其中税号 230210、282090、460120、960390、48 对应资源类行业，多数税号产品从最终用途看具有环保功能，但其生产过程或本土后果却是环境不友好的。如税号 460120，树林、竹林资源的过度采伐将破坏生态环境；税号 960390，濒危动物的猎杀将损害生物多样性；税号 48，纸类产品的生产过程是污染密集型的。因此，这些税号竞争优势的取得并非源自技术优势，而是资源优势，或者是遭贸易伙伴淘汰的污染密集型行业。虽然这些税号在贸易中占优，但不应鼓励发展。税号 841011、841012、700800、853931、890120、841480 属于工业类，得益于

技术优势，可以鼓励发展。②Ⅵ类是量价俱劣的环境货物，13 种税号全部属于工业类产品，我国在这些产品上严重处于劣势，根源在于技术落后，这些税号产品的生产技术都属于高新技术，未来前景广阔，需要政府大力培育，是我国的幼稚产业，政府应予以扶持。③Ⅱ类税号只有四种，即 841320、841950、631010 和 850680。其价格优势的获得主要得益于技术优势，如 631010，新纺织材料属于技术创新产品；其数量劣势的原因，要么是国内需求旺盛，进口量大，要么是国内供给能力不足，难以满足出口需求，这类产品可以鼓励发展。④Ⅳ类环境货物与Ⅱ类情形相似，只是价格优势小于数量劣势。如 631090，价格优势得益于技术创新；290511，数量劣势是由于国内甲醇生产行业竞争力较弱，不及巴西和美国等贸易伙伴。Ⅳ类环境货物也需要政府扶持。另外，Ⅲ类和Ⅴ类税号因数目众多又篇幅有限，故需另行深入研究。

表 8-4　　　　Ⅰ和Ⅵ类、Ⅱ和Ⅳ类环境货物产品列表

税号	环境产品描述	税号	环境产品描述
Ⅰ (11)		Ⅵ (13)	
282090	其他锰的氧化物	841780	炼焦炉、焚烧炉、回转窑
460120	植物材料制的席子、席料及帘子	842129	压滤机、液体净化装置
841011	功率≤1000kW 的水轮机及水轮	842220	瓶子等容器的洗涤或干燥机器
841012	功率 1000kW-10000kW 水轮机及水轮	902229	α、β、γ 射线设备
960390	濒危动物毛、鬃、尾制其他帚、刷	902290	X 射线影像增强器、零部件等
700800	中空或真空隔温、隔音玻璃组件	903010	离子射线测量检验仪器及装置
853931	热阴极荧光灯	903110	陀螺动态平衡测试仪等
48	纸、纸板、纸浆等	903210	恒温器
890120	成品油船	320910	溶于水介质聚丙烯酸酯油漆清漆
841480	压缩机	841861	压缩式制冷机组的热泵等
230210	玉米糠、麸及其他残渣	847170	计算机软、硬、光盘驱动器
Ⅳ (6)		901380	放大镜、光学门眼、液晶等
281410	氨	851410	可控气氛热处理炉、烘箱等
320990	以环氧树脂、氟树脂为成分油漆、清漆	Ⅱ (4)	
631090	新的或未使用过的纺织材料制其他	841320	手泵

续表

税号	环境产品描述	税号	环境产品描述
850590	电磁起重吸盘、超导螺线电磁体等	841950	热交换器、蒸汽发生器等
290511	甲醇	631010	新的或未使用过的纺织材料制经分
903083	其他检测电量的仪器及装置等	850680	其他原电池及原电池组

（七）我国环境货物国际竞争力的总体评价

综上所述，我国环境货物国际竞争力总体状况可概括如下。①由现有WTO环境议题谈判清单所覆盖的环境货物在我国对外贸易中占有一定比重，从贸易价值角度看，其整体国际竞争力偏弱，与我国整体国际竞争力偏强局面不相称。②总体而言，环境货物贸易的数量优势与价格劣势几乎相当，量优价劣型税号占83.4%，为绝大多数。③量价俱优与量价俱劣的税号种数较少，前者是我国最具竞争力的环境产品，部分得益于资源优势，另一部分得益于技术优势，需区别对待；后者是最缺乏竞争力的环境产品，根源在于技术差距。④价优量劣型税号最少，价格优势得益于技术创新，数量劣势是因供给能力不足所致。

总之，整体而言我国环境产品国际竞争力偏弱，虽然在数量方面优势较大，但在价格方面劣势较深。由于实物生产需要消耗大量资源和能源，所以以量取胜实质是"以资源能源换取美元"。在我国资源能源约束日益趋紧的形势下，这种贸易格局务须逐步扭转。

三 我国环境货物竞争力偏弱的原因分析

（一）WTO环境议题谈判清单对我国不利

迄今，WTO环境议题下的环境货物税号清单主要由美国、日本、欧盟等发达国家所提交，它们在拟选产品税号时必然更多地考虑其自身贸易利益。一方面纳入其具有竞争优势的工业品税号，如847170（计算机软硬盘驱动器），另一方面纳入其需求强度较高的资源型环境产品，如460120、960390等，而这两个因素对我国都不利。事实上，很多更环保更低碳的产品税号未纳入谈判清单，如854140（太阳能电池等）、700719（低铁钢化太阳能电池组件等）、870899（混合动力汽车等）等，而我国在太阳能利用、混合动力汽车等低碳产品生产上具有明显优势，所以被动地接受由发达国家拟定的谈判清单对我国是不利的。

（二）与发达国家相比，我国环境技术相对落后

众所周知，欧盟、日本、美国等发达国家出现和认识环境问题较我国早，环境治理行动也更早，制定了更严格的环境法规、政策和标准，这些政策措施促进了其国内环境技术的发展，也使它们拥有更先进的环境技术，能够生产更多更具国际竞争力的环境产品。例如，我国环境监测分析产品中，VTC<-0.4、PTC<0.2 的税号达 18 种（含 3 种Ⅵ类税号），超过该类产品的 1/3，这些环境产品竞争力低下的主要原因就是技术较为落后，我国出口的这类产品多为中低端产品，新的先进的污染物监测分析仪器和设备一般都需要依赖进口（见表 8-5）。

表 8-5　　　　　　　部分 V 类环境监测与分析产品

税号	VTC	PTC	产品描述
903039	-0.87	0.01	带记录装置的检测电压、电流
903130	-0.87	0.05	三氯甲烷
902750	-0.86	0.01	使用光学射线的其他仪器及装置
903149	-0.74	0.04	光学测量或检验仪器和器具
903180	-0.71	0.09	超声波、磁粉、涡流探伤检测仪
903089	-0.7	0.01	电量的测量或检验仪器及装置
901540	-0.67	0.01	摄影测量用仪器及装置
903120	-0.65	0.07	陀螺、马达运转、加速度表测试台等
902710	-0.61	0.02	气体检测器
902730	-0.57	0.05	分光仪、分光光度计及摄谱仪
902780	-0.52	0.02	理化分析仪器及装置
903190	-0.48	0.05	惯性测量单元稳定元件加工夹具
902720	-0.47	0.09	气相、液相色谱仪
903289	-0.43	0.2	风力发电设备用控制器等

(三) 出口长期、普遍陷于恶劣的贸易条件中

缺乏价格竞争力，贸易条件恶劣，并非环境产品的个别问题，而是我国出口贸易长期遭遇的普遍性问题。对其原因的解释较多，大致可归纳为：出口导向和出口创汇政策，驱使企业为了创汇而低价出口；出口市场集中，加之产能过剩，促使出口企业为争市场而拼价格；出口产品技术含量低，可替代性强，没有议价主动权；劳动、土地、原材料等生产要素便宜，生产成本低，出口价格自然低；技术进步进一步降低单位生产成本，从而降低出口价格；出口企业分散，垄断性弱，竞争充分，各自为个体或地方利益而不顾整体或国家利益低价竞争；国内进口需求旺盛推高进口价格；跨国公司实施转移价格策略；关税"虚保护"、走私等。这些解释涉及国家政策、出口市场结构、国内市场结构、供给和需求、成本和技术、竞争和监管等多种因素，从不同侧面局部解释贸易条件恶劣的原因。相对而言，美国、日本和欧盟等发达国家内部市场活跃，出口依存度低，技术先进，垄断性高，规则和价格主导力强，才形成对其有利的贸易条件。

四 政策建议

第一，商务部、海关、贸易促进委员会、环保部、科技部、工信部等部委联合拟定环境货物产品清单，组织各行业协会、环保行业、出口企业积极参与，尽可能将我国的优势产品以及急需的资源和尖端技术产品列入其中，尤其可考虑增加再生能源设备、热/能源节约管理设备、引用水处理等类型产品税号，提交 WTO 贸易与环境委员会特会讨论。在谈判中，可积极促成 I 类、II 类税号产品实现贸易自由化，可接受 III 类税号贸易自由化，IV 类、V 类部分税号可作为我国多边贸易谈判的让步筹码，对 VI 类税号则力争保护，至少延缓自由化速度，为国内相关企业争取适应过渡期。

第二，环境产品的国际需求将不断增长，国际市场规模也将不断扩大，是未来国际竞争的重点领域。因此，我国仍需加强包括低碳技术在内的各类环保技术的研发应用，提高环境产品的技术含量，从而提升环境产品的技术竞争力。贸易竞争力分析结果显示，我国应保持在再生能源设

备、热/能源节约管理设备、补救清除、固体废弃物处理、引用水处理等领域的竞争优势,同时应加强环境监测分析技术、洁净/资源高效利用技术、污水处理和大气污染管理技术的研发应用,这几类技术既是国际环境产品竞争的核心区域,又是我国的相对薄弱领域。

第三,提高环境产品竞争力的基本策略是,大力支持Ⅰ、Ⅱ类税号工业品生产,鼓励Ⅲ、Ⅳ类税号产品生产,对Ⅴ类、Ⅵ类税号产品尽量采取保护措施,扶持其中幼稚新兴环境产业的成长。基本原则是,对依靠资源尤其稀有矿产资源和环境资源取得优势的行业谨慎发展,对依靠技术创新取得优势的行业鼓励发展,对技术落后而前景广阔的劣势行业保护发展。

第四,根本扭转贸易条件是一个全局性、战略性和长期性的贸易问题。因此,从长期看,政府需制定系统、组合政策逐步扭转"以资源能源换美元"的贸易格局,鼓励以技术取胜、以质取胜、以价取胜的产品出口,通过提高市场准入标准和环保标准等手段限制资源尤其稀有资源出口,对稀缺资源干预市场结构,增强价格调控力,同时培育内需,推进出口市场多元化,争取用20年左右的时间逐步转变成以"人民币换资源能源"的新格局。从短期看,需重点改善Ⅲ类和Ⅴ类税号产品的贸易条件,在保持数量优势基础上缩小价格劣势,以至向Ⅰ类转变。

第五,虽然总体贸易条件难在短期内扭转,但个体企业仍可改善自身贸易条件。一是抛弃以量取胜的传统观念,摆脱对价格竞争手段的依赖,转而依靠技术创新、优质优价制胜;二是加强国际需求信息、价格信息的搜集,尽量瞄准国际需求持续旺盛的产品,同时扩大出口市场范围,这有利于增强出口企业定价权;三是加强与同行企业、行业协会沟通,消除恶性价格竞争。

第九章

工业领域结构调整和技术进步的气候效应实证研究

减少排放可以通过压缩经济规模、优化产业结构、优化能源结构和提高技术水平等途径得以实现。压缩经济规模等于限制经济发展，对于发展中国家显然不可行。因此，只能通过优化产业结构、能源结构和提高技术水平来实现。众所周知，我国近几十年来长期致力于调整优化产业结构，大力发展清洁能源，提高技术水平，对减少排放、抑制排放增长发挥了重要作用。那么，科学测度其作用程度，对准确识别减排贡献主要因素、减排障碍因素以及未来着力重点都具有重要理论和现实意义。

一 结构调整和技术进步的气候效应理论分析和模型构建

按照碳排放和作用特征分析，可将产业分为低碳产业和非低碳产业。其中，低碳产业主要包括可再生能源产业、新能源汽车等产业；非低碳产业包括高排放产业和低排放产业，可以将碳排放强度相对较高的产业列入高排放产业，反之列入低排放产业，具有相对性。因此，产业结构调整便具有两层含义：一是传统意义上的产业结构调整，即减少高排放产业在经济结构中的比重，相对增加低排放产业比重；二是低碳意义上的产业结构调整，即增加以风能、太阳能、生物质能等可再生能源为代表的低碳产业在产业结构中的比重，由于它们主要为经济体提供清洁能源，所以实际上反映能源结构。增加低碳产业比重和增加低排放产业比重均属于产业结构低碳化的重要内涵。类似地，技术进步也赋有两层含义：一是传统意义上的技术进步，即这类技术进步通过提高生产效率，降低单位产品原料和能源消耗；二是低碳环保技术进步，即这类技术进步通过在生产各个环节对碳排放进行防、控、减、治，从而实现减排。

马建平借鉴 Kaya 人均碳排放计算公式构建了一个碳排放总量及其变化率数理模型。[①] 参考该模型，可构建一个同时包含两个层次结构因素和技术因素的数理模型，模型如下：

$$C = G \cdot \frac{I}{G} \cdot \frac{E}{I} \cdot \frac{F}{E} \cdot \frac{P}{F} \tag{1}$$

其中，C 表示碳排放总量，G 表示产出总量，I 表示碳排放密集型产业产值，E 表示碳排放密集型产业能耗总量，F 表示含碳能源即化石能源消费总量，P 表示化石能源消费所产生的碳排放。模型中，$\frac{I}{G}$ 可表示经济体中碳密集型产业所占比重，是反映传统意义上产业结构的指标，碳密集型产业占比越高，碳排放就越多，碳密集型产业比重与碳排放正相关。$\frac{E}{I}$ 表示碳密集型产业的能耗强度，传统意义上的技术既能提高生产效率，单位能/物耗获得更高产出，又能提高能源效率，单位产出消耗更少能源，前者扩大分母，后者减少分子，合力降低能耗强度。吴琦、武春友实证研究也表明，技术进步是能耗强度下降的主要因素。[②] 不过，能耗强度指标还只能反映技术进步对排放影响的部分作用，这是由于技术进步除了直接提高生产效率和能耗效率从而降低能耗强度外，还能提高生产率扩大产出从而间接产生规模效应。即技术进步的总体气候效应由其多种影响途径的总效应共同构成，其总体气候效应要由不同途径的正向和负向气候效应叠加形成。申萌等也从理论上分析了技术进步对碳排放影响的双重途径，提出过类似观点。[③] $\frac{F}{E}$ 表示能源消费总量中化石能源所占比重，是反映能源结构的指标，化石能源占比越高，碳排放就越多。换句话说，清洁能源占

[①] 马建平：《低碳经济的内涵、核心要素及其作用机制分析》，《中华女子学院学报》2011 年第 3 期。

[②] 吴琦、武春友：《我国能源效率关键影响因素的实证研究》，《科研管理》2010 年第 5 期。

[③] 申萌、李凯杰、曲如晓：《技术进步、经济增长与二氧化碳排放：理论和经验研究》，《世界经济》2012 年第 7 期。

比越高，碳排放就越少，即清洁能源占比与碳排放负相关。$\frac{P}{F}$ 表示化石能源消费所产生的碳排放，由于低碳环保技术在生产各环节各阶段对排放实施防、控、减、治，所以低碳环保技术越先进，单位化石能源消耗碳排放就越低，碳排放总量就越少，即低碳环保技术与碳排放总量负相关。

分别用 i、e、f、p 代替 $\frac{I}{G}$、$\frac{E}{I}$、$\frac{F}{E}$、$\frac{P}{F}$ 可得：

$$C = G * i * e * f * p \tag{2}$$

两边求导：

$$\ln C = \ln G + \ln i + \ln e + \ln f + \ln p \tag{3}$$

两边求导得到：

$$\frac{\Delta C}{C} = \frac{\Delta G}{G} + \frac{\Delta i}{i} + \frac{\Delta e}{e} + \frac{\Delta f}{f} + \frac{\Delta p}{p} \tag{4}$$

Grossman 和 Kruger 将经济政策环境影响分解成规模效应、结构效应和技术效应。[①] 根据上述理论分析，参考三大环境效应分解方法，(4) 式显示，气候效应组成部分包括：$\frac{\Delta G}{G}$ 反映规模效应，$\frac{\Delta i}{i}$ 反映传统意义上的结构效应，$\frac{\Delta e}{e}$ 反映传统意义上的技术效应，$\frac{\Delta f}{f}$ 反映能源结构效应，$\frac{\Delta p}{p}$ 反映低碳环保技术效应。

总之，上述公式显示，碳排放总量与经济规模、碳密集型产业比重、能耗强度、能源结构、化石能耗碳排放强度等密切相关，除了反映规模效应外，还内含了两个层次的结构效应和技术效应。

二 结构调整和技术进步的气候效应实证分析

（一）数据说明和计量模型

碳排放总量数据，来自世界银行数据库；GDP 数据，来自历年《中

---

① Grossman, G. M. and Kruger, A. B., "Environmental Impacts of a North American Free Trade Agreement", NBER Working Paper Series, No. 3914, 1991.

国统计年鉴》，利用 CPI（1980 年＝100）指数调整；高排放产业①产出占当年 GDP 的比率数据，来自历年《中国统计年鉴》，替代（2）式中的 i 指标；能耗强度数据，用各年能耗总量除以对应年份用 CPI 调整过的 GDP 得到，是反映传统意义上技术进步的指标；清洁能源比重数据，来自历年《中国统计年鉴》，是反映能源结构调整的指标；工业污染治理投资数据，来自历年《中国环境统计年鉴》，并用 CPI（1980 年＝100）指数调整，是用来反映低碳环保技术进步的替代指标。专利授权项数数据来自历年《中国统计年鉴》。对于部分缺失数据或统计口径不一致数据采用一些统计方法加以补充和调整。

由于高排放产业占比和清洁能源比重属于比率数据，所以对（3）式略加改进，构建如下计量模型：

$$\ln C = \alpha + \beta_1 \ln GDP + \beta_2 CINDRatio + \beta_3 \ln ENINTN + \beta_4 CLENRatio + \beta_5 \ln InvestEnvr + \nu \tag{5}$$

式中，其中，α 为常数项，β_1、β_2、β_3、β_4、β_5 等分别是各自变量的系数，ν 是残差项。碳排放总量、GDP、能耗强度、工业污染治理投资等数据取自然对数，高排放产业比重和清洁能源比重使用原始数据。式中，lnCarbon 是碳排放量的自然对数，lnGDP 是 GDP 的自然对数，CINDRatio 是高排放产业占 GDP 比重，lnENINTN 是能耗强度的自然对数，CLENRatio 是清洁能源比重，lnInvestEnvr 是工业污染治理投资的自然对数。数据汇总见表 9-1。

表 9-1　　　　　　　　　　数据汇总表

year	lnCarbon	lnGDP	CINDRatio (%)	lnENINTN	lnPatent	CLENRatio (%)	lnInvestEnvr
1980	21.09376952	17.63226066	39.43617005	2.584752	2.452778817	7.1	11.6205934
1981	21.08781172	17.68091453	38.80335901	2.522266	2.459070749	7.3	11.69393988
1982	21.13334827	17.74618175	38.53031945	2.498032	2.4662783	7.5	11.77853138
1983	21.18912715	17.8396976	37.19670644	2.462705	2.475861168	7.7	11.89194367

---

① 课题前期研究表明，黑色金属冶炼及压延加工业、非金属矿物制品业、化学原料及化学制品制造业、石油加工炼焦及核燃料加工业、电力热力的生产和供应业、煤炭开采和洗选业、有色金属冶炼及压延加工业、石油和天然气开采业等八个工业产业属于能耗总量和能耗强度排序均靠前的产业，因此选择这八个产业作为高排放产业。将这八个产业产出之和除以当年 GDP 便得到高排放产业占比数据，是反映传统意义上的产业结构的指标。

续表

year	lnCarbon	lnGDP	CINDRatio (%)	lnENINTN	lnPatent	CLENRatio (%)	lnInvestEnvr
1984	21.26819661	18.00253998	34.14736875	2.374454	2.491685876	7.3	12.08162709
1985	21.34266314	18.13728206	26.59305981	2.320481	2.510053436	7.1	12.30558761
1986	21.40171706	18.20488067	25.67926013	2.305811	2.531419941	6.9	12.57134403
1987	21.46652612	18.29452518	30.95728623	2.28524	2.548901671	7.7	12.79304509
1988	21.52990598	18.34348884	30.61652721	2.307174	2.56168828	6.8	12.95767504
1989	21.54539445	18.30009561	33.66320962	2.39203	2.563720819	6.9	12.9840388
1990	21.54291747	18.36382236	33.88450925	2.346389	2.567014622	7.2	13.02687618
1991	21.58584013	18.48424794	34.22179465	2.27615	2.587778058	6.8	13.3001865
1992	21.61901176	18.6345255	40.68453054	2.176476	2.593725546	6.8	13.3795249
1993	21.6889732	18.76905135	40.48641671	2.102574	2.598874194	7.1	13.44858901
1994	21.76408904	18.86329924	36.98320074	2.06484	2.612521856	7.6	13.63338898
1995	21.77467645	18.93772801	31.12648335	2.056908	2.624881017	7.9	13.80293178
1996	21.78569017	19.01563855	28.12107118	2.036557	2.622537177	7.8	13.77061779
1997	21.84876183	19.09194801	29.35054984	1.958555	2.636748702	8.2	13.96771649
1998	21.81090346	19.1663962	26.52351342	1.836121	2.640109577	8.1	14.01473921
1999	21.78304097	19.24135479	27.02282102	1.680762	2.655971727	7.9	14.23881558
2000	21.77049711	19.33837906	30.0384356	1.760105	2.685738451	8.6	14.66902974
2001	21.81168502	19.43139445	19.77807329	1.700038	2.665311479	9.9	14.37242556
2002	21.96593316	19.5323645	30.15041899	1.657342	2.670606441	9.6	14.44872884
2003	22.12672184	19.64165319	25.77280935	1.690246	2.681859748	9	14.61224313
2004	22.35050044	19.76627282	46.21181391	1.715254	2.704094672	9.2	14.94078425
2005	22.4303209	19.8942574	43.73983498	1.687656	2.730309043	9.4	15.33762628
2006	22.48407526	20.03598112	52.48027704	1.637692	2.73386861	9.6	15.39231887
2007	22.55691937	20.19502497	58.6540614	1.559673	2.742425626	10.1	15.52459632
2008	22.64025727	20.30444877	55.63583002	1.488509	2.741277814	11.4	15.50678723
2009	22.68619575	20.39365594	59.78401541	1.450137	2.728052388	11.7	15.30305357
2010	22.6697651	20.52491651	65.19010431	1.376817	2.720914978	13	15.19421826
2011	22.75810533	20.63600411	69.15674664	1.334299	2.728308783	13	15.30697769
2012	22.79695788	20.69653654	71.40334469	1.313203	2.736678779	13.6	15.43563472

(二)数据的描述分析

图 9-1（a）—（f）是表 9-1 中各变量的趋势图。其中，图（a）显示，碳排放量除了在 1998—2000 年间出现短暂下滑外，其余时段基本稳步增加，而 1998—2000 年间主要受亚洲金融危机和特大洪涝灾害的冲击。

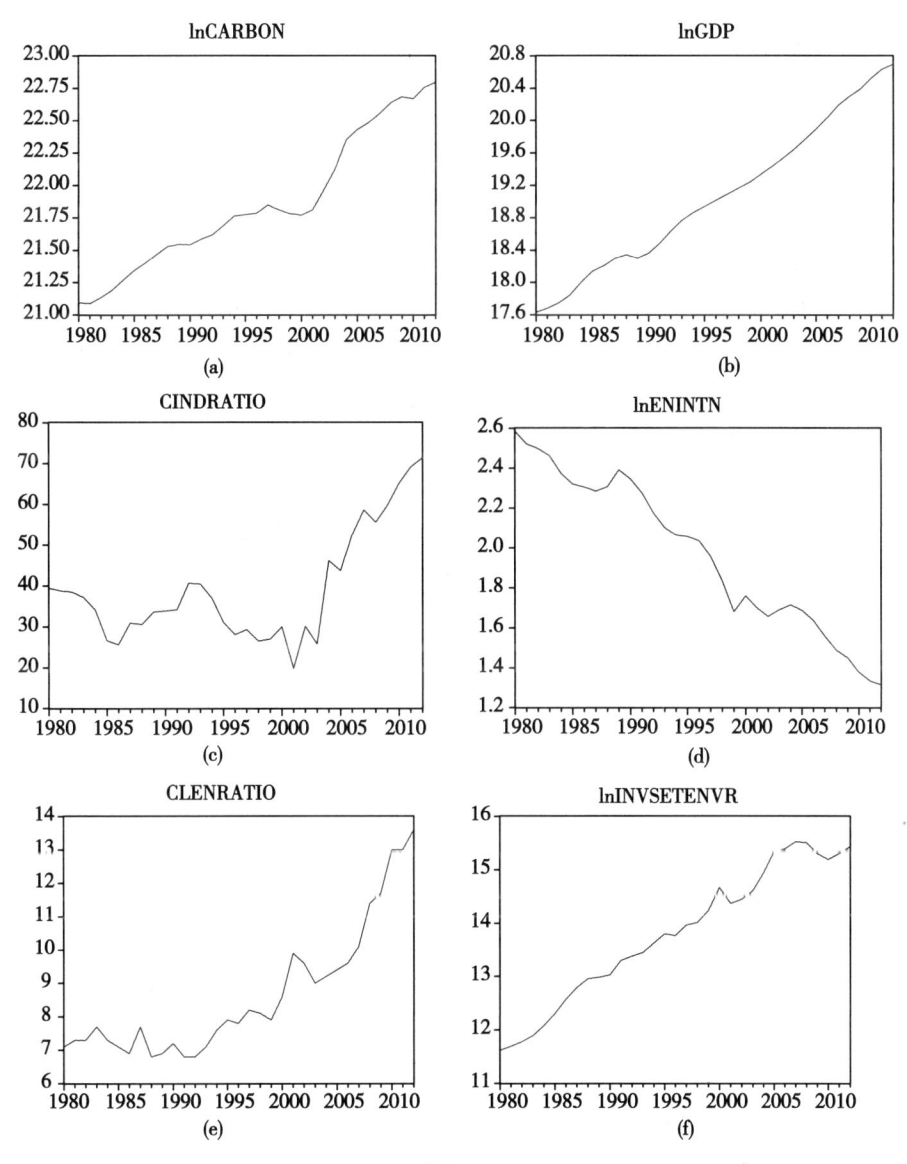

图 9-1

图（b）显示 GDP 除了 1989 年特殊年份外，其余年份基本也稳步上升。图（c）显示高排放产业占比呈"W"形状，大致分为四个阶段：1980—1986 年下降，1987—1993 年上行，1994—2001 年下降，2002—2012 年大幅上升，而 2002 年以后正是我国加入 WTO 后的发展阶段，这表明在加入 WTO 以前产业结构调整周期为 5—7 年时间，加入 WTO 以后，全球化程度加深，产业结构影响更多受国际市场影响，产业结构向高碳产业方向演变，这是在新一轮国际产业分工中我国逐步承接高排放产业转移和陷入高排放产业分工格局困境中的结果。图（d）显示能耗强度整体呈稳步下降趋势，图（e）显示我国清洁能源占比整体呈缓慢上升趋势，图（f）显示我国工业污染治理投资整体上稳步增加。

（三）数据的单位根检验

上述数据都属于时间序列数据，在进行多元回归分析之前需要进行单位根检验以避免出现伪回归。表 9-2 是利用 EVIEWS6.0 对各变量进行 ADF 检验的结果汇总。在检验过程中，尝试了 Level/1st Difference 两种情况下有/无常数项和趋势项等多种情形，再从中选择显著性最佳的检验结果。表 9-2 显示，所有变量均为 I（1），即均属于单整序列。由于单整序列的线性组合仍属于单整序列，在进行多元回归分析时，只要残差项为平稳序列，则该多元回归分析便属于协整分析，而非伪回归，分析结果有效。

表 9-2　　　　　　　　变量单位根检验结果

变量	Level/difference	T 统计量	Prob.*	常数项	趋势项	单位根检验判断
lnCarbon	一阶差分	-3.142633	0.0336	有	无	I（1）
lnGDP	一阶差分	-3.873083	0.0061	有	无	I（1）
CINDRatio	一阶差分	-2.628192	0.0104	无	无	I（1）
lnENINTN	一阶差分	-4.424207	0.0014	有	无	I（1）
lnPatent	一阶差分	-4.691251	0.0001	有	无	I（1）
CLENRatio	一阶差分	-4.747273	0.0000	无	无	I（1）
lnInvestEnvr	一阶差分	-4.800888	0.0005	有	无	I（1）

（四）协整分析

表 9-3 是利用表 9-1 中数据进行多元回归分析的结果。表 9-4 是对其

残差的 ADF 检验结果。表 9-4 表明，该回归分析所得残差是平稳序列，因而说明（5）式多元回归分析属于协整分析，表 9-3 结果有效。不过，表 9-3 中 CLENRatio 和 Lninvestenvr 变量的 T 统计值小于 2，Prob 值接近 10%，初步判断可能是受多重共线性的影响。综合考虑回归结果的显著性和多重共线性的消除效果，比较之下剔除 LnENINTN 变量再做一次回归分析，回归结果见表 9-5，其中 CLENRATIO 和 Lninvestenvr 变量明显变得显著，可在 1% 水平上显著，并提高了其他两个变量的显著性。同时对其残差做单位根检验，检验结果见表 9-6，T 统计值和 Prob 值都很显著，也表明残差属于平稳序列，回归属于协整回归，回归结果可用。综合表 9-3 和表 9-5，以及综合考虑标准误、T 统值、Prob 值，lnGDP、CINDRatio、CLENRatio、lnInvestEnvr 等变量选择表 9-5 中结果，lnENINTN 变量选择表 9-3 中结果。

根据表 9-3 和表 9-5 可以分析各变量的边际气候效应。其中，lnGDP 变量的系数值是 1.628044，Prob 值为 0.0000，显著性极高，说明国民经济每增长 1%，碳排放量将增长 1.628%，这是气候效应中的规模效应；CINDRatio 变量的系数值是 0.006848，Prob 值为 0.0055，表明在 1% 的水平上显著，说明高排放行业占比每增加 1 个百分点，碳排放量将近增长 0.006848%；lnENINTN 变量的系数值为 1.007080，Prob 值为 0.0000，表明显著性极高，说明能耗强度每下降 1%，碳排放量将下降 1.0071%；CLENRatio 变量的系数值为 -0.206065，Prob 值为 0.0000，具有高显著性水平，说明清洁能源比重每增加 1 个百分点，将使碳排放量降低 0.206065%；LnInvsetEnvr 变量的系数值为 -0.555612，Prob 值为 0.0000，表明具有高显著性水平，说明工业污染治理投资每增加 1%，碳排放量将减少 0.5556%。边际气候效应从高到低依次是 lnGDP、lnENINTN、lnInvsetEnvr、CLENRatio、CINDRatio。

还可以粗略估算各变量 1980—2012 年期间的平均气候效应。根据原始数据计算 GDP、高排放产业比重、能耗强度、清洁能源比重、工业污染治理投资等变量的平均变速。其中，GDP 年均增长 10.1%，高排放产业比重加入 WTO 以来年均增加 4.7 个百分点，能耗强度年均下降 3.8%，清洁能源比重年均增加 0.2 个百分点，工业污染治理投资年均增长 13.9%。这些平均变动幅度乘以各变量边际气候效应可得其平均气候效应，计算结果依次是：经济增长的年均规模气候效应是碳排放量年均增长 16.4%；我国加入 WTO 以来高排放产业比重的年均普通产业结构效应是碳排放量年均增长0.032%；能耗强度下降的年均气候效应是使碳排放年均减少3.83%；清洁能源比重上升的年均气候效应是使碳排放量年均下降0.041%；工业污染治理投资增长的年均气候效应是使碳排放量年均下降7.723%。因此，从平均效应看，主要的正向气候效应是经济增长带来的规模效应；主要的负向气候效应是工业污染治理投资和能耗强度下降带来的技术效应。高排放行业增加和清洁能源占比上升带来的正、负结构效应都较低，其中负碳结构效应略微高于高碳结构效应。

表9-3　　　　　　　　　　　回归分析结果

Dependent Variable: LNCARBON			
Method: Least Squares			
Date: 09/22/13 Time: 17: 30			
Sample: 1980 2012			
Included observations: 33			

	Coefficient	Std. Error	t-Statistic	Prob.
lNGDP	1.107744	0.044683	24.79106	0.0000
CINDRATIO	0.002608	0.001007	2.590958	0.0150
lnENINTN	1.007080	0.084414	11.93029	0.0000
CLENRATIO	-0.030013	0.016940	-1.771717	0.0873
lnINVSETENVR	-0.078703	0.042748	-1.841112	0.0762
R-squared	0.993784	Mean dependent var		21.85789
Adjusted R-squared	0.992896	S. D. dependent var		0.524726
S. E. of regression	0.044228	Akaike info criterion		-3.260205
Sum squared resid	0.054770	Schwarz criterion		-3.033461
Log likelihood	58.79338	Hannan-Quinn criter.		-3.183913
Durbin-Watson stat	1.230743			

表9-4　　　　　　　　　　　残差ADF检验结果

Null Hypothesis: SER01 has a unit root			
Exogenous: None			
Lag Length: 0 (Automatic based on SIC, MAXLAG=8)			
		t-Statistic	Prob.*
Augmented Dickey-Fuller test statistic		-3.726398	0.0005

续表

Null Hypothesis: SER01 has a unit root			
Test critical values:	1% level		-2.639210
	5% level		-1.951687
	10% level		-1.610579

*MacKinnon (1996) one-sided p-values.

Augmented Dickey-Fuller Test Equation

Dependent Variable: D (SER01)

Method: Least Squares

Date: 09/22/13 Time: 17: 46

Sample (adjusted): 1981 2012

Included observations: 32 after adjustments

	Coefficient	Std. Error	t-Statistic	Prob.
SER01 (-1)	-0.618353	0.165939	-3.726398	0.0008
R-squared	0.309362	Mean dependent var		3.98E-05
Adjusted R-squared	0.309362	S. D. dependent var		0.046631
S. E. of regression	0.038753	Akaike info criterion		-3.632484
Sum squared resid	0.046555	Schwarz criterion		-3.586680
log likelihood	59.11974	Hannan-Quinn criter.		-3.617301
Durbin-Watson stat	1.868349			

表 9-5　　　　　　　　　消除共线性回归结果

Dependent Variable: LNCARBON

Method: Least Squares

Date: 09/23/13 Time: 08: 42

Sample: 1980 2012

Included observations: 33

	Coefficient	Std. Error	t-Statistic	Prob.
lnGDP	1.628044	0.023572	69.06576	0.0000
CINDRATIO	0.006848	0.002282	3.000614	0.0055
CLENRATIO	-0.206065	0.020160	-10.22143	0.0000
lnINVSETENVR	-0.555612	0.036706	-15.13677	0.0000
R-squared	0.962185	Mean dependent var		21.85789

续表

Dependent Variable：LNCARBON			
Adjusted R-squared	0.958273	S. D. dependent var	0.524726
S. E. of regression	0.107187	Akaike info criterion	-1.515267
Sum squared resid	0.333184	Schwarz criterion	-1.333872
Log likelihood	29.00191	Hannan-Quinn criter.	-1.454233
Durbin-Watson stat	1.265135		

表9-6　　残差 ADF 检验结果

Null Hypothesis：SER03 has a unit root			
Exogenous：None			
Lag Length：0（Automatic based on SIC，MAXLAG=8）			
		t-Statistic	Prob.*
Augmented Dickey-Fuller test statistic		-3.804776	0.0004
Test critical values：	1% level	-2.639210	
	5% level	-1.951687	
	10% level	-1.610579	
*MacKinnon（1996）one-sided p-values.			
Augmented Dickey-Fuller Test Equation			
Dependent Variable：D（SER03）			
Method：Least Squares			
Date：09/23/13　Time：09：13			
Sample（adjusted）：1981 2012			
Included observations：32 after adjustments			
	Coefficient	Std. Error	t-Statistic	Prob.
SER03（-1）	-0.634671	0.166809	-3.804776	0.0006
R-squared	0.318222	Mean dependent var		-0.001419
Adjusted R-squared	0.318222	S. D. dependent var		0.116599
S. E. of regression	0.096276	Akaike info criterion		-1.812444
Sum squared resid	0.287341	Schwarz criterion		-1.766640
log likelihood	29.99911	Hannan-Quinn criter.		-1.797261
Durbin-Watson stat	1.838020			

(五) 传统技术进步整体排放效应的实证分析

不过，上述计量模型中使用能耗强度指标，仅能反映传统意义上的技术进步的直接减排效应。由于传统意义上的技术进步对排放的影响是多途径的，其中包括：一是促进生产效率和能源效率的提高而降低能耗强度，这是负向减排效应；二是促进生产力发展，从而促进经济增长扩大产出规模，产生正向增排效应。那么，传统意义上的技术进步总体上是减排还是增排，那就取决于是负向减排效应和正向增排效应的大小比较，如果前者大于后者，则技术进步与碳排放整体负相关，反之整体正相关。

现在利用1980—2012年专利授权项数数据替代上述能耗强度数据，检测传统意义上的技术进步的整体减排效应。回归结果见表9-7。同时对该回归残差序列也做了ADF检验，表明残差属于平稳序列，该回归属于协整回归。表9-7结果显示，将专利授权项数变量LnPatent替换上述能耗强度变量LnENINTN后，对其他变量虽然有所影响，其中清洁能源结构变量显著性影响略大，这可能是由于清洁能源技术本身就是授权专利的重要组成部分，另外经济增长变量LnGDP的系数值变小，这些变量系数值的变化可能是部分规模效应转移到变量LnPatent的气候效应中，也就是说LnPatent反映的气候效应是由其间接规模效应和直接技术效应两部分构成，反映的是传统意义上技术进步的总体气候效应。值得注意的是，LnPatent变量的引入并未改变各变量的系数值方向。因此，可以认为，传统意义上的技术进步在总体上是增加碳排放的，即其整体气候效应是增排效应。而且，系数值达到7.4，T统计值为6.443973，Prob值为0.000，都表明统计检验显著，且传统意义上的技术进步将产生较高的增排效应。实际上，工业革命以来的技术进步在整体上就是增排的，也是导致200多年来累积碳排放迅速上升的根本原因。也就是说，较工业革命以前的技术进步，工业革命以来的技术进步在整体上是增排的技术进步。对我国而言，改革开放以来的技术进步在整体上也是增排的技术进步。总之，传统意义上的技术进步在整体上是增排的，也表明其正向增排效应要远高于负向减排效应。因此，技术的清洁化和清洁技术的发展任务十分繁重，必须大力推进技术的清洁化和清洁技术的发展才能扭转增排趋势，转入减排轨道。

表 9-7 传统技术进步的气候效应协整检验

Dependent Variable: LNCARBON			
Method: Least Squares			
Date: 09/22/13 Time: 20:04			
Sample: 1980 2012			
Included observations: 33			

	Coefficient	Std. Error	t-Statistic	Prob.
lnGDP	0.502564	0.175318	2.866580	0.0078
CINDRATIO	0.009521	0.001531	6.217729	0.0000
lnPATENTn	7.400516	1.148440	6.443973	0.0000
CLENRATIO	-0.032077	0.029976	-1.070112	0.2937
lnINVSETENVR	-0.522605	0.024254	-21.54756	0.0000
R-squared	0.984770	Mean dependent var		21.85789
Adjusted R-squared	0.982595	S. D. dependent var		0.524726
S. E. of regression	0.069226	Akaike info criterion		-2.364140
Sum squared resid	0.134184	Schwarz criterion		-2.137396
log likelihood	44.00831	Hannan-Quinn criter.		-2.287848
Durbin-Watson stat	0.799167			

三 高能耗高排放工业行业能源消耗影响因素的实证分析

(一) 理论分析

由于目前我国尚未建立分行业的温室气体排放时序数据库，所以难以进行分行业温室气体排放影响因素的实证分析。考虑到温室气体排放与能源消耗直接关联，而我国分行业能源消耗数据可以获取，因此在此进一步对我国高能耗高排放工业行业能源消耗影响因素作实证分析。再考虑到纺织行业的能耗占能耗总量的 2.7%，超过石油和天然气开采业，因此增加纺织业，分析黑色金属冶炼及压延加工业、非金属矿物制品业、化学原料及化学制品制造业、石油加工炼焦及核燃料加工业、电力热力的生产和供应业、煤炭开采和洗选业、有色金属冶炼及压延加工业、石油和天然气开采业、纺织业等九大能耗工业行业的能源消耗影响因素，2010年这九大行业能源消耗占能源消费总量的81.4%，占绝大多数。

从数学计算公式看，能源消耗量等于产出（产值）乘以单位产出（产值）的能耗即能耗强度，因此工业行业能源消耗首先与其产出（产值）直接相关。而影响工业行业能耗强度的影响因素较多，至少包括以下因素。

①科研投入。一般而言，法律法规和政策对工业产品的能效要求越来越高，对工业企业能源管理日益严格，工业企业科研投入总体上是为创新更高生产效率、更高能源效率的技术和产品而支出的成本，因而预计工业行业科研投入能够降低其能耗强度，从而促进其能源消耗下降，与工业行业能源消耗负相关。

②污染治理投入。一般而言，工业废弃物排放与节能是有协同关系的，提高效率减少污染物排放的同时往往能节约能源，节约能源消耗的同时往往能减少污染物的排放，而且工业行业污染治理投入也往往添置更高能效更低排放的新设备新技术，这些方面使污染治理投入有利于提高工业企业能耗强度，从而降低能源消耗，因而，预计工业行业污染治理投入与其能源消耗负相关。

③出口。整体上，西方发达国家是我国主要贸易伙伴，其环境标准高于我国的环境标准，对其进口我国的工业产品的环境要求相对国内较高。为满足其环境要求，需要我国出口企业以更先进的生产技术和环境技术生产出口产品，这有利于促进出口工业企业改进生产技术和环境技术，从而有利于其提高能效降低能耗强度，也就能减少能源消费，因此预计出口与能源消耗负相关。

另外，淘汰落后过剩产能的政策也能产生作用，各级地方政府强力执行国务院制定的淘汰落后过剩工业产能将直接压缩工业产出，从而降低其能源消耗。

（二）实证分析

1. 数据说明

由于数据的可获得性受限，分别选取上述九大工业行业2003—2012年能源消费量、工业销售产值、工业大中型企业研发经费、工业污染治理投资、出口交货值等数据,并取自然对数,数据来自历年《中国统计年鉴》。其中,工业污染治理投资只有全部工业总量数据,利用工业行业年度利润占比数据进行调整,年度行业亏损年份则采用统计方法加以补缺。国务院淘汰落后过剩产能政策的取值是 2003—2009 年取值为 0,2010—2012 年取值为 1。

2. 模型构建

根据上述理论分析,构建以下数理模型:

$$Lnenergy_{it} = a + \beta_1 lnsales_{it} + \beta_2 lnresearch_{it} + \beta_3 lnpolluinvest_{it} + \beta_4 lnexport_{it} + \beta_5 policy_{it} + u_i + e_{it} \qquad (6)$$

其中,lnenergy 是工业行业能源消费量自然对数,lnresearch 是工业大中型企业研发经费的自然对数,lnpolluinvest 是工业污染治理投入自然对数,lnexport 是工业行业出口交货值的自然对数,policy 是政策变量。

3. 计量分析

由于淘汰落后过剩产能政策在压缩能耗的同时将降低其产出,所以政策变量与产出变量之间存在相关性,可能导致变量之间出现多重共线性。因此,先利用 STATA 软件做剔除政策变量的回归分析,回归结果见表 9-8。

表 9-8　　　　　　　　　剔除政策变量的回归结果

Random-effects GLS regression			Number of obs	=	90	
Group variable: indus			Number of groups	=	9	
R-sq: within = 0.0290			Obs per group: min	=	10	
between = 0.8138			avg	=	10.0	
overall = 0.2960			max	=	10	
Wald chi2 (4)	=	21.75				
corr (u_i, X)	= 0 (assumed)	Prob > chi2	=	0.0002		

lnenergy	Coef.	Std. Err.	z	P>|z|	[95% Conf. Interval]	
lnsales	.1520023	.0902843	1.68	0.092	-.0249517	.3289564
lnexport	-.3432016	.1112932	-3.08	0.002	-.5613324	-.1250709
lnresearch	-.1162639	.0922429	-1.26	0.208	-.2970567	.0645289
lnpolluinvest	-.2813997	.1019537	-2.76	0.006	-.4812253	-.0815741
_cons	72.29326	9.492891	7.62	0.000	53.68754	90.89899

sigma_u	5.601617		
sigma_e	21.1496		
rho	.06555083	(fraction of variance due to u_i)	

表 9-8 显示,Wald 卡方检验(Wald chi2 (4) = 21.75,Prob>chi2 = 0.0002)允许拒绝解释变量系数都等于 0 的联合虚无假设。同时,lnsales

变量的系数为 0.1520023，在 10% 的统计水平上显著，表明工业高能耗行业销售产值每增加 1%，能源消耗就增长 0.152%；lnexport 变量的系数为 -0.3432016，在 1% 的统计水平上显著，表明工业高能耗行业积极开拓国际市场发展出口，有利于促进其改进技术降低能耗强度从而减少能源消耗，出口每增加 1%，将促使其能耗下降 0.343%；lnresearch 变量的系数为 -0.1162639，但显著性略差，表明高能耗工业行业科研投入每增加 1%，将促进其能源消费降低 0.116%；lnpolluinvest 变量的系数为 -0.2813997，在 1% 的统计水平上显著，表明工业高能耗行业每增加 1% 的投入，将促进其能源消费降低 0.281%。计量分析的这些发现与理论分析预测相一致。

再做引入政策变量的回归分析。分析结果见表 9-9。表 9-9 显示，政策变量的系数值为 -4.237999，系数值较大，不过显著性水平偏低，同时引起其他变量系数值和显著性水平降低，可能是淘汰落后过剩产能政策能同时影响其他变量。即使如此，仍能大体反映国务院出台的淘汰落后过剩产能政策能够迅速有效抑制高能耗工业行业的能源消费增长，年均促进高能耗行业能源消费降低 4.238%。

表 9-9　　　　　　　　引入政策变量的回归分析

```
Random-effects GLS regression                 Number of obs    =        90
Group variable: indus                         Number of groups =         9
R-sq:    within  = 0.0432                     Obs per group: min =      10
         etween  = 0.7576                avg =     10.0
         overall = 0.2910                                 max =         10
                                              Wald chi2 (5)    =     18.06corr (u_i,
   X)       = 0 (assumed) Prob > chi2        =    0.0029

lnenergy  |     Coef.    Std. Err.      z     P>|z|    [95% Conf. Interval]
lnsales   |   .112771    .0979047    1.15    0.249    -.0791188    .3046607
lnexport  |   -.307514    .126561   -2.43    0.015    -.5555691    -.059459
lnresearch|   -.105894    .0928987  -1.14    0.254    -.2879722    .0761842
lnpolluinvest| -.2425166  .1067485  -2.27    0.023    -.4517399    -.0332934
policy    |  -4.237999   5.269248   -0.80    0.421   -14.56554    6.089538
_cons     |   75.15783   11.3192    6.64    0.000     52.9726     97.34305

sigma_u   |   7.1433101
sigma_e   |  20.999564
rho       |   .10371137   (fraction of variance due to u_i)
```

四 总结与政策建议

（1）描述分析发现，虽然我国30多年来从未停止过调整产业结构的努力，也几乎每年都在强调要调整产业结构，但是加入WTO之前20多年中，高排放产业调低取得两次阶段性成功，又呈现两次周期性反弹，而加入WTO以后，我国高排放产业占比呈单边走高趋势。由于八大高排放产业均属资源能源消耗产业，这与我国对外贸易中资源能源环境要素输出型和国内资源能源环境要素投入粗放型相一致，是国际分工格局不合理和国内发展模式不合理的共同结果。在过去30多年中，国际分工大体格局是：欧美等发达国家侧重提供技术智力知识等智慧要素，我国侧重提供土地、劳动力、能源矿产资源、环境等人力和物力要素；欧美国家由于生活水平提高闲暇需求上升而导致劳动力供给相对不足，由于能源矿产资源贫乏或出于战略储备考虑而导致能源矿产资源供给相对不足，由于人们环境质量诉求上升而导致环境容量供给不足，相反，30多年来我国农村剩余劳动力较多且都渴望增加收入改善生活而使劳动力供给相对充沛，各级地方政府由于渴望发展经济增加GDP而乐意开发供给能源矿产资源，政府发展经济意愿以及公众提高生活水平意愿超过了环境质量保护和改善意愿而过度供给了环境容量。在这个阶段，土地、劳动力、能源矿产资源、环境等人力和物力要素驱动了我国的经济增长和收入水平的提高，市场价格及由此带来的货币收入又驱动了土地、劳动力、能源矿产资源等人力和物力要素源源不断地供给市场满足市场需求，环境容量也源源不断地被消耗。然而，由于土地、劳动力、能源矿产资源、环境等要素形态供给是有限的，经过30多年的消费，这些要素供给也日益变得稀缺，供给价格也逐步上升，其价格优势逐渐丧失，驱动力日渐减弱。在此形势下，党的十八大提出创新驱动发展战略，今后更多地依靠技术制度创新驱动经济增长，通过制度创新驱动技术创新，再通过技术创新驱动经济增长。可是，技术要素供给与土地、劳动力、能源矿产资源等人力物力要素供给相比，供给难度更大、风险更大，因此实现创新驱动的重要前提就是要探索如何驱动创新，让技术创新者风险更低、收益更高，这就需要政府科学设计和优化安排制度，提供优惠财税金融政策，驱动经营者和个人积极创新，更多更快产出技术创新成果，更顺畅更有效地实现市场化。描述分析结果也说明，调整传统意义的产业结构，降低高排放产业比重，任务较重，空间较大。而与高排放产业比重大幅增加相比，清洁能源比重增幅较低，提高空间较大。那么，要挤出高排放产业份额，提高高新低碳环保等低排放产业占比，以及挤出化石能源等传统高碳能源份额，提高可再生能源等清洁能源占比，这些都需要依靠技术创新驱动，依靠产业技术、新能源技术创新驱动，不断产出更加成熟、更加先进、更加适用、更加实用的高新低碳环保能源技术，并在良好的政策制度市场环境下迅速实现商业化、产业化、规模化，只有这样才能逐步实现由人力物力要素驱动向创新驱动模式转变。为此，需要政府创新制度，创新技术创新的管理制度，建议政府审视优化现有的科学技术研发相关的评价、激励、转化、监管制度机制，构建能够充分释放经营者和个人创新活力的制度体系，通过制度创新驱动技术创新。如能如此，可以预期，经过20年左右的努力，我国在国际分工格局中的地位会不断朝有利方向演进，经济增长也会变得更可持续。

（2）理论分析发现，经济发展的气候效应可分解成经济增长的规模效应，传统意义上的高排放产业占比变化的结构效应，低碳意义上清洁能源占比变化的结构效应，传统意义上能耗强度变化的技术效应以及低碳环保技术进步的技术效应。实证分析发现，边际规模效应是国民经济每增长1%，碳排放量将增长1.628%；边际传统结构效应是高排放行业占比每增加1个百分点，碳排放量将增长0.006848%；传统技术进步促进节能减排的直接边际气候效应是能耗强度每下降1%，碳排放量将下降1.0071%；低碳意义上的边际能源结构效应是清洁能源比重每增加1个百分点，将使碳排放量降低0.206065%；低碳意义上的边际技术效应是工业污染治理投资每增加1%，碳排放量将减少0.5556%。平均规模效应是经济增长导致碳排放量年均增长16.4%，平均传统结构效应是入世以来高排放产业比重上升导致碳排放量年均增长0.032%，平均传统技术进步直接气候效应是能耗强度下降导致碳排放年均降低3.83%，平均低碳意义的结构效应是清洁能源比重上升导致使碳排放量年均下降0.041%，平均低碳意义的技术效应是工业污染治理投资增长导致碳排放量年均下降7.723%。可见，引起正向气候效应包括经济增长的规模效应和高排放产业占比提高带来的结构效应，其中经济增长的规模效应是主要的正向气候效应；引起负向气候效应包括传统意义上的技术进步和低碳环保技术进步以及清洁能源占比上升等因素，其中主要的负向气候效应是由工业污染治理投资和能耗强度下降所致。清洁能源占比上升带来的负碳结构效应略微高于高排放行业增加的高碳结构效应。从边际效果即从短期看，促进传统意义上的技术进步以降低能耗强度、增加工业污染防治投资以降低化石能源消耗单位碳排放、提高清洁能源比重等均能迅速取得良好减排效应，减排作用力度依次减弱。其中，传统意义上的边际结构效应较低，可能是由于低排放产业也产生碳排放，高排放产业占比上升引致的碳排放边际增量相对碳排放总量而言比率较低，但由于高排放产业占比较高导致了较高的平均传统意义的结构效应。平均低碳意义的结构效应较低是由于清洁能源在技术、市场和基础设施障碍方面难以规模化应用，使得清洁能源占比上升速度缓慢幅度偏小所致，但边际低碳意义的结构效应较高。为抵消正向规模气候效应，必须同时争取负向，并且不断扩大负向的传统意义的结构效应、低碳意义的结构效应、传统意义的技术效应和低碳意义的技术效应。因此，需要大力推进创新驱动战略，尽早实现人力物力要素驱动向创新驱动转变，不断提高高新低碳环保技术水平，增加高新低碳环保产业比重，挤出传统高排放产业份额，形成负向传统意义的结构效应；需要进一步克服可再生能源发展的技术、市场和基础设施障碍，推动可再生能源规模化低成本应用，提高可再生能源在能源结构中比重，扩大负向低碳意义的结构效应；需要不断提升技术水平，采用先进生产设备和工艺，持续降低能耗强度，扩大负向传统意义的技术直接效应；需要不断增加节能减排污染治理投入，直接促进工业企业低碳环保技术进步，扩大负向低碳意义的技术效应。总之，只有争取更大的负向结构效应和技术效应以抵消正向规模效应，碳排放曲线才能早日迎来下行拐点。

（3）针对高能耗高排放工业行业能源消耗影响因素的实证分析，表明高能耗行业产出增长是其能源消费增长的主要原因，工业高能耗行业销售产值每增加1%，能源消耗就增长0.152%；工业高能耗行业出口导向、研发投入、污染治理投入均能促进其能耗下降，其中其出口每增加1%将促使其能耗下降0.343%，科研投入每增加1%将促进其能源消费降低0.116%，污染治理投入每增加1%将促进其能源消费降低0.281%。另外，落后过剩产能淘汰政策年均促进高能耗行业能源消费下降4.238%，成效显著。因此，今后继续鼓励高能耗工业企业积极按照发达国家的环境标准生产出口产品，同时引领带动国内行业提高能效环保标准，进而促进全行业能耗下降，降低全行业能源消费；采取优惠税收政策激励高能耗高排放工业企业增加科研投入和污染治理投入，有利于降低高能耗工业行业的能源消耗；继续实施过剩落后产能淘汰政策，动态跟踪监控新出现的过剩落后产能行业，及时控制落后过剩产能项目"下马"或"上马"，从而降低高能耗工业行业能源消费。而抑制住了能源消费额，也就是对温室气体排放的有效控制。

第十章

社会分工、技术进步与工业低碳转型的差异化路径选择

从空间范围看,社会分工包含了国内分工和国际分工。学术界对国际分工有较多论述,实际上,国际分工与国内分工在机理上是相通的,国际分工只不过是国内分工在地域和空间上的向外延伸。因此,关于国际分工的理论思想在一定程度上也就是社会分工的理论。

一 国际分工研究述评

(一) 古典国际分工观

古典学派亚当·斯密(Adam Smith)和大卫·李嘉图(David Ricardo)国际分工思想如下。①

1. 斯密国际分工观

分工可以提高劳动生产率,增加一国国民财富。假设 Q 和 R 两国与 Y 和 X 两种商品,因存在技术差异,Q 生产 Y 的效率比 R 高,占绝对优势;而 R 生产 X 的效率比 Q 高,也占绝对优势。在《国富论》中,斯密主张 Q 专业生产 Y,R 专业生产 X,两国进行贸易,均可提高劳动生产率并增加国民财富。在斯密所处时代,Q 和 Y 主要指工业国和工业制品,代表更高技术水平,如英国及其精制呢绒;R 和 X 分别指工业原料国及工业品原料,如印度及其生丝生产。

---

① [英]亚当·斯密:《国富论》(上下卷),郭大力、王亚南译,商务印书馆1972年版。

2. 李嘉图国际分工观

在斯密基础上，李嘉图进一步分析，即使 Q 在 Y 和 X 的生产效率上均绝对优于 R，但只要比较优势程度不同，如 Q 生产 Y 所占优势比生产 X 所占优势要大，则仍可进行国际分工，由 Q 专业生产 Y，R 专业生产 X，并进行贸易，同样都可提高劳动生产率，增加国民财富。

3. 简评

两位经济学家在两个世纪前认识到各国之间按绝对或比较优势分工，均可提高生产效率，增加国民财富，在贸易中共同得利无疑是极大进步。所形成的国际分工格局具有分工彻底、互补、贸易自由、没有摩擦等优点。但也存在不足，甚至可以说设计了迷惑性和欺骗性陷阱。应该承认，按照他们设计的分工格局，短期来看 Q 和 R 均发挥各自的绝对或比较优势，获得短期贸易利益；但是，长期来看这一格局明显利于 Q 而不利于 R。不妨引申一步，Q 代表经济强国、先进国家或发达国家；R 代表经济弱国、落后国家或发展中国家。那么，这种格局在长期必然导致强者恒强，弱者恒弱；富国恒富，贫国恒贫。长期笃信这一理论的落后国家无疑掉进他们设计的陷阱。这种分工理论显然是为 Q 服务。

（二）赫克歇尔-俄林（Heckscher-Ohlin）国际分工观

H—O 要素禀赋理论认为，资本充裕劳动相对短缺的 Q 专业生产密集使用资本的产品，而劳动充裕资本相对短缺的 R 专业生产密集使用劳动的产品。一般而言，资本密集产品技术含量高，劳动密集产品技术含量低。这种国际分工格局与古典思想存在相似特征和缺陷。

（三）新兴古典国际分工观

以杨小凯为代表的新兴古典经济学认为，随着交易效率的不断提高，社会分工会不断演进，社会经济从自给自足均衡，到出现地方市场，再产生地区市场，进一步形成国内市场。随着交易效率继续提高，分工将在国际范围演进，国际贸易出现。随着交易效率极大提高，整个世界由于完全分工而形成统一的全球市场。他运用超边际分析方法分析个体的分工决策行为。首先，他利用文定理排除那些不可能是最优的角点解；其次，对剩下的角点解用边际分析求解，求出每一个局部最优值；最后，比较各角点解的局部最大函数值，就可产生整体最优解。① 总之，他们认为，最优分工选择必定是角点解而非内点解。分工演进从国内延伸到国际范围，国际分工是交易效率提高的结果。但是，各国间选择怎样的产业参与国际分工以及形成怎样的分工格局并不确定。

（四）小岛清国际分工观

日本的小岛清提出的协议性国际分工理论认为，在经济一体化组织内的两国之间，如 A 和 B，在所生产的两种产品边际成本递减的条件下，如 X 和 Y，相互协议好将其中一种商品的市场让渡给对方，如 B 将 X 市场提供给 A 由 A 专业生产 X，A 将 Y 市场提供给 B 由 B 专业生产 Y。这样，两国均可获得市场规模扩大、生产成本下降、利润增加的协议分工利益。这一做法适宜于同等发展阶段的发达国家间进行，不适宜于工业国与初级产品国间进行。不过，小岛清的协议分工方法将不彻底分工转化成彻底分工，既获取规模经济，又避免贸易摩擦，协议双方和谐发展的思想有借鉴意义。

（五）弗农国际分工观

美国雷蒙德·弗农（R. Vernon）的产品周期理论认为，少数发达国家研制科技知识密集型新产品；到新产品第二阶段，转由资本和熟练工人充裕国家生产；到第三阶段，转由发展中国家生产。这时，发达国家已研制下一代新产品了。不断追求技术创新并考虑时间周期因素是其优点，但发展中国家始终处于国际分工低端，始终落后于发达国家，显然对他们不利。

（六）格鲁贝尔国际分工观

美国经济学家格鲁贝尔（H. G. Grubel）的产业内贸易理论认为，许多同类产品具有异质性和规模经济特点，可以在经济发展水平相似的两国间进行产业内分工和贸易。这种国际分工格局的特点与小岛清的相似，适用于发达国家之间，既获取规模经济，又避免贸易摩擦。

---

① 杨小凯：《经济学新兴古典与新古典框架》，社会科学文献出版社 2003 年版，第 205—232 页。

(七) 二维国际分工模型

综上所述可发现它们有一个共同点，即均仅有平面视角，均没形成立体认识，因而存在片面性和局限性。它们均可被纳入一个二维国际分工模型，见图 10-1：

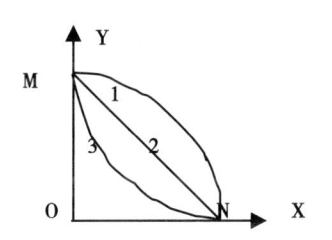

图 10-1 国际分工的平面模型

该图由 X 和 Y 轴构成，表示 X 和 Y 两种产品，1、2 和 3 三条线分别表示成本递增、不变和递减三种特征，M 点坐标是 (0, OM)，表示 X 产量为 0，Y 产量为 OM；N 点坐标是 (0, ON)，表示 X 产量为 ON，Y 产量为 0。上述无论哪种国际分工观，也无论属于哪种成本特征，均是其中一国生产 ON 的 X，另一国生产 OM 的 Y。可见，平面视角是上述国际分工观的共同特征，反映不出产业的技术优劣，也看不出产业的竞争互补关系，形不成立体认识，也难以对产业变迁进行动态跟踪，具有片面性和局限性。

二 社会分工多维模型

1. 首先，构建一个社会分工多维模型，见图 10-2：

2. 图 10-2 是由 X、Y、Z 和 T 轴构成的多维模型。其中 X 和 Y 组成的平面表示具有相同技术水平的产业层面，用 S 表示，图中的 S_1、S_2、S_3 和 S_4，分别代表四种技术水平的产业层面。Z 轴代表技术水平，产业层面所处位置越高，表示技术越先进。图中技术水平从低到高分别是 S_1、S_2、S_3 和 S_4。T 轴是时间维，虽然时间维可以任选方向，但为便于比较、计算和分析，让 T 轴位于 S_1 上，这不影响研究问题。

3. 每个产业层面又可根据需要分成若干扇区，每一扇区表示一类产

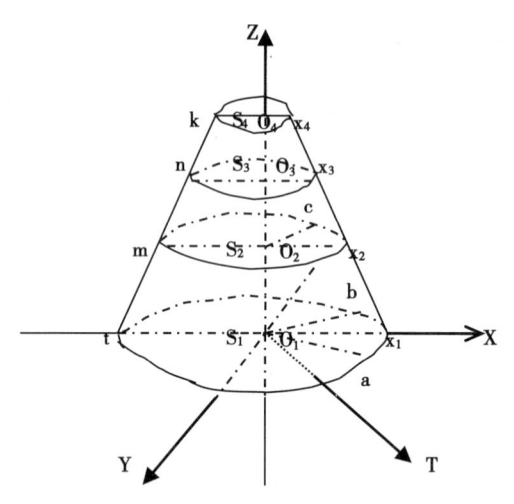

图 10-2 社会分工多维模型

业，如图中 aO_1b，可以代表农业。每一扇区又由任意数量射线组成，每根射线表示一个产业，如 O_1x_1 可代表水稻种植业。产业分类与细分可根据不同需要而确定扇区和射线数量。同一射线表示同一产业；射线与射线之间方向越靠近，表示这两个产业越相近，竞争性越强，如 O_1x_1 与 O_1b；射线之间方向越背离，表示互补性越强，竞争性越弱，如 O_1x_1 与 O_1t。相同方向不同层面的射线表示产业相同技术水平不同，两者具有竞争性，高层面相对低层面具有比较竞争优势。

4. 沿着 Z 轴存在无数的产业层面，S_1、S_2、S_3 和 S_4 只是为说明问题方便而绘出的层面代表。一个产业随着技术进步，可以由低层升至高层。Z 轴可以向上无限延伸，向下最低点表示人类的启蒙时期，那时处于人类技术与文明的最原始阶段。图中产业层面虽然绘成圆形，但实际上它们是由数量不等长短不一的射线组成，射线长短表示该技术水平产品的市场容量大小，射线越长，市场容量就越大，反之就越小。射线长短可以随着该产业的市场容量变化而伸缩。各种产业市场容量又会因人口、收入、消费者偏好等诸多因素变化而变化。因此，S 不是封闭的，也非定型的，而是开放和灵活的。所以，S 的面积是可变的，图中 S_1、S_2、S_3 和 S_4 的面积也是可以随时间推移而演变。比如说，现阶段它们之间关系是 $S_1>S_2>S_3>S_4$，但一段时间过后，由于市场购买力的提高，消费者对高技术产品偏好的增强，就可能演变成 $S_4>S_3>S_2>S_1$。尽管如此，用绘制的这个模型来说明问题并不影响它们内在关系的丰富内涵。

5. 每个国家（地区）均可由众多层面、不同种类和不同数量的产业所组成。一般来说，先进国家（地区）高端产业占比较大，落后国家（地区）相反。另外，该模型中产业结构与一般的产业分类即第一、二和三产业的分类方法有所不同。通常，第一产业指农林牧渔业；第二产业指工业，包括采掘业、制造业、煤电水等行业；第三产业指服务业，包括交通运输、通信、金融、科教、娱乐、商业等。这种分类方法难以明确鉴别产业间技术差异，因此尝试以技术水平高低为标准进行产业分类：如 S_1 代表传统技术产业层面；S_2 代表一般技术产业层面；S_3 代表高新技术产业层面；S_4 代表尖端技术产业层面。那么，上述三类产业由于各自技术含量不同都有可能在这四个产业层面中出现。同一技术产业会由于技术的不断革新而从高层滑落到低层。同一产业也往往包含不同技术层面产品。如计算机生产，有尖端技术、高新技术，也有一般技术。当然，完全可以根据分析问题的不同需要进行不同划分。

6. 随着时间推移，技术进步，图中产业柱总体上会沿着 T 轴向上方移动。从而根据这一多维模型，可以动态跟踪产业的变迁路径。体现在：一是某产业可随时间推移，技术进步，从低层上升至高层；二是某国（地区）或世界产业结构重心可随时间推移而上移；三是可以观察各国（地区）产业结构差异是拉大还是缩小、是趋异还是趋同的关系变化。

7. 各类社会分工格局及其贸易影响：

（1）Z 值相同，产业相同。即同一射线，如 O_1x_1。如 Q 和 R 均生产大米，两国市场容量分别为 M_1 和 M_2，产出为 I_1 和 I_2。若 $I_1+I_2 \leq M_1+M_2$，不考虑其他因素（以下同），则两国贸易不会产生摩擦；反之则摩擦可能发生。

（2）Z 值不同，产业相同。Q 技术水平高，如 O_2x_2；R 低，如 O_1x_1。同理，若 $I_1+I_2>M_1+M_2$，摩擦可能发生，其中 Q 占比较竞争优势，R 处于比较劣势；反之，摩擦不会发生。

（3）Z 值相同，产业相似。Q 生产 O_1a 与 R 生产 O_1b 表示的相似竞争性产品，Q 这两种产品的市场容量为 M_{11} 和 M_{12}，R 为 M_{21} 和 M_{22}，两国产出为 I_1 和 I_2。若 $I_1+I_2>\langle M_{11}+M_{21}\rangle+\langle M_{12}+M_{22}\rangle$，则两国贸易可能发生摩擦；反之，摩擦不会发生。

（4）Z 值不同，产业相似。Q 生产 O_2c 与 R 生产 O_1a 表示的相似竞争性产品。同理，若 $I_1 + I_2 > \langle M_{11} + M_{21} \rangle + \langle M_{12} + M_{22} \rangle$，摩擦可能发生，其中 Q 占比较竞争优势，R 处于比较劣势；反之，摩擦不会发生。

（5）Z 值相同或不同，产业互补。如 Q 生产 $O_1 t$ 或 $O_2 m$ 与 R 生产 $O_1 x_1$ 表示的互补性产品，两国均可获取贸易利益，共同和谐发展，没有摩擦发生。

（6）可将以上双边推广到多边贸易关系：① Z 值相同或不同，产业相同。设有国家 N_1、N_2、$\cdots N_n$，某产品的产出分别为 I_1、$I_2 \cdots I_n$，相应市场容量分别为 M_1、M_2、$\cdots M_n$。若 $\langle I_1 + I_2 + \cdots + I_n \rangle \leq \langle M_1 + M_2 + \cdots + M_n \rangle$，则多国间自由贸易不会产生摩擦；反之，则会出现多边贸易摩擦。② Z 值相同或不同，产业相似。设这 n 国分别生产 n 种相似竞争性产品中的一种，其产出分别为 I_1、$I_2 \cdots I_n$，各产品相应市场容量总和分别为 M_1、M_2、$\cdots M_n$。若 $\langle I_1 + I_2 + \cdots + I_n \rangle \leq M_1 + M_2 + \cdots + M_n$，则多国间自由贸易不会产生摩擦；反之，则会出现多边贸易摩擦。③ Z 值相同或不同，产业相似。设这 n 国均全部生产 m 种相似竞争性产品，其产出分别为 $\langle I_{11}, I_{12} \cdots I_{1m} \rangle$，$\langle I_{21}, I_{22} \cdots I_{2m} \rangle$，$\cdots \langle I_{n1}, I_{n2} \cdots I_{nm} \rangle$，各产品相应市场容量总和分别为 M_1、M_2、$\cdots M_m$，若 $\langle I_{11} + I_{21} + \cdots + I_{n1} \rangle + \langle I_{12} + I_{22} + \cdots + I_{n2} \rangle + \cdots + \langle I_{1m} + I_{2m} + \cdots + I_{nm} \rangle \leq \langle M_1 + M_2 + \cdots + M_m \rangle$ 则多国间自由贸易不会产生摩擦；反之，则会出现多边贸易摩擦。这一公式包含了社会分工不彻底状态，反映更全面更现实，分工彻底只是它的特例。④任意数量国家（地区）生产任意数量互补性产品进行自由贸易，均不会产生摩擦，而且世界（地区）福利大大增加。

（7）简要解析前述社会分工观及当前社会分工现象：

①斯密型：$Q-O_2 m$ 与 $R-O_1 x_1$ 分工格局；$Q-O_1 t$ 与 $R-O_1 x_1$ 分工格局；偏重于前者。

②李嘉图型：$Q-O_2 m$ 与 $R-O_1 x_1$ 分工格局。

③H-O 型：$Q-O_2 m$ 与 $R-O_1 x_1$ 分工格局。

④新兴古典型：没有明确格局。$Q-O_1 t$ 与 $R-O_1 x_1$；$Q-O_2 m$ 与 $R-O_1 x_1$；$Q-O_1 t$ 与 $R-O_2 x_2$；$Q-O_1 a$ 与 $R-O_1 b$；$Q-O_2 c$ 与 $R-O_1 a$ 等各种格局及其组合都可能出现。

⑤小岛清型：$Q-O_2 x_2$ 与 $R-O_2 m$；$Q-O_2 x_2$ 与 $R-O_2 c$ 分工格局。但是，Q 和 R 处于相同发展阶段。

⑥弗农型：$Q_1-O_3 x_3$、$Q_2-O_2 x_2$ 与 $R-O_1 x_1$ 分工格局。其中 Q_1、Q_2 代

表先进国家，R 代表落后国家，Q_1 是最先进国家。

⑦格鲁贝尔型：$Q-O_2x_2$ 与 $R-O_2c$ 分工格局，Q 和 R 处于相同发展阶段。

⑧当前基本社会分工现象及相应解析是：水平型分工在同一产业层面内进行；垂直型分工在不同产业层面间进行；混合型分工是两者的交叉融合；产业间分工是在不同扇区间进行；产业内分工是在相同扇区内进行；产品内分工是在方向相近的射线间进行；要素内分工是高 Z 值产业使用相对较多资本、技术和知识等要素，低 Z 值产业使用相对较多劳动力要素；分工深化是射线划分越发细密；分工广化是扇区不断增加；分工升级是沿着 Z 轴逐步上移等。

可见，多维模型既可将上述各种分工格局纳入其中，又能更清楚地看出产业的技术结构、一国产业结构的重心及在社会分工格局中的优劣位置，产业的竞争互补关系及动态演变路径等。可见，该模型可同时适用于分析国家间和一国国内产业分工的相关问题（如省际分工问题）。

三 社会分工多维模型的启示

（一）发展中国家（地区）辩证对待优与劣，不拘一格定战略

在短期看，发展中国家根据自身要素禀赋情况，利用比较优势理论，在技术水平较低的现实约束条件下，选择低位产业发展经济，可以获取短期贸易利益；但从长期看，笃信比较优势理论，固守低位分工，那才真正长期处于比较劣势，对一国的长远发展很不利。落后国家应该具有超前眼光制定长远战略尽可能利用有限资源选择高层产业加以培育，求得在未来的国际产业分工格局中夺得比较优势地位。印度软件业的辉煌正是实施这种产业战略的成功范例。20 世纪 80 年代初，印度选准计算机软件业加以发展，贫穷落后的印度根本不具有任何资金、技术的要素比较优势，选择比传统产业高几个层面的高端产业寻求突破，如从图中 S_1 跃至 S_4，取得巨大成功。在世界银行对各国软件出口能力的调查中，印度软件的出口规模、质量和成本三项综合指数均位居世界首位。全球 500 强中有 160 多家

企业由印度供应其全球营运点所使用的软件。[①] 可见，产业的比较优劣是辩证的，优兮劣之所依，劣兮优之所伏。从多维模型还可看出，无数的产业存在无数的产业组合可供选择，各国/地区可结合自身情况与目标制定相宜产业发展战略，无须拘泥于一种比较优势模式。

（二）世界供大于求，分工不彻底是贸易摩擦原因

引起贸易摩擦原因很多，在这仅从社会分工角度探讨。根据前面分析，引起贸易摩擦的国际分工格局有以下几类。

1. Z 值相同，产品相同或相似，且两国总产出>两国市场总容量。一是发生在发展阶段不同国家间。如近来中美纺织品摩擦，可以近似认为两国在纺织品生产上使用同等水平技术，由于中国具有成本竞争优势，冲击了美国纺织品生产商的市场份额，招致他们向美国政府寻求保护。此时，如果美国政府不伸"有形之手"加以干预，任由"无形之手"——市场自行调节，通过自然竞争法则优胜劣汰，摩擦不会产生。在市场机制作用下，美国相关企业自然会将资本转向纺织业的非竞争性领域，或进入高端产业重新寻求获利机会。这样对中美双方均有利。况且，美国政府伸"手"干预的最终结果必定不外乎三种：一是根据勒纳·萨缪尔森要素价格均等定理，在自由贸易的国际环境下，美国纺织业的劳动者接受工资下调以降低生产成本，再与中国纺织品继续竞争，但美国工资下调空间有限；二是采用更先进技术提高纺织业生产效率，进而降低成本，与中国纺织品继续竞争，但潜力也不大；三是退出纺织业，转向非竞争性领域，创新技术，重新寻求比较优势，使分工彻底化，于美于中均有利。美国政府的长期干预必然破坏世界自由贸易的精神和体系。

二是发生在发展阶段相同国家间。如美国与日本在 20 世纪 80 年代的汽车贸易摩擦。小岛清的协议性分工办法可以缓解这种矛盾。不过，先进国家应腾出剩余生产能力，开辟新领域，多点求异，少点趋同，既利于他们，也利于世界。

2. Z 值不同，产业相同或相似，且两国总产出>两国市场总容量。这种类型摩擦若出现在先进国与落后国之间，如电信业竞争，前者应照顾后者的经济承载力与发展需要，主动做些让步；若出现在发展阶段相同国家

[①] http：//www.sis.pku.edu.cn/chenfengjun/india/e4.doc, 2012-12-01.

之间,由市场机制决定资源配置。

3. 上述贸易摩擦消除原则可以从双边推及多边。

4. 总之,在市场容量饱和之前,摩擦不会产生。在总供给超出总容量之后,先进国家间可协议解决;先进国家与落后国家间前者应适当照顾后者;落后国家间,政府应让位于市场,由市场机制最优配置资源,促进技术进步。彻底性和互补性国际分工是消除贸易摩擦的根本之策,有利于增加消费多样性和增进世界福利。

类似地,在一国范围内,当某种产品、产业总供给低于总需求,有利于形成市场良性竞争;当某种产品、产业总供给超过总需求,便容易形成过剩产能,导致行业同质性过度竞争,造成资源能源资金浪费。这就需要政府和企业采取差异化发展策略。

(三) 增进世界福利的路径

1. 从社会分工多维模型可知,存在无数产业层面,每一层面又存在无数产业,因此也就存在无数的产业排列组合,其中也包含无数的无摩擦的社会分工组合供各国/地区协商、协调、选择,使得各国/地区能够共同和谐发展。

2. 每一技术进步都能提升产业层面,从而增进世界(地区)福利。因此,世界(地区)没有帕累托最优,只有帕累托更优。技术创新是增进世界福利的源泉。发达国家(地区)不应热衷于竞相模仿,致使世界产业和经济结构过于趋同,而应致力于技术创新,增强趋异性,发展现有技术,或者开发新型技术,这更有利于提高世界(地区)福利。世界各国(地区)应鼓励技术合作与贸易,促进技术流动,不应限制、禁止,这不利于人类进步。增强趋异性无论是对全球还是一国内部区际之间,都有利于福利提高。

3. 社会分工立体模型体现共同发展的精神,各国(地区)无不朝Z轴上方努力。但是,世界各国(地区)发展阶段很不平衡。发达国家(地区)更先进,经济雄厚,资本、技术、人力资本等要素资源充足,技术创新能力强,应更多地承担创新技术开辟新产业的国际责任。发展中国家(地区)落后,要素、禀赋较差,技术创新能力低。

发达国家(地区)应更多地给予发展中国家(地区)技术支持及其他援助,求得共同发展。因此,在WTO框架下给予发展中国家及最不发达国家的优惠待遇是必要的，合理的，符合人类发展的根本利益。

四 我国工业低碳转型的差异化路径选择

目前，我国经济发展中许多工业行业如钢铁、水泥、电解铝、平板玻璃、船舶等存在产能严重过剩的问题，还有一些行业如水泥、纺织等虽然当前产需基本平衡，但在建规模很大，也可能产能过剩；许多地区和企业还存在大量的落后产能，最近几年工信部都公布工业行业淘汰落后产能企业名单；不少行业存在过度竞争问题，不少地区之间存在产业结构同质化问题。根据上述社会分工模型，可以看出，这些问题都是由于产能过剩行业的总供给超过了总需求，技术水平处于 Z 轴低端形成落后产能。根本化解这些问题需要政府和业界增强差异化发展观念和思路，项目投资避免一哄而上，以免造成不必要的资源和资金浪费。差异化发展需要技术创新做基础，只有通过创新提供新技术、新产品，差异化发展才有推进和实施可能，全社会的产业结构才能朝着更加丰富、技术水平更高的方向移动。

差异化发展思路大致包括三类：产业间差异化、产业内差异化、产品内差异化。产业间差异化就是一家企业选择与竞争性企业完全不同的产业进行发展；产业内差异化就是一家企业通过技术创新在相同产业内提供比竞争性企业更高更新的差异化技术产品；产品内差异化就是一家企业通过创新在相同或相似产品生产的某个环节提供与竞争性企业差异化的零部件或加工服务。某一产品、产业在产能没有过剩、市场竞争没有过度的情况下，企业追求差异化发展更能够寻找新的市场空间，获得更多的利润，也能进一步丰富行业产品种类；某一产品、产业出现产能过剩、市场竞争过度的情况下，企业追求差异化发展就更为紧迫。如果一个地区处于产业结构重心的重点行业属于产能过剩、市场竞争过度的行业，就需要考虑推进地区工业行业差异化发展，避免本地区资源能源资金的浪费。

国家、地区和企业层面推动差异化发展具有多方面的现实意义：一是差异化发展需要在各个层面各个领域创新大量的技术、产品和服务，推动差异化发展有利于深入推进实施国家创新驱动战略，推动大众创业，万众创新，为社会提供更高更新更多样的技术产品和服务；二是有利于避免导致产能过剩、同质恶性竞争，造成能源资源人力物力不必要的浪费，避免浪费就是直接的低碳行为；三是通过推进差异化发展，为经济总量中注入更高技术水平的、更新异的产品、企业乃至形成新行业，这有利于国家或地区层面优化产业结构和产品结构；四是鼓励企业差异化发展，有利于各行业企业抢占国际国内市场竞争制高点、市场竞争的薄弱区域甚至空白区域；五是地区通过差异化发展，更容易在地区之间形成差异化互补性的产业结构，地区之间的产业结构差异互补性越大，越有利于形成合作共赢的发展合力。

在国际国内大力推进经济社会低碳转型的历史时期，有利于推动差异化发展。一是我国实施创新驱动发展战略，必将激励企业和个人创新活力，激发企业和个人技术创新、产品创新、管理创新，为市场提供差异化技术、产品和服务；二是各地资源能源禀赋存在较大差异，如太阳能、风能、地热能、海洋能、生物质能、水能等可再生能源在全国各省市之间分布差异较大，各地方可以因地制宜差异化发展各自的优势产业；三是低碳转型大潮下需要巨量的高新低碳环保技术和产品满足市场和社会需求，需要企业和个人源源不断地创新技术和产品，也将有低能效技术高能耗产品被市场淘汰或被政策淘汰，这些有利于推进差异化发展。

对于地方政府而言，应抓住国内外低碳转型历史机遇，增强差异化发展意识，理性布局工业产业结构，争取在社会分工格局中的有利地位。审视本地区重点产业的行业特点，如果属于新兴工业行业，市场空间很大，前景广阔，市场竞争较弱，需要不断突破技术才能提高生产规模和市场份额，就可以支持本地区企业加强研发和技术创新，不断向市场提高更高技术水平、与竞争企业技术差异性更强的技术产品，壮大本地区产业发展；如果属于传统产业，市场过度竞争，全行业产能过剩，且本地区企业并不具有行业技术领先优势，则可考虑淘汰落后过剩产能，寻找差异化发展，将资源转移到市场竞争更薄弱甚至空白的区域发展；对于新建大企业力争要求其开拓占领市场薄弱区、空白点，对于新建大项目力争要求其占领本行业技术制高点；同时引导小企业提供差异化产品或服务。

总之，国内外都在积极低碳转型，谋求低碳发展。低碳技术种类越丰富，可供选择技术越多，低碳产业、低碳产品以及具有低碳特征的产业和产品就越多，可供不同行业、不同地区发展的产业、产品选择就越多，不同地区低碳发展的差异化路径选择空间就越大，同质性倾向就越易于减弱。例如，太阳能、风能、生物质能等很多新能源产业各地一哄而上，很快就导致产能相对过剩，其根本原因还是低碳技术的差异性不足。因此，需要大力促进低碳技术的多样化发展。另外，各地区因地制宜，选择适合本地的差异化低碳发展路径，不盲目跟风，在国家层面上，适当引导地区间差异化发展，减弱同质化发展倾向，就能在一定程度上减轻盲目投资、重复投资、产能相对过剩等资源浪费现象。

第十一章

碳排放峰值、低碳技术进步与可再生能源产业发展

2014年11月12日，中美双方共同发表了《中美气候变化联合声明》，中国计划2030年前后二氧化碳排放达到峰值且将努力早日达峰，并计划到2030年非化石能源占一次能源消费比重提高到20%左右。由于碳排放总量由GDP总量、产业结构、能耗强度、能源结构等因素共同决定，为实现到2030年甚至更早达到碳排放峰值目标，我国将需要如何协同调控经济增速、产业结构调整、节能减排力度、能源结构优化进度等各种因素，才能在预定时间甚至提前迎来碳排放拐点。本章将利用情景分析法来预测未来我国低碳发展的压力和任务。

一 预测方法

本章从GDP、能耗强度、碳排放强度等较易控制的指标切入，预设GDP增速、能耗强度降速、碳排放强度降速等指标值，再预估2015—2050年间的GDP、能耗强度、碳排放强度等指标目标水平值。估算方法如下：

假定基期数值为N_0，变化率为j，则第T期数值为：

$$N_T = N_0 * (1+j)^T \tag{1}$$

然后，用GDP乘以能耗强度得到能源消费总量数据，用GDP乘以碳排放强度得到碳排放总量，用碳排放总量除以人口数量得到人均碳排放量。

二 经济增长和能源消费指标预估

以 2010 年为基准年，2010—2013 年我国 GDP 依次为 40.2 万亿元、43.9 万亿元、47.7 万亿元、55.1 万亿元，预计 2014—2015 年经济增速为 7.5%。考虑到我国经济规模基数越来越大，资源能源环境成本约束日益趋紧，结构优化调整进程艰缓，国际外部环境日趋复杂，故预设 2016—2050 年间经济增速在"十二五"基础上每隔五年减速 0.5%，再根据（1）式预估 2015—2050 年我国 GDP 发展水平。

另外，2010 年我国能源消费总量为 324939 万吨标准煤，除以该年 GDP 得到能耗强度（单位 GDP 能源消费量）为 0.809 吨标准煤/万元。"十二五"期间，我国能耗强度降幅目标确定为到 2015 年在 2010 年基础上降低 16%。考虑到能耗强度因技术进步难度和节能降耗边际成本递增使得其降速呈现先快后缓的特征，[①] 因此预设 2016—2050 年间能耗强度降幅在"十二五"基础上每隔五年减速 1%，再根据（1）式预估 2015—2050 年我国能耗强度水平。然后，将能耗强度乘以 GDP 便得到能源消费总量。2015—2050 年期间的 GDP、能耗强度、能源消费总量预估结果见表 11-1。

表 11-1　2015—2050 年我国 GDP、能耗强度和能源消费总量预估水平

年份	GDP（万亿元）		能耗强度（吨标煤/万元）		能源消费总量（万吨标准煤）	
	目标值	较 2010 增幅	目标值	较 2010 降幅	目标值	较 2010 年增幅
2010	40.2	—	0.809	—	324939	—
2015	59.2	0.5	0.680	16%	402770	0.2
2016	63.4	0.6	0.658	19%	417181	0.3
2017	67.8	0.7	0.637	21%	432108	0.3
2018	72.6	0.8	0.617	24%	447569	0.4
2019	77.7	0.9	0.597	26%	463583	0.4
2020	83.1	1.1	0.578	29%	480170	0.5

---

① 马建平：《收入增长、环境政策、环境有益技术与排污强度的链式关系》，《经济与管理》2009 年第 10 期。

续表

年份	GDP（万亿元）		能耗强度（吨标煤/万元）		能源消费总量（万吨标准煤）	
	目标值	较2010增幅	目标值	较2010降幅	目标值	较2010年增幅
2021	88.5	1.2	0.561	31%	496186	0.5
2022	94.3	1.3	0.544	33%	512736	0.6
2023	100.4	1.5	0.528	35%	529838	0.6
2024	106.9	1.7	0.512	37%	547510	0.7
2025	113.9	1.8	0.497	39%	565772	0.7
2026	120.7	2.0	0.483	40%	583245	0.8
2027	127.9	2.2	0.470	42%	601258	0.9
2028	135.6	2.4	0.457	44%	619827	0.9
2029	143.7	2.6	0.445	45%	638970	1.0
2030	152.4	2.8	0.432	47%	658704	1.0
2031	160.7	3.0	0.421	48%	677391	1.1
2032	169.6	3.2	0.411	49%	696607	1.1
2033	178.9	3.5	0.400	51%	716370	1.2
2034	188.7	3.7	0.390	52%	736692	1.3
2035	199.1	4.0	0.380	53%	757592	1.3
2036	209.1	4.2	0.372	54%	777146	1.4
2037	219.5	4.5	0.363	55%	797204	1.5
2038	230.5	4.7	0.355	56%	817781	1.5
2039	242.0	5.0	0.347	57%	838889	1.6
2040	254.1	5.3	0.339	58%	860541	1.6
2041	265.6	5.6	0.332	59%	880514	1.7
2042	277.5	5.9	0.325	60%	900951	1.8
2043	290.0	6.2	0.318	61%	921862	1.8
2044	303.1	6.5	0.311	62%	943259	1.9
2045	316.7	6.9	0.305	62%	965152	2.0
2046	329.4	7.2	0.299	63%	985002	2.0
2047	342.6	7.5	0.293	64%	1005261	2.1
2048	356.3	7.9	0.288	64%	1025936	2.2
2049	370.5	8.2	0.283	65%	1047037	2.2
2050	385.3	8.6	0.277	66%	1068572	2.3

三 碳排放强度和碳排放总量预估

2009年,我国对国际社会郑重承诺到2020年在2005年基础上降低碳排放强度40%—45%,在国民经济"十二五"规划中要求"十二五"期间碳排放强度下降17%,这是我国明确设定的碳排放强度目标。随着未来我国经济增速放缓,能源效率提升,非化石能源比重增加,低碳型产业结构体系逐步建立,我国碳排放必然逐步由强度下降过渡到总量下降,迎来碳排放峰值,出现碳排放拐点。

(一) 碳排放情景设定

我国已经迈上低碳转型轨道,未来低碳发展程度取决于低碳转型力度,但低碳转型力度又需要综合考虑经济增长、扩大就业、转型成本、低碳技术、非化石能源、国际竞争等国内外诸多因素。与其他研究中低碳情景设定主要依据低碳政策推行和低碳技术应用差异设定的方法不同,本章主要依据未来低碳转型力度差异设定低碳发展情景(见表11-2)。具体如下:

表11-2　　我国三种情景下的碳排放强度降幅比较

时期	BAU情景		一般低碳情景		强化低碳情景	
	累积降幅	年均降幅	累积降幅	年均降幅	累积降幅	年均降幅
2011—2015	17%	3.66%	17%	3.66%	17%	3.66%
2016—2020	17.5%	3.77%	18%	3.89%	19%	4.13%
2021—2025	18%	3.89%	19%	4.13%	21%	4.61%
2026—2030	18.5%	4.01%	20%	4.36%	23%	5.09%
2031—2035	19%	4.13%	21%	4.61%	25%	5.59%
2036—2040	19.5%	4.25%	22%	4.83%	24%	5.34%
2041—2045	20%	4.36%	23%	5.09%	23%	5.09%
2046—2050	20.5%	4.48%	24%	5.34%	22%	4.83%

1. 基准情景(BAU情景):未来低碳转型力度在"十二五"基础上,下一个五年规划目标降幅在前一个五年降幅基础上增加0.5%。

2. 一般低碳情景（中等情景）：未来低碳转型力度在"十二五"基础上，下一个五年规划目标降幅在前一个五年降幅基础上增加1%。

3. 强化低碳情景（强化情景）：未来低碳转型力度在"十二五"基础上，碳排放强度下降先加速后减速，在2035年之前下一个五年规划目标降幅在前一个五年降幅基础上增加2%，在2035年之后下一个五年规划目标降幅在前一个五年降幅基础上降低1%。

当然，还可按照碳排放强度降幅持续减少设定弱减排情景，或按照碳排放强度五年降幅每五年增加2%设定超强减排情景，但前者自我减压，我国作为负责任大国不会这样做，后者速度太快，转型成本和非化石能源发展压力过大，超越了我国发展阶段，不适合我国国情。

（二）碳排放峰值出现条件分析

首先构建如下模型：

$$C_t = GDP_t \times CEI_t \tag{2}$$

其中，C是碳排放总量，GDP是国民生产总值，CEI是碳排放强度，t是时期。在第t+1时期，GDP按速率k增长，CEI按速率q下降。则

$$C_t+1 = GDP_t(1+k) \times CEI_t(1-q) = GDP_t \times CEI_t \times (1+k-q-kq) \tag{3}$$

要使碳排放总量拐头向下，则必须

$$1+k-q-kq \leq 1 \tag{4}$$

不等式变形得到：

$$q \geq k/(1+k) \tag{5}$$

这是我国碳排放总量拐头向下的必要条件。再按照本文设定的经济增速分析我国碳排放拐点出现的条件。各阶段碳排放拐点出现条件如下：

2011—2015年间，k=8%，根据（5）式计算得到q≥7.5%，以五年为一规划周期，碳排放强度五年降幅应达到1-(1-7.5%)^5=32%。

2016—2020年间，k=7%，相应计算得到q≥6.5%，碳排放强度五年降幅应达到29%。

2021—2025年间，k=6.5%，相应计算得到q≥6.1%，碳排放强度五年降幅应达到27%。

2026—2030年间，k=6%，相应计算得到q≥5.7%，碳排放强度五年降幅应达到25%，才能使碳排放总量拐头下行。

2031—2035年间，k=5.5%，相应计算得到q≥5.2%，碳排放强度五

年降幅应达到23%,这是跨过峰值的必要条件。

2036—2040年间,k=5%,相应计算得到q≥4.8%,碳排放强度五年降幅应达到22%才能迎来拐点。

2041—2045年间,k=4.5%,相应计算得到q≥4.3%,碳排放强度五年降幅应达到20%。

2045—2050年间,k=4%,相应计算得到q≥3.8%,碳排放强度五年降幅应达到18%。

将条件与表11-2相对照,可以发现:在BAU情景下,2041年将出现拐点,2040年将出现碳排放峰值;在一般低碳情景下,2036年将出现拐点,2035年将出现碳排放峰值;在强化低碳情景下,2031年将出现拐点,2030年将出现峰值。

(三) 碳排放强度和碳排放总量预估

2010年,我国碳排放总量为799704.4万吨二氧化碳,[1] 以当年GDP得到碳排放强度为1.99吨二氧化碳/万元。按照表11-2设定降速可以预估2015—2050年期间碳排放强度,再乘以对应年份预估的GDP值,便得到相应年份碳排放总量数据(见表11-3)。表11-3显示,在BAU情景下,我国碳排放总量持续上升,到2040年出现峰值,碳排放总量达到150.98亿吨;在一般低碳情景下,在2035年达到峰值,碳排放总量为138.14亿吨;在强化低碳情景下,在2035年出现峰值,碳排放总量达到124.09亿吨。

表11-3 2015—2050年间我国碳排放强度和碳排放总量预估结果

年份	碳排放强度(吨二氧化碳/万元)			碳排放总量(万吨二氧化碳)		
	BAU情景	一般情景	强化情景	BAU情景	一般情景	强化情景
2015	1.653	1.653	1.653	979453	979453	979453
2016	1.593	1.593	1.589	1008492	1007235	1004720
2017	1.534	1.534	1.527	1037824	1035237	1030073
2018	1.478	1.478	1.468	1069402	1065406	1057445
2019	1.424	1.424	1.410	1101377	1095893	1084988
2020	1.372	1.372	1.356	1133512	1126463	1112468

---

[1] http://www.eia.gov/countries/country-data.cfm?fips=CH#cde,2014-07-13登录。

续表

年份	碳排放强度（吨二氧化碳/万元）			碳排放总量（万吨二氧化碳）		
	BAU情景	一般情景	强化情景	BAU情景	一般情景	强化情景
2021	1.322	1.319	1.300	1160211	1150116	1130141
2022	1.274	1.267	1.246	1188158	1174878	1148693
2023	1.227	1.218	1.195	1215807	1199217	1166618
2024	1.182	1.171	1.145	1244163	1224121	1184883
2025	1.139	1.125	1.098	1274066	1250412	1204272
2026	1.097	1.081	1.050	1295989	1267291	1211211
2027	1.057	1.039	1.004	1318228	1284337	1218134
2028	1.018	0.999	0.960	1341547	1302290	1225734
2029	0.981	0.960	0.918	1364674	1319910	1232836
2030	0.945	0.923	0.878	1389259	1338789	1240925
2031	0.911	0.885	0.838	1404419	1346623	1235363
2032	0.877	0.848	0.799	1420985	1355685	1230899
2033	0.845	0.813	0.763	1437000	1364100	1225815
2034	0.814	0.779	0.727	1453118	1372494	1220687
2035	0.785	0.747	0.694	1469884	1381379	1215967
2036	0.756	0.716	0.660	1478103	1380688	1208846
2037	0.728	0.687	0.628	1485675	1379355	1201208
2038	0.702	0.659	0.598	1493823	1378518	1194046
2039	0.676	0.631	0.569	1501697	1377391	1186675
2040	0.651	0.605	0.541	1509768	1376406	1179472
2041	0.627	0.579	0.514	1509292	1365469	1170100
2042	0.604	0.554	0.488	1508161	1354031	1160299
2043	0.582	0.529	0.463	1507379	1342999	1150845
2044	0.561	0.506	0.439	1506780	1332219	1141608
2045	0.540	0.484	0.417	1505746	1321143	1132116
2046	0.521	0.463	0.395	1495965	1300744	1120641
2047	0.502	0.443	0.373	1486208	1280625	1109253
2048	0.483	0.424	0.354	1476394	1260715	1097890
2049	0.466	0.405	0.335	1466456	1240955	1086504
2050	0.449	0.387	0.317	1456713	1221612	1075331

四 非化石能源比重水平预估

首先构建如下数理模型：

$$C_0 = GDP_0 * e_0 * r_0 * a \tag{6}$$

其中，C、GDP 与（2）式相同，e 是能耗强度，r 是化石能源占一次能源的比重，a 是排放因子，假定排放因子相对稳定，下标 0 表示基期。

相应地，第 t 期有，

$$C_t = GDP_t \cdot e_t \cdot r_t \cdot a \tag{7}$$

假定期初非化石能源比重为 y_0，第 t 期比重为 y_t。则 $r_0 + y_0 = 1$，$r_t + y_t = 1$。且，

$$C_0 \cdot (1+m) = GDP_0 \cdot (1+n) \cdot e_0 \cdot (1-x) \cdot r_0 \cdot \frac{(1-y_t)}{r_0} \cdot a \tag{8}$$

其中，m 是第 t 期碳排放量较基期的增长率，n 是第 t 期 GDP 较基期的变化率，x 是第 t 期能耗强度较基期能耗强度的下降幅度。（8）式变形得到，

$$m = \frac{(1+n)(1-x)(1-y_t)}{r_0} - 1 \tag{9}$$

$$y_t = 1 - \frac{r_0 \cdot (1+m)}{(1+n) \cdot (1-x)} \tag{10}$$

（9）式表明，碳排放增长与经济增长正相关，与能耗强度降幅负相关，与非化石能源比重负相关。即经济增速越快，碳排放增长越多；能耗强度降幅越大，碳排放增长越少；非化石能源占比越高，碳排放增幅越低。

（10）式表明，经济增速越快，要求非化石能源占比越高；反之，经济增速放慢，非化石能源发展压力就越小。碳排放增长约束越紧，要求非化石能源比重越高，发展压力越大；能耗强度降幅越大，相应非化石能源比重越低，发展压力就越小。

另外，（6）式可以变形为，

$$\frac{C_0}{GDP_0} = CIN_0 = e_0 \cdot r_0 \cdot a \tag{11}$$

其中，CIN 是碳排放强度。类似地，可得到非化石能源比重与碳排放强度降幅指标之间的关系函数：

$$y_t = y_0 + \frac{r_0 \cdot (s - x)}{1 - x} \tag{12}$$

其中，s 为碳排放强度降幅。(12) 式表明，碳排放强度降幅目标越大，要求非化石能源替代化石能源的比重就越大。如果能效降幅目标大于或等于碳排放强度降幅目标，则不仅可以依靠提高能效实现减排目标，而且非化石能源发展压力完全消除；如果碳排放强度降幅目标高于能耗强度降幅目标，则需要依靠提高非化石能源比重配合提高能效努力协力实现碳排放强度目标。

由于 2010 年我国能源消费总量中，非化石能源占一次能源比重比为 8.3%，[①] 所以 $r_0 = 91.7\%$。另外，x 值可以根据表 11-1 计算得到，s 值可以根据表 11-3 计算得到，所以根据 (12) 式可以估算 y_t 值。估算结果见表 11-4 和图 11-1。表 11-4 和图 11-1 显示，"十二五"期间，非化石能源发展压力相对较小，到 2015 年末达到 9.4% 就基本能实现减排目标，但随后需要大力发展非化石能源提高非化石能源比重。在 BAU 情景下，要求到 2020 年、2030 年、2040 年、2050 年非化石能源比重依次达到 12.0%、21.4%、34.6%、49.2% 的水平；在一般低碳情景下，要求到 2020 年、2030 年、2040 年、2050 年非化石能源比重依次达到 12.6%、24.3%、40.4%、57.4% 的水平；在强化低碳情景下，要求到 2020 年、2030 年、2040 年、2050 年非化石能源比重依次达到 13.7%、29.8%、48.9%、62.5% 的水平。若以达到碳排放峰值为主要目标，达到峰值后可以相对降低减排压力，则在 BNU 情景下，到 2040 年非化石能源比重需达到 34.6%，在一般低碳情景下，到 2035 年非化石能源比重需达到 32.1%，在强化低碳情景下到 2030 年非化石能源比重需达到 29.8% 的水平。

根据 2014 年 11 月发布的《中美气候变化联合声明》确定的到 2030 年达到碳排放峰值的目标，则我国需要选择强化情景推进低碳转型，那么，表 11-4 和图 11-1 显示，我国 2020 年之前非化石能源发展压力相对较小，但 2020 年之后非化石能源发展压力较大，年均需增长 1.3% 左右。假如未来非化石能源技术障碍难以突破，成本压力难以消化，基础设施建

---

① 参见《国民经济和社会发展第十二个五年（2011—2015 年）规划纲要》。

设难以支撑,则需要通过优化经济增长质量减缓经济增速、大力发展节能能效技术争取更大幅度的能耗强度下降来减轻非化石能源发展压力。否则,将难以实现到2030年迎来碳排放总量拐点。为此,今后我国必须协同推进优化产业结构增强经济发展质量,推进节能能效技术优化能源管理,大力发展太阳能、风能、生物质能、地热能、海洋能等非化石能源,协力实现碳排放峰值达峰目标。

表11-4　2015—2050年间我国非化石能源占一次能源消费比重情景预测

(单位:%)

年份	非化石能源占一次能源消费比重		
	BAU	一般	强化
2010	8.3	8.3	8.3
2015	9.4	9.4	9.4
2016	9.9	10.0	10.3
2017	10.5	10.7	11.1
2018	11.0	11.3	12.0
2019	11.5	12.0	12.8
2020	12.0	12.6	13.7
2021	12.9	13.6	15.1
2022	13.7	14.7	16.6
2023	14.5	15.7	18.0
2024	15.3	16.7	19.4
2025	16.1	17.7	20.7
2026	17.2	19.1	22.6
2027	18.3	20.4	24.5
2028	19.4	21.7	26.3
2029	20.4	23.0	28.1
2030	21.4	24.3	29.8
2031	22.7	25.9	32.0
2032	24.0	27.5	34.2
2033	25.3	29.0	36.2
2034	26.5	30.6	38.2
2035	27.7	32.1	40.2
2036	29.1	33.8	42.0

续表

年份	非化石能源占一次能源消费比重		
	BAU	一般	强化
2037	30.5	35.5	43.8
2038	31.9	37.2	45.6
2039	33.3	38.8	47.3
2040	34.6	40.4	48.9
2041	36.1	42.2	50.5
2042	37.6	44.0	52.0
2043	39.1	45.7	53.5
2044	40.5	47.4	54.9
2045	41.9	49.0	56.3
2046	43.4	50.8	57.6
2047	44.9	52.5	58.9
2048	46.4	54.2	60.1
2049	47.8	55.8	61.3
2050	49.2	57.4	62.5

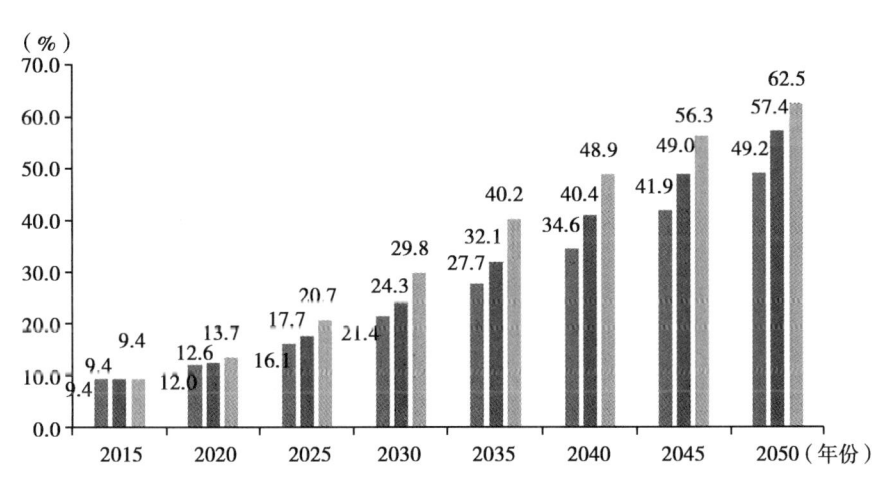

图 11-1 2015—2050 年我国非化石能源占一次能源消费比重预估

五　小结

本章在控制经济增速、能耗强度降幅、碳排放强度降幅、人口自然增长率等指标情况下，设定未来低碳转型不同力度的三种低碳发展情景，从而预估2015—2030年经济增长、能耗强度、能源消费总量、碳排放强度、碳排放总量、非化石能源比重等指标目标水平值。其中，GDP到2015年、2020年、2030年、2040年、2050年将在2010年基础上增长0.5倍、1.1倍、2.8倍、5.3倍、8.6倍；能耗强度到2015年、2020年、2030年、2040年、2050年将在2010年基础上下降16%、29%、47%、58%、66%；能源消费总量相应增长0.2倍、0.5倍、1.0倍、1.6倍和2.3倍，远低于经济增幅。碳排放强度在BAU情景下，相应下降17%、31.5%、54.2%、70.2%、81%；在一般低碳情景下，相应下降17%、31.9%、55.9%、72.8%、84.1%；在强化低碳情景下，相应下降17%、32.8%、59.1%、76.7%、86%。碳排放总量在BAU情景下到2040年出现碳排放峰值；在一般低碳情景下，到2035年出现峰值，碳排放总量为138亿吨；在强化低碳情景下，在2030年达到峰值，碳排放总量为124亿吨。为实现低碳发展目标，非化石能源比重在BAU情景下，要求到2015年、2020年、2030年、2040年、2050年依次达到9.4%、12%、21.4%、34.6%、49.2%的水平；在一般低碳情景下，要求相应达到9.4%、12.6%、24.3%、40.4%、57.4%的水平；在强化低碳情景下，要求相应达到9.4%、13.7%、29.8%、48.9%、62.5%的水平；整体上2020年后非化石能源发展压力较大。值得注意的是，在强化低碳情景下，2030年非化石能源比重要求超过国家能源局《能源发展战略行动计划（2014—2020年）》提出的20%的目标水平，这意味着2020年后可再生能源发展任务可能比预期更重。

数理模型分析表明，碳排放增长与经济增长正相关，与能耗强度降幅负相关，与非化石能源占比负相关；非化石能源比重与经济增速正相关，与能耗强度降幅负相关。碳排放强度降幅目标越高，要求非化石能源替代化石能源的比重就越大。如果能效降幅目标不低于碳排放强度降幅目标，或者实际能效降幅超过碳排放强度降幅，则仅需依靠提高能效便可实现减排目标；如果碳排放强度降幅目标高于能耗强度降幅目标，或者实际能效降幅低于碳排放强度降幅，则需依靠提高非化石能源比重以协力能效努力共同实现减排目标。经济增长、能耗强度、碳排放强度、非化石能源等指标目标之间紧密关联，政府需要统筹协调，协同推进。

总体来说，发展目标和减排目标需要统筹兼顾，但两者亦可能出现冲突，不得已时可能需要牺牲一方以完成另一方目标任务。减排目标倚重提高能效和增加非化石能源比重两个方面，需要同时推进两方面进步以协力达成低碳目标。由于提高能效贡献取决于工业领域节能能效技术进步和推广应用程度、产业结构优化和能源管理优化程度，非化石能源比重取决于非化石能源产业及其技术发展状况，当一方发展因技术、成本、市场或制度障碍受阻时，便需要通过大力推进另一方面发展，才能实现既定低碳发展目标。一方面，今后需要大力推进生产领域融轨式、跃轨式、顺轨式技术创新，争取更大的能耗强度降幅；另一方面需要推进能源领域的融轨式、跃轨式、顺轨式技术创新，争取可再生能源产业获得突破性发展；依靠双方齐头并进，相互支持，也相互减压。在本章设定低碳发展情景下，2020年以前主要依靠提高能效实现减排目标，2020年后则需要更多依靠提高非化石能源比重来实现低碳目标，因此2020年后非化石能源产业发展和推广应用任务较重，需要提前做好发展规划，相应加大政策和资金支持力度，尤其在近10年内需要不断突破非化石能源产业的技术障碍、成本障碍及基础设施障碍。

第十二章

我国工业低碳转型战略构想与政策选择

一 主要研究发现与思想观点

(一) 基础理论分析主要观点

气候变暖及其归因在科学上仍存争议，其属真与否尚待国内气候科学领域深入研究，以免被国际社会政治利用和误导。气候变暖及其归因在科学上属真是低碳转型科学基础。否则，势必会造成国家资源巨大浪费。不过，无论气候变暖及其归因科学结论最终如何，节能、洁能的方向无疑是正确的。

低碳经济是协调经济增长和气候变暖矛盾的发展新理念，是以低能耗、低污染、低排放为特点的发展新模式，是碳生产力和人文发展均达到一定水平的经济新形态。低碳经济本质要求是发展低碳技术提高能源效率，开发低碳能源净化能源结构，增加碳汇增强吸碳能力，在促进经济社会持续发展的同时相对乃至绝对减排，关键是低碳技术创新。

低碳产业是指相对传统能源、产品和产业，生产具有零碳、降碳或去碳特征产品的行业，或者专业提供减碳服务的行业。低碳产业不同于产业低碳化，低碳产业也需进一步低碳化，各行各业都存在低碳化需求。低碳产业不同于具有低碳特征的产业，严格意义上像金融、教育、旅游、文化、软件等服务业不宜归入低碳产业。低碳产业与低碳技术相互支持，但不相等，前者为后者提供市场基础和发展动力。低碳产业不同于环保产业，前者侧重应对气候变暖，后者侧重"熵"处理。工业领域低碳产业主要包括可再生能源、新能源汽车等产业。

低碳技术是指所有有助于降低人类活动温室气体排放的技术，包括降碳、零碳、去碳、管控等类型技术。低碳技术不等于环保技术，低碳技术未必环保,环保技术未必低碳,低碳环保型技术可优先发展。低碳技术不等于低碳产品,有时表现为低碳产品,有时表现为碳无关工具设备或无形知识系统。低碳技术的外延边界模糊、动态、开放,往往依赖其他高新技术、普通技术组合形成,散布在各个行业中,是促进减排的关键。

低碳经济、绿色经济、循环经济、生态经济四种发展新理念均是针对传统经济提出,低碳经济应对传统经济的高碳特征,旨在化解气候危机;绿色经济对应传统经济出现的系统性难题,旨在全面化解资源能源危机、生态环境危机和道德安全危机;循环经济针对传统经济的高消耗特征,直接破解资源能源可持续性难题;生态经济针对传统经济的高污染特征,追求经济效益和生态效益双赢,直接遏止生态环境恶化。低碳通常与绿色、生态要求一致,但有时也发生冲突,低碳经济需要注意与绿色、生态目标协同。

工业是国民经济体系的重要组成部分,是化石能源的主要消耗部门,是人类活动温室气体排放的主要碳源,是废气和固体废物的主要生产者和废水的重要排放者,是引致环境污染和气候变化的矛盾焦点。同时,需要依靠工业为经济社会低碳绿色转型提供低碳环保技术支撑,需要依靠工业不断创新改进低碳环保技术治理修复生态环境和减缓适应气候变化。促进工业节能减排是国家和众多省市实现低碳发展目标的决定因素。推进工业低碳化是我国经济社会低碳转型实现既定降碳目标的关键。

我国工业低碳发展战略目标明确,近年来通过淘汰落后产能,提高能效标准,加强能源管理,推广应用先进成熟适用低碳技术产品,大力发展低碳能源,开展低碳园区试点,使得我国能耗强度持续下降,低碳能源占比持续上升,低碳技术不断进步,低碳产品日益普及,能源效率不断提升,工业企业低碳发展经验日渐丰富,污染治理和节能减排投资逐渐增加,工业低碳绿色转型具备良好的工作基础。

(二) 国际经验分析主要发现

1. 英国

英国在气候变暖、化石能源日益枯竭、易受气候影响的岛国固有脆弱性、已基本完成工业化进程等自身和环境综合因素所构成的背景下,提出了构建低碳经济的新思想,这一新思想必将像200多年前英国提出市场经济的思想一样深刻、长久地影响世界经济的发展模式和轨迹。英国也积极实践其提出的低碳发展的经济思想,是世界应对气候变化最积极的国家。英国制定明确的长期减排目标,并量化阶段性减排目标。通过立法将这些减排目标赋予国家意志,成为强制性的约束性发展目标。通过规划全面调整生产、生活、政务、建设领域,促进经济社会整体性低碳转型。英国以碳为中心抓手,重点发展低碳能源、低碳交通、绿色家庭建设,这与英国交通和家庭能耗占比最高的国情相一致。相应地,英国重点发展可再生能源、低碳汽车、低碳航空、CCS、核能等低碳产业和技术,以实现其减排目标。英国具有很强的引领世界的意识,根据英国自身的条件,英国期望在海上风电、海洋能利用、低碳航空技术、CCS技术、低碳汽车技术等新兴低碳技术方面引领世界,目前也确在这些领域处世界领先地位。在低碳发展过程中,英国不可避免地面临、遭遇和承担诸多问题、障碍和风险,归纳起来有:一是虽然大力发展可再生能源,以及可再生能源近年来增速较快,但可再生能源在能源结构中占比仍然较低,与其目标相距仍然较远,脱碳成本较高,脱碳历程较久,但又是人类社会发展演进的必然方向;二是在低碳转型过程中,遇到技术、资金、机制、成本等方面的障碍,为此英国采取的对策措施包括金融、财税和机制创新等,如各类专项基金的设立、利用国际金融组织、财政支付、税收优惠、节能补偿机制、低碳能源现金返还机制等,通过支持技术创新、制度创新、机制创新,助力减排主体克服技术、资金、机制、成本等障碍,推动英国经济社会各方面低碳转型;三是核能利用是英国在低碳和风险之间做出的无奈的现实选择,一方面需要依靠核能满足能源需求以及实现减碳目标;另一方面就不得不承担核能利用的潜在风险;四是CCS技术尚不成熟,目前考虑短期经济风险因素较多,考虑长期技术和环境风险较少,在有利于当前减排的同时,将其潜在的环境风险遗留给未来解决,在这方面发展中国家不必盲从。

2. 美国

美国采取"自上而下"和"自下而上"两套方法构建碳源和碳汇数据库,为美国摸清国内碳源碳汇状况奠定基础,也为美国制定和实施有效政策提供依据。美国电站、普通固定源、废弃物填埋场、炼油、水泥、制氢、钢铁、石灰、制氨、硝酸等是工业排放重点领域。美国可再生能源和核能等低碳能源仅占14%,居于补充地位。美国《清洁空气法案》重在保护公众健康与环境,最新研究显示碳排放威胁了公众健康和导致大气污染,因此,近几年逐步将碳污染纳入其适用范围。美国《能源政策法案》《能源独立与安全法案》《清洁能源与安全法案》一脉相承,主要目标是协调美国能源供求矛盾,实现美国能源独立,确保美国能源安全,减少化石能源消耗,降低能源对外依存度;辅助目标是发展清洁能源、技术、制度和机制,减少碳排放,应对和适应气候变化。2007年以来美国环保署加强了碳污染监管。一是通过提高车辆燃料经济性标准、可再生燃料标准等做事减少车辆碳排放;二是建立温室气体强制报告制度,构建碳污染排放信息透明、公开体系;三是要求大型新排放单位采用最先进的低碳环保技术;四是针对电站推行碳污染排放标准,引导利用现代技术和清洁燃料建设电站,朝更清洁、更安全、更现代的电力方向发展;五是通过实施自愿行动计划促进节能减排和节约成本。美国可再生能源在其能源结构中仅占8%,以传统可再生能源木材和水电为主,生物质能、风能、地热能、太阳能等新型可再生能源占44%,海洋能利用还处于研发示范阶段。生物质能利用主要是生物燃料和生物质发电两种形式,目前美国重点探索将生物质能转化为石油产品替代燃料的技术。太阳能利用目前占比不足0.1%,但因其潜力巨大,美国政府十分重视,制订了SunShot计划以努力降低太阳能成本提升太阳能市场竞争力。美国风能利用发展迅速,一度引领世界,2009年后落后中国。美国地热利用引领世界,发展了干蒸气发电、扩容蒸气发电、双循环式发电三种地热发电技术,居世界首位,被认为是美国未来发展的"关键能源"。美国氢和燃料电池计划全面指导相关技术和非技术努力,致力于氢和燃料电池关键技术进步的研发和示范,克服商业化进程中遇到的经济和制度障碍。目前美国海洋热能转换建造了部分示范项目,潮汐能和海浪能发电还处于技术研发阶段,海洋能资源综合性评估仍在研究中。美国能源密集型工业领域主要包括铝业、化工、玻璃、金属铸件、矿业、炼油、钢铁等产业。美国能源部针对能源强度最高的加工流程开发可以量化分析以及提高能效的方法——能源带宽分析法,重点关注提高能效潜力最大的过程或运行环节。美国扶持工业制造业节能减排采取的政策措施类型包括评估资助、能源分析、拨款补助、激励率计划、贷款、返款、可再生能源积分、税收抵免计划、培训及其他相关政策措施。美国工业领域重点发展的节能技术类型主要涉及锅炉和蒸气系统、压缩空气系统、热电联产、能源密集型加工技术、信息通信技术、电机、风扇和泵技术、加热技术以及燃料燃烧技术、工业原材料使用、传感器和自动化控制技术、纳米制造技术等领域。

美国低碳发展政策与实践具有以下特征：美国国家利益高于国际责任，这能从美国排放增长与漠视减排责任得到反映；对经济增量提高标准和要求，对经济存量要求相对宽松，尽量减轻对现有经济的损害，这能从新电站碳污染标准政策得到说明；追求、习惯和保持领导、引领、主导和世界第一的位置，被超越时会产生不适应感和忧患意识增强；以追求能源独立与安全为根本目的，同时清楚清洁能源和技术代表未来发展方向，明确其战略重要性，因此大力发展可再生能源，当前尤其重点发展生物质能、风能、太阳能、地热能、氢和燃料电池；电力、工业、交通是碳排放重点领域，也是美国低碳发展政策的着力重点；产业发展，研发先行，整合国家实验室、高校和企业研究能力，克服新兴技术商业化进程中遇到的技术障碍，应用研究与基础理论研究相互结合，相互补充；明确目标，制订实施计划，计划又分为总计划和子计划，总计划把握大方向，若干子计划分别完成各个方面和环节的任务，最终实现总计划目的；综合运用财政支持、税收减免、提高标准、政府补贴、贷款担保、培训、自愿伙伴行动等组合措施来达成政策目标。

3. 其他国家

除了澳大利亚等个别国家态度消极外，其他大多数国家积极推动本国经济社会低碳转，但姿态各有差异。法国、德国、日本、丹麦等发达国家均希望发挥引领作用，其他国家大多紧随潮流努力跟进。其中，丹麦提出的远期"零碳发展"愿景最令人振奋，德国提出的80%电力源自可再生能源等目标也值得期盼。其他十一国工业低碳转型一般规律包括：制定中长期战略目标、行动计划及相关法律法规；重视发展可再生能源，主要是太阳能、风能、生物质能、地热能等；重视节能和可再生能源等低碳技术研发投入；推动提高能源效率；采取碳税、环境税、生态税及税收减免、财政补贴等财税政策；引导企业低碳生产和居民低碳消费等。另外，也发现能源资源优势未必会转化为低碳优势，甚至成为阻滞因素；相反，资源禀赋劣势反而增强危机意识，成为低碳转型动力；国家制度差异不会成为低碳转型障碍，但政府态度影响较大。其他十一国个性特征包括：①优化能源结构取向不同。法国、加南大、俄罗斯、印度等积极发展核能，德国和丹麦明确放弃核能，澳大利亚和印度高度依赖煤炭。②优势领域不同。法国核电优势，德国制造业、太阳能领域优势，日本环境和能效技术优势、丹麦风电优势、芬兰清洁技术优势、瑞士地热优势、巴西生物质能优势，俄罗斯能效较低能源浪费现象严重，澳大利亚在低碳时代略显落后。

其他十一国低碳转型具体经验做法：对化石能源生产和消费研究征收碳税、生态税、能源税、环境税，对可再生能源电力及低碳绿色产品减免税且提供补贴；政府增加低碳技术科研投入，对企业科研投入提供税收贷款优惠政策，采取有效措施推动低碳技术商业化；对可再生能源电力强制、优先、全部、就近并网，制定统一或最低价格，明确价格信号，引导可再生能源投资；促进分布式能源发展，有效利用小型、分散、清洁可再生能源，积极与邻国协调合作，设计建立能源互联网络，邻国之间相互输送能源调节能源供求峰谷；建立"自上而下"和"自下而上"相结合政策形成机制，疏通自下而上意见反馈渠道；通过政府小比例投资撬动私人大比例投资，私人投资与家庭合作投资等可再生能源投资模式；引导企业推行现代能源管理，自主制定环境目标，对产品进行生命周期环境影响评估，按照4R原则生产和销售产品，对实施现代能源管理和环境目标管理的绿色企业提供税收贷款优惠；在消费领域，探索推行低碳"领跑者"、低碳标识、碳足迹、低碳积分、碳中和等措施；推进清洁技术产业发展，并加强与其他国家低碳技术研发和应用合作；德国工业4.0项目和俄罗斯月球氦-3开采基地计划，值得我国密切关注。

（三）国内状况分析主要发现

1. 低碳产业

太阳能产业发展出现问题有：一是产能相对过剩。国内外太阳能需求增速赶不上产业扩张速度，导致全球太阳能产能相对过剩。二是两头在外，受制于人。三是遭遇欧美国家蓄意的战略扼杀。太阳能产业是未来战略性产业，欧美无不希望占领战略制高点。为遏制我国太阳能产业优势扩大，欧美政府对我国光伏产业施加非市场力量合力围堵。四是技术瓶颈制约企业和行业发展。技术瓶颈表现为技术较欧美落后，技术类型较少，导致投资同质化。五是政企重视项目资金投入，轻视科研资金投入。

风电产业发展问题涉及技术、市场、经济等诸多方面：（1）风电并网难，并网技术难以突破；（2）风电消纳和外送能力不足，出现弃风限电现象；（3）风电技术水平落后，创新能力不足；（4）风电运行和调度管理经验欠缺，专业人才匮乏且不稳定；（5）风电场普遍经营困难；

(6) 技术标准规范不健全，认证检测工作有待加强。

生物质能产业发展同样遭遇技术、市场、经济和政策障碍：一是原料供给不稳定和市场结构不对称，生物质发电厂需要承担较大市场风险，制约各地生物质发电企业持续成长；二是生物柴油企业遭遇原料收购和市场销售两头困难，原料难收"吃不饱"，缺少销售渠道"卖不动"，处境尴尬；三是补贴政策需要完善，目前"先补贴后建设"模式极易造成企业不愿承担后期研发和引进先进设备成本，难以获得良好经济社会环境效益；四是生物质燃料排放标准缺失，阻碍生物质燃料推广应用与产业发展。

核能产业存在问题：（1）需要重新权衡经济增长、能源安全、减排降污与核安全问题的优先顺序；（2）需要加强约束地方政府在核电站建设项目通过社会稳定风险评估和获得国务院审批之前便开始开工建设、征地搬迁、关键设备采购及其他大规模投资，避免因项目最终被国务院否决而造成地方财政资源和企业投资的巨大浪费，以及给当地居民生活生产造成的不良影响；（3）进一步完善核电站建设和运行过程中的核安全规划、核准、核查及监管监测机制，增强国家核安全局监管职能的独立性和技术评判的权威性。

地热能产业存在问题：首先，全国地热资源地热勘察程度较低，开发利用呈现小、散、乱状态，缺乏科学统一规划，资源开发利用效率较低，无序开发、资源浪费现象比较严重，地热能在能源结构中比重偏低，与地热能源储量及其优点不相称；其次，需要重视地热资源开发利用中出现的地质影响和环境污染问题；再次，与地热利用先进国家相比，我国地热开发与利用技术相对落后，在前沿科研方面力量薄弱，缺乏引领世界地热技术发展方向和潮流的能力、决心和气魄；最后，相比风能、太阳等等其他可再生能源，国家对地热能重视程度不够，地热资源开发和地热产业发展缺乏相应扶持政策，发展相对滞后。

海洋能产业存在问题：虽然我国海洋能储量丰富，但由于环境、成本和技术障碍，我国海洋能利用尚未取得实质性经济效益。主要原因有：一是影响海洋生态环境，阻塞航运和渔业生产；二是海洋能开发技术难度较大，经济性较差。海洋能未来要规模化发展还需要突破环境、经济和技术障碍。

新能源汽车产业存在问题：首先，目前新能源汽车消费以政府、环境卫生等行政事业性单位消费为主，私人消费市场领域尚未大规模打开，仍需多方培育。其次，在重视对产品和消费进行补贴的同时，要研究科学有效的科研补贴机制。科研补贴对象的选择、补贴的发放、补贴成效的考核等全程补贴机制有待深入研究。最后，需重视对新能源汽车产业的潜在问题进行前瞻性研究。如新能源汽车产业可能会导致汽车产业从传统的对化石能源的依赖转变为对某些特定电池材料的依赖，而这些特定电池材料的储量将决定新能源汽车的产销规模上限。另外，新能源汽车废旧锂电池的回收和环境污染问题也需引起重视。

2. 高碳产业低碳化改造

工业能耗占国民经济能耗的绝大多数，其中黑色金属、化学制品、非金属矿物制品、电热供应、石油加工、有色金属、煤炭、纺织、水业、石油开采、造纸、非金属矿选业等是能耗总量占比较高或能耗强度较高的工业行业。

工业低碳化改造是指对传统的"高消耗、高能耗、高排放"工业行业，从优化生产管理，优化能源管理，优化产品结构，提高工序、工艺、流程、工具、设备技术水平，提高资源能源循环利用和尾矿、尾气、余热综合利用效率，实现管理节能、结构节能和技术节能，从而整体降低传统工业的能耗强度和能耗总量，逐步推动传统工业从"高碳"特征向"低碳"特征转变。随着管理的优化和技术的进步，部分工业行业可能会从高碳产业逐步演变为低碳产业。

在工业低碳化改造中，节能减排改造的含义更为丰富：一是节能不仅仅是直接地节约能源，而且应内在地包含降耗，节约资源消耗，因为任何资源的获取都需要消耗能源，降耗即意味着节能，提高资源利用效率，循环利用资源能源，是低碳经济与循环经济的统一；二是减排不仅仅是减少温室气体排放，而且包括减少二氧化硫、烟尘、二噁英、氮氧化物、固体废弃物、废水等污染物排放，是低碳经济与绿色经济的统一；三是改造还包括对厂区、矿区、尾矿库区等厂内外环境进行绿化，是低碳经济与生态经济的统一。

工业低碳化改造的重点行业主要包括黑色金属冶炼及压延加工业、非金属矿物制品业、化学原料及化学制品制造业、石油加工冶炼及核燃料加工业、电/热生产供应业、有色金属冶炼及压延加工业、石油天然气开采业、造纸及纸制品业等资源开采利用型行业。

"高能耗、高排放、高污染"工业行业是由我国目前经济发展阶段、国民经济需求结构等因素所决定的,是构成国家经济体系的重要组成部分,在结构调整过程中被挤出和压缩的空间较为有限,探索节能、降耗、减排、治污、绿化、增效协同解决是其唯一选择。节能、降耗、减排、治污、绿化、增效协同解决的过程也便是高碳工业低碳化改造的过程。

3. 政府规制与地方实践

近些年来,为推动工业领域低碳转型,我国制定了一系列法律法规、发展规划,探索了强制淘汰过剩落后工业产能、政府强制采购绿色产品、提供财税优惠与财政补贴、碳排放权交易、环境信用管理、节能环保产品和标杆企业推荐等新制度、新政策、新措施,选择了许多低碳试点省市和低碳试点工业园区,这些做法对推动全国工业低碳转型意义重大。不过,也发现如下问题:(1)政府制定低碳发展规划比较积极,发展目标比较明确,但低碳绿色科技发展规划相对滞后;(2)前期行政手段在短期内节能降耗减排效果明显,但今后需要转向重点依靠技术升级和优化企业能源管理来促进节能减排;(3)财税政策针对具体低碳环保项目和产品设计较多,针对低碳绿色科研投入政策设计较少;(4)节能减排应对气候变化需要与减少污染保护生态环境增强协同;(5)全国范围内的能源、碳排放及生态环境综合管理新体制、新制度、新的组织体系尚未建立;(6)诸多地方低碳绿色转型普遍遭遇低碳绿色技术、资金及人才瓶颈;(7)碳排放权交易、环境信用管理等新制度新机制仍需不断探索推进。

(四)国际竞争力分析主要发现

环境货物涵盖了低碳环保产品。环境货物出口约占全国出口总额的8.9%,环境货物进口约占全国进口总额10.8%,环境货物进出口约占全国进出口总额的9.8%。环境货物贸易在我国对外贸易中占有一定地位,但整体国际竞争力偏弱,与整体竞争力偏强局面不相称。

在环境货物进出口中,洁净/资源高效利用类产品进出口比重均过半且VTC值为负;环境监测分析产品、噪声和震动消除产品的VTC值为负;污水处理产品、固体废弃物管理产品、补救与清除产品、饮用水处理、其他可重复利用设备、热/能源节约管理设备、可再生能源设备的VTC值为正,具有竞争优势,但涵盖税号和贸易额较少。现有WTO环境议题谈判清单对我国不利。

在 204 种环境货物税号中,有 120 种税号的 VTC 值大于 0,84 种小于 0;183 种税号的 NTC 值大于 0,其中 81 种大于 0.9;181 种税号的 PTC 值小于 1,其中 58 种小于 0.1。整体而言,我国环境货物多数税号靠数量优势弥补价格劣势才取得价值优势。

在全部环境产品税号中,Ⅰ类税号 11 种,占 5.4%;Ⅱ类税号 4 种,占 2%;Ⅲ类税号 105 种,占 51.5%;Ⅳ类税号 6 种,占 2.9%;Ⅴ类税号 65 种,占 31.9%;Ⅵ类税号 13 种,占 6.4%。其中,Ⅰ类是量价俱优的环境货物,部分税号竞争优势的取得源自资源优势,不应鼓励发展,少数源自技术优势,可以鼓励发展。Ⅵ类是量价俱劣的环境货物,全部属于高新技术类产品,根源在于技术落后,其未来前景广阔,需要政府大力扶持。Ⅱ类和Ⅳ类环境货物价格优势源自技术优势,政府可以支持发展。

总体而言,环境货物贸易的数量优势与价格劣势相当,量优价劣型税号占 83.4%,占绝大多数。由于实物生产需要消耗大量资源和能源,所以以量取胜实质是"以资源能源换取美元"。在我国资源能源约束日益趋紧的形势下,这种贸易格局务须逐步扭转。

WTO 环境议题谈判清单对我国不利、环境技术相对落后、出口普遍陷于恶劣的贸易条件中等是造成我国环境货物国际竞争力整体偏弱的三大原因。

(五) 气候效应实证研究主要发现

理论模型将经济发展的气候效应分解成经济增长的规模效应,传统意义上的高排放产业占比变化的结构效应,低碳意义上清洁能源占比变化的结构效应,传统意义上能耗强度变化的技术效应以及低碳环保技术进步的技术效应等五个部分。

实证分析发现,加入 WTO 之后,我国产业结构进一步高碳化。产业结构调整产生增碳效应。这与国内外需求结构相关,也与国内产业结构调整方向和需求导向方向不明晰相关,还与国际高碳产业向国内加速转移以及国际碳产业分工格局对我国不利有关。

实证分析发现,引起正向气候效应包括经济增长的规模效应和高排放产业占比提高带来的正向结构效应,其中经济增长的规模效应是主要的正向气候效应。

实证分析发现,引起负向气候效应包括传统意义上的技术进步产生的直接气候效应、低碳环保技术进步的技术效应以及清洁能源占比上升产生的结构效应,其中前两者构成主要的负向气候效应。清洁能源占比上升带来的负碳结构效应略微高于高排放行业增加的高碳结构效应。

实证分析发现,传统意义上的技术进步的气候效由直接的负向气候减排效应和间接的正向气候增排效应共同组成,但直接负向减排效应远低于间接正向增排效应,即传统意义上的技术进步的气候效应整体上是增排效应。

实证分析发现,高能耗、高排放工业行业产出增长是其能源消费增长的主要原因,其出口导向、研发投入、污染治理投入均能促进其能耗下降,落后过剩产能淘汰政策节能降耗成效显著。

(六) 社会分工多维模型主要启示

报告构建了社会分工多维模型。社会分工多维模型启示有:无数产业存在无数产业组合可供选择,也就存在无数的无摩擦的社会分工组合供各国/地区协调选择,一国/地区可因地制宜制定产业发展战略,无须拘泥某种比较优势模式或机械模仿某种成功模式。

技术创新是增进世界福利的源泉。各国/地区不应热衷于模仿,致使各国/地区产业结构过于趋同,而应致力于技术创新,增强趋异性,这更有利于增加福利。

低碳技术种类越丰富,可供选择技术越多,低碳产业、产品以及具有低碳特征的产业和产品就越多,不同地区低碳发展的差异化路径选择空间就越大,同质化倾向就越低。各地区可因地制宜选择适合本地的差异化低碳发展路径,不盲目跟风,在国家层面上适当引导地区间差异化发展,减弱同质化发展倾向,就能在一定程度上减轻盲目投资、重复投资、产能相对过剩等资源浪费现象。

(七) 碳排放峰值情景分析主要发现

碳排放总量在强化低碳情景下,在 2030 年达到峰值,碳排放总量为 124 亿吨。为实现低碳发展目标,非化石能源比重在强化低碳情景下,要求相应达到 9.4%、13.7%、29.8%、48.9%、62.5%的水平,整体上 2020 年后非化石能源发展压力较大。碳排放强度降幅目标越高,要求非化石能源替代化石能源的比重就越大。如果能效降幅目标不低于碳排放强度降幅目标,或者实际能效降幅超过碳排放强度降幅,则仅需依靠提高能效便可实现减排目标;如果碳排放强度降幅目标高于能耗强度降幅目标,或者实际能效降幅低于碳排放强度降幅,则需依靠提高非化石能源比重以协力能效努力共同实现减排目标。经济增长、能耗强度、碳排放强度、非化石能源等指标目标之间紧密关联,政府需统筹协调,协同推进。总体上,发展目标和减排目标需要统筹兼顾,不得已时可能需要牺牲一方以完成另一方目标任务。减排目标倚重提高能效和增加非化石能源比重两个方面,需要同时推进两大领域进行融轨式、跃轨式、顺轨式技术创新,最大化能耗强度降幅和最大限度推动可再生能源产业发展,相互支持,相互减压。预计2020年以前主要依靠提高能效实现减排目标,2020年后则需更多依靠提高非化石能源比重来实现低碳目标,预期2020年后可再生能源产业发展和推广应用任务较重,需要提前做好发展规划,争取近10年不断突破可再生能源产业的技术障碍、成本障碍及基础设施障碍。

二 我国工业低碳转型的战略目标

气候变暖在较高可信度上被认为是人类自工业革命以来200多年间燃烧化石能源排放温室气体过快增长所致,人类必须采取行动将大气中温室气体的浓度稳定在防止气候系统受到危险的人为干扰的水平上。为此,世界许多国家都积极推进低碳转型,确定中长期低碳发展目标,通过提高能效、发展低碳能源、降低工业、交通、建筑等领域的能耗和碳排放,以降低各自的温室气体排放。在此形势下,世界主要经济体纷纷瞄准可再生能源、低碳环保技术和产业等战略性新兴领域,努力争夺低碳技术制高点和获取低碳产业的国际竞争优势。对我国而言,工业是国民经济的主要组成部分,同时也是能源消耗和温室气体排放的主要部门,是废水、废气、固体废物及重金属污染等污染物排放的重要来源,又是为应对气候变化和治理生态环境提供低碳环保技术支撑的依靠部门,因此,是我国建设低碳经济实现降碳目标的关键所在。然而,我国国民经济以工业为主,工业经济以高能耗高排放产业为主,能源禀赋和能源结构以煤炭为主,技术创新以跟轨式、顺轨式为主,基础研究能力薄弱,决定了我国工业低碳转型的任务既重且难。同时，全球低碳转型大势又决定我国推进工业低碳化发展势在必行。基于上述研判以及本书前文研究发现，认为我国工业低碳转型战略总体目标是：

大力发展高新低碳环保等战略性新兴产业，提高低消耗、低能耗、低排放、技术尖端产业比重，优化产业结构；大力发展可再生能源产业，提高可再生能源占一次能源消费比重，优化能源结构；促进高能耗高排放产业改进生产工艺流程，升级低碳环保技术设备，研发应用低碳环保技术，加强能源环境管理，实施低碳化改造；加大基础研究投入，提高高新技术、可再生能源、能源效率、低碳环保产业等领域基础研究和技术开发能力，鼓励工业企业积极进行技术创新，增强工业企业自主创新能力，提升工业企业技术水平；探索推行工业企业能源消耗、温室气体排放、污染物排放、废弃物排放的统计、报告、核查制度，建立能源、气候、环境、资源利用基础数据库，逐步建立适应低碳绿色转型需要的工业能源环境管理新模式。具体指标建议如表 12-1。

表 12-1　　　　　　　　中长期工业低碳发展预期目标

指标	2010	2020		2030		2040		2050	
		数额	较 2010	数额	较 2010	数额	较 2010	数额	较 2010
高排放产业①占比（%）	65%	63%②	-2%	53%	-12%	43%	-22%	38%	-25%
战略性新兴产业占比③（%）	—	15%		25%		35%		40%	
单位工业增加值能耗④（吨标准煤/万元）	1.45	0.916	-37%	0.609	-58%	0.424	-71%	0.31	-79%

① 包括黑色金属冶炼及压延加工业、非金属矿物制品业、化学原料及化学制品制造业、石油加工炼焦及核燃料加工业、电力热力的生产和供应业、煤炭开采和洗选业、有色金属冶炼及压延加工业、石油和天然气开采业等八个工业产业。高排放产业占比被挤出的过程，也就是高新低碳环保产业比重增加的过程。

② 由于 2012 年高排放产业占比达到 71%，按照年均减少 1% 的调整速度，到 2020 年为 63%。

③ 战略性新兴产业覆盖范围是个动态概念，随着时间的推移其范围和统计口径需要适时加以调整，争取 2020—2040 年间年均增加 1 个百分点，2041—2050 年间年均增加 0.5 个百分点。

④ 单位工业增加值能耗指标降速设定为："十二五"期间降幅为 21%，随后每五年降幅递减 1%。

续表

指标	2010	2020		2030		2040		2050	
		数额	较2010	数额	较2010	数额	较2010	数额	较2010
单位工业增加值二氧化碳排放（吨CO_2/万元）	4.468	2.648	-41%	1.45	-67.5%	0.838	-81%	0.523	-88%
非化石能源占一次能源消费比重[①]（%）	8.3%	15%		30%		49%		62%	

三 我国工业低碳转型的重点任务

（一）努力提升基础研究能力和技术开发能力

工业低碳转型，发展低碳能源，会遇到资金、市场、制度、技术等各类障碍，其中技术瓶颈是最坚硬最难克服的障碍。目前，我国太阳能、风能、生物质能、地热能、海洋能、氢能、核能、能源效率以及其他高新低碳环保产业、战略性新兴产业发展无不遭遇技术障碍，导致缺乏核心技术、重复投资、同质化竞争、产能过剩等不良产业发展局面，摆脱类似困局的根本出路在于加强基础研究和科技创新，提升基础研究能力和技术开发能力，只有这样才能提高产业技术水平，拓宽技术轨道选择范围，突破产业发展瓶颈，提升产业竞争力。

（二）大力发展高新低碳环保产业，优化产业结构

大力发展节能环保、新兴信息产业、生物产业、新能源、新能源汽车、高端装备制造业和新材料等战略性新兴产业，以及其他"三低一高"（低消耗、低能耗、低排放、高技术）产业。继续淘汰落后产能，逐步降低八大高排放产业比重，降低对能源资源、环境容量等生产要素依赖，从能源资源密集型为主的产业机构转变为知识技术密集型为主的产业结构。鼓励有条件地区借鉴德国工业4.0项目模式，融合应用互联网、物联网、

---

① 参见第十二章碳排放情景分析预测结果。

信息技术、自动化技术和先进制造技术等高新技术，既能升级产业结构，又能衍生新的产业类型。

（三）突破性发展可再生能源产业

情景分析结果显示，为实现2030年出现碳排放峰值目标，2020年之前非化石能源产业发展压力相对较小，但2020年后非化石能源产业发展压力较大，年均将近增加1.5个百分点。由于本书更倾向发展可再生能源产业，对核能产业发展持审慎观点。因此，在接下来的几年时间内，需要不断突破可再生能源发展技术瓶颈、基础设施瓶颈、市场障碍、制度障碍，加快可再生能源产业布局，效仿丹麦、德国等国家制定更高的可再生能源产业发展目标，逐步摆脱对煤炭的依赖，提高可再生能源占一次能源消费比重。

（四）深入推进传统产业低碳化改造

（1）提高能源效率。制定工业行业能效标准，引导企业更新生产设备，优化生产工艺流程，推广应用最佳可获得技术，指导企业进行能源带宽分析，发现主要节能潜力环节和潜力产品，推动企业加强能源管理，建立能源和碳排放管理制度和组织体系，鼓励安装能耗、碳排放和污染物排放智能监测仪器设备，提高工业企业能效，降低能耗和碳排放强度。

（2）推行清洁生产。引导工业企业开展产品生态设计，指导工业企业优化生产工序、工艺、工具、流程，减少能耗和原材料消耗，加强对黑色金属、有色金属、矿物制品等高能耗高消耗高污染高排放工业企业清洁生产审核，通过强化内部引导和外部监管推动工业企业推行清洁生产。

（3）发展循环经济。按照循环经济"减量化、再利用、资源化"三原则，引导地方政府建立工业企业资源能源和废弃物的输入端和输出端企业数据库，统筹资源能源和企业排放废弃物的梯级利用和回收处理，重点建立资源能源密集型行业企业资源能源和废弃物排放数据库，促进工业企业实现矿产资源和原料梯级利用、能源梯级利用、水资源循环利用、废弃物交换利用，构建循环型工业体系。

（五）加快配套基础设施建设

配套基础设施发展滞后，会严重影响风电、生物质能、太阳能以及新能源汽车等产业市场规模的放大,从而制约这些产业的发展。目前,我国可再生能源电力并网、消纳、外送遇到困难,新能源汽车充电充气站不足,生物质能"卖不动",这些问题的解决都需要加快配套基础设施建设,充分释放市场需求,从而促进可再生能源产业和新能源汽车等战略性新兴产业发展。

(六) 探索建立工业企业能源环境管理新模式

整合发改委、环境保护、国土资源等职能部门职权,设计编制工业企业能源消费、温室气体排放、污染物排放、废弃物排放、资源消耗等能源环境账户,要求工业企业填制、统计、报告和核查,建立工业企业能源环境台账和基础数据库,要求工业企业相应建立能源环境管理组织体系,改进对工业企业的能源资源环境管理。

四 我国工业低碳转型的政策措施

(一) 科技政策

1. 大幅提高研发投入和基础研究投入,重点增加在气候变化、太阳能、风能、低热能、生物质能、海洋能、垃圾沼气发电、新能源汽车、生态环境、煤炭清洁利用等低碳环保领域的基础研究投入,对短期难有突破但长期看好且具有战略性意义的基础研究需要长期持续提供支持。逐步提高研发投入占GDP的比重,可以年均增加0.1个百分点,争取到2025年达到3%的水平。逐步提高基础研究投入占研发投入的比重,可以年均增加0.5个百分点,争取到2025年达到13%的水平。

2. 改变重工程项目(产品)资金支持轻科技研发资金支持观念,政府对企业的财政支持重心逐步前移,提高对企业技术研发资金支持比重,相对减少对工程项目、产品资金支持比重。

3. 加强可再生能源研究机构建设,组建国家级能源创新中心、先进能源研究中心、能效评估中心,争取尽早突破可再生能源发展的理论和技术障碍。

4. 完善高校科研机构管理体制,打破专业条块分割限制,促进学科交叉融合和优势资源共享,改革高校科研机构科研考核、评价、激励、经费管理等制度，使科研人员付出的科研工作及科研成果价值得到充分反映，激发广大教研人员科研热情。

5. 研究制定《技术创新法》，对我国的技术创新、转让、奖励、评价、产业化、资金拨付和使用、风险投资等一系列问题做好制度安排，营造企业和个人敢于抓住创新机会不怕不测市场风险的氛围。编制综合性和专项技术创新和技术发展的规划，确定技术创新方向和技术发展目标，引导企业和个人技术创新，加快技术市场发展。

6. 加强图书馆、科研设施、网络通信、数据库等创新基础设施建设，完善知识产权保护制度并加大执行力度，创造良好的技术创新外部环境。尤其通过"自上而下"和"自下而上"相结合，构建工业企业能源消耗、碳排放、污染物排放、废弃物、低碳环保技术等基础能源环境技术数据库。

7. 节能技术方面，可以重点促进锅炉和蒸气系统、压缩空气系统、热电联产、能源密集型加工技术、信息通信技术、电机、风扇和泵技术、加热技术以及燃料燃烧技术、工业原材料使用、传感器和自动化控制技术、纳米制造技术等领域技术进步。

（二）财税政策

1. 对工业企业研发投入提供税费减免、加速折旧、现金补贴等优惠政策；对进行融轨式、跃轨式技术创新的中小企业，以及基于技术创新的创业企业给予税收减免和财政补贴支持；对节能减排降污、环境治理成绩突出的企业给予税收减免优惠；对自主确定环境目标、在政府职能部门备案，且实现情况较好的企业给予税收减免优惠。

2. 持续高能效低碳环保产品和可再生能源给予税收减免优惠或者提供财政补贴。可以对化石能源和稀缺资源征税，对可再生能源免税，对技术突破性低碳环保产品减免税。

（三）产业政策

1. 为可再生能源产业发展提供绿色政策通道。可再生能源是世界各国确定的发展重点，且目前市场供应与目标要求差距较大，其中的技术、产品、服务需求空间巨大，地方政府需摒弃地方保护主义，主动帮助可再生能源企业消除产业发展遇到的制度、市场、资金约束。

2. 对技术处于早期阶段，成本偏高但长期看好的行业，政府应长期给予资金支持。

3. 对风能、太阳能等已经具有产业竞争优势的行业鼓励其进行顺轨式技术创新，提高自主创新能力，并给予税收和财政补贴支持；对处于生命周期早期阶段的产业，鼓励进行顺轨式、融轨式、跃轨式技术创新，实现轨道超越甚至开辟全新技术轨道，并给予财税政策支持。

4. 要求大型新排放单位采用最先进低碳环保技术，对新建电站推行碳排放标准。

5. 培育技术中介服务产业发展，包括技术交易、转让、评估、咨询及风险资本管理服务等。

6. 引导工业企业实行现代化能源管理，添置能源消费、碳排放、污染物排放智能监测设备仪器，指导工业企业推行能源带宽分析，挖掘节能潜力，推广应用最佳可获得技术。鼓励融合创新生产技术和环境技术，提高工序、工艺、工具、设备、装备技术水平。推进循环经济建设，回收利用废水、废气、固体废物、余温余额等，提高资源综合利用效率。

7. 加快技术标准体系建设。太阳能、风能、生物质能、新能源汽车等低碳产业均受技术标准体系建设滞后困扰，对各行业已不适应技术发展新形势和新需求的技术标准需及时修订，对空白技术标准体系需加快制定，如燃用生物质燃料的锅炉、窑炉烟气排放标准和污染物排放检测方法及标准等需要加快制定，为相关企业提供技术标准参考和生产的顺利发展。

8. 动态跟踪监测过剩落后产能，继续强力推行淘汰落后过剩产能政策。通过提高资源消耗、能耗、碳排放和环境标准，提高准入门槛，逐步压缩黑色金属冶炼及压延加工业、非金属矿物制品业、化学原料及化学制品制造业、石油加工冶炼及核燃料加工业、电/热生产供应业、有色金属冶炼及压延加工业、石油天然气开采业、造纸及纸制品业等资源型高排放工业行业占比。

（四）金融政策

1. 政府提供部分财政资金设立技术创新基金、可再生能源发展基金等不同类型基金，再撬动社会资本和金融资本参与，为企业技术创新及产业化发展提供资金支持。

2. 鼓励社会资本进行风险投资，发展风险投资资本市场，扩大企业创新创业资金来源。

3. 引导金融机构扩大绿色信贷授信额度，完善环境信用管理体系，对绿牌企业以及节能减排、环境治理成绩突出的企业提供优惠绿色信贷政策。对企业低碳环保技术、项目及产品提供绿色信贷支持。

4. 继续探索环境权益交易机制，利用市场机制降低企业节能减排成本，包括节能量交易、碳排放权交易、污染物排放权交易、水权交易等环境权益市场，使企业加强环境资产管理，增强内在激励。

（五）贸易政策

1. 编制对我国有利的环境货物谈判清单。商务部、海关、贸易促进委员会、环保部、科技部、工信部等部委可以联合拟定环境货物产品谈判清单，组织各行业协会、环保行业、出口企业积极参与，尽可能将我国优势低碳环保产品以及急需资源和尖端技术产品列入其中，尤其可考虑增加可再生能源设备、热/能源节约管理设备、引用水处理等类型产品税号，提交 WTO 贸易与环境委员会特会讨论。

2. 努力提升低碳环保产品的国际竞争力。低碳环保产品是未来国际竞争的重点领域。我国应努力保持在可再生能源设备、热/能源节约管理设备、补救清除、固体废弃物处理、引用水处理等领域竞争优势，同时加强环境监测分析技术、洁净/资源高效利用技术、污水处理和大气污染管理等劣势领域技术开发与应用。基本策略是，大力支持Ⅰ、Ⅱ类税号工业品生产，鼓励Ⅲ、Ⅳ类税号产品生产，对Ⅴ类、Ⅵ类税号产品尽量采取保护措施，扶持其中幼稚新兴低碳环保产业成长。对依靠资源尤其稀有矿产资源和环境资源取得优势的行业谨慎发展，对依靠技术创新取得优势行业鼓励发展，对技术落后但前景广阔的劣势行业保护发展。

3. 逐步扭转不利的对外贸易条件。政府需要制定系统、组合政策逐步扭转"以资源能源换美元"的贸易格局，鼓励以技术取胜、以质取胜、以价取胜的产品出口，鼓励出口企业加强技术创新，提升出口产品技术含量，提高出口产品附加值，对稀缺资源干预市场结构限制出口，争取用20年左右时间逐步转变成"以人民币换资源能源"的新格局。

4. 鼓励出口企业按照发达国家更高的碳排放和环境标准生产出口产品，通过改进技术设备达到发达国家环境标准，并带动内销产品和内资同业企业提升低碳环保技术，从而整体提升全行业节能减排能力。

5. 构建低碳产业安全预警保障机制，降低低碳产品出口市场风险。在气候变化背景下，低碳产业是各国核心产业，而光伏产业是我国目前唯一具有明显国际竞争优势的低碳产业，美、欧先后绞杀，意图深远。可以预见，未来几十年低碳产业和低碳产品将成为世界主要经济体的竞争焦点，需要从现在开始加强低碳产业和低碳产品的产业安全预警和保障机制建设。

（六）消费政策

1. 要求各级政府及各类公用事业单位优先采购低碳绿色环保产品，并列入公务采购审计范围。

2. 对家庭购置新能源汽车、可再生能源、绿色家用电器、技术先进低碳环保产品提供财政补贴；对企业购置能源消耗、碳排放、污染物排放等智能在线监测设备提供财政补贴或税收返还。

3. 推行工业产品评荐"节能之星""节能产品领跑者"制度，推广工业产品节能标识制度，在广大社区推行低碳积分制度。例如，可考虑在汽车、空调、复印机、冰箱、电视机、电子计算器、微波炉、冰箱等工业产品领域推行"节能产品领跑者"制度；对空调、冰箱、电视机、变压器、微波炉等产品推行低碳"可视化"政策，落实节能标识制度；针对居民推行"低碳积分制度"，民众在选购节能商品时可获得积分，累积积分可用以交换商品和服务。

4. 提高工业产品耐用性，提高工业产品使用寿命。目前，我国家用消费品、建筑等许多领域生活用品使用寿命较短，更换周期较快，造成较大浪费。今后需要提高工业产品使用寿命，对节约资源能源意义重大。

（七）国际合作

1. 加强与美国、法国、德国、日本等发达国家加强在可再生能源、节能环保技术等领域的基础研究、前沿技术研发的国际合作，学习国外先进经验，同时培养基础研究和技术开发人才。

2. 各国都拥有自己的优势产业和技术。今后可以考虑与美国加强在地热能、生物质能、风能、太阳能、氢和燃料电池、纳米制造等领域的基础研究与技术开发合作；与英国加强海上风电、海洋能利用、低碳航空等领域的基础研究与技术开发合作；与法国加强核电、环保技术合作；与德国加强复杂制造技术、自动化技术、太阳能、风能领域技术开发合作；与日本加强节能能效环境技术合作；与丹麦加强风电技术合作；与芬兰加强清洁技术合作；与瑞士加强地热利用技术合作；与俄罗斯加强核电、氦-3基础研究合作；与印度加强软件技术合作等。

3. 在合作过程中培养基础研究和技术开发高端人才队伍，同时在全球范围内招揽顶尖高新技术、可再生能源等战略性领域的基础研究和技术研发人才，提供优厚待遇。

（八）政府服务

1. 增强服务意识，降低低碳产业生产成本和软成本。发挥政府部门行政优势，助力企业通过加强研发、示范以及利用行政资源克服可再生能源等新技术商业化推广应用过程中遇到的技术和非技术障碍。努力降低生产成本和软成本，提高可再生能源市场竞争力。

2. 地方政府应因地制宜选择适合当地情况的最佳低碳发展路径，在国家层面上指导地方选择差异化产业和发展路径，减少同质化发展倾向，减少盲目投资和重复投资，科学选择差异化发展道路。